Incoterms® 2020 수록

무역영어

한상현 저

Business English
Commercial English
Trade English

도서출판 두남

머리말

본서는 본인이 20년 이상 동안 대학에서 본 과목으로 강의하고 연구한 것을 책으로 엮어 보고 싶다는 생각과 기존 교재들이 매우 훌륭하지만 일부 순서나 내용들이 내 생각과는 다른 부분이 많아서 나름대로 강의하고 싶은 순서와 내용을 책에 담아보고 싶은 생각에서 집필하게 되었다.

본 교재가 무역학이나 국제통상학을 공부하는 학생들과 무역업무를 담당하는 실무자들에게 조금이나마 도움이 되는 좋은 참고자료가 될 수 있기를 간절히 기원해 본다.

무역영어는 무역거래를 수행하는 데 필수적인 언어이기 때문에 이를 공부하고자 하는 사람들은 무역실무의 전반적인 내용을 체계적으로 이해함과 아울러 영어로 된 각종 무역통신문이나 무역계약서, 무역서식이나 서류 및 국제무역규칙(Incoterms와 UCP 등)에 대한 충분하고도 폭넓은 이해와 적용 능력을 가지고 있어야 한다.

본서는 영어로 된 각종 통신문, 무역계약서, 무역서류와 국제무역규칙을 '쓰고 이해하고 적용시킬 수 있는 능력을 향상시키는 내용' 위주로 편재하였다.

본서는 2편으로 구성되어 있는데 제1편은 무역영어의 본질을 소개하였고, 제2편은 무역업의 창업에서 무역클레임의 해결에 이르는 전 과정을 절차대로 서술하였다.

본서는 다음과 같은 특징을 가지고 있다.

첫째, 본서는 각 장의 시작 부분에서 무역실무의 중요한 내용들을 간략하게 요약하여 서술하였다. 그 이유는 무역영어 공부의 시작과 핵심은 무역실무 지식의 이해로부터 출발하기 때문이다.

둘째, 본서는 수출입거래의 업무진행 순서에 맞추어 단계별로 기술하였다. 이것은 무역영어의 완벽한 이해와 활용은 수출입 실무절차에 대한 충분한 지식을 통해서만 가능하다는 인식에 바탕을 둔 것이다.

셋째, 본서에 등장하는 각종 서신이나 통신문들은 현재 무역실무 현장에서 사용되며 서신이나 이메일(e-mail)을 포함한 모든 통신 수단에도 적용될 수 있는 형태로 만들었다.

넷째, 본서는 무역계약의 협상과 계약체결, 계약이행, 그리고 계약의 종료에 이르는 모든 과정에 가상의 수출자와 수입자를 설정하여 절차마다 그들이 실제로 주고받는 것과 동일한 상황과 조건을 설정하여 학습자들의 이해를 증진시키고자 하였다.

다섯째, 본서는 각 장 뒷부분에 'Advanced English for Trade Practice(고급 무역실무영어)'를 기술하였다. 이것은 앞부분에서 배운 무역실무 지식을 영어로 작성해 놓았거나 해당 분야의 무역영어를 보다 고급스런 표현으로 추가함으로써 무역영어를 다양한 측면에서 습득할 수 있도록 한 것이다.

여섯째, 본서는 각 장 뒷부분에 'Glossary of Trade Practice(무역실무의 용어해설)'을 기술하였다. 이것은 앞부분에서 배운 전문단어나 관용적 표현들을 영어로 정의내리거나 해석해 놓음으로써 보다 풍부한 고급 무역실무 지식을 습득하는 데 도움을 주고자 한 것이다.

일곱째, 본서는 많은 교재들에서 주로 말미에 부록으로 수록되어 있던 인코텀즈와 신용장통일규칙(UCP)을 본문 속에 넣어 별도의 장으로 구성하였다. 그리고 원문을 이해하는 데 도움이 되도록 주요 단어나 특수 표현들을 상세하게 해석해 놓았다.

또한 무역거래에 관한 국제규칙 중 특히 중요도가 높은 국제물품매매계약에 관한 유엔협약(CISG)이나 추심에 관한 통일규칙(URC) 및 영국 해상보험법(MIA)의 주요 원문들을 각 장의 'Advanced English for Trade Practice' 부분에 발췌하여 게재하였다. 이것은 학습자들로 하여금 원문을 이해하는 데 도움이 되도록 함과 동시에 최근 무역영어 관련 국가시험문제의 출제 경향을 반영한 것이다.

주요 국제무역규칙들의 원문들을 부록에 수록하지 않은 이유는 무엇보다 한 학기 학습에 적합한 교재의 분량을 감안한 점이 가장 큰 부분을 차지하고 있지만, 부록에 수록한다 하더라도 실제의 활용도는 매우 떨어지고 인터넷 등을 통해서도 얼마든지 원문들과 그 번역들을 쉽게 찾아볼 수 있기 때문이다.

막상 원고를 완성해 놓고 보니 시간의 제약과 저자의 짧은 지식으로 미비한 부분이 참으로 많다는 것을 느꼈다. 학계 선후배님들과 독자들의 끊임없는 비판과 호된 질책을 토대로 향후 지속적으로 수정과 보완을 통해 보다 더 좋은 교재가 되도록 노력할 것이다.

참고로 본 교재를 집필하는 과정에서 국내외의 많은 문헌들을 참고하였으며 필요한 경우는 각종 문헌의 내용을 수정 내지 보완하여 관련 부분에 인용하였음을 밝혀둔다.

끝으로 어려운 출판 환경에도 불구하고 부족한 원고를 기꺼이 출간해 주신 도서출판 두남의 전두표 사장님께 깊은 감사를 드린다.

2020년 2월

저 자

차 례

제I편 무역영어의 본질

The Foundation of Business English

Chapter 01

무역영어의 의의

Meaning of Business English

1 무역영어의 개념

무역영어(Business English, Commercial English, Trade English)는 무역거래에서 당사자 간에 정보나 의사를 전달하거나 무역활동 수행하는데 사용되는 모든 영어를 말한다.

넓은 의미에서 무역영어는 우리가 일상적으로 사용하는 일상영어에 포함되지만, 좁은 의미에서 무역영어는 일상적인 표준영어(standard english) 중에서 무역거래를 수행하는데 사용되는 전문적이며 관용적인 용어(technical terms)나 어휘, 문장표현 등을 모아 놓은 것이다. 일반적으로 우리가 무역영어라 하면 후자를 의미한다.

2 무역영어의 중요성

급변하는 시대에 무역을 성공적으로 수행하기 위해서는 무엇보다도 거래상대국의 외국어를 능통하게 구사하는 것이 중요하다.

현재 외국어 중에서 가장 큰 비중을 차지하는 것은 영어이다. 영어가 당사자 사이의 의사를 전달하는 가장 일반적이고 보편화된 세계의 언어(world language)인 것을 부정할 수 있는 사람은 아무도 없을 것이다.

무역거래는 관습이나 관행, 법, 제도, 경제적 상황 등이 서로 상이한 당사자 간에 이루어지는 국제상거래이다. 따라서 무역거래에서 당사자의 의사나 필요한 정보를 정확하게 전달함에 있어 세계 언어로서 영어에 대한 충분한 능력을 배양하고 있는 것은 매우 중요한 일이다.

그러나 영어를 완벽하게 구사해야만 무역을 성공적으로 수행할 수 있는 것은 아니다. 왜냐하면 무역현장에서 사용하는 영어는 어느 정도 정형화되어 있고 복잡한 표현을 사용하는 경우는 그리 많지 않기 때문이다. 그러므로 무역영어를 잘하려면 먼저 영어에 대한 두려움에서 벗어나 자신감을 가지는 것이 무엇보다 중요하다.

즉, 이 교재를 통해 우리가 배우게 될 영어만 가지고도 거래처와 의사를 소통하고 무역거래를 성공적으로 수행할 수 있다는 자신감을 가지는 것이 필요한 것이다.

3 무역영어의 전달수단

과거에는 무역거래에서 당사자간에 의사나 정보를 전달하는 통신수단으로 우편(mail)이나 서신(business letter), 전신(cable), 전보(telegrams), 텔렉스(telex) 등이 주로 사용되었다.

그러나 1970년 이후 정보통신기술의 급속한 발달로 인하여 현재의 무역거래에서는 전통적인 통신수단인 우편이나 전신뿐 아니라 팩시밀리(Facsimile, Fax), 인터넷을 이용한 전자메일(e-mail), 전자통신문(EDI Message)을 통한 통신, 그리고 인터넷팩스(internet fax) 등 새로운 통신수단들이 많이 사용되고 있다.

4 무역영어의 범위

무역영어는 무역거래를 수행하고 이행하는 과정에서 사용되는 영어의 모든 것을 포괄하는 개념이다. 따라서 무역영어의 범위는 무역거래에서 당사자들이 서로 주고받는 영어로 된 각종 무역서신이나 통신문, 무역계약서, 무역서류, 그리고 영어로 된 국제무역규칙들을 '읽고, 쓰고, 말하고 이해할 수 있는 모든 내용들'이 모두 포함된다.

이를 보다 세분하면 다음과 같다.

첫째, 의사와 정보를 정확하게 전달하는데 필요한 영어로 된 무역서신이나 각종 상업통신문들을 작성하고 판독하는 것은 무역영어의 가장 기본적인 범위에 해당한다.

둘째, 효과적이며 이해하기 쉽게 상대방을 설득하기 위해 필요한 능숙한 무역영어 회화능력(business talks ability)을 보유하는 것도 무역영어의 범위에 해당한다.

셋째, 무역계약에서의 협상(negotiation), 성립(formation), 이행(performance)과 종료(termination)의 전 과정에서 사용되는 각종 영문계약서나 문서, 서식, 서류들(documents)을 작성하고 판독하는 능력도 무역영어의 범위에 해당한다.

넷째, 영어로 된 국제무역 관련 규칙(INCOTERMS나 UCP 등)이나 협약(CISG 등)들을 이해하고 실무에 적용할 수 있는 능력도 무역영어의 범위에 해당한다.

예전에는 무역영어 과목과 별도로 무역영어회화(trade english conversation)라는 과목을 대학에서 전공과목으로 개설하여 읽고, 쓰고, 말하고 이해하는 능력을 가르쳤다.

그러나 최근에는 일반영어에서 읽고 말하는 능력들을 향상시킬 수 있는 과목이나 토익 등 새로운 평가방법들이 도입됨에 따라 무역영어 회화과목을 별도로 개설하지 않는 학교들이 대부분이며 무역영어 관련 시험문제들도 오래 전에 객관식으로 전환되었다.

이러한 경향을 반영하여 본서에서도 무역서신이나 통신문, 계약서, 서식, 서류, 국제무역규칙 등을 주로 '쓰고 이해하는 능력을 향상시키는 내용'을 위주로 편재하였다.

Chapter 02

무역영어 서신

Business English Letter

1 무역영어 서신의 의의

무역거래에 사용되는 통신문인 무역영어 서신(Business English Letter)은 거래권유에서 계약체결, 선적, 대금결제 및 무역클레임의 해결에 이르는 모든 과정에서 사용된다.

무역영어 서신은 의사를 정확하게 전달하고 상대방을 효과적으로 설득하는데 목적이 있기 때문에 무엇보다도 균형이 있으면서도 격식에 맞게 작성되는 것이 필요하다.

2 무역영어 서신의 구성

무역영어 서신은 크게 필수적으로 기재되어야 하는 기본요소와 필요에 따라 추가적으로 기재되는 보조요소로 구성된다.

1) 기본요소(basic parts, essential parts)

(1) Letterhead

Letterhead는 서두를 말하며 여기에는 그 서신이나 문서를 작성하거나 발행하는 회사명(company name), 주소, 전화, 팩시밀리 번호(Fax No.), 인터넷 및 전자우편 주소 등이 기재된다. 보통 서신의 상단 중앙에 위치한다. 큰 회사는 서두를 회사의 로고(logo)와 함께 사전에 인쇄하여 사용하고 있으며 'Printed Letterhead'라고도 부른다.

(2) Date

Date는 서신이 발행된 날짜이며 후일 동 서신에 대해 언급하거나 회신을 보낼 경우에 필요하다. 보통 서신의 상단 우측에 위치한다.

(3) Inside Name and Address

Inside Name and Address는 서신이나 문서를 수신하는 수신인의 성명, 회사명, 주소를 말하며, 보통 Letterhead 밑과 상단 좌측에 위치한다.

유창봉투(window envelop)는 그 자체가 Outside Address가 되기 때문에 겉봉투에 수신인의 성명과 주소를 기재하지 않아도 된다.

Inside Address의 형식(form)에는 미국에서 주로 사용되는 Block Form Style과 영국에서 주로 사용되는 Indented Form Style이 있다. Block Form에는 개방식 구두점을 사용하고 Indented Form에는 폐쇄식 구두점을 사용한다.

(4) Salutation

Salutation은 서두인사를 말하며 서신이나 문서의 본문을 쓰기 전에 수신인에게 경의를 표시하기 위하여 사용되는 간단한 시작 인사말로 'Greeting'이라고도 한다. 일상영어의 'How are you?'나 'How do you do?'에 해당하며 Inside Address 아래에 기재한다.

서두인사는 Inside Address가 단수이면 'Dear Sir'나 'Dear Mr. Smith'과 같이 단수로 표기하고 복수이면 복수로 표기한다. 서두인사의 첫 글자는 반드시 대문자로 표기하며 단체의 경우에는 [Gentlemen :]과 [Dear Sirs,]를 많이 사용한다.

(5) Body

Body 또는 Body of the Letter는 서신 내용이 기재되는 본문을 말하며 서신의 가장 중요한 부분이다. 본문은 6하 원칙(who, when, where, what, how, why)에 입각하여 간결하면서도 완성도가 높게 작성되어야 한다. 보통 Salutation 2줄 정도 밑에 기재한다.

(6) Complimentary Close

Complimentary Close는 결미인사를 말하며 서신의 본문을 다 쓴 후에 경의를 표하기 위해 말미에 쓰는 간단한 끝인사이다. 'Good Bye'와 '안녕히 계십시오'의 의미이다.

영국에서는 Yours faithfully, Faithfully yours, Yours very faithfully를 주로 사용하고 미국에서는 Yours very truly, Very truly yours, Truly very yours를 주로 사용한다. 첫 글자는 반드시 대문자로 쓰고 마지막에는 콤마(,)를 붙인다. 이것은 보통 본문의 2~3줄 아래 우측 하단에 기재하며 최근 Fax나 E-mail 통신문에서는 'Best Regards'를 많이 사용한다.

(7) Signature

Signature는 서명을 말하며 서신에 대한 책임 소재를 나타내는 동시에 이 서신이나 문서의 법적인 효력을 발생시키는 중요한 요건이 된다.

서명은 보통 Complimentary Close 아래 2~3줄 정도 밑 좌측에 기재하며 회사명, 친필서명(pen-written), 타자한 서명자 명(typewritten name) 및 직명(business title) 순으로 기재한다. Letterhead가 있는 경우에는 회사명은 생략하기도 한다.

2) 보조요소 (supplementary parts, additional parts)

보조요소는 필요에 따라 기재되는 것으로 참조번호나 참조인, 표제명과 추가면을 제외하고 보통 Signature 아래 좌측에 순서대로 기재한다.

(1) Reference Number

Reference Number는 참조번호를 말하며 서신이나 파일의 보관이나 후일의 업무처리 편리를 위해 번호를 붙이는 것이다. Ref. No. 또는 Our Ref. 등과 같이 표기한다.

이것을 File Number라고도 부르며 규모가 큰 회사의 경우 지역별, 품목별 및 거래처별로 구분해서 정리 · 보관할 때 사용된다. 보통 서신의 우측 Date Line 밑이나 Inside Address의 오른편에 기재한다.

(2) Attention Line

Attention Line은 참조인을 말하며 대기업과 같이 회사규모가 크고 해당 업무가 특정 부서나 사람이 전담하도록 세분화되어 있는 경우 회사의 그 특정인이나 특정 부서를 명시하여 서신이 그 앞으로 정확히 전달되도록 하는 경우가 있는데 이때 표시되는 특정인이나 특정부서를 말한다. 이것을 'Special Address' 또는 'Particular Address(특정 수신인)'이라고도 부르며 보통 Inside Address의 2줄 아래에 기재한다. 보통 [Attention :] 혹은 [Attn :] 등으로 표기한다.

(3) Letter Subject

Letter Subject는 표제명을 말하며 서신을 수령한 당사자가 서신내용을 모두 읽고 그 내용을 파악하기 전에 시간을 절약하고 한 눈에 서신내용이 무엇에 관한 서신인지를 쉽게 식별할 수 있도록 서신의 내용을 요약하여 붙인 제목이다.

본문 내용을 서술하기 전에 전체적으로 내용을 요약하여 표제를 붙인다면 내용파악이 용이해지며 상대에게 전달능력도 훨씬 강해진다. 이를 'Subject Captioned' 혹은 'Subject Line'이라고도 부르며 보통 본문(body) 위에 기재하고 Underline을 하든가 [Subject :] 또는 [Re :]을 쓰고 여기에 제목을 기재한다.

(4) Identification Marks

Identification Marks는 관련자 약호를 말하며 서신의 작성자와 서명자의 머리글자를 표기한 것이다. 후일에 어떠한 분쟁이나 오류가 발생했을 경우에 서신작성의 책임소재를 명확히 하기 위하여 표기되며 'Initials'나 'Direction Initials'이라고도 한다. 이것을 '서신작성 책임자 식별기호'라고도 부르며 일반적으로 [HSH/jhr], [HSH : jhr], [HSH-jhr] 등과 같이 표기한다.

(5) Enclosure Notations

Enclosure Notations은 서신과 함께 동봉한 것을 표기하는 동봉물 표시문언을 말한다. 이것을 '동봉물 지시문언'이라고도 한다. [Encl :], [Encls :], [Enclosure :] 등으로 표기하고 여기에 '2 Copy B/L and I Invoice'와 같이 내용을 기재한다. 위치는 보통 Identification Marks의 아래에 기재한다.

(6) Carbon Copy Notations

Carbon Copy Notation은 사본 배부처를 말하며 동일 서신의 사본이 수신인 이외의 제3자(자기의 지점이나 대리점)에 이를 알리기 위해 기재한다.

보통 [Copy to :], [C.C :] 혹은 [Copies to :] 등으로 표기하고 여기에 Thomas Trading Co., N.Y과 같이 기재한다. 위치는 일반적으로 관련자 약호(Identification Mark) 밑에 기재한다.

(7) Postscript

Postscript는 추신을 말하며 문자 그대로 추가하여 보내는 문구이다. 즉, 본문이나 문장을 마무리하고 완성한 이후에 갑자기 추가하고자 하는 내용이 생각났거나 주의사항이나 강조사항을 추가하여 쓰는 것으로 날짜와 서명을 마친 후에 추가로 쓰는 것이다. 보통 Enclosure Notations 아래에 기재된다.

보통 [P.S. :], [PS :], [P.P.S :]으로 표기하고 여기에 'Under separate cover, we are supplying you with our samples by air parcel post'와 같이 내용을 기재한다. 여기에서 P.S.는 라틴어의 'Postscriptum'를 의미한다.

(8) Mailing Direction

Mailing Direction은 우편 종류 표시를 말하며 우편의 발송인에게 어떤 형식으로 이 서신을 발송하라고 지시하기 위하여 표시하는 것이다. 위치는 보통 동봉물 표시문언이나 관련자 약호 하단에 표기한다.

여기에는 Air Mail(항공우편), Registered Mail(등기우편), Special Delivery(속달우편, express delivery, express mail) 등이 기재된다. 속달우편은 일반우편물보다 신속히 송달하는 우편물 배달제도로 우편요금 및 등기료 이외에 속달료가 추가로 가산된다.

(9) Additional Sheet

Additional Sheet는 추가면을 말하며 서신내용이 한 면에서 끝나지 않고 2면 등으로 계속 이어지는 경우 [to be continuel], [page 1], [1/5] 등으로 표기하는 것이다.

이것은 보통 제일 하단 중앙에 기재하며 'Continuation Sheet'라고도 한다.

〈그림 1-1〉 무역영어 서신의 구성

(1) Letterhead (서두)

(2) Date (발신일자)

(3) Inside Name and Address
(수신의 성명 및 주소)

(8) Reference Number (참조번호)

(9) Attention Line (참조인)

(4) Salutation (서두인사)

(10) Subject (표제명)

(5) Body of the Letter (본문)

(6) Complimentary Close (결미인사)

(7) Company Name (서명란)
Signature
Title

(11) Identification Marks (관련자 약호)

(12) Enclosure Directions
(동봉물 표시문언)

(13) Carbon Copy Notation (사본 배부처)

(14) Postscript (추신)

(15) Mailing Direction (우편종류 표시)

(16) Additional Sheet (추가면)

3 무역영어 서신의 작성원칙

상대방에게 호의적인 인상을 주고 정보와 의사를 효과적으로 전달하는 좋은 서신이 되기 위해서는 다음과 같은 원칙에 입각하여 무역영문이 작성되어야 한다.

1) 정확성

정확성(correctness)이란 서신의 내용이 문법, 어휘, 문장구조, 철자법, 구두점, 대문자와 소문자의 구분뿐 아니라 상품명세, 규격, 단가, 수량, 결제 및 인도조건 등이 정확하게 작성되어야 한다는 것을 말한다. 정확하지 않은 서신내용은 서신의 신뢰성을 떨어트릴 뿐 아니라 상대방에게 분쟁의 실마리를 제공하는 단초가 될 수 있다.

2) 명료성

명료성(clearness)이란 수신인이 이해하는데 오해나 혼란을 일으키지 않도록 서신내용이 명확하게 작성되어야 한다는 것을 말한다. 서신내용이 명료하기 위해서는 6하 원칙에 따라 명료하게 서술되어야 한다.

3) 간결성

간결성(conciseness)이란 서신내용이 읽기 쉽고 간결하여야 한다는 것을 말한다. 간결한 서신은 발신자나 수신자 모두에게 시간과 경비를 절약해 주고 읽는 사람이 내용을 빨리 파악하도록 하는데 도움을 준다. 이를 위해서는 불필요하거나 장황하며 중복된 문장들을 사용하는 대신 간결한 어휘나 단어를 사용해야 한다.

4) 완전성

완전성(completeness)이란 간결성을 지키면서도 자기가 주장하거나 표현하고자 하는 모든 사항들이 서신의 내용에 완전하게 나타나야 한다는 것을 말한다.

이것은 간결성의 원칙은 지키면서도 자기의 의사, 정보와 생각 등을 효과적으로 전달하기 위해서는 필요한 사항들은 누락됨이 없이 완전하게 제시되어야 한다는 것을 의미한다.

5) 예의성

예의성(courtesy)이란 상대방의 호감을 얻을 수 있도록 사무적이고 냉정한 표현보다는 예의와 품격이 있게 작성하여야 한다는 것을 말한다.

이를 위해 자기 위주(writer viewpoint)보다는 수신자 위주(reader viewpoint)의 태도와 'I'나 'we' 또는 'our' 대신에 'you'나 'your'의 서술방식을 사용하는 것이 좋다.

제II편

절차별 무역영어
(통신문, 계약서, 서류, 국제무역규칙)

Business English by Procedures
(Letters, Contracts, Documents, International Trade Rules)

Chapter 01

무역업의 자격취득

Requirements for Trade Business

1 무역업과 무역업자

1) 무역업의 의의

무역업(trade business, trading business)은 영리를 목적으로 자기명의와 책임 하에 수출행위와 수입행위를 반복적으로 영위하는 사업 활동을 말한다.

2) 무역업과 무역대리업

과거 우리나라 무역업은 대외무역법(Foreign Trade Act)을 통해 무역주체를 무역업과 무역대리업(Trade Agency)으로 구분하여 관리하였다.

그러나 현재는 이러한 제도가 폐지되었기 때문에 무역업의 자격을 취득하면 무역대리업도 겸업할 수 있다.

무역업자는 자기명의와 자기책임으로 수출입행위를 주된 업으로 영위하는 자를 말한다. 이중에서 수출을 업으로 하는 자를 수출자(exporter)나 수출업자라고 부르고 수입을 업으로 하는 자를 수입자(importer)나 수입업자라고 부르며, 양쪽 모두를 겸하는 자를 수출입자(exporter and importer)나 무역업자라고 부른다.

무역대리업은 수출입거래 당사자의 중개인 입장에서 외국의 수입업자나 수출업자의 위임을 받아 국내에서 수출물품을 구매하거나 수입계약을 체결하고 기타 부대행위를 영위하는 사업 활동을 말한다.

2 무역업 관리제도

우리나라의 무역업 관리제도는 1946년부터 '면허제'가 시행되다가 1986년에 허가제로, 1994년부터는 등록제로 전환되었다. 이후 1997년부터는 신고제로 전환되었지만 이 제도는 1999년 12월 31일까지만 효력을 갖는 것으로 명시함으로써 2000년부터는 무역업 관리제도가 무역업 고유번호제도로 전환되었다.

3 무역업 고유번호제도

1) 무역업의 신청

우리나라는 2000년부터 무역업이 완전 자유화됨에 따라 세법상 사업자등록증(Certificate for Business Registration, Business Registration Certificate)을 발급받고 한국무역협회(KITA)로 부터 무역업 고유번호(Trade Business Code)를 부여받은 자는 누구나 자유롭게 무역업을 영위할 수 있다.

무역업 고유번호를 취득하기 위한 별도의 신청요건은 존재하지 않기 때문에 관할 세무서에 사업자등록을 한 개인이나 등기소에 등기를 필한 법인이면 누구나 무역업의 신청이 가능하다.

사업자등록증은 기본적으로 사업장으로서 타당한 곳에만 발급해 주는 것이 원칙이지만, 최근에는 단독주택 및 아파트 등에서도 무역행위를 할 수 있기 때문에 이런 장소로 사업장을 신청하여도 사업자등록증을 발급 받을 수 있다.

2) 무역업 고유번호의 신청과 부여

현행 대외무역법상 무역업을 영위하고자 하는 무역거래자는 산업통상자원부 장관에 의해 위임된 기관인 한국무역협회(Korea International Trade Association)에 무역업 고유번호를 신청하여야 하며, 한국무역협회장은 접수 즉시 신청자에게 무역업 고유번호를 부여하도록 하고 있다.

여기에서 '무역거래자'는 수출이나 수입을 하는 자, 외국의 수입자나 수출자의 위임을 받은 자 및 수출이나 수입행위의 전부나 일부를 위임하거나 행하는 자를 말한다. 무역거래자는 수출신고나 수입신고를 할 때 무역업 고유번호를 기재하여야 한다.

무역업 고유번호의 신청과 부여는 별지 제1-1호 서식에 의하여야 하며 우편, 팩시밀리, 전자메일(e-mail), 전자문서교환체제(EDI) 등의 통신수단을 이용하여 신청할 수 있다.

무역업 고유번호를 부여받은 무역업자는 상호, 대표자, 주소, 전화번호 등의 변동이 발생한 경우에는 변동사실을 통신수단을 사용하여 한국무역협회장에게 통보하여야 한다.

한편, 무역업 고유번호를 부여받지 아니한 업체가 수출입을 하고자 할 때는 사전에 무역업 고유번호를 부여받은 업체를 통하여 수출입 대행을 의뢰함으로써 신청업체의 명의로 수출입을 영위할 수 있다.

무역업 고유번호를 취득했어도 수출과 수입행위에 관련 기관의 허가, 추천, 승인 등을 받도록 되어 있으면 그 요건을 충족하여야만 수출과 수입이 가능하다.

〈서식 1-1〉 사업자등록증

사 업 자 등 록 증
(일반과세자)

등록번호 : 214-01-45976

상 호 : 성 명 :

개업년월일 : 년 월 일 주민등록번호 :

사업장소재지 :

사업자의 주소 :

사업의 종류 : 업태	서비스	종목	수출입주선
	도매		무역
	서비스		사업경영상담

교부사유 :

공동 사업자 :

주류판매신고번호 :

2026년 월 일

강남 세무서장 인

〈서식 1-2〉 별지 제1-1호 서식

무역업 고유번호부여(신청)서

CERTIFICATE(APPLICATION) OF TRADE BUSINESS CODE

처리기간 (Handling Time)
즉시(Immediate)

구분	항목	내용	항목	내용
①	상호 (Name of Firm)		② 무역업고유번호 (Trade Business Code)	
③	주소 (Address)		④ 업종 (Business Type)	
⑤	전화번호 (Phone Number)		⑥ 이메일주소 (E-mail Address)	
⑤	팩스번호 (Fax Number)		⑦ 사업자등록번호 (Business Registry Number)	
⑧	대표자성명 (Name of Rep.)		⑨ 주민등록번호 (Passport Number)	

대외무역법 제18조 및 동법 시행령 제30조 및 제31조, 대외무역관리규정 제3-5-1조의 규정에 의하여 무역업 고유번호를 위와 같이 부여(신청)합니다.
We hereby acknowledge (I hereby apply for) the above-mentioned trade business code in accordance with Article 3-5-1 of the Foreign Trade Management Regulation.

신청일 : 년 월 일
Date of Application Year Month Day

신청인 : (서명)
Applicant Signature

사단법인 **한국무역협회장**
Chairman of Korea International Trade Association

Advanced English for Trade Practice

1. This book intends to introduce some fundamental activities involved in international trade practice. It is organized following the four stages involved in a trade procedure, namely the preparation of a transaction, the negotiation and formation of the contract, the performance of the contract and finally the settlement of disputes.
   - 이 교재는 국제무역실무에 포함된 여러 기본적인 활동들을 소개하고자 하는 것이다. 그것은 무역절차에 포함된 다음의 4단계 즉, 거래의 준비단계, 교섭과 계약의 성립단계, 계약의 이행단계, 그리고 마지막으로 분쟁해결의 단계로 구성되어 있다.

2. From the beginning to the end of a trade transaction, the whole operation undergoes four stages, namely the preparation of a transaction, the negotiation and formation of the contract, the performance of the contract and finally the settlement of dispute (if any).
   - 무역거래의 시작에서 끝까지의 전 과정은 거래의 준비, 교섭과 계약의 성립, 계약의 이행, 그리고 마지막으로 (있다면) 분쟁의 해결이라는 4단계를 거치게 된다.

3. From the direction of cargo flow, international trade can be classified into export and import trade. Export trade or export means to transport the goods which are produced and processed in domestic market to international for sale.
   Import trade or imports is made in the reverse direction ; It refers to the transaction to transport the goods from foreign counties to domestic markets for sale or use.
   - 화물흐름의 방향에 따라 국제무역은 수출과 수입무역으로 분류할 수 있다. 수출무역 또는 수출은 국내시장에서 생산되거나 제조과정을 거친 상품을 매매를 위해 국제시장으로 이동시키는 것이다. 반면 수입무역 또는 수입은 반대방향으로 이루어진다. 즉, 수입은 매매나 사용을 위하여 외국에서 국내시장으로 물품을 이동시키는 거래이다.

4. The fundamental characteristic that makes international trade different from domestic transaction is that international trade involves activities that take place across national borders.
   - 국제무역과 국내거래와 구별되는 근본적인 특징은 국제무역은 국경을 가로지르는 활동들을 포함하고 있다는 점이다.

5. Among the various forms of international trade, export trade and import trade are the two most frequently referred trade form in the world. They are actually two sides of the same transaction. Considering its significance, this book is devote to the procedures involved in both the export and import.
   - 국제무역의 다양한 형태 중에서 수출과 수입무역은 세계에서 무역형태로 언급되는 가장 대표적인 두 가지 형태이다. 그들은 실제적으로 동일거래의 두 가지 측면이다. 이러한 중요성을 고려하여 본 교재는 수출과 수입 양면을 포함한 그 절차에 주안점을 두고 있다.

Glossary of Trade Practice

1. Export : To send or transport goods abroad out of a customs territory ; to sever them from the mass of things belonging to one country with the intention of uniting them to the mass of things belonging to a foreign county.

2. Export License : A license issued to exporters by governments to permit them to export certain goods to certain countries. Such goods may be of strategic importance, or simply in short supply, or are controlled to comply with foreign agreements.

3. Exporter : An individual or company that ships goods from one country to another in the course of trade. The term export means sending of goods or services produced in one country to another country. The seller of such goods and services is referred to as an exporter ; the foreign buyer is referred to as an importer.

4. Goods : ① Merchandise, supplies, raw materials, wares, commodities or products. The meaning may vary in various situations but for purposes of a contract for storage or transportation, or with reference to collateral for security, it means all things treated as movable. ② Any article of commerce of any kind that is for sale.

5. Import : ① The act bringing or causing any goods to be brought into a customs territory. ② An import is a good brought into a jurisdiction, especially across a national border, from an external source. The party bringing in the good is called an importer.

6. Import License : An import license or import permit is an authorization by a competent authority for the importation of goods which are subject to restriction.

7. Import Quota : A protective device establishing limits on the quantity of a particular product that may be imported into a country.

8. Importer : The individual, firm or legal entity that brings goods, or causes goods to be brought from a foreign country into a customs territory.

9. International Trade : The exchange of capital, goods, and services across international borders or territories.

10. Tariff : ① Governmental charges imposed on goods at the time they are imported into or exported from a state. ② A comprehensive list or 'schedule' of merchandise with applicable duty rates to be paid of charged for each listed article. ③ A schedule of rates and charges applied by a business, especially a common carrier, together with a description of the services offered and the rules and regulation applicable.

Chapter 02

해외시장조사와 거래처 선정

Foreign Market Research and Selection of Customer

1 해외시장조사

1) 해외시장조사의 의의

해외시장조사(foreign market research)는 다양한 방법을 통해 해당 상품을 수출하거나 수입하기 적합한 해외시장에 대해 조사하는 것을 말한다.

이것은 수출입거래에서 이루어지는 최초의 단계로, 무역거래관계를 시작하는데 있어 자기가 취급하는 상품이 해외의 어느 시장에서 많이 소비하고 있는가, 또는 어느 해외시장을 통하여 유리하게 공급받을 수 있는가 등을 연구하여 목적시장을 물색하면서 그 시장의 상거래관습이나 상품에 관한 각종 정보를 조사하는 것이다.

2) 해외시장조사의 목적

해외시장조사는 취급상품의 거래처를 선정하기 위해 해당 해외시장에 대한 전체적이고 세부적인 여러 동향들을 파악하는 과정이다.

따라서 해외시장조사의 목적은 어느 특정시장을 형성하는 여러 가지 요소들을 조사하고 목적시장이 취급상품의 수출입지로 적격한지 여부를 판단하여 해당 상품의 판매가능성(selling possibility)이나 구매가능성(purchasing possibility)을 측정함과 아울러 수출입거래에 필요한 정보들을 수집하는데 있다.

해당 해외시장에서의 판매나 구매가능성을 파악하기 위해서는 객관적인 자료 분석을 통해 취급상품의 수급동향, 경쟁력과 수익성, 국내외 경쟁상대자 등 조사하고자 하는 해외시장의 일반적인 사항과 특수한 사항을 동시에 조사해야 한다.

3) 해외시장조사의 내용

해외시장조사는 우선적으로는 목적시장(target market)에 대한 정치, 경제, 사회, 문화, 역사, 인구, 과학기술 수준, 기후, 언어 등 전반적인 상황을 조사하고, 그 다음에는 취급상품에 대한 유통구조, 경쟁대상, 제품의 가격정책 등 세부적인 사항들을 조사하는 단계를 거쳐야 한다.

2 거래처 선정

거래처 선정(seeking of prospective buyer, selection of customer)은 철저한 해외시장 조사를 통해 선정된 목적시장에 있는 유능한 거래처나 잠재적인 고객(potential client)을 발굴하거나 확보하는 것을 말한다.

무역거래는 현금매매가 아니라 계약물품의 인도와 대금의 지급에 시차가 발생하는 거래이므로 특히, 상대방의 재정상태나 영업능력 및 거래능력 등에 대한 철저한 신용조사(credit inquiry)를 통해 Claim Hunter를 거래상대방으로 선택하는 일이 없도록 당해 업체의 개성, 성실성, 업계의 평판 등을 조사하여 거래처를 엄선하는 것이 무엇보다도 중요하다. 해외거래처를 선정하는 방법에는 직접적인 방법과 간접적인 방법이 있다.

1) 직접적인 방법

(1) 무역업자명부를 통하여 선정하는 방법

이것은 각국에서 발행하는 상공인명부(trade directory)나 관련 기관에서 발행하는 각종 간행물을 통해 해당 상품을 취급하는 무역업자의 명단을 입수하여 접촉함으로써 거래처를 선정하는 방법이다.

(2) 직접 출장이나 무역사절단 및 각종 전시회를 이용하여 선정하는 방법

이것은 유망한 목적시장으로 판단되는 현지에 직접 출장하여 거래관계를 희망하는 업체를 발굴하거나 한국무역협회 등 무역 관련 기관에서 주선하거나 파견하는 각종 민간무역사절단이나 경제협력사절단 및 국내외에서 개최되는 박람회나 전시회의 일원으로 참가하여 이를 통해 거래관계를 희망하는 업체를 만나는 방법이다.

무역사절단의 일정은 한국무역협회 국제통상팀을 통해 파악할 수 있고, 해외투자나 수출입 박람회나 전시회(exhibition, trade fair)의 일정이나 규모는 KOEX 전시부나 대한무역투자진흥공사(Korea Trade-Investment Promotion Agency, KOTRA) 전시담당부서, 그리고 해당 품목을 관장하는 수출조합이나 지방자치단체 등을 통해 파악할 수 있다.

(3) 거래제의와 함께 홍보물을 발송하여 선정하는 방법

이것은 각국의 Trade Directory나 주한외국대사관 상무관실, 한국무역협회 거래알선실, 대한무역투자진흥공사나 상공회의소 등 무역 관련 기관을 통해 입수한 거래처 명단(buyer list) 중 몇몇을 잠정적인 후보 거래처로 선정한 다음, 이들 업체에 거래제의와 함께 각종 홍보물(catalog, leaflet 등)을 발송하여 거래처를 선정하는 방법이다.

2) 간접적인 방법

(1) 국내외 해외 홍보매체를 활용하여 선정하는 방법

이것은 국내외 해외광고와 해외홍보용 Catalog 및 전단(leaflet)을 제작하여 목적시장에 배포하거나 국내외 해외 홍보매체에 자사 상품을 홍보한 결과 이에 응한 거래처를 통해 거래관계를 물색하는 방법이다.

국내에서 간행되고 있는 대표적인 해외광고매체로는 대한무역투자진흥공사가 발간하는 Korea Trade & Business, World Trade Zone, Korea Buyer's Guide 등이 있다.

(2) 국내외 무역 관련 기관이나 재외공관을 활용하여 선정하는 방법

이것은 해외거래처를 알선하거나 물색해주는 국내외 주요 무역 관련 기관이나 재외공관을 활용하여 거래처를 선정하는 방법이다. 국내의 무역 관련 기관으로는 한국무역협회(KITA)와 대한무역투자진흥공사(KOTRA), 그리고 대한상공회의소(KCCI)가 있으며 국외의 무역 관련 기관으로는 각국의 상업회의소(Chamber of Commerce and Industry)나 세계무역센터(World Trade Center Association, WTCA)가 있다.

국내의 경우에는 한국무역협회의 거래알선실에 의뢰하여 거래알선 서비스를 받거나 세계 각국에 현지 무역관을 운영하고 있는 대한무역투자진흥공사의 종합상담실에 의뢰하여 거래처를 소개받을 수도 있고 국제상업회의소에 가입되어 있는 대한상공회의소를 활용하여 거래처를 소개받을 수도 있다. 또한 우리나라 재외공관의 협조를 받게 되면 국내외 무역 관련 기관에서 얻지 못하는 정보나 거래처를 소개받을 수도 있다.

(3) 인터넷(Internet)을 활용하여 선정하는 방법

이것은 공개된 네트워크(network)를 통해 무역정보나 거래처 정보를 수집하여 거래처를 확보하는 방법이다. 이 방법은 무역업체가 인터넷을 이용하여 자기 회사의 정보나 상품정보를 전 세계의 거래 상대방에게 홍보함과 아울러, 웹 사이트에 등록되어 있는 정보의 검색이나 열람을 통해 거래처를 발굴하는 것이다.

전 세계에는 수없이 많은 Site들이 있으며 이들 사이트에 자신의 웹 사이트를 구축하여 각종 검색엔진에 등록하고 배너광고 등을 통해 자사의 제품을 직접 홍보할 수 있다.

특히 무역거래 전문 전자알선사이트(e-Market place, e-MP)를 활용하면 바이어 선정은 물론 수출입물품 홍보 등 다양한 정보를 제공받을 수 있다.

e-마켓 플레이스는 복수의 바이어와 판매자를 하나의 집중된 전자거래시장에 집결시키고 각 전자거래시장의 규칙에 따라 결정되는 동적인 가격에 의해 서로 매매할 수 있도록 지원하는 기업간 인터넷 가상 거래공간이다.

Keys to the Lesson

1. We are exporters of ~ : 당사는 ~을 취급하는 수출업체이다.

1) We are exporters of all kinds of sporting goods.
   ➡ 당사는 각종 스포츠용품을 취급하는 수출업체이다.
2) 그 회사는 잡화제품을 수입하는 업체입니다.
   ➡ They are importers of sundry products.

주 ① we, our : 당사, 폐사, 당사의 ↔ you(귀사), your(귀사의)
② they : 그 회사, 동 상사
③ 거래관계에 따른 수출업자와 수입업자의 명칭 비교

명　　칭	수출업자(수출자)	수입업자(수입자)
계약관계	seller(매도인, 賣主) vendor(판매상)	buyer(매수인, 買主) vendee(사는 사람)
무역관계	exporter(수출자)	importer(수입자)
신용장관계	beneficiary(수익자)	applicant(신용장 발행의뢰인)
환어음관계	drawer(환어음 발행인)	drawee(환어음 지급인)
결제관계	accounter(대금수령인) payee(대금의 영수인)	accountee(대금결제인) payer(대금의 지급인)
화물관계	consignor(송하인) supplier(제공자) shipper(선적인)	consignee(수하인) receiver(수령자) recipient(수령인)

④ of ~ : ~을 취급하는, ~을 다루는(=handling, deal with, treat, manage)
⑤ all kinds of + 복수명사 : 각종, 여러 종류의(=various sorts of + 복수명사)
⑥ goods : 제품, 상품(=products, merchandise, articles, commodities, manufactures)
⑦ sporting goods : 스포츠 용품(=sports sundry)
⑧ sundry goods : 잡화 제품(=general goods, miscellaneous merchandise)

2. They have connections in ~ : 그 회사는 ~에 거래처를 가지고 있다.

1) We have connections in your market.
   ➡ 당사는 귀 시장에 거래처를 가지고 있다.
2) 그 회사는 귀 지역에 있는 무역업자와 거래관계가 없습니다.
   ➡ They have no connections with traders in your district.

주 ① connections : 거래처(=customer, client, buyer, patron)
② have connections in ~ : ~에 거래처를 가지고 있다.
have connections with ~ : ~와 거래관계가 있다.
③ district : 지역(=area, region, zone, block, part, city, country, territory)

3. We shall be obliged if you will introduce ~ : 귀사가 ~을(를) 소개해 주시면 감사하겠습니다.

1) We shall be obliged if you will introduce some trustworthy firms to us.
   ➡ 귀사께서 몇몇의 신뢰할 만한 회사를 당사에게 소개해 주시면 감사하겠습니다.
2) 스포츠용품을 취급하는 몇 곳의 수출업체를 당사에게 소개해 주시면 감사하겠습니다.
   ➡ We should be obliged if you would introduce to us some exporters of sporting goods.

① We shall be obliged if you will ~ : ~해 주시면 감사하겠습니다.
We will appreciate it if you will ~, We will appreciate (your) ~ing,
We shall be obliged(grateful) for (your) ~ing, We are obliged for ~ing,
We shall be grateful for ~ing, we are grateful for ~ing, We appreciate ~ing,
We would appreciate, We shall appreciate it if ~, We shall be obliged if ~,
We shall be pleased if ~, It would be appreciated if ~, We appreciate it ~,
We are obliged for ~, We shall be grateful if ~
cf. oblige : 고맙게 여기다, 부득이 ~하게 하다(항상 수동태(be+pp) 형태로만 사용).
② trustworthy : 신뢰할 만한, 믿을 수 있는(=reliable, responsible, dependable)
③ introduce A to B : A를 B에게 소개하다(=introduce to B A).
introduce는 3형식에서 쓰이고, 목적어(A)가 긴 경우에만 introduce to B A와 같이 사용

4. Information concerning our financial standing : 당사의 재정상태에 관한 정보

1) As to credit and financial standing of our firms, KB Kookmin Bank will supply necessary information.
   ➡ 당사의 신용과 재정상태에 관해서는 KB 국민은행이 필요한 정보를 제공해 드릴 것입니다.
2) 당사의 신용상태는 뉴욕 주재 한국영사관이 필요한 정보를 귀사에게 제공해 드릴 것입니다.
   ➡ Concerning our credit standing, the Korean Consulate in New York will supply you with necessary information.
3) Regarding our financial standing and reputation, The Shinhan Bank, Ltd. Head Office, Seoul will provide you with necessary information.
   ➡ 당사의 재정상태와 평판에 관해서는 서울소재 신한은행 본점이 필요한 정보를 귀사에게 제공해 드릴 것입니다.

① concerning ~ : ~에 관하여, ~관한(=as to, about, regarding, as regards, with regard to, in regard to, with respect to, as for)
② financial standing(=status, position, condition, situation) : 재정상태
credit standing (신용상태), financing difficulty(재정난)
financing aids(금융지원), financial statements(재무제표, F/S)
③ firms : 회사, 상사, 기업(=companies, corporations, limited, concerns, houses)
④ supply(=furnish, provide, submit) A with B : A에게 B를 제공하다.
⑤ necessary information : 필요한 정보
⑥ head office : 본점(=main office, home office)

5. We thank you for ~ : ~에 대해 감사드립니다.

1) We thank you for your attention and your letter of March 10.
   ➡ 당사는 귀사의 배려와 3월 10일자 귀 서한에 대해 감사를 드립니다.
2) 8월 2일자에 귀사께서 카탈로그를 보내주심에 감사드립니다.
   ➡ Many thanks for your catalog under date of the 2nd August.
3) 당사는 2026년 10월 15일자 귀사의 서한을 감사히 받았습니다.
   ➡ We have received with thanks your letter of October 15. 2026.

주 ① We thank you for ~ : ~에 대해 감사드립니다, ~을 감사히 받았다(=Thank your for, Many thanks for ~, We have received with thanks ~, Please accept our thanks for ~).
② with thanks : 감사히, 감사하게

6. In reply to your letter of ~ : ~일자 귀 서신에 대한 회신으로

1) In reply to your letter of May 2, we are glad to recommend you the following firm.
   ➡ 5월 2일자 귀 서신에 대한 회신으로, 당사는 다음 회사를 귀사에게 추천하는 바입니다.
2) In reply to letter of August 3, we are please to introduce to you the following firms.
   ➡ 8월 3일자 서신에 대한 답신으로, 당사는 아래의 회사들을 귀사에게 소개해 드립니다.

주 ① in reply to ~ : ~에 대한 회신으로, ~에 대한 회답으로(=in answer to ~, in response to ~, replying to ~, answering ~, replying ~, as you mentioned in ~)
② of ~ : ~일자의(=dated, under date of, made on)
③ are glad to ~ : ~하게 되어 기쁘다, 기꺼이 ~하다(=be please to ~, be happy to ~, have the pleasure(=gladness) in(=of) ~ing).
④ following firms : 아래의 회사들, 다음 회사들(=listed firms, detailed firms, given firms, showed firms, stated firms)

7. upon publication : 출판 되자마자, 출판되는 즉시

1) A copy of which will be sent to you upon publication.
   ➡ 그 사본 1부는 출판 되자마자 귀사에게 보내줄 것입니다.
2) 그러한 주문을 실행 하자마자, 매도인은 송장 부본 한 부를 대리인에게 송부해야 한다.
   ➡ Upon the execution of any such order, the seller shall forward to the Agent a duplicate copy of the invoice.

주 ① upon ~ : ~하자마자, 되자마자(=on)
② upon publication : 발간 하자마자, 출판 되자마자(=as soon as publication, on publication, at the moment of publication)
③ forward to ~ : ~에 송부하다, 보내다, 발송하다(=send, remit something to somebody).
④ a duplicate copy : 사본 1부(=1통)

8. enjoy a good reputation : 좋은 평판을 받다, 평판이 좋다.

1) These firms enjoy a good reputation as the leading importers of Cotton Goods.
   ➡ 이 회사들은 면제품을 취급하는 일류 수입업체들로서 좋은 평판을 받고 있다.
2) 당사는 화학약품을 취급하는 유능한 수출회사이며 약 23년 동안 좋은 평판을 받고 있습니다.
   ➡ We are well-known exporters of Chemicals and have been enjoying a good reputation for 23 years.
3) We suppose our company has established an excellent reputation in the electronics industry, mainly due to our sophisticated R&D efforts.
   ➡ 우리 회사는 주로 고도의 연구개발 노력으로 전자산업 분야에서 훌륭한 평판을 쌓아가고 있다고 생각합니다.
4) 당사는 건설기계류, 장비 및 전자제품을 취급하는 일류 수출업체 중의 하나로 25년의 사업경험을 가지고 있다.
   ➡ We are one of the leading exports of constructional machinery, equipment and electronic products with a business background of 25 years.

주 ① enjoy(=have) a good reputation : 호평을 받고 있다, 평판이 좋다(=of good repute).
enjoy a first class(=the highest) reputation : 최고의 호평을 받고 있다.
of+추상명사 = 형용사(=reputable)
② reputation : 평판, 세평, 명성(=the general opinion about the character, qualities, fame, renown, prestige, name)
③ well-known : 유능한, 유명한(reputable, well-established, famous, celebrated, renowned)
long-established : 역사가 긴, 설립된 지 오래된 ↔ newly-established(신설된)

9. assume no responsibility for ~ : ~대해 어떠한 책임도 부담하지 않는다.

1) While these firms enjoy a good reputation as the leading importers of Cotton Goods, we, of course, assume no responsibility for them.
   ➡ 비록 이 회사들은 면제품을 취급하는 일류 수입업체로서 좋은 평판을 받고 있지만, 당사는 물론 그들에 대해서는 어떠한 책임도 부담하지 않습니다.
2) 당사는 그들에 대해 어떠한 책임도 부담하지 않는다.
   ➡ We are unable to make ourselves responsible for them.
3) Please remember that the information is our personal opinion and we take no responsibility whatsoever for it.
   ➡ 이 정보는 당사의 사견이며 그에 관하여 당사는 하등의 책임이 없음을 기억해주시길 바랍니다.

주 ① assume any responsibility for ~ : ~에 대해 책임을 지다(=make ourselves responsible for ~, be accountable for ~, take charge of ~, take responsibility for, assume any liability for ~, be in charge of ~, answer for ~, be responsible for ~).
② leading : 일류의, 최고의, 선두의(=A1, first-class, excellent, prominent, influential, best, most important, prime)
③ our personal opinion : 당사의 개인적인 견해(=사견)

사례 1 : 거래처의 소개를 요청하는 서신

INTERNATIONAL SEOUL TRADING CO., LTD.
Number 15 DongBang Bldg
310 Teheran-ro, Kangnam-ku, Seoul Korea, 06211

March 3, 2026

The New York Chamber of Commerce
99 Church St. New York
N.Y 10007, USA

Gentlemen :

We are well-known exporters of all kinds of cotton goods and have are enjoying an excellent reputation for twenty years. But we have no any business connections in your area. We shall be obliged if you would introduce to us some trustworthy importers who may be interested in this item of business.

For any information concerning our credit standing and reputation, Shinhan Bank, Seoul will provide you with the necessary information.

We thank you for your attention in advance and look forward to hearing from you.

Very truly yours,

INTERNATIONAL SEOUL TRADING CO., LTD.

E. J. Han

E. J. Han
Vice President

HEJ/hl

요점 면제품을 수출하는 한국의 수출업자가 뉴욕상업회의소에 면제품을 수입하는 업자를 소개해달라고 요청하면서 자사의 신용조회처를 밝히고 있다.

주 ① Co., Ltd. : 주식회사(Company, Limited : 영국),
Co., Inc. : 주식회사(Company, Incorporated : 미국)

② 06211 : 우편번호(=postal code, post code, zip code)

③ The New York Chamber of Commerce : 뉴욕상업회의소

④ cotton goods : 면직물, 면제품

⑤ this item(=line, field) of business : 이 영업종목, 본 거래품목

⑥ in advance : 선불로, 미리(=beforehand, ahead of time, previously, ahead, precedently)

⑦ look forward to ~ing : ~을 기다리다(=anticipate ~ing).
look forward to + ing 또는 (동)명사 : ~하기를 기대하다(=expect to).

사례 2 : 신뢰할만한 회사를 소개하는 서신

THE NEW YORK CHAMBER OF COMMERCE
99 Church St. New York
N.Y 10007, USA

March 13, 2026

INTERNATIONAL SEOUL TRADING CO., LTD.
Number 15 DongBang Bldg
310 Teheran-ro, Kangnam-ku,
Seoul Korea, 06211

Dear Mr. Han,

In reply to your letter of March 3, we have arranged to insert your announcement in the next issue of our bulletin, a copy of which will be sent to you upon publication.

We suggest you contact the following firms who may be interested in the import of your goods :

GLOBAL ENTERPRISING Co., Inc.	KP Central Trading Co., Inc.	Merlon Trading Co., Inc.
25 W 31s St, New York, NY 10001, USA	55-30 46th St. Flushing, NY 11378, USA	53west 35th St. New York, NY 10001, USA

While these firms have been long-established and enjoy a good reputation as the leading importers of Cotton Goods, we, of course, assume no responsibility for them.

They will give you their references from whom you will be able to obtain information about their credit standing.

We hope our reply will be helpful and of service to you, and if there is anything more we can do for you, please do not hesitate to let us know.

Yours truly,

THE NEW YORK CHAMBER OF COMMERCE

Smith D. Harper

Smith D. Harper
Secretary

요점 거래처의 알선의뢰를 받은 뉴욕상업회의소는 두 회사를 소개하면서 평판이 좋은 수입업체들이지만 그들에 대해서는 책임을 지지 않겠다고 밝히고 있다.

주

① bulletin : 소책자(=pamphlet, booklet, brochure, leaflet)
② be interested in ~ : ~에 관심을 가지다(= be attracted be, be impressed with ~).
③ their references : 그들의 신용조회처(=their credit references)
④ be of service to ~ : ~에 도움이 되다, ~에게 봉사하다.
⑤ do not hesitate(=wait, pause, delay) to ~ : 망설이지 말고 ~하십시오.
⑥ let us know : 당사에게 알려 주십시오(=inform us of ~, notify us of ~, tell us of ~).

해외시장조사와 거래처 선정에 흔히 사용되는 문장

1. Your firm has been found to us by Internet Trade Website of EC 21.
    - 당사는 귀 회사를 EC 21의 인터넷 무역웹사이트에서 알게 되었습니다.

2. We have received with thanks your e-mail of March 11. 2026.
    - 당사는 2026년 3월 11일자 귀사의 전자메일을 감사히 받았습니다.

3. We have been exporting sundry goods for more than thirty years.
    - 당사는 30년 이상 동안 잡화용품을 수출해 오고 있습니다.

4. We are exporters of sundry goods, including toys, and we are looking for reliable firms with whom we can enter into business relations.
    - 당사는 장난감을 포함한 잡화용품을 수출하고 있는 수출업체이며 당사와 거래관계를 개설할 믿을 만한 회사들을 찾고 있습니다.

5. Therefore, we shall be obliged if you will kindly introduce us to any capable firms in your country that are interested in this line of business.
    - 그러므로 귀사께서 본 거래품목에 관심에 있는 귀 지역에 있는 능력이 있는 회사들을 당사에게 소개시켜 주신다면 감사하겠습니다.

6. In replying to your letter of August 10, we are pleased to suggest the following firms.
    - 8월 10일자 귀사의 서신에 대한 회신으로, 당사는 다음의 회사들을 추천하여 드립니다.

7. We hope our reply will be helpful and of service to you, and if there is anything more we can do for you, please do not hesitate to let us know.
    - 당사의 회신이 귀사에게 도움이 되길 희망하며, 당사가 귀사를 위해 보다 더 해 드릴 것이 있다면 기탄없이 당사에게 알려주십시오.

8. Your cooperation in this matter would be highly appreciated.
    - 이 문제에 대한 귀사의 협력에 감사드립니다.

9. We are exporters of various kinds of sporting goods in Korea for more than 15 years.
    - 당사는 한국에서 각종 스포츠용품을 15년 이상 동안 수출하고 있는 수출업체입니다.

10. We recommend that you keep in touch with the following companies interested in importing goods that you are dealing with.
    - 당사는 귀사가 취급하는 물품을 수입하는데 관심이 있는 아래 회사들과 귀사께서 연락을 취해 볼 것을 권고하는 바입니다.

Advanced English for Trade Practice

1. Overseas market research is a series of procedure to investigate the overall environment and situation of a specific market and also analyze them to develop new markets and to promote exports.
   - 해외시장조사는 특정시장의 전반적인 환경이나 상태를 조사하거나 새로운 시장의 개척 및 수출을 촉진시키기 위해 특정시장을 분석하는 일련의 절차이다.

2. An exporter and importer must investigate overseas markets to see what market his export and import items are suitable for.
   - 수출자와 수입자는 그의 수출 또는 수입품목이 해외의 어느 시장에 적합한지를 알기 위해 해외시장을 조사해야 한다.

3. The evaluation of the target market is the first step in implementing a successful trade plan. Factors related to the country, its cultural background and economic situation, infrastructure, political climate, current import and export statistics, and information on trade barriers and restrictions may well worth investigating before deciding to enter the target market.
   - 목표시장의 평가는 성공적인 무역계획을 수립하는 최우선 조치이다. 국가와 관련된 요인들, 그 국가의 문화적 배경과 경제상황, 사회간접자본, 정치적 상황, 현재의 수출입통계, 무역장벽이나 제한에 관한 정보들은 목표시장에 진입을 결정하지 전에 조사해야 할 충분한 가치가 있는 것이다.

4. The exporter looks for business connections through chambers of commerce, commercial inquiry agencies, exchange banks, and business friends, etc.
   - 수출자는 상업회의소, 상업흥신소, 외국환은행과 거래처 등을 통해 거래처를 물색한다.

5. To select the foreign target market, one needs to do some market research. Foreign market research is vital to benefit from trade. Even if you have some experience in international trade, it's unwise for you to jump into an unresearched market.
   - 해외표적시장을 선택하기 위해서는 몇몇 시장을 조사할 필요가 있다. 해외시장조사는 무역을 성공시키기 위한 필수요건이다. 국제무역에 관한 충분한 경험을 소지하고 있을지라도 조사하지 않은 시장에 뛰어드는 것은 바람직하지 않은 것이다.

6. Methods to investigate overseas markets are largely divided into offline and online ways. The former is a method that utilizes conventional methods, while the latter is an electronic medium such as the Internet.
   - 해외시장조사 방법에는 크게 오프라인 방식과 온라인 방식으로 구분된다. 전자는 기존의 전통적인 방식을 활용하는 방식이고, 후자는 인터넷과 같은 전자적인 매체를 활용하는 방식이다.

Glossary of Trade Practice

1. Beneficiary : A natural person or other legal entity who receives money or other benefits from a benefactor. For example, the beneficiary of a life insurance policy is the person who receives the payment of the amount of insurance after the death of the insured.

2. Buyer : A person who purchases finished goods, typically for resale, for a firm, government, or organization. A person who purchases material used to make goods is sometimes called a purchasing agent.

3. Catalog : Definitions of the term 'trade catalog' vary, but in general, trade catalogs are printed materials published by manufacturing, wholesaling, or retailing firms.
They promote sales by making advertising claims, give instructions in using products, provide testimonials from satisfied customers, and include detailed descriptions of sale products.

4. Chamber of Commerce : A form of business network, for example, a local organization of businesses whose goal is to further the interests of businesses. Business owners in towns and cities form these local societies to advocate on behalf of the business community. Local businesses are members, and they elect a board of directors or executive council to set policy for the chamber. The board or council then hires a President, CEO or Executive Director, plus staffing appropriate to size, to run the organization. The first chamber of commerce was founded in 1599 in France.

5. Consignee : ① The person entitled to take delivery of the goods. ② In a contract of carriage, the consignee is the entity who is financially responsible (the buyer) for the receipt of a shipment. But not always, the consignee is the same as the receiver. If a sender dispatches an item to a receiver via a delivery service, the sender is the sender, the recipient is the consignee, and the deliverer is the carrier.

6. Custom : ① An activity, away of behaving, or an event which is usual or traditional in a particular society or in particular circumstances. The established pattern of behavior that can be objectively verified within a particular social setting.

7. Customer : The recipient of a good, service, product or an idea obtained from a seller, vendor, or supplier via a financial transaction or exchange for money or some other valuable consideration in sales, commerce and economics, sometimes known as a client, buyer, or purchaser.

Chapter 03

거래제의

Business Proposals

1 거래제의의 의의와 중요성

해외에 있는 유력한 거래처가 선정되면 다음은 그 거래처에게 거래를 적극적으로 권유하는 거래제의(business proposals, business suggestion)의 단계이다.

거래제의란 자사의 연혁, 지위, 평판, 생산규모, 취급품목, 거래실적 등을 개괄적으로 소개하고 가격표(price list)나 카탈로그 등을 동봉하여 앞으로 양 회사가 서로 거래관계를 개설할 것을 권유하는 것을 말한다.

매도인은 앉아서 거래상대방을 기다리지 말아야 한다. 그 이유는 연락처나 주소 등을 확보한 잠재적 매수인(potential buyer)에게 얼마나 적극적으로 거래를 제의하느냐의 여부가 무역거래 초기에 거래를 성사시키는 중요한 요인이 되기 때문이다.

2 거래제의서의 기재내용

일반적으로 거래제의서(circular letter)에는 다음과 같은 내용들이 기재된다.

① 상대방 회사 이름과 주소, 연락처 등을 알게 된 경위 및 목적

② 거래를 제의하는 회사의 업종이나 취급상품

③ 거래를 제의하는 회사의 자국 내에서의 지위, 평판, 경험, 매출액

④ 거래를 제의하는 상품, 수량, 가격 등 거래조건(terms and conditions)을 개괄적으로 제시하고 본 시장을 상대 회사를 통해 개척하고 싶다는 의지표명

⑤ 자사의 신용조회처(credit references) 제시

⑥ 호의적인 회답을 희망하는 거래권유 및 정중한 결문

거래제의서를 발송할 때에는 해당 상품에 대한 오퍼(offer)나 견본(sample) 등도 송부할 수 있다. 그러나 이것들은 처음부터 발송하지 않고 상대방이 거래관계를 개설할 의지를 분명히 가지고 있거나 해당 상품에 관심을 표명할 때 발송하는 것이 좋다.

3 거래제의서의 작성과 강조사항

거래제의서를 작성할 때에는 간단하고 명료한 단어나 문장을 사용하는 것이 좋다.

왜냐하면 간단하고 명료한 단어나 문장이야말로 서로의 의중을 쉽게 이해할 수 있기 때문이다. 특히 해당 시장을 상대방을 통해 처음으로 개척하고 싶다는 점을 강조하면서 취급상품의 종류나 품질 등의 우수성을 설명하는 것이 좋다.

또한 거래가 성사되면 여러 유리한 조건으로 해당 상품을 제공할 수 있음을 밝힘과 동시에 거래관계가 개설되면 서로에게 유익할 것이라는 점도 강조하는 것이 좋다.

4 거래제의서의 송부

예전에 거래제의서(circular letter)는 우편이나 전신(cable)으로 송부하는 경우가 많았으나 요즘에는 정보통신기술의 발달로 팩스나 전자메일을 많이 사용하고 있다.

거래제의서를 송부할 때 유의할 점은 종종 업체의 전화번호 변경, 수입업종 변경, 도산, 인수합병 등의 이유로 팩스나 이메일에 대한 회신이 오지 않는 경우도 많다는 점이다.

그것은 업체의 정보가 수시로 업데이트되는 것이 아니기 때문이다. 따라서 가급적 최근의 정확한 거래처 정보를 입수하여 거래제의서를 송부하는 것이 좋다.

5 거래제의의 승낙

거래제의를 받은 회사는 현지의 제반여건(가격, 관세, 유통 등)을 면밀히 검토한 후에 거래제의에 대한 승낙의사(acceptance of proposals)를 밝히게 된다.

거래제의의 승낙은 조건부 승낙과 정식 승낙으로 구분된다. 조건부 승낙은 거래상대방의 신용조사가 선행되어야 하지만 우선 거래의사를 먼저 전달하는 방식이다.

이 경우는 우선 거래제의에 대한 감사를 표하고 귀사 상품을 취급함에 있어 당사가 적격업체임을 시사한다. 또한 거래의 중요성에 비추어 신용조사 후 정식으로 승낙하겠다는 점을 밝히며, 거래제의를 해준 것에 대한 감사와 더불어 조속히 상호 유익한 거래가 이루어지기를 바란다는 말로 맺으면 된다.

정식 승낙은 신용조사 결과나 회사규모를 볼 때 이상이 없다고 판단될 경우 상대방의 거래제의를 정식으로 승낙하는 방식이다. 이 경우도 우선 거래를 하게 됨을 기쁘게 생각하며 지속적인 거래를 위해서는 저렴한 가격 등이 요구됨과 아울러 견본이나 거래조건을 요청하면서 서로에게 유익한 거래관계를 희망한다는 말로 맺으면 된다.

Keys to the Lesson

1. Your name has been given us by ~ as A : ~가 귀사의 상호를 A라고 소개해 주었다.

1) 서울 소재 대한상공회의소가 의류수출업자라고 귀사의 상호를 당사에게 소개해 주었다.
   ➡ Your name has been given us by the Korea Chamber of Commerce and Industry in Seoul as exporters of garments.
2) 귀 지역에 있는 상업은행을 통해 귀사가 양말류 수출업체라는 것을 알게 되었다.
   ➡ Through The Commercial Bank in your area, we learn that you are exporters of socks.

주 ① Your name have been given us by A : A가 귀사의 상호를 당사에게 알려주었다.
Through A, we learn that you are ~, Through A, We acquired your name,
A have given us your name as ~
② name : 1) 말하다. 2) 지명(=임명, 추천)하다(=nominate for, appoint to a position).
③ we learn(=find, note, know, see, understand) that ~ : 당사는 ~라는 것을 알았다.

2. open an account with ~ : ~와 거래관계를 개설하다.

1) We are writing to you with a keen desire to open an account with you.
   ➡ 당사는 귀사와 거래관계를 개설하고자 하는 열망으로 귀사에게 서한을 보냅니다.
2) We want to enter into business relations with traders of your market.
   ➡ 당사는 귀 시장의 무역업자와 거래관계를 개설하기를 바라고 있습니다.

주 ① open an account with ~ : ~와 거래를 개설(개시)하다, 거래관계를 시작하다.
start business with ~, do business with ~, establish a connections with ~,
enter into business relations with ~, build up business connections with ~,
come into contract with ~, in business relations with ~
↔ cease(=cut) business connections with ~ : ~와 거래를 끊다(중단하다).
② with a keen desire to ~ : ~하기를 간절히 열망하면서(=with a keen desire of ~ing)

3. have been doing business : 사업을 해오고 있다.

1) We have been doing business for over twenty years as exporters of stationery.
   ➡ 당사는 문구류 수출업체로서 20년 이상 동안 사업을 해오고 있다.
2) 그 회사는 아프리카에 완구류를 수출해 오고 있다.
   ➡ They have been exporting toys to Africa.
3) 당사는 스포츠용품을 아시아에 계속 수출해 왔다.
   ➡ We have been exporting sporting goods to Asia.

주 ① have been ~ing : 계속 ~해오고 있다(=have kept ~ing).
② export A to B : A를 B에 수출하다. ↔ import A from B

4. competitive prices : 저렴한 가격으로

1) If your prices are competitive and merchandise is suitable for our trade, we will be able to place large orders.
   ➡ 귀사의 가격이 저렴하고 상품이 당 거래에 적합하다면 당사는 대량주문을 할 수 있습니다.
2) We could submit our samples with competitive prices to you.
   ➡ 당사는 귀사에게 저렴한 가격으로 견본을 제공할 수 있습니다.
3) If your prices are reasonable, we will place large order with you.
   ➡ 귀사의 가격이 저렴하다면 귀사에게 대량주문을 할 것입니다.

주 ① competitive : 경쟁적인, 저렴한(=low, cheap, attractive, reasonable)
competitive in price : 값이 싼, 가격이 저렴한(=low cheap)
high in price : 가격이 높은, 비싼(=expensive in price)
② suitable(=fit, apt, appropriate, pertinent) for our trade : 본 거래에 적합하다.

5. in order to diversify our existing market : 당사의 기존시장을 다변화하기 위해

1) In order to diversify our existing market, we are interested in supplying our high quality products at the most attractive price and on-time delivery to you.
   ➡ 기존시장을 다변화하기 위해 당사는 귀사에게 가장 저렴한 가격과 정시인도로 양질의 제품을 제공하는데 관심이 있습니다.
2) 당사가 수입에 필요한 조치를 취할 수 있도록 납기가 명시된 귀사의 주문확인서를 보내 주시면 대단히 감사하겠습니다.
   ➡ We shall much appreciate it if you will send us your order confirmation on which delivery schedule specified in order to arrange necessary steps for import.

주 ① diversify : ~를 다각화하다, ~을 다변화하다, ~을 다양하게 만들다.
② on-time delivery : 정시인도(=punctual shipment, punctual delivery)
③ your order confirmation : 귀사의 주문확인, 귀사의 주문확인서

6. terms and conditions : 거래조건, 매매조건

1) We have been dealing with all kinds of Broadcasting Communication Sound Facilities and would like to know your terms and conditions.
   ➡ 당사는 각종 방송 통신용 음향기기를 거래하고 있고 귀사의 거래조건을 알고 싶습니다.
2) 6월 5일자 견본과 카탈로그에 관한 협정서를 감사히 받아 보았습니다.
   ➡ Thank you for The Agreement on sample and catalog made on June 5.

주 ① terms and conditions : 거래조건(=terms)
② The Agreement(=The Agreement on General Terms and Conditions of Business, Memorandum : 일반거래조건협정서, 일반거래협정서, 합의서, 협정서)

7. on a Banker's Irrevocable Letter of Credit : 은행이 발행한 취소불능신용장으로

1) We make it our custom to trade on a Banker's Irrevocable Letter of Credit, under which we draw a draft at sight.
   ➡ 은행이 발행한 취소불능신용장에 의거하여 일람출급 환어음을 발행하는 것이 당사의 관행입니다.
2) 거래조건과 관련하여 취소불능신용장에 의거하여 일람 후 60일 출급조건의 환어음을 발행하는 것이 당사의 거래관행입니다.
   ➡ As regards the terms of business, it is our custom to trade on an irrevocable L/C, under which we draw a draft at 60 days after sight.
3) Payment would be by drafts drawn at sight under an irrevocable credit.
   ➡ 결제는 취소불능신용장에 의거하여 일람출급 환어음이 발행된다.
4) 전 송장금액으로 당사를 지급인으로 하는 일람출급 환어음을 발행해 주십시오.
   ➡ Please draw sight drafts on us for the full invoice amount.
5) Payment for first orders would be by drafts drawn at sight under an irrevocable credit issued by The KB Kookmin Bank, London Branch.
   ➡ 첫 주문에 대한 결제는 KB 국민은행 런던지점이 발행한 취소불능신용장에 의거하여 일람출급 환어음에 의해 이루어질 것이다.
6) 이 취소불능신용장에 의거하여 30일 일람불 환어음을 발행해 주시기 바랍니다.
   ➡ Please draw a draft on us at 30 d/s under this irrevocable letter of credit.
7) Payment is to be made by a B/E drawn on us at 90d/s under a irrevocable L/C.
   ➡ 결제는 취소불능신용장에 의거하여 당사를 지급인으로 하는 90일 출급 환어음으로 이루어지게 될 것입니다.

주
① We make it our custom to trade on ~ : ~조건으로 거래하는 것이 당사의 관행이다.
② on Banker's Irrevocable Letter of Credit : 은행이 발행한 취소불능신용장으로
③ under which : 본 신용장 조건에 일치하여(=의거하여) (which=L/C)
④ under ~ : ~에 의거하여(=against, based on, based upon, in compliance with)
   under an irrevocable credit : 취소불능신용장에 의거하여
⑤ draw a draft : 환어음을 발행하다(=value a draft).
   Draft is to be drawn : 환어음은 발행되기로 한다, 환어음이 발행된다.
   cf. Promissory Note : 약속어음
⑥ draw a draft at sight : 일람출급 환어음을 발행하다(=draw draft on a sight basis).
   draft drawn at sight : 환어음이 일람출급으로 발행되다, 일람출급 환어음
   cf. usance bill : 기한부 환어음(=time bill, term bill) ↔ sight bill(=sight draft)
⑦ draft : 환어음(=Bill, Bill of Exchange, B/E)
⑧ draw a draft on (A) : (A)를 지급인으로 하여 환어음을 발행하다.
⑨ the terms of business(=payment, settlement) : 거래조건, 결제조건
⑩ a draft at 60 days after sight : 일람 후 60일 출급 환어음
⑪ drawn on us : 당사를 지급인으로 하여 환어음을 발행하다.
   draw sight drafts on you : 귀사를 지급인으로 하여 일람출급 환어음을 발행하다.
   draw a draft on : ~ 앞으로 어음을 발행하다.
   cf. (지급인)으로, (지급기일)로 하여 (얼마)의 금액으로 환어음을 발행하다.
   ~ on 지급인, ~ at 지급기일, ~ for 금액
⑫ at sight : 일람출급으로, d/s sight : 일람 후 ~일(=days after sight)

8. we refer you to ~ : ~에게 문의해 주십시오.

1) As to our credit standing, we refer you to KB Kookmin Bank in Korea.
   ➡ 당사의 신용상태에 관해서는 한국에 있는 KB 국민은행에게 문의해 주십시오.

주 ① we wish to(=desire to, would like to) refer you to ~ : ~에게 문의하시기 바랍니다.

9. on CIF New York basis : 뉴욕항 도착 운임보험료포함가격조건으로

1) We would appreciate receiving your lowest quotation on CIF New York basis.
   ➡ 당사는 뉴욕항 도착 운임보험료포함가격조건으로 귀사의 가장 저렴한 견적서를 받고 싶습니다.
2) 당사 고객이 원하는 가격은 CIF Hong Kong 조건으로 세트 당 미화 3달러이다.
   ➡ Our customer's requested price is US$ 3.00/set CIF Hong Kong.
3) 'Cost, Insurance and Freight' means that the seller delivers the goods on board the vessel or procures the goods already so delivered.
   ➡ '운임보험료포함가격조건'은 매도인이 물품을 본선에 적재하여 인도하거나 이미 그렇게 인도된 물품을 조달하는 것을 의미한다.

주 ① on one's basis : ~조건으로
② We would appreciate receiving ~ : 당사는 ~을 받고 싶습니다.
③ US$ 3/set CIF Hong Kong : 홍콩항 도착 운임보험료포함가격조건으로 세트 당 미화 3달러
④ CIF : Cost, Insurance and Freight(운임보험료포함가격조건)
⑤ procures the goods already so delivered : 이미 그렇게 인도된 물품을 조달하다.

10. sample and patterns : 견본과 견품

1) We would appreciate receiving your several sample and patterns by air parcel post.
   ➡ 항공소포우편으로 귀사의 다양한 견본을 받게 된다면 감사하겠습니다.
2) 당사는 가격표와 함께 당사의 견본을 귀사에게 항공소포우편으로 보내드릴 수 있습니다.
   ➡ We could send you our samples with price-lists by air parcel post.

주 ① by air parcel post : 항공소포우편으로
by : ~편으로(=per, via) cf. by ship : 선편으로, by train : 기차 편으로
② sample and patterns : 견본, 견품
samples : (품질에 관한) 견본 또는 견품(광의의 개념)
patterns : (옷감, 색상, 무늬, 디자인 따위의) 견본
swatch : (직물이나 피혁 등의 천 조각의) 견본(=cutting)
specimen : (광물이나 식물의) 표본, feeler sample : 시험견본(=test sample)
seller's sample : 매도인이 매수인에게 제공하는 견본 ↔ buyer's sample
counter sample : buyer's sample에 대한 매도인의 공급 가능한 상품의 반대견본
shipping sample : 매도인이 선적품의 일부를 매수인에게 송부하는 견본(=advance sample)

11. detailed sample : 상세한 견본

1) Upon receipt of your detailed samples, we could send you our samples with price–lists.
   ➡ 귀사의 상세한 견본을 받자마자, 당사는 당사 가격표와 함께 견본을 보내드릴 수 있습니다.
2) 귀사의 상세한 견본을 받는 대로, 당사는 견본을 가장 저렴한 가격으로 제공할 수 있습니다.
   ➡ Upon receipt of your detailed samples, we could provide our samples with the most competitive prices to you.
3) If you would care to deal with us on this basis, we should be pleased to give you further details of business.
   ➡ 만약 귀사께서 이러한 조건으로 당사와 거래를 하고 싶다면 당사는 기꺼이 귀사에게 사업에 대한 상세한 정보를 제공해 드리겠습니다.

주 ① upon receipt of your detailed samples : 귀사의 상세한 견본을 받자마자
② detail : 세부사항(=세목), 세부사항들
③ price–list : 가격표
cf. current price : 현행가격, 시가(=ruling price, market price)
④ details : 명세서, 상세한 내용(=particulars, specifications, descriptions)
for further particulars : 좀 더 상세한 내용에, 좀 더 상세한 내용에 대해서는
particulars : 명세, 명세서, 상세한 내용(=details, descriptions, specifications)

12. your lowest quotation : 귀사의 가장 저렴한 견적

1) We would appreciate receiving your lowest quotation on CIF New York basis about 100% cotton shirts for Men.
   ➡ 당사는 100% 남성용 면셔츠에 대해 뉴욕항 도착 운임보험료포함가격조건으로 귀사의 가장 저렴한 견적서를 받고 싶습니다.
2) We decided to go with the lowest quotation.
   ➡ 당사는 가장 저렴한 견적을 하기로 결정했습니다.
3) 귀사의 부산항 도착 운임포함가격조건으로 최저가격을 소속한 인도스케줄과 함께 알려주십시오.
   ➡ We would appreciate it if you send us your lowest CFR, Busan prices with earliest delivery schedule.
4) We would like to receive your lowest quotation C.I.F Incheon.
   ➡ 당사는 인천항 도착 운임보험료포함가격조건으로 가장 저렴한 견적을 받기를 원합니다.

주 ① lowest : 최저(=best, minimum, rock-bottom, floor) ↔ maximum(=highest, ceiling) price
cf. retail price : 소매가격 ↔ wholesale price : 도매가격
best quotations : 최저 견적가격
invoice price : 송장가격, contract price : 계약가격
② quote : 상장하다. 견적하다, 시세를 말하다, 가격을 매기다, 인용하다.
cf. This is quoted from Shakespeare. : 이 글의 출처는 셰익스피어입니다.
③ quotation : 견적서, 견적, 거래가격, 시세, 상장, 견적가격, 인용

13. place an order with ~ : ~에게 주문하다.

1) We hope you will give an order to us for this goods by return.
   ➡ 귀사께서 회신 편에 본 제품을 당사에게 주문하여 주시기를 희망합니다.
2) 그러므로 귀사 제품의 품질이 만족스럽고 가격이 저렴하다면 당사는 상당히 많은 수량을 정규적으로 주문할 것입니다.
   ➡ If therefore the quality of your goods is satisfactory and the prices are reasonable, we expect to place regular orders for fairly large numbers.
3) If your prices are reasonable, we will place large order with you.
   ➡ 귀사의 가격이 저렴하다면, 당사는 귀사에게 대량주문을 할 것입니다.

주 ① place an order with us : 당사에게 주문하다(=give orders to us, submit an order to us, supply us with an order). ↔ receive(=take, book) an order to us.
place(=give) regular(=constant, unbroken) orders : 정기적으로 주문을 하다.
place a substantial order with ~ : ~에게 상당한 주문을 하다.
an order by way of a trial : 시험주문으로(=as a trial order, as a first orders)
② fair large numbers : 상당히 많은 수량
large order : 대량주문, 상당한 주문
large=considerable, heavy, big, quantity, sizable, substantial, a great deal, quite a lot, bulk)
③ by return : 1) 회신 편에(=by return of post) 2) 즉시(=immediately, soon)
cf. in return ~ : ~에 대한 보답으로

14. a special discount : 특별할인, 특별한 가격인하

1) In these circumstances, will you please say whether you are able to allow us a special discount?
   ➡ 이러한 상황에서, 귀사가 당사에게 특별할인을 제공해 줄 수 있는지 여부를 말씀해 줄 수 있는지요?
2) 귀사의 서한에서 귀사는 가격표에서 5%의 특별가격 할인을 당사에게 요구하고 있습니다.
   ➡ In your letter you ask us for a special price discount of 5% off the price-list.
3) We are, therefore, afraid there is little prospect of doing business with you, unless some substantial discount is allowed on the list prices.
   ➡ 그러므로, 만일 가격표에서 실질적인 할인이 허용되지 않는다면 귀사와 거래할 것이라는 전망이 거의 없음이 유감스럽습니다.

주 ① in these circumstances : 이러한 상황에서(=under these circumstances)
② discount : 할인, 가격인하(=allowance, deduction, reduction, price cutting, abatement)
cf. special discount(특별할인), cash discount(현금할인), discount rate(할인율)
③ a special price discount of 5% off : 5%의 특별 가격할인(=인하)
④ 5% off the price-list : 가격표에서 5%를 공제(=할인, 인하)
⑤ substantial discount : 실질적인 할인
⑥ we are afraid ~ : ~해야 될 것 같아 걱정이다, ~할 것 같아 유감이다.
⑦ there is little prospect : 전망이 거의 없다.

사례 3 : 추천해 준 회사에게 거래를 제의하는 서신 (1)

March 23, 2026

Messrs. GLOBAL ENTERPRISING CO., INC.
25 W 31s St, New York, NY
10001, USA

Gentlemen :

Your name has been given us by the New York Chamber of Commerce in your country as one of the leading importers of high quality Cotton Goods and we are writing to you with a keen desire to open an account with you.

We have been doing business for over twenty years as large exporters, producing all kinds of cotton products including cotton shirts using latest computerized manufacturing facilities.

Our products are highly accepted in Japan, France, and Italy. And also, we have been enjoying a good reputation because of excellent quality, quick delivery and competitive prices of our goods. In order to diversify our existing market, we are interested in supplying our high quality products, at the most attractive price and on-time delivery to you on favorable terms and condition.

As regards the terms of business, we make it our custom to trade on a Banker's Irrevocable Letter of Credit, under which we draw a draft at sight.

Upon receipt of your reply, we could send you our samples with price-lists.

As to our credit standing, we refer you to Shinhan Bank, Seoul, Korea. we will supply you, upon request, with any other information that you may require.

For more information, please e-mail us or visit our web site http://www.istco.com

We look forward to your favorable reply.

Very yours truly,

요점 국제서울무역㈜이 뉴욕상업회의소가 소개해 준 Global Enterprising Co., Inc.에게 거래를 제의하면서 자사를 소개하고 신용조회처를 제공하고 있다.

① using latest computerized manufacturing facilities : 최신식 컴퓨터 제조설비를 활용하여
② latest : 최신식의(=newest, the most up-to-date, the last word, the ultramodern)
③ our products are highly accepted in Japan : 당사의 제품이 일본에서 호평을 받고 있다.
④ because of ~ : ~때문에(=thanks to, because, owing to, due to, by reason of, on account of)
⑤ quick delivery : 조속한 인도, 조기인도(=earliest delivery)
⑥ high quality products : 매우 우수한 품질, 양질의 제품(=products of high quality)
⑦ on favorable terms and conditions : 아주 유리한 거래조건으로
favorable : 호의적인, 유익한, 도움이 되는(=helpful, profitable)
⑧ your favorable reply : 귀사의 호의적인 회신

사례 4 : 거래제의를 승낙하는 서신

GLOBAL ENTERPRISING CO., INC.
25 W 31s ST, New York, NY. 10001,
U. S. A

March 30, 2026

INTERNATIONAL SEOUL TRADING CO., LTD.
Number 15 DongBang Bldg
310 Teheran-ro, Kangnam-ku,
Seoul Korea, 06211

Dear Mr. Han,

We thank you very much for your letter of March 23, 2026 in which you airmailed your willingness to open an account with us.

We are glad to know that you are specially interested in exporting cotton shirts and in these lines we can say that we are specialists. We have, up to the present, been importing various kinds of cotton goods from Japan.

We would appreciate receiving your lowest quotation on CIF New York basis about 100% cotton shirts for Men as well as several samples by air parcel post.

Upon receipt of your detailed patterns or samples, if your prices are competitive and merchandise is suitable for our trade, we will be able to place large orders.

Will you please say whether, in these circumstances, you are able to allow us a special discount? We look forward to hearing from you in due course.

Cordially yours,

John T. Bolen

John T. Bolen
President

요점 수입자는 거래제의를 승낙하면서 견본과 저렴한 가격의 견적을 요구하고 있다.

주
① airmailed your willingness : 귀사의 의사를 우편으로 표하여 주신
② We are glad to know that ~ : ~을 알게 되어 기쁘다.
③ in these lines : 그 점에 있어서, 그 점에 있어
④ up to the present : 현재까지 cf. at present : 현재(=at the present time)
⑤ exporting cotton shirts : 수출용 면 셔츠, 면 셔츠를 수출하는(=shipping cotton shirts)
⑥ suitable for one's trade : ~의 거래에 적합하다.
suitable(=fit, apt, appropriate) for our trade : ~당(본) 거래에 적합하다.
⑦ in due course : 마침 좋은 때에, 알맞은 때에, 제 때에, 즉시(=at the right and proper time, in good time, in due time, in due course of time)

사례 5 : 추천해준 회사와 거래를 제의하는 서신 (2)

March 25, 2026

KP Central Trading Co., Inc.
55-30 46th St. Flushing, NY
11378, USA

Gentlemen :

Your name has been given us by the Chamber of Commerce of your city as large importers of cotton goods, and we are writing you with a desire to open an account with you.

We have been doing business for over 20 years as exporters of Cotton Goods and handle only the best and finest quality in the said field, and we have been exporting over 10 million USD worth of goods to Asia and Europe every year.

For your reference, we are enclosing our latest price list which, we believe, is quite competitive in your market. As regards the terms of business, we make it our custom to trade on a Banker's Irrevocable Letter of Credit, under which we draw a draft at sight.

If you would care to deal with us on this basis, we should be pleased to give you further details of business. Regarding our credit standing, we wish to refer you to Shinhan Bank, Seoul, and the Korean Consulate in New York.

We will supply you, upon request, with any other information.

We look forward to your favorable reply by return.

Yours very truly,

요점 국제서울무역㈜이 뉴욕상업회의소가 소개해 준 KP Central Trading Co., Inc.에게 거래를 제의하면서 자사를 소개하고 신용조회처를 제공하고 있다.

주
① your name have been given us by the Chamber of Commerce : 상업회의소를 통해 귀사의 상호를 알게 되었다.
② with a desire to ~ : ~을 희망하며(=with a desire of ~ing)
with a keen desire to(=of ~ing) ~ : ~하는 것을 열망하면서
③ the best and finest quality : 가장 우수하고 최상의 품질, 최고급품
④ the said(=captioned, above-mentioned) field(=line) : 앞에서 언급한 분야(품목)
⑤ we make it A to ~ : ~하는 것을 A로 하고 있다.
⑥ would care to ~ : ~하고자 한다(=would like to, be willing to).
⑦ the Korean Consulate : 대한민국 영사관

사례 6 : 거래제의를 거절하는 서신

KP General Trading Co., Inc.
55-30 46th St. Flushing, NY
11378, USA

March 31, 2026

INTERNATIONAL SEOUL TRADING CO., LTD.
Number 15 DongBang Bldg
310 Teheran-ro, Kangnam-ku,
Seoul Korea, 06211

Dear Mr. Han,

Thank you very much for your letter of March 25 proposing to do business with us.

We are importing cotton products for men from a company in Japan for more than 10 years. The company offers us a very competitive price and provides excellent quality products.

The company has provided us with a very favorable payment condition. We are very pleased with the transaction with the company.

Therefore, we regret to inform you that we are unable to comply with your excellent proposal of business. We look forward to dealing with you in the near future.

Yours very truly,

Tomas Rivera

Tomas Rivera
Director
Export Department

요점 수입자는 기존 거래처와의 관계를 이유로 국제서울무역㈜의 거래제의를 거절하고 있다.

주
① proposing to do(=doing) : ~하는 것을 제의(=신청)하는
② excellent quality products : 탁월한 품질의 제품, 우수한 품질의 제품
③ with a very favorable payment condition : 매우 유리한 결제조건으로
④ your excellent proposal of business : 귀사의 탁월한 거래제의
⑤ comply with ~ : 순응하다, 지키다, 준수하다, ~을 수락하다.

사례 7 : 추천해준 회사와 거래를 제의하는 서신 (3)

INTERNATIONAL SEOUL TRADING CO., LTD.
Number 15 DongBang Bldg
310 Teheran-ro, Kangnam-ku, Seoul Korea, 06211

Merlon Trading Co., Inc.
53 west 35th St. New York, NY
10001, USA

March 26, 2026

Gentlemen :

Your name has recommended to us by the New York Chamber of Commerce as large importer of Korean Cotton goods in USA.

We are, therefore, writing to you with a keen desire to open an account with you

We have been established here for over twenty years as exporter of Cotton goods with enjoying a good reputation. Because of our excellent organization for conducting export business and close connections with the best sources of supply, we are in a position to supply you with A1 goods at competitive prices.

As to the terms of business, it is our custom to trade on an irrevocable letter of credit, under which we draw a draft at sight. For any information as to our credit standing and reputation, please refer to the Shinhan Bank in Seoul.

We look forward to your early and favorable reply.

Yours very truly,

요점 국제서울무역㈜이 뉴욕상업회의소가 소개해 준 Merlon Trading Co., Inc.에게 거래를 제의하면서 자사를 소개하고 자사의 신용조회처를 제공하고 있다.

주
① Your name has recommended to us by Your name has recommended to us by ~ : ~를 통해 귀사의 상호를 알게 되었다.
② large importer of Korean Cotton goods : 한국산 면제품을 취급하는 대형수입업체
③ our excellent organization : 당사의 우수한 조직
④ close connections with ~ : ~와 면밀한 관계
⑤ are in a position to ~ : ~할 수 있다(=can).
⑥ with A1 goods : 매우 우수한 제품을
⑦ to draw at sight : 일람출급으로 환어음을 발행하다.

사례 8 : 거래제의를 승낙하는 서신

Merlon Trading Co., Inc.
53 west 35th St. New York, NY
10001, USA

March 30, 2026

INTERNATIONAL SEOUL TRADING CO., LTD.
Number 15 DongBang Bldg
310 Teheran-ro, Kangnam-ku,
Seoul Korea, 06211

Dear Mr. Han

Thank you very much for your letter of March 26 proposing to open an account with us.

We are glad to learn that you are especially interested in exporting cotton shirts, and in these articles we may say that we are specialists.

We would appreciate it if you would send us your best CIF New York price on cotton shirts as well as several samples by air parcel post.

If your goods prove suitable to our market in both price and quality, we will be able to place large orders.

Regarding our credit standing, we wish to refer you to the Bank of America.

We hope this will be the beginning of mutually profitable business between us.

We look forward to healing from you soon.

Yours very truly,

Dwayne Johnson

Dwayne Johnson
Chairman

요점 수입자는 거래제의를 승낙하면서 견본을 요청하고 신용조회처를 제공하고 있다.

① We are glad to learn that ~ : ~알게 되어 기쁘다.
② in these articles : 본 품목에 있어서는, 본 제품에 관하여
③ we are specialists : 당사가 전문가이다.
④ in both price and quality : 가격과 품질 면에서
⑤ the beginning of mutually profitable business : 상호 유익한 거래의 시작

거래제의에 흔히 사용되는 문장

1. Messrs. First Textile Co., Inc. New York, USA, have recommended your firm to us as one of the largest importers in USA.
   - 미국 뉴욕소재 제일섬유주식회사는 귀사를 미국에 있는 가장 큰 수입업자 중의 하나라고 추천해 주었습니다.

2. Through the courtesy of New York Chamber of Commerce in New York, we have known that you are one of the leading firms in you city, especially interested in the import of various Korean goods.
   - 뉴욕소재 뉴욕상업회의소의 배려를 통해 당사는 귀사가 특별히 각종 한국산 제품을 수입하는데 관심이 있는 귀 도시에 있는 일류회사 중의 하나라는 사실을 알게 되었다.

3. We have received your letter of the 11th of October proposing us to establish a business connection with us.
   - 당사와 거래관계를 개설하고자 제안하신 10월 11일자 귀사의 서신을 잘 받았습니다.

4. We shall be glad if you will send us your latest catalog, informing us of prices and terms. If your prices are reasonable and terms are satisfactory, we shall soon place a large order with you.
   - 귀사께서 가격과 조건들을 알려주는 귀사의 최근 카탈로그를 당사에 보내주신다면 감사하겠습니다. 만일 귀사 가격이 저렴하고 조건들이 만족스럽다면 당사는 곧 귀사에게 대량주문을 할 것입니다.

5. As requested, we sent our most recent catalog and the price list with several sample by courier service. Attached, you will find our prices and goods are very competitive.
   - 요청하신 대로 당사는 국제택배서비스로 여러 견본들과 함께 가장 최근의 카탈로그와 가격표를 송부했습니다. 첨부한 것을 통해 귀사는 당사의 가격과 제품이 매우 저렴하다는 것을 발견하게 될 것입니다.

6. As to our standing, please refer to Shinhan bank, Seoul.
   - 당사의 신용상태에 관해서는 서울소재 신한은행에 문의하여 주십시오.

7. We look forward to your favorable reply by return.
   - 당사는 회신 편에 귀사의 호의적인 회답을 기대하고 있습니다.

8. If your quotation is very low, we may places a substantial order.
   - 귀사의 견적이 저렴하다면 당사는 대량주문을 할 것입니다.

Advanced English for Trade Practice

1. After exporter selected business connections, he dispatches his Circular Letters to prospective importers. When a potential overseas customer is selected, the next step is to offer a deal to that customer.
   ‣ 수출자는 거래처를 선정한 후에 예상되는 수입자에게 거래제의서를 발송한다. 해외에 있는 유력한 고객이 선정되면 다음 단계는 그 거래처에게 거래를 제의하는 것이다.

2. The Circular Letter refers to the introduction of its history, status, production scale, reputation, handling goods, transaction records, and to suggest opening a deal with each other in the future
   ‣ 거래제의서는 자사의 연혁, 지위, 생산규모, 평판, 취급품목, 거래실적 등을 개괄적으로 소개하고 미래에 양 회사가 서로 거래관계를 개설할 것을 권유하는 것을 말한다.

3. In the past, Circular Letters were often sent by mail, letters, and cables. However, these days, we use a lot of fax machines and e-mail through rapid development of information technology.
   ‣ 예전에는 우편이나 서신 및 전신(cable)으로 거래제의서를 송부하는 경우가 많았다. 그러나 요즘에는 정보통신기술의 발달로 팩스(Facsimile)나 전자메일을 많이 이용하고 있다.

4. When the exporter sent Circular Letter to the importer, it is desirable for exporters to use simple, easy and clear words or sentences. Because simple, clear words and sentences can easily understand each other's intentions.
   ‣ 수출자가 수입자에게 거래제의서를 송부할 때에는 가급적 간단하고 쉽고 명료한 단어나 문장을 사용하는 것이 바람직하다. 왜냐하면 간단하고 명료한 단어나 문장이야말로 서로의 의도를 쉽게 이해할 수 있기 때문이다.

5. We are duly in receipt of your offer and sample but regret to say that your samples are not suitable for our client's requirement because the requested product by our client is 0.3 m/m PVC sheet. Additionally, please refer to our products listed on our homepage.
   ‣ 귀사의 견본과 오퍼를 잘 받았으나 유감스럽게도 우리의 고객이 요청하는 상품은 0.3m/m 두께의 PVC sheet이기 때문에 귀사의 견본은 고객의 요구에 적합하지 않음을 알려 드립니다. 추가적으로 당사 홈페이지 다양한 상품을 참조하시기 바랍니다.

6. We suppose our company has established an excellent reputation in the electronics industry, mainly due to our sophisticated R&D efforts. We look forward to developing that relationship to the mutual benefit of our organizations.
   ‣ 우리 회사는 고도의 세련된 연구개발 노력으로 전자산업 분야에서 훌륭한 평판을 받고 있습니다. 우리 회사는 우리 조직의 상호 이익을 위해 그 관계를 발전시키길 기대하고 있습니다.

Glossary of Trade Practice

1. Beneficiary : In the case of payment, the person entitled to take the proceeds.

2. Catalogue : A book with pictures and descriptions of products, often distributed free to potential customers as a means of promotional advertising.

3. CIF : This term is broadly similar to the above CFR term, with the exception that the seller is required to obtain insurance for the goods while in transit to the named port of destination. CIF requires the seller to insure the goods for 110% of their value under at least the minimum cover of the Institute Cargo Clauses of the Institute of London Underwriters (which would be Institute Cargo Clauses (C)), or any similar set of clauses.

4. Circular letter : A written document that is addressed for circulation to a group of people. It is usually formal and official.

5. Clearance : The accomplishment of the customs formalities to allow goods to be imported or to be exported.

6. Commission : The amount paid by a principal to an agent for their role in the completion of a transaction involving the sale of goods or service.

7. Fax : Short for facsimile, sometimes called telecopying or telefax is the telephonic transmission of scanned printed material (both text and images), normally to a telephone number connected to a printer or other output device.

8. Letter of Credit : A method of payment that is an important part of international trade. They are particularly useful where the buyer and seller may not know each other personally and are separated by distance, differing laws in each country and different trading customs.

9. Price : The quantity of payment requested by a seller of goods or services, rather than the eventual payment amount.

10. Sample : ① A small quantity of a product, often taken out from a whole lot or specially designed and processed that is given to encourage prospective customers to buy the product. ② A single item of a consignment of goods or a part of a whole product, possibly selected from a whole consignment or specially designed or processed.

11. Shipper : Someone who provides or sends goods for shipment, by packaging, and arranging for transit, or who coordinates the transport of goods.

12. Validity : The time period for which a Letter of Credit is valid.

Chapter 04

신용조회

Credit Inquiry

1 신용조회의 의의

거래제의를 했을 때 이를 승낙하거나 관심을 표명하는 업체는 반드시 신용조회 과정을 거쳐야 한다. 왜냐하면 무역거래는 당사자 상호간의 신용(credit)을 전제로 이루어지는 것이므로 사전에 철저한 신용조회를 통해 믿을 수 있는 거래처와 거래관계를 맺는다면 무역거래에서 발생하는 클레임의 대부분은 예방될 수 있기 때문이다.

신용조회는 향후 그 업체와의 거래 가능성과 지속성을 진단하고 위험요소가 무엇인지를 사전에 파악할 수 있는 근거로 활용될 수 있다는 측면에서 그 중요성이 특별히 강조되고 있다. 따라서 거래 상대방에 대한 완벽한 신용조회는 미래에 발생할 수 있는 무역클레임을 손쉽게 해결할 수 있는 방책이 되는 한편, 무역사기나 고의적인 클레임을 사전에 예방하는 매우 중요한 대책이 될 수 있다.

2 신용조회의 필요성

무역거래는 물품인도와 대금지급에 시차(time difference)가 발생하는 거래이다. 따라서 마켓클레임(market claim)을 상습적으로 제기하는 Claim Hunter를 거래 상대방으로 선택하는 일이 없기 위해서는 철저한 신용조사가 선행되어야 한다.

마켓클레임은 클레임의 대상도 되지 않는 경미한 사안에 대해 악의적으로 대금감액을 요구하거나 화물의 인수를 거절하는 등 바람직하지 않은 클레임을 말한다. 무역거래에서는 이러한 의장적 상인(claim merchant, 상습 클레임 제기 상인)들이 많다.

이들은 교묘한 방법으로 매도인으로 하여금 정상적인 계약이행에 차질을 빚게 한 후 고의적으로 클레임을 제기하거나, 매도인에게 책임이 있는 클레임이 아니라 시장상황의 변화로 시가 하락(price drop)이 발생한 경우에도 가격의 손실을 피하고자 클레임을 제기하는 악의적인 수입자들이다.

또한 해외거래처와 정식계약을 체결하지 않으면서 여러 구실로 고가의 견본만을 요구하는 '견본상인(sample merchant)'이라고 불리는 위장 무역업자도 있다.

3 신용조회의 내용

신용조회 과정에 반드시 포함되어야 하는 핵심내용은 해당 업체의 Character, Capacity 및 Capital이다. 이것을 해당 거래업체의 신뢰도를 측정하는 'Three C's'라고 한다.

여기에 해당 기업의 환경(condition), 소속국가(country), 거래통화(currency), 담보능력(collateral) 중 두 가지를 추가하여 [5 C's]라 부르기도 한다.

Condition은 해당 기업을 둘러싸고 있는 제반 여건이나 환경을 말하며, Country는 무역하는 상대방 국가의 국가 위험도를 말한다. Currency는 해당 국가의 지급통화를 측정하는 것을 말하며, Collateral는 해당 기업의 담보능력을 말한다.

1) Character

Character는 거래성격이나 상도덕을 의미하는 것으로 여기에는 Market Claim을 예방하는데 필수적인 해당 업체의 영업태도(mode of doing business), 의무를 이행하는 자세(willingness to meet obligation), 평판(community reputation), 성실성(integrity), 계약이행에 대한 도의심(morality toward performance of contract) 및 개성(personality) 등이 포함된다.

Character는 거래상대방의 사업행태를 파악하는 것이기 때문에 특히 신규업체와의 거래에서는 신뢰도를 측정하는 요소 중에 가장 중요한 사항이다. 실무에서 '신용조회' 또는 '신용조사'라고 하면 이것을 의미한다.

2) Capacity

Capacity는 거래능력이나 판매능력을 의미하는 것으로 여기에는 손익계산서를 기준으로 해당 업체의 연혁(historical background), 업종(types of business), 개인 및 법인 등 업체형태(types of company), 연간매출액(annual turnover), 영업경험(business career) 등 거래상대방의 업무능력(business ability)에 관한 내용 등이 포함된다.

3) Capital

Capital은 자본이나 대금결제능력을 의미하는 것으로 상대방의 대차대조표(financial statements)의 사항들이 중심을 이룬다.

여기에는 수권자본(authorized capital)과 납입자본금(paid-up capital)과 같은 업체의 재무상태(financial status)나 재무구조(financial structure), 자기자본(owned capital)과 타인자본(borrowed capital)의 비율관계, 재무구조의 건전성, 고정자산(fixed assets)과 유동자산(circulating assets) 등 자산상태나 결제능력과 직결되는 내용 등이 포함된다.

4 신용조회의 방법

1) 은행 신용조회처(bank references)

은행 신용조회처는 신용조회처가 은행인 경우로, 수출자나 수입자가 주로 거래하고 있는 은행을 통해 상대방의 신용을 조회하는 방법이다.

실무에서는 보통 거래제의 서한에 그 회사의 거래은행을 신용조회처로 기재하고 있다. 자기가 거래하는 은행에 의뢰하여 그 은행의 해외지점이나 거래은행을 통해 거래업체의 신용상태를 조사하도록 하는 경우도 많다.

2) 동업자 신용조회처(trade references)

동업자 신용조회처는 상대방과 거래경험이 있는 국내업자나 현지의 단골거래처를 통해 상대방의 신용을 조회하는 방법이다. 즉, 오랜 기간 동안 거래관계를 맺은 단골 외국거래처에 의뢰하여 조사대상 회사의 신용상태를 조사 및 보고하게 하는 방법이다.

단골거래처가 목적시장에서 상당한 거래관계를 가지고 있거나 당사에게 충분한 호의를 가지고 있는 경우에는 유효하고도 확실한 신용정보를 얻을 수 있다.

그러나 기업 환경들이 급속히 변화하고 있기 때문에 이러한 조회방법뿐 아니라 다른 신용조회방법도 병행하여 신용을 조회하는 것이 바람직하다.

3) 상업흥신소(mercantile agency)

이것은 상업흥신소(mercantile agency or commercial credit agency)를 통해 상대방의 신용을 조회하는 방법이다. 상업흥신소는 수요자의 의뢰에 따라 수출입기업의 신용상태를 조사해 그 결과에 대한 보고를 전문적으로 행하는 신용조사 전문회사이다.

국제적으로 유명한 상업흥신소들은 국내는 물론 세계 주요국가에 통신원이나 조사원을 주재 또는 파견하여 현지조사도 하고 세계 각국의 동업자와 연락을 취하여 정보를 교환하면서 신용조사를 위한 전문적인 활동을 수행하고 있다.

유명한 상업흥신소에는 Dun & Bradstreet Inc(미국), Bradstreet British Ltd(영국), Auskunft W. Schimmelpfung(독일), Tokyo Mercantile Agency(일본) 등이 있다.

4) 국내 신용조사 전문기관

국내에서 해외수출입자들의 신용조사를 전문적으로 담당하는 기관으로는 신용보증기금(Korea Credit Guarantee Fund), 한국무역보험공사(Korea Trade Insurance Corporation), 한국수출입은행(The Export-Import Bank of Korea), 대한무역투자진흥공사(Korea Trade-Investment Promotion Agency, KOTRA) 등이 있다.

Keys to the Lesson

1. as a reference : 신용조회처로

1) GLOBAL ENTERPRISING CO., INC., New York have given your name as a reference.
➡ 뉴욕 소재 글로벌 엔터프라이징 주식회사가 신용조회처로 귀사의 상호를 알려주었다.
2) 그들은 신용상태에 관한 정보를 얻을 수 있는 그들의 신용조회처를 귀사에게 제공해 줄 것이다.
➡ They will give you their references from whom you will be able to obtain information about their credit standing.

주 ① references : 신용조회처 cf. reference : 참조, 언급
bank references : 은행 신용조회처, trade references : 동업자 신용조회처
mercantile agency : 상업흥신소
② their references : 그들의 신용조회처

2. a stamped and self-addressed envelope : 우표가 붙은 반신용 봉투

1) For your reply, we have enclosed a self-addressed envelope.
➡ 귀사의 회신을 위해 당사는 반신용 봉투를 동봉합니다.
2) 당사는 참조로 우표가 붙은 반신용 봉투를 함께 동봉하여 보내드립니다.
➡ we enclose a stamped and self-addressed envelope for your reply.

주 ① for your reply : 참고로(=for your information), 귀사의 회신을 위해
② a self-addressed envelope : 반신용 봉투
③ a stamped and self-addressed envelope : 우표가 붙은 반신용 봉투, 우표가 붙고 자사 주소가 기재된 봉투

3. treat ~ in strict confidence : ~을 극비로 취급하다.

1) We will treat your information in strict confidence.
➡ 당사는 귀사의 정보를 극비로 취급할 것입니다.
2) 귀사의 자료는 극비로 취급될 것입니다.
➡ Your data will be treat as strictly confidential.
3) Any information you may give us will be kept as absolutely confidential.
➡ 귀사가 당사에게 제공한 어떤 정보는 극비로 다루어질 것입니다.

주 ① treat A in strict confidence : A를 극비로 취급하다.
treat(=keep, held, deal, use) as strictly confidential, in strict confidence, in strict confidence, in absolute confidence, as absolutely confidential, privately as private and confidential(인비, 친전)
cf. with confidence : 자신 있게, 확신에 찬
② we are confident that ~ : ~에 대해서 확신을 하고 있다(=we are sure that ~).

4. as under : 아래와 같이, 다음과 같이

1) We are pleased to report on the firm referred to in your letter of July 5, as under :
   ➡ 7월 5일자 귀사의 편지에서 언급하신 회사를 아래와 같이 보고하게 됨을 기쁘게 생각한다.
2) 6월 2일자 귀 서한에서 요청하신 대로, 당사의 오퍼를 귀사에게 다음과 같이 타전하였습니다.
   ➡ In accordance with your letter of June 2, we cable you our offer as follows.

주 ① as under : 아래와 같이, 다음과 같이(=as follows, as below, set forth below, as given below, as stated below)
② in accordance with your letter : 귀 서한에 따라, 귀 서한에서 요청한(=요청한 바에 따라) (=complying with your letter, as requested in your letter)
③ cable : 전보를 치다, 타전하다(=telegram).

5. not run the least risk : 최소한의 위험도 없다.

1) We are of opinion that they may be rated as A1 and you would not run the least risk in opening a connections with them.
   ➡ 귀사가 그들과 거래관계를 개설하는데 어떠한 위험도 없으며 신용등급이 최고라는 것이 당사의 견해입니다.
2) 귀사가 그 회사와 거래관계를 개설하는데 어떠한 위험도 없다는 것이 당사의 솔직한 견해이다.
   ➡ It is our frank opinion that you will not run a risk in opening an account with the firm.

주 ① run a risk(=danger, peril, hazard) : 위험이 따르다, 위험하다.
cf. run a high risk : 높은 위험이 따르다.
② it is our frank opinion that ~ : ~가 당사의 솔직한 견해이다.
frank(=sincere, honest, candid) opinion on ~ : ~에 관한 솔직한 견해
opinion : 의견, 견해(=comment, notion, viewpoint, point of view, sentiment)

6. on our part : 당사 측의, 당사 측에서는

1) Please note that this information is furnished without an responsibility on our part.
   ➡ 이 정보는 당사 측의 어떠한 책임도 없이 제공됨을 유념해주시기 바랍니다.
2) We wish you to understand that this information is supplied in confidence and without responsibility on our part.
   ➡ 이 정보가 극비 사항으로 제공되는 것이며 당사 쪽에 책임도 없는 것임을 이해해 주십시오.

주 ① on one's part : ~의 측에서는(=on the part of one)
on our part : 당사 측의, 당사 측에서는(=on the part of us)
② without assumption of any responsibility(=obligation, liability, duty) by us : 당사 측에는 아무런 책임 없이, 당사로서는 어떠한 책임부담도 없이

사례 9 : 은행신용조회처에 해당 업체의 신용조회를 요청하는 서신 (1)

INTERNATIONAL SEOUL TRADING CO., LTD.
Number 15 DongBang Bldg
310 Teheran-ro, Kangnam-ku, Seoul Korea, 06211

April 10, 2026

The General Manager
Citi Bank
388 Greenwich Street
New York, NY 10013

Gentlemen :

We are anxious to open an account with Messrs. GLOBAL ENTERPRISING CO., INC., New York and they have given your name to us as a reference.

Should their credit standing turn out unquestionable, we are prepared to enter into business relations with them. We should appreciate it if you would inform us information which you may have or can secure for us regarding their credit standing.

We are particularly interested to know in what line they are mainly engaged and, if possible, your candid opinion on their financial responsibility, their mode of doing business, and their general reputation enjoying in your community.

Any expenses connected with this inquiry will be gladly paid by us on receipt of your bill. We enclose a stamped and self-addressed envelope for your reply.

Any information that you may give us will be held in strict confidence, and we shall be only too pleased to reciprocate when such an opportunity turns up.

Your prompt reply will be much appreciated.

Yours truly,

요점 국제서울무역㈜은 신용조회처로 지정된 시티은행(Citi Bank)에게 그 회사의 전반적인 재정 상태나 거래방식 등의 정보제공을 요청하고 있다.

주
① are anxious to ~ : ~을 열망하다(=want to ~, are desirous to ~).
② in what line : 어떠한 품목에, 어느 품목(=in what kinds of business)
③ financial responsibility : 지불능력(=financial ability), 금융책임
④ mode(=way) of doing(=transacting, conducting) business : 거래수행방식, 영업방식
⑤ any expenses connected with this inquiry : 본 조회와 관련된 비용
cf. incur : (비용이) 발생하다, bear : (비용을) 부담하다, charge : (비용을) 부담시키다.
⑥ on receipt of your bill : 귀사의 계산서를 수령하는 즉시
⑦ reciprocate : 보답하다, 답례하다(=give in return). cf. reciprocation : 보답
⑧ Your prompt reply will be much appreciated : 조속한 회신을 해주시면 대단히 고맙겠습니다.
prompt reply : 조속한 회신(=early answer, immediate reply, rapid response)
⑨ opportunity : 기회, 경우(=chance, occasion, time, scope, seize)

사례 10 : 해당 업체의 신용조회에 대한 회신

CITI BANK
388 Greenwich Street
New York, NY 10013
U. S. A.

April 20, 2026

INTERNATIONAL SEOUL TRADING CO., LTD.
Number 15 DongBang Bldg
310 Teheran-ro, Kangnam-ku,
Seoul Korea, 06211

Gentlemen :

We are pleased to report on the firm referred to in your letter of April 10, as under : The GLOBAL ENTERPRISING CO., INC., New York, USA was established in 1995, with an authorized capital of USD 200,000 fully paid-up.

The net assets at the end of last year exceed USD 300,000 about half of which is readily realizable. Their main items are Cotton Goods, especially 100% cotton shirts.

They have maintained a current account with us for more than twenty years and in all that time our relations with them have been entirely satisfactory. And the firm is enjoying a good reputation in the business circles. We are of opinion that they may be rated as A1 and you would not run the least risk in opening a connections with them.

Please note that this information is furnished without an responsibility on our part and should be held as strictly confidential. The enclosed note shows the charges which we have paid on your behalf, for which we ask you to settle soon.

Yours truly,

THE CITI BANK

Partick D. Miller

General Manager

Encl : bill 1.

요점 시티은행은 신용조사 결과, Global Enterprising 회사의 신용상태가 양호함을 알려주시면 조회과정에서 발생하였던 비용을 지불하여 줄 것으로 요청하고 있다.

주
① authorized capital : 수권자본 cf. paid-up capital : 납입자본(=불입자본)
② net assets : 순자산(=net worths)
③ readily realizable : 현금화가 쉽다, 쉽게 현금화가 되다.
④ main items : 주요 취급품목(=chief lines, main lines)
⑤ a current account : 당좌예금(=checking account), 당좌계좌
⑥ rated as A1 : 우수 등급에 해당하다, A1 등급에 속하다.
⑦ the enclosed note : 동봉된 계산서(=청구서), 동봉된 영수증(=the enclosed bill)

사례 11 : 은행신용조회처에 해당 업체의 신용조회를 요청하는 서신 (2)

INTERNATIONAL SEOUL TRADING CO., LTD.
Number 15 DongBang Bldg
310 Teheran-ro, Kangnam-ku, Seoul Korea, 06211

April 11, 2026

The General Manager
The Bank of America,
100 W. 33rd St. New York
NY 10001

Gentlemen :

Your bank has been referred to us by Merlon Trading Co., Ltd. in New York, in their recent proposal to open a new account with us.

We should be obliged if you would give us such information as you may have or can secure for us regarding their financial standing.

We are particularly interested to know in what line they are mainly engaged if possible your candid opinion on their financial reliability, their mode of doing business and the reputation they enjoy in your community.

Any information you may give us will be held as usual, in strict confidence and expenses will be gladly paid by us upon receipt of your bill.

Your prompt attention will be much appreciated.

Yours truly,

요점 국제서울무역㈜은 신용조회처로 지정된 The Bank of America(BOA)에게 그 회사의 전반적인 재정상태나 지역사회에서의 평판 등의 정보제공을 요청하고 있다.

주
① to open a new account with us. : 당사와 새로운 거래관계를 개설하다.
② you may have or can secure for us : 귀사께서 가지고 있거나 당사를 위해 구할 수 있는
③ on their financial reliability : 그 회사의 금융적 현실성, 동 상사의 금융현실
④ if possible your candid opinion : 가능하다면 귀사의 솔직한 견해
⑤ any information you may give us : 귀사가 당사에게 제공하여 주시는 정보
⑥ Your prompt attention : 귀사의 즉각적인 관심

사례 12 : 해당 업체의 신용조회에 대한 회신

The Bank of America
100 W. 33rd St. New York
NY 10001 USA.

April 22, 2026

INTERNATIONAL SEOUL TRADING CO., LTD.
Number 15 DongBang Bldg
310 Teheran-ro, Kangnam-ku,
Seoul Korea, 06211

Dear Sirs,

We regret that we are unable to give you satisfactory information regarding the firm mentioned in your letter of the April 11.

Our business relations with them have been hitherto rather satisfactory, but in recent years, however, payments have been irregularly made and many times we have had to press them for payment.

Certain unfavourable rumours are in circulation concerning these people and they seem to be losing their reputation financially. We would advise you, therefore, to take precaution when dealing with them. Please note, however, that this is given for your use only, and without any responsibility on our part.

Yours faithfully,

THE BANK OF AMERICA
Daniel P. Jackson

General Manager

Encl : bill 1.

요점 The Bank of America는 신용조사결과 Merlon Trading Co., Ltd. 회사의 신용상태가 좋지 않음을 알려주시면 조회과정에서 발생하였던 비용을 지불하여 줄 것으로 요청하고 있다.

① our business relations with them : 그들과 당사와의 거래관계
② hitherto rather satisfactory : 지금까지는 다소 만족스러웠다.
③ certain unfavourable rumours : 어떠한 좋지 않은 루머
④ to take precaution : 경계하다, 조심하다.
⑤ for your use only : 단지 참조용으로만

신용조회에 흔히 사용되는 문장

1. Your name has been given to us as a reference from First Trading Co., Ltd. New York, who wants to open an account with us.
   - 당사와 거래관계를 희망하는 뉴욕소재 퍼스트 트레이딩 상사가 귀사의 상호를 신용조회처로 당사에 알려주었습니다.

2. We are very sorry that we are unable to give you the information you require.
   - 요청하신 정보를 귀사에게 제공해드릴 수 없게 되어 유감입니다.

3. We should be much obliged if you could give us some information on their credit standing, their way of doing business, general reputation, and your candid opinion of the following firms.
   - 귀사께서 당사에게 이 회사의 신용상태, 거래수행방식 및 일반적 평판에 관한 정보, 그리고 다음 회사에 대한 귀사의 솔직한 견해를 제공하여 주시면 감사하겠습니다.

4. We should appreciate it if you would inform us of their credit standing in your market.
   - 귀 시장에서의 그 회사의 신용상태를 당사에게 알려주시면 감사하겠습니다.

5. Any information given to us will, of course, be treated in strict confidence.
   - 귀사가 당사에게 제공하여 주시는 모든 정보는 극비로 취급될 것임은 물론입니다.

6. Any information provided by you will be treated as strictly confidential, and expenses will be paid by us upon receipt of your bill.
   - 귀사가 당사에게 제공하여 주시는 모든 정보는 극비로 취급될 것이며, 비용은 귀사의 계산서를 수령하자마자 지급해드릴 것입니다.

7. For our credit standing, we refer you to the Kookmin Bank, head office, in Seoul, Korea.
   - 당사의 신용상태는 대한민국 서울에 있는 국민은행 본사에 문의해 주십시오.

8. We are pleased to report on the firm referred to in your letter of 12 June as follow. The company has just been established, but it is a very competent company.
   - 6월 12일자 귀사의 편지에서 언급하신 회사에 대해 다음과 같이 보고하게 됨을 기쁘게 생각합니다. 그 회사는 설립된 지 얼마 되지 않았으나 매우 유능한 기업입니다.

9. The enclosed note shows the charges which we have paid on your behalf, for which we ask you to settle soon.
   - 동봉된 계산서는 귀사를 위하여 당사가 지급하였던 비용을 나타내는 것이며 그것에 대하여 곧 결제해 주실 것을 요청 드립니다.

Advanced English for Trade Practice

1. Credit inquiry is to access the future payment of a business counter party by investigating its credit worthiness and by analysing its financial standing.
   - 신용조회는 신용가치를 조사하고 재정상태를 분석함으로써 거래 상대방의 장래의 지급능력을 알아보는 것이다.

2. The exporter inquires of the credit standing of Importer and their mode of doing business through his bank reference or trade reference, from which exporter may receive a satisfactory report on the credit and business standing of the firm.
   Bank references are a way to look up an opponent's credit through a bank whose exporters or importers typically trade.
   - 수출자는 수입자의 신용상태와 그들의 거래 수행방식을 수입자의 은행 신용조회처나 동업자 신용조회처를 통해 조회하고 그것으로부터 그 회사의 신용상태와 거래상태에 대한 만족할 만한 보고를 얻을 수 있다. 은행 신용조회처는 수출자나 수입자가 주로 거래하고 있는 은행을 통해 상대방의 신용을 조회하는 방법이다.

3. In order to ensure your rights and benefits, you need to know the following information about your potential partners : credit reference form local bank or correspondent bank, business range and annual sale volume, sale literature and price lists, major customers, and business culture.
   - 귀사의 권리와 이익을 확실히 하기 위해 귀사는 귀사의 잠재적인 파트너에 대해 다음과 같은 정보 즉, 지역은행이나 환거래은행으로부터 신용조회처, 영업범위와 연매출액, 판매설명서와 가격표, 주요 고객과 영업문화를 이해하는 것이 필요하다.

4. Even if you have already found the target market and the potential customer, you will still have to evaluate the target market and make credit inquiry of the potential customer.
   - 만일 귀사가 이미 목표시장과 잠재적인 고객을 발견했다 하더라도, 귀사는 여전히 목표시장을 평가하고 잠재적인 고객의 신용을 조회해야만 한다.

5. We are well-established exporters of chemicals and have been enjoying a good reputation for 23 years. We are confident that you will be fully satisfied with our way of doing business and the excellent of the quality of our products. If you need to more objective information regarding our credit standing, please refer to our homepage : www.istcpower.co.kr
   - 당사는 한국의 유명한 화학약품 수출회사로 약 23년의 사업경력을 통해 훌륭한 평가를 받고 있습니다. 당사의 업무 수행방식과 당사 제품의 뛰어난 품질에 아주 만족할 것으로 확신합니다. 당사의 신용상태에 관한 더 객관적인 정보를 원한다면 우리 회사의 홈페이지 www.istcpower.co.kr을 참조하여 주십시오.

Glossary of Trade Practice

1. Business proposal : A written offer from a seller to a prospective buyer. Business proposals are often a key step in the complex sales process i.e., whenever a buyer considers more than price in a purchase.

2. Capital : In economics, capital consists of anything that can enhance a person's power to perform economically useful work.

3. Country Risk : The risk of investing or lending in a country, arising from possible changes in the business environment that may adversely affect operating profits or the value of assets in the country. This term is also sometimes referred to as political risk.

4. Credit : A method of making reciprocity formal, legally enforceable, and extensible to a large group of unrelated people.

5. Credit Reference : Information, the name of an individual, or name of an organization that can provide details about an individual's past track record with credit. Credit rating agencies provide credit references for companies while credit bureaus provide credit references for individuals.

6. Foreign Exchange Risk : A financial risk that exists when a financial transaction is denominated in a currency other than that of the base currency of the company.

7. Mercantile (or Commercial) Agencies) : The name given in United States to organizations designed to collect, record and distribute to regular clients information relative to the standing of commercial firms.

8. Financial statements : A formal record of the financial activities and position of a business, person, or other entity.

9. Authorized capital : Sometimes referred to as the authorized share capital, registered capital or nominal capital, particularly in the United States, is the maximum amount of share capital that the company is authorized by its constitutional documents to issue (allocate) to shareholders.

10. Collateral : A borrower's pledge of specific property to a lender, to secure repayment of a loan.
    The collateral serves as a lender's protection against a borrower's default that is, it can be used to offset the loan if the borrower fails to pay the principal and interest satisfactorily under the terms of the lending agreement.

Chapter 05

상품조회

Trade Inquiries

1 상품조회의 의의

상품조회(trade inquiry)는 거래관계의 제의를 권유받은 당사자가 그 물품에 대한 관심이나 구매할 의사가 있는 경우 그것에 대해 조회하는 것을 말한다.

상품조회는 수출자가 판매의 권유나 판매조건을 수입자에게 제시하는 판매 권유서한(sales letter)이나 거래제의서(circular letter)와 구별된다. 왜냐하면 상품조회는 수입자가 수입하려는 상품에 대해 구체적인 매매조건을 수출자에게 문의하는 것이기 때문이다.

또한 상품조회는 무역거래의 기본적인 사항으로 거래를 시작하기 전 상대 거래업체에 대한 신용상태를 확인하는 신용조회(credit inquiry)와도 구별된다.

왜냐하면 상품조회는 계약이 체결되기 전에 예비적인 무역상담의 과정에서 수입자의 물품수입에 관한 최초의 의사표시인 반면이므로 신용조회(credit inquiry)와 달리 상품의 매매와 관련된 제반 사항에 대해 조회하는 것이기 때문이다.

상품조회의 주된 내용은 ① 상품의 품질 ② 가격(price) ③ 수량(quantity) ④ 포장(packing) ⑤ 선적(shipment) ⑥ 결제(payment) ⑦ 보험(insurance) 조건에 관한 사항들이다.

2 상품조회 회신의 내용

상품조회를 받은 수출자는 지체 없이 그 조회내용에 대하여 회신해야 한다.

즉, 수입자로부터 조회서신을 받게 되면 그 내용을 검토하여 즉시 회신할 수 있는 점은 지체 없이 회답하고 시간을 요하는 사항은 언제까지 조치하겠다고 통보하는 것이 좋다.

실무에서는 상품조회와 함께 ① 상품의 상세목록(illustrated catalogue), 견본(sample) 및 가격표(price list)의 발송을 요구하거나 ② 예비적으로 매매계약조건(특히 가격조건)을 알려 달라고 요구하거나 ③ 청약자에게 구체적인 오퍼(offer)의 발행을 요청하는 경우도 있다. 상품조회는 예전에는 우편이나 서신으로 송부하는 경우가 많았으나 요즘에는 정보통신기술의 발달로 팩스(Facsimile)나 전자메일을 많이 사용한다.

Keys to the Lesson

1. specializing in ~ : ~을 전문으로 하다.

1) Having heard from The New York Chamber of Commerce that your company is a leading firm specializing in Cotton Goods, we wish to make a purchase of 100% cotton shirts for Men from you.
➡ 귀사가 면제품을 전문으로 하는 일류기업이라는 사실을 뉴욕상업회의소를 통해 소식을 듣게 되었고 당사는 귀사로부터 남성용 100% 면셔츠를 구매하고자 합니다.
2) 그러므로 당사는 귀사가 이 제품을 구매하는데 즉각적인 행동을 취할 것을 제안합니다.
➡ We suggest, therefore, that you take a prompt action to make purchase of this item.

주 ① having heard from ~ : ~소식을 듣다(=hearing from ~, receive a letter from ~).
② make a purchase : 구입하다, 구매하다(=purchase, buy, effect a purchase).
cf. purchasing power : 구매력(=buying power, ability to buy)
③ take a prompt action : 행동을 빨리 취하다, 즉각적인 행동을 취하다.

2. as requested : 요청하신 대로

1) As requested, we have today cabled you set forth below firm offer.
➡ 요청하신 대로, 오늘 아래와 같은 확정오퍼를 타전하였습니다.
2) 7월 2일자 서한에서 요청하신 대로, 당사는 귀사에게 다음과 같이 확정청약을 합니다.
➡ As requested in your letter of July 2, we offer you firm as follows.

주 ① as requested : 요청하신 대로, 귀사께서 요청하신 대로(=as you requested, in accordance with your request, according to your request, complying with your request)
② request : 요청하다, 요구하다(=suggest, instruct, require, demand, call for, ask).

3. with earliest delivery schedule : 조속한 인도스케줄과 함께

1) We would appreciate receiving your best CIF New York with earliest delivery schedule.
➡ 당사는 조속한 인도스케줄과 함께 귀사로부터 최적의 CIF 뉴욕조건으로 견적을 받고 싶습니다.
2) 이용이 가능한 신속한 선편으로 선적을 이행하여 주십시오.
➡ Please expedite the shipment by the earliest steamer available.
3) The buyer must provide the seller with appropriate evidence of having taken delivery.
➡ 매수인은 인도를 수령하였다는 적절한 증거를 매도인에게 제공하여야 한다.

주 ① We would appreciate receiving ~ : ~을 받게 된다면 감사하겠습니다.
② earliest(=quick) delivery : 조속한 인도, 조기인도(=earliest shipment)
method of delivery : 인도방법, time of delivery : 인도시기
delivery quantity : 인도수량, delivery terms : 인도조건

4. by separate post : 별도로, 별봉으로, 별편으로, 따로

1) We would like to have two samples with color swatches by separate post.
   ➡ 당사는 칼라 천 조각으로 된 샘플 2개를 별도로 받고 싶습니다.
2) 당사 제품의 견본을 별봉으로 귀사에게 보내 드리겠습니다.
   ➡ We are supplying you with our samples under separate cover.
3) 당사의 견본을 별도로 귀사에게 보내 드렸습니다.
   ➡ Our swatches have been sent to you by another mail.

주 ① by separate post : 별도로, 따로, 별편으로(=by separate, separately, by another mail, under separate cover, through separate post, a separate way, differently)

5. on a trial basis : 시험 삼아, 시험으로

1) We will place an order of 500 dozen on a trial basis
   ➡ 당사는 시험삼아 500다스를 주문할 것이다.
2) We will place a trial order for you in the near future.
   ➡ 당사는 가까운 장래에 귀사께 시험주문을 할 예정입니다.
3) 시험주문에 대한 결제는 취소불능신용장에 의거하여 일람출급환어음이 발행될 것이다.
   ➡ Payment for initial orders would be by drafts drawn at sight under an irrevocable credit.

주 ① on a trial basis : 시험 삼아(=by way of trial, by way of experiment), 시험으로
② initial order : 시험주문(=trial order, test order)
③ Payment for initial orders : 시험주문에 대한 결제

6. with an increasing demand for ~ : ~에 대한 증가하는 수요로, ~에 대한 수요 증가

1) But at present the market is getting active with an increasing demand for this item.
   ➡ 그러나 현재 시장은 이 제품에 대한 증가하는 수요로 활기를 띠고 있다.
2) 이 제품에 대한 수요는 국내외적으로 매우 강하다.
   ➡ The demand for these goods is very strong both at home and abroad.
3) we have to ask for your most competitive prices on the particular item, your sample No.10 which is in high demand.
   ➡ 당사는 매우 수요가 높은 특별한 제품인 귀사의 견본번호 제10번에 대해 귀사의 최저가격을 요청해야만 한다.

주 ① at present : 현재 cf. up to the present : 현재까지
② the market is getting active : 시장은 활기를 띄고 있다, 시장이 활기가 살아나다.
③ increasing demand for this item : 이 제품에 대한 증가하는 수요, 이 제품에 대한 수요의 증가
④ both at home and abroad : 국내외적으로, 국내외 모두
⑤ high(=good, active, great, strong, brisk) demand : 대량수요
cf. be in demand for ~ : ~을 필요로 하다, ~을 구입하고자 한다.

사례 13 : 면제품에 대한 상품조회

GLOBAL ENTERPRISING CO., INC.
25 W 31s ST, New York, NY 10001,
U. S. A.

April 25, 2026

INTERNATIONAL SEOUL TRADING CO., LTD.
Number 15 DongBang Bldg
310 Teheran-ro, Kangnam-ku,
Seoul Korea, 06211

Dear Mr. Han,

Having heard from The New York Chamber of Commerce that your company is a leading firm specializing in Cotton Goods, we wish to make a purchase of 100% cotton shirts for men, style No.10 from you.

We would appreciate receiving your best CIF New York with earliest delivery schedule. And we would also like to have two samples with color swatches by separate post.

If your goods are satisfactory in quality and delivery, we will place an order of 500 dozen on a trial basis and can make repeat orders with you in the near future.

We look forward to your prompt and favorable reply.

Cordially yours,

요점 남성용 100% 면 셔츠에 대한 CIF가격과 견본을 별도의 항공우편으로 요청하면서 그것이 만족스러우면 시험주문으로 우선 500다스를 구입하겠다고 밝히고 있다.

주
① a leading firm specializing in ~ : ~을 전문으로 하는 일류회사
② with earliest delivery schedule : 조기 인도조건으로
③ color swatches : 색상별 조각, 색상별 견품
④ in quality and delivery : 품질과 인도 측면에서
⑤ make repeat order with A : A에게 반복(추가)주문을 하다.
repeat : 반복(=further, additional, more)

사례 14 : 조회에 대한 회신

INTERNATIONAL SEOUL TRADING CO., LTD.
Number 15 DongBang Bldg
310 Teheran-ro, Kangnam-ku, Seoul Korea, 06211

May 5, 2026

GLOBAL ENTERPRISING CO., INC.
25 W 31s St, New York, NY
10001, USA

Dear Mr. Bolen

Thank you very much for your letter of April 25, 2026 which reached us yesterday, along with your excellent purchasing proposal.

As requested, we have already dispatched samples and swatches by DHL Express.

From the enclosed Price List No.100 you will notice that our prices are exceptionally low and this sacrifice is entirely due to our recognition of the necessity of price cutting in order to export our goods in your market.

Since the market is now slow, somewhat sluggish and prices are generally low, this is a good opportunity for you to buy. But at present the market is getting active with an increasing demand for this item.

Therefore, we advise you to buy the goods before the recovery reaches a peak.

Consequently, we can not keep the prices effective more than two weeks from the date of this letter and we wish to receive your order by return mail.

We hope that this will meet with your immediate approval.

Very truly yours,

Encl : Price List No.100

해설 수입자의 요청에 따라 견본과 색상별 천 조각을 송부하였다고 하면서 동봉된 가격표는 최저가격이므로 수요가 절정에 달하기 전에 빨리 구입할 것을 권유하고 있다.

주
① reach us : 당사에 도착하다(=arrive us, arrive here, arrive at us, received by us).
② dispatch : 발송하다, 보내다(=send off, forward).
③ exceptionally : 예외적인, 특별한, 이외로(=special, particular, extraordinary)
④ be entirely due to ~ : 전적으로 ~에 기인한다.
⑤ market is slow : 시황(market conditions)이 침체되다, 시장상황이 부진하다.
⑥ somewhat sluggish(=bearish, dull, inactive, weak, depressed, slack) : 다소 침체되다.
somewhat bullish(=active, brisk, strong, firm, booming) : 다소 살아나다, 강세가 되다.
cf. 경제와 경기 등의 침체 : recession, depression, slump, stagnation, be depressed, become stagnant
⑦ meet(=satisfy) your immediate approval : 귀사의 즉각적인 승인조건에 충족하다.
meet one's requirement : 요구조건을 충족하다.

Model Form 1 : 〈서식〉 동봉된 가격표

INTERNATIONAL SEOUL TRADING CO., LTD.
Number 15 DongBang Bldg
310 Teheran-ro, Kangnam-ku, Seoul Korea, 06211

May 5, 2026

PRICE LIST NO. 100

Messrs. GLOBAL ENTERPRISING CO., INC.
25 W 31s St, New York, NY
10001, USA

This Price List covers our sale to you of the under-mentioned goods on the terms and conditions set forth below :

Article : 100% cotton shirts for Men, Style No.10

Quality : Subject to our catalog

Quantity : Five Hundred (500) dozen

Price : @US$140.70 per dozen, CIF New York

Shipment : Within 3 months after receipt of your L/C

Payment : By an irrevocable documentary L/C at sight

Packing : 1(one) dozen each to be packed in a carton box and 100 dozen in a wooden case

Shipping Marks : 〈ISTC〉
New York
C/No. 1-up
USE NO HOOKS
Made in Korea

E. J. Han
Vice President

주 ① set forth below : 아래에서 설명하는, 아래에서 언급하는
② subject to ~ : ~를 조건으로 하다(=condition on ~, make it a condition that).
③ after receipt of your L/C : 귀사의 신용장을 수령한 후
④ irrevocable documentary L/C : 취소불능 화환신용장
Documentary L/C(화환신용장) ↔ Clean L/C(무화환신용장, 무담보신용장)
⑤ to be packed in a carton box : 종이상자에 포장되어야 한다.
⑥ shipping marks : 선적하인(荷印), 선적화인(貨印)
⑦ C/No. 1-up : 순차적인 상자의 일련번호(serial number, consecutive numbers)

상품조회에 흔히 사용되는 문장

1. Will you please send us samples and price list of the goods listed below?
   - 아래에 기재된 상품의 견본과 가격표를 보내 주실 수 있습니까?

2. We thank you for your inquiry of June 20 for Rotary Engine.
   - 로터리 엔진에 대한 6월 20일자 귀사 조회에 감사드립니다.

3. We look forward to receiving your early instructions.
   - 귀사의 조속한 지시를 기다리겠습니다.

4. In reply to your inquiry of August 14, we have sent our price list today. Our illustrated catalog is being sent by separate post.
   - 8월 14일 귀사 조회에 대한 회신으로 당사는 오늘 가격표를 발송하였습니다. 상세한 설명이 있는 당사의 카탈로그는 별도로 발송하겠습니다.

5. As requested, we have enclosed our quotation of sport goods. You will find that our estimates are much cheaper than other competitors' prices.
   - 요청하신 대로, 스포츠용품에 대한 당사 견적을 동봉하였습니다. 귀사께서는 당사의 견적이 다른 경쟁업체의 가격보다 매우 저렴하다는 것을 알게 될 것입니다.

6. Through your letter, we are glad to learn that you are specially interested in importing Electrical and Electronic Component, and in these lines we may say that we are specialists.
   - 귀사의 서한을 통해 귀사께서 전기 및 전자부품을 수입하는데 특별히 관심에 있다는 것을 알게 되어 기뻤고 그 점에 있어서 우리가 전문가라고 말씀드릴 수 있습니다.

7. We accept your sample and price, so we ask you to ship the toys as per your sample by the end of next month. We will be able to place a bulk order if we are satisfied with this test order.
   - 귀사의 견본과 가격을 받아들이오니 다음 달 말까지 귀사의 견본과 같은 완구를 선적하여 주십시오. 이번 시험주문이 만족한다면 당사는 대량주문을 할 수 있을 것입니다.

8. We are desirous of extending our export trade with your market in personal computers.
   - 당사는 개인용 컴퓨터로 귀 시장에 당사의 수출을 확장하기를 희망하고 있습니다.

9. We are sending you under separate cover a copy of our complete catalogue in which we trust you will find some that would suit your trade.
   - 귀사의 거래에 적합할 것이라고 믿는 당사의 카탈로그 사본을 별도로 동봉합니다.

Advanced English for Trade Practice

1. The exporter must reply to the inquiry of the importer, and the exporter must send the required things by the importer. The importer expresses an intention of entering into business relations with the exporter after a careful investigation of various pieces of information.
   - 수출자는 수입자의 조회에 회신해야 하며 수입자가 요구한 것들을 송부해야 한다. 수입자는 다양한 정보를 주의 깊게 조사한 후 수출자에게 거래관계를 개설하고자 하는 의도를 표현한다.

2. After the foreign market research has been conducted, the trader then may initiate negotiations on relevant terms and conditions for the formation of export or import contract.
   - 해외시장조사가 수행된 후, 무역업자는 수출입계약의 성립을 위한 관련조건들에 관하여 협상을 시작하게 된다.

3. An inquiry asks for the possibility of selling a certain commodity in the importing country or buying a certain commodity from the exporting country.
   - 조회는 수입국에서 어떤 상품의 판매가능성을 찾거나 수출국에서 어떤 상품의 구매가능성을 찾는 것이다.

4. Business negotiation is an important part of conducting an export trade. It is the dealings between the seller and the buyer in order to reach an agreement on price, payment, quantity, quality, and other terms or conditions of a sale. Evidently, the conclusion of a sales contract results from the business negotiation to the satisfaction of both parties. Business negotiations are carried out either by writing or verbally.
   - 매매교섭은 수출거래를 수행함에 있어 매우 중요한 부분이다. 그것은 가격, 결제, 수량, 품질, 기타 매매조건에 도달하기 위해 매도인과 매수인 사이에서 이루어지는 거래를 말한다. 확실히, 매매계약의 체결은 양 당사자를 만족시키기 위한 매매교섭으로부터 도출되는 것이다. 매매교섭은 문서나 구두로 수행된다.

5. Thank you very much for your inquiry. We would like to point out that our prices for magnetic card key, TH-45, have already been cut to the minimum possible price and that they are slightly lower than those of our competitors' due to the current fluctuations of foreign exchange rates. You may have learned from our enclosed sample that our products are of the very best quality obtainable at this price.
   - 귀사의 조회에 감사드립니다. 우리 회사의 마그네트 카드 열쇠인 TH-45에 대한 당사의 가격은 최근의 환율변동 때문에 이미 최소한도까지 인하하였고 경쟁사의 가격보다도 약간 싸다는 것을 지적하고 싶습니다. 귀사께서 동봉한 당사의 견본을 통해 당사의 제품이 이 가격으로 구입할 수 있는 최고품질이라는 것을 알았을 것입니다.

Chapter 06

청약과 승낙

Offer and Acceptance

무역계약은 일방의 청약(offer)에 대한 상대방의 승낙(acceptance), 또는 일방의 주문(order)에 대한 상대방의 주문승낙(acknowledgement)에 의해 성립된다.

1 청약 (offer)

1) 청약의 의의

청약(offer)은 청약자(offeror)가 상대방인 피청약자(offeree)에게 어떠한 상품을 어떠한 가격과 인도 및 결제조건 등으로 판매하겠다는 의사표시를 상대방에게 제시하는 것을 말한다. 즉, 청약자가 피청약자에게 일정한 조건으로 계약을 체결하고 싶다는 취지의 의사를 언어나 행동으로 표시하는 확정적 의사를 청약이라 한다.

실무에서는 '오퍼' 또는 '청약서(offer sheet)' 라고 부르고 우리나라 무역에 관한 기본법인 대외무역법에서는 '물품매도확약서'라고 부르고 있다.

2) 청약의 내용

청약(offer)은 특별한 형식을 요하는 것이 아니기 때문에 거래되는 상품이나 거래방식에 따라 다양한 형식이 있으며 기재내용도 거래특성에 따라 다양하다.

그러나 형식이나 내용이 다양할 지라도 오퍼의 핵심적인 내용들은 품명(commodity name), 규격(specification)이나 등급(grade), 원산지(origin), 수량(quantity), 금액(amount), 포장방법(method of packing), 단가(unit price), 선적일(shipping date), 대금결제방법(payment terms), 유효기간(validity) 등이다.

3) 청약의 효력발생시기

청약은 도달주의(arrival rule)를 원칙으로 하기 때문에 피청약자에게 도달할 때에 효력이 발생한다. 즉, 청약은 상대방에 대한 의사표시이기 때문에 효력발생시기에 관한 일반원칙에 따라 상대방에게 도달한 때에 그 효력이 발생한다. 이것은 청약이 피청약자에게 도달하지 않은 상태에서는 청약의 내용을 상대방이 인지할 수 없기 때문이다.

4) 청약의 종류

(1) 발행자를 기준으로 한 분류

① 매도청약(selling offer)

매도청약은 매도인이 자기의 판매조건과 함께 판매의사(intention of selling)를 피청약자(offeree, 매수인)에게 제시하는 오퍼이다. 무역거래에서 일반적으로 오퍼라고 부르면 이 Selling Offer를 의미한다.

② 매수청약(buying offer)

매수청약은 매수인이 구매조건(purchasing condition)과 함께 구매의사를 매도인에게 제시하는 오퍼이다. 매수청약은 실무적으로는 주문(order)을 의미한다.

(2) 발행지를 기준으로 한 분류

① 국외발행오퍼

국외발행오퍼는 거래하고자 하는 회사나 또는 그 회사의 대리인이 외국에서 발행한 오퍼이다. 무역거래에서 보통 오퍼라고 부르면 이 국외발행오퍼를 의미한다.

② 국내발행오퍼

국내발행오퍼는 해외의 물품공급자(수출자)와 대리점계약을 체결한 후 국내에서 해당 물품을 수입하고자 하는 자에게 해외의 물품공급자 이름으로 발행한 오퍼이다. 과거 대외무역법상 갑류무역대리업자(offer agent, 오퍼상)가 발행하던 오퍼이다.

(3) 확정력의 유무를 기준으로 한 분류

오퍼의 내용이 확정력(determinacy)이나 구속력(binding power) 또는 취소불능성을 가지고 있는가의 여부에 따라 확정청약과 무확정청약으로 구분된다.

① 확정청약(firm offer)

확정청약은 유효기간 내에는 오퍼를 발행한 당사자가 그 오퍼의 내용을 임의로 변경(amendment, renewal)하거나 취소(cancellation, revocation, deletion), 철회(withdrawal)할 수 없으며 피청약자도 그 유효기간 내에 이를 승낙하여야만 계약이 유효하게 성립되는 오퍼이다. 무역거래에서 보통 오퍼라고 하면 이것을 의미한다.

확정청약에는 유효기간(validity, expiry date, E/D, expiration, due date)과 함께 물품이나 수량, 가격 등 거래조건들이 확정적으로 제시되어 있어야 한다.

확정청약일지라도 피청약자에게 청약이 도달하기 전에는 청약자가 그 내용을 변경하거나 취소할 수 있다. 그 이유는 청약의 효력발생시기는 도달주의를 적용하기 때문에 도달 전에는 그 효력이 발생하지 않기 때문이다.

② 무확정청약 (free offer)

무확정청약은 유효기간을 정하지 않거나 거래조건이 확정적임을 표시하지 않은 오퍼이기 때문에 청약자가 그 내용을 임의로 변경, 취소 또는 철회할 수 있다.

법적으로 확정청약은 판매(selling)와 구매(buying)에 대한 당사자의 확정적 의사표시(definite intention)인데 반해, 무확정청약은 단순한 의사를 표시하는 것에 불과하기 때문에 일종의 매매권유장의 역할을 한다.

무확정청약에서는 피청약자가 오퍼를 승낙하더라도 청약자가 가격과 선적기한, 재고상태 등을 검토하여 피청약자에게 승낙형식의 최종확인(final confirmation)을 해야만 계약이 유효하게 성립된다.

(4) 조건부 청약 (conditional offer)

① 무확약오퍼 (offer without engagement)

무확약오퍼는 시장의 상황변동(market fluctuation)에 따라 상대방에게 사전통지도 없이(without prior notice) 오퍼에 제시된 가격이 얼마든지 변동될 수 있음을 나타내고 있는 유동조항(escalation clause, 신축조항)이 포함된 오퍼이다.

'Subject to change without prior notice' 등의 조건이 붙어 있으며 가격변동이 격심한 물품의 거래에 주로 사용된다. 이 오퍼는 형식적으로는 청약이지만 Free Offer이기 때문에 법적으로는 상대방에 대한 청약의 유인(invitation to offer)에 해당한다.

② 재고잔류조건오퍼 (offer subject to prior sale)

재고잔류조건오퍼는 일정한 조건을 충족시킬 경우에 한해서 계약상의 의무를 부담하는 조건부오퍼(conditional offer)의 한 가지로, 당해 물품의 재고가 남아 있는 경우에 한하여 계약이 성립되는 방식이다. 즉, 오퍼에 대한 승낙의 의사가 피청약자로부터 청약자에게 도착했더라도 바로 계약이 성립되지는 않고, 승낙시점에서 반드시 해당 물품의 재고(stock goods)가 남아있는 분에 한해 유효하다는 조건으로 발행된 오퍼이다.

이 오퍼도 Free offer의 일종이며 'Offer subject to being unsold' 또는 '선착순매매조건오퍼'라고도 한다. 이 오퍼는 한정된 물량을 여러 사람에게 오퍼한 경우나 매기가 활발한 물품거래의 경우에 주로 사용된다.

③ 점검 후 매매조건오퍼 (offer on approval)

점검 후 매매조건오퍼는 매도인이 오퍼를 할 때 물품을 송부하여 매수인이 이 물품을 점검해 보고 승낙 여부를 결정하는 오퍼이다. 즉, 매도인이 이 Offer와 함께 발송한 현물을 피청약자(offeree)가 점검한 후 만약 구매의사가 있으면 송금하고 그렇지 않으면 현물을 반환하도록 한 Offer이다. 이를 '점검 후 구매조건오퍼'라고도 한다.

④ 반품허용조건오퍼(offer on sale or return)

반품허용조건오퍼는 다량의 현물을 Offer와 함께 발송하되 판매 후 남은 물품을 반품하기로 하는 조건으로 발행되는 오퍼이다.

잡지나 서적을 다량으로 주문하여 일정기간 동안 판매하고 잔품(殘品)을 오퍼발행자에게 반품하는 것을 조건부로 하는 위탁판매수출의 경우에 주로 사용된다.

⑤ 매도인 최종확인 조건부 청약(offer subject to our final confirmation)

매도인 최종확인 조건부 오퍼는 피청약자가 승낙을 하여도 그것만으로 계약이 성립되지 않고 청약자의 최종적인 확인이 다시 있어야만 계약이 성립되는 조건부오퍼이다.

이 오퍼를 'Sub-con offer'라고도 부르는데 이것은 사실상 청약이 아니다. 그 이유는 청약은 승낙이 있으면 계약이 성립되지만 이 오퍼는 상대방이 승낙하여도 그것만으로 계약이 성립되지 않고 다시 Sub-con offer를 한 당사자가 최종적으로 확인할 필요가 있기 때문이다. 따라서 이 오퍼는 청약의 유인(invitation to offer)에 해당되며, 이것에 대한 상대방의 승낙이 오퍼이고 Sub-con offer를 한 당사자의 최종확인이 승낙이 된다.

5) 반대청약(counter offer)

오퍼(offer)가 제시되면 상대방이 이를 바로 승낙하는 경우는 매우 드물다. 그 이유는 피청약자도 자기 나름대로의 가격수준이나 그 밖의 거래조건을 의중에 두고 있을 것이며 협의과정에서 가능한 한 그것에 접근시키려 할 것이기 때문이다.

청약자가 제시한 원청약(original offer)의 내용 중에 일부를 피청약자가 수정하여 반대로 오퍼를 제시하는 것을 '반대청약' 또는 '대응청약'이라고 부른다.

반대청약은 원청약의 거절(refusal of original offer)이 되는 동시에 새로운 청약(new offer)의 성격을 가지고 있다. 따라서 반대청약을 하여도 계약은 성립하지 않으며, 피청약자의 반대청약에 대해 원청약자가 승낙을 해야만 계약이 성립된다.

비엔나협약(United Nations Convention on Contracts for the International Sale of Goods, 국제물품매매계약에 관한 UN협약 1980, CISG)도 '승낙을 의도하였으나 원청약(original offer)에 추가나 제한조건의 부기 또는 기타의 변경을 포함하고 있는 청약에 대한 피청약자의 회답은 청약의 거절이면서 반대청약이 된다.'고 규정하고 있다.

다만, 비엔나협약은 청약의 조건을 실질적으로 변경하지 아니하는 추가적 조건을 포함하고 있는 청약에 대한 회답은 승낙으로 간주하고 있다. 그러나 대금지급, 물품의 품질 및 수량, 인도의 장소와 시기, 분쟁해결에 관한 상이한 조건은 청약의 조건을 실질적으로 변경하는 것으로 간주하고 있다.

실무상 반대청약의 유형은 ① 바이어가 특별한 양식으로 가격할인(DC)을 요구하는 경우 ② 수출자가 오퍼한 Offer Sheet의 가격부분 등을 수입자가 사선을 긋고 자신이 원하는 목표가격(target price) 등을 다시 보내오는 경우 ③ 이메일이나 팩스로 목표가격을 명시하여 보내오는 경우 ④ 전화로 얼마를 깎아주면 주문하겠다는 식으로 가격협상을 제시하는 경우 ⑤ 처음의 Offer Sheet를 취소하고 조건의 일부를 변경한 새로운 Offer Sheet를 보내라고 요구하는 경우 등과 같이 나타난다.

6) 교차청약 (cross offer)

교차청약은 청약자와 피청약자 상호간에 동일한 내용의 청약이 서로 교차되는 오퍼이다. 즉, 매도인과 매수인 사이에 우연히 동일한 내용의 청약이 동시에 각각 상대방에게 송부되는 경우를 말한다.

영미법계에서는 교차청약에 의한 계약 성립을 인정하지 않고 있다. 그러나 대륙법계에서의 교차청약은 양 당사자의 의향이 동일한 것이기 때문에 구태여 승낙의 과정을 거치지 않더라도 계약은 성립된다고 간주하고 있다.

우리나라 민법에서도 '당사자 간에 동일한 내용의 청약이 상호 교차된 경우에는 양청약이 상대방에게 도달한 때에 계약이 성립한다.'고 규정함으로써 교차청약에 의한 계약의 성립을 인정하고 있다.

이와 같이 교차청약의 문제는 준거법을 어느 국가의 법에 따르느냐에 따라 해석이 달라질 수 있다. 실무적인 측면에서는 교차청약에 의한 계약의 성립을 인정하는 것이 거래의 신속이라는 요청에 충족되는 것이고 당사자의 의사에도 부합된다고 할 것이다.

7) 청약의 효력소멸

청약은 상대방의 승낙, 청약의 철회나 취소, 청약의 거절이나 반대청약, 유효기간의 경과, 당사자의 사망, 그리고 후발적 위법이 발생하는 경우에 효력이 소멸(discharge)된다.

(1) 상대방의 승낙 (acceptance of offer)

청약은 상대방이 승낙하면 계약이 성립되기 때문에 청약 그 자체의 효력은 소멸된다.

(2) 청약의 철회 (withdrawal of offer)나 취소 (revocation)

청약이 철회되거나 취소되면 그 청약의 효력도 당연히 소멸된다. 청약의 철회는 청약 효력의 발생 이전 상태에 청약자가 임의로 청약의 효력을 소멸시키는 행위를 말한다.

청약의 취소는 청약이 상대방에게 도달하여 효력이 발생한 후 피청약자가 승낙의 통지를 보내기 전에 청약의 효력을 소멸시키는 행위를 말한다.

다만, 비엔나협약에서는 청약이 취소될 수 없는 경우로 ① 청약에서 승낙을 위한 지정된 기간을 명시하거나 또는 기타의 방법으로 그것이 취소불능임을 표시한 경우 ② 피청약자가 청약을 취소불능이라고 믿고 신뢰하는 것이 합리적이고 피청약자가 청약을 신뢰하여 행동한 경우를 규정하고 있다.

(3) 청약의 거절이나 반대청약 (rejection of the offer or counter offer)

청약의 거절은 청약자에 대하여 피청약자가 승낙하지 않겠다는 의사표시를 말하는데 청약자가 보낸 청약을 피청약자가 거절한 경우에는 당연히 그 청약은 효력을 잃게 된다.

비엔나협약(Vienna Convention, 1980) 제17조에서도 청약이 비록 취소불능일지라도 거절통지가 청약자에게 도달한 때에는 효력이 상실된다고 규정함으로써 청약의 거절이 청약의 효력소멸의 원인이 되는 것으로 분명히 하고 있다.

청약의 거절에는 피청약자가 반대청약(counter offer)을 하거나 청약의 내용을 추가하거나 변경하여 승낙한 것 등이 포함된다.

(4) 유효기간의 경과 (lapse of time)

청약에 유효기간(validity) 내지 승낙기간(time for acceptance)이 설정된 확정청약은 그 유효기간이 경과되면 그 청약은 효력을 상실하게 된다.

그런데 청약에 유효기간이 설정되어 있지 않은 경우 그 청약은 언제 효력이 소멸되는가가 문제가 될 수 있다. 이 경우에는 당해 상품의 특성, 매매거래의 성질 및 통신수단 등을 고려하여 상당기간(resonable time)이 경과하면 그 청약의 효력은 소멸되는 것으로 해석되고 있다. 우리나라 민법도 '승낙의 기간을 정하지 아니한 계약의 청약은 청약자가 상당한 기간 내에 승낙의 통지를 받지 못한 때에는 그 효력을 잃는다.'고 규정하고 있다.

(5) 당사자의 사망 (death of parties)

대륙법계 국가에서는 청약 당사자의 사망은 청약의 소멸원인으로 간주하지 않지만, 영미법계에서는 청약의 당사자가 사망하면 그 청약의 효력은 소멸되는 것으로 간주하고 있다.

실무상 매매계약의 필수요소인 청약 당사자의 사망은 더 이상 계약관계의 진전을 이루어질 수 없기 때문에 효력이 소멸되는 것으로 간주하는 것이 타당하다.

(6) 후발적 위법 (subsequent illegality)

후발적 위법은 청약이 이루어진 이후에 매매계약의 이행이 오히려 위법이 되는 경우에는 그 청약의 효력이 소멸된다는 것을 말한다.

예를 들어 청약자가 매도청약을 하였으나 승낙 이전에 해당 국가에게 수출금지나 수출제한조치의 법률이 시행되어 판매가 불가능한 경우에는 청약의 효력은 소멸된다.

8) 청약의 기재사항

(1) HS No. (상품번호)

HS No.는 국제통일상품분류체계(Harmonized Commodity Description and Coding System)에 따라 수출입이 이루어지는 상품을 총괄적으로 분류한 품목분류 코드를 말하며 보통 'HS번호', 'HS code' 또는 '품목분류'라고 부른다.

HS번호는 국제협약에 따라 10자리까지 사용할 수 있다. 6자리까지는 국제공통으로 사용하는 코드로 앞의 1~2자리는 상품의 군별 구분, 3~4자리는 소분류로 동일류 내 품목의 종류별 및 가공도별 분류, 5~6자리는 세분류 동일호 내 품목의 용도 및 기능 등에 따른 분류이다. 7자리부터는 각 국가에서 세분화하여 부여하는 숫자인데 우리나라(HSK)는 10자리를 사용하고 있다.

예를 들면, 컴퓨터 마우스의 우리나라 HS번호는 8471601030이다. '84'는 기계, '71'은 자동자료처리기, '60'은 입력 및 출력장치에 대한 분류코드로 여기까지는 국제공통이고, '10'은 입력장치, '30'은 마우스에 대한 분류로서 한국에서 세분하여 부여한 것이다.

한편, 수입물품의 HS번호는 관세행정에서 민원인과의 마찰과 법적분쟁이 가장 많이 발생하는 분야 중의 하나이다. 그 이유는 해당 품목마다 적용되는 관세율이 미리 정해져 있고 이 경우 그 상품의 HS번호를 어떻게 하느냐에 따라 수입상품의 관세에 대한 납세액이 크게 달라지기 때문이다.

(2) Commodity & Description (상품과 명세)

상품과 명세는 여러 비슷한 종류가 있는 상품의 경우에 혼동을 일으키지 않도록 분명하고 정확하게 기재해야 한다. 예를 들면 만년필의 경우 단순히 Pen이라 기재하는 것보다 Fountain Pen으로 표시하여 Ball Pen과 구별하여 표기하는 것이 바람직하다.

또한 같은 품목이라도 그 등급(grade)이나 규격(specification)에 따라 가격차이가 많이 발생하는 품목의 경우에는 후일 분쟁이 발생하지 않도록 등급이나 규격의 표시구분하여 정확히 기재해야 한다. 그것은 같은 금(gold)이라도 24K와 14K가 다르며 전구도 100W와 30W는 그 밝기 등에 많은 차이가 있기 때문이다.

(3) Quantity (수량)

수량은 총 가격을 산출하는 기초가 되기 때문에 명확히 표시되어야 하는데 실무거래에서 많이 사용되고 있는 단위로는 중량(weight), 용적(measurement), 개수(piece, dozen), 포장(case, bag, bale), 길이(length), 면적(square)이 있다.

무역클레임의 발생원인은 수량조건의 불분명에 기인하는 경우도 많기 때문에 수량은 오해의 소지가 없도록 명확히 표기해야 한다.

(4) Unit Price (단가)

Offer에서 가장 중요한 것이 단가이다. 각국 마다 화폐단위가 다를 뿐 아니라 동일 화폐 단위라 하더라도 그 가치기준이 상이하기 때문에 어느 국가의 Dollar이며 어느 국가의 Franc인지 분명히 표시해야 한다. 또한 단가를 표기할 때에는 그 근거가 되는 무역조건(trade terms)이 무엇인지도 함께 표시해야 한다.

단가의 표현

- US$ 3.00/set CIF Hong Kong
- @US$11.50 per dozen, CIF New York, INCOTERMS 2020.

(5) Origin (원산지)

원산지는 상품의 국적으로 동식물의 경우는 성장한 지역을 말하고, 제조품의 경우는 생산, 제조, 가공과정이 이루어진 지역을 말한다.

동물, 식물, 광물과 같은 천연상품 위주의 완전생산품(wholly produced products)은 원산지 결정에 큰 어려움이 없으나, 공산품 등 2차 생산품은 생산, 제조, 가공과정이 두 개 이상의 국가에서 이루어지는 경우가 많아 원산지 판정이 쉽지 않다.

상품에 따라서는 원산지가 어디인가에 따라 가격 차이가 많이 발생하기 때문에 1차 산품의 Offer에서는 원산지 표시가 매우 중요하다.

(6) Shipping Date (선적날짜)

선적날짜는 선적이 이루어진 일자를 말한다. 이는 계약된 선적기한 내에 인도의무를 이행하였는지를 판가름하는 중요한 근거가 된다. 따라서 Offer에는 언제까지 계약상품이 선적되어야 한다는 선적날짜가 구체적으로 표기되어 있다.

선적날짜의 표현

- Shipment : During May
- Shipment shall be made from May to June, 2026.
- Shipment shall be made during first half of May, 2026.
- Shipment shall be made at the beginning of May, 2026.
- Latest shipping date : by May 10, 2026.
- Shipment : on or about May 10, 2026.
- Time of Shipment : Within 60 days after receipt of your L/C.
- Shipment : Within 3 months after the date of issuance for the Credit.

(7) Payment (결제조건)

결제조건에는 대금결제를 송금, 추심, 신용장 결제방식 중 어느 것에 의할 것인지, 상품이나 서류인도와 대금지급의 시차관계를 어떻게 할 것이지, 그리고 환어음이 발행되는지, 환어음이 발행된다면 그 만기일이 일람출급인지 기한부인지에 관한 합의사항이 명확하게 기재되어 있어야 한다.

결제조건의 표현

- Payment : Under irrevocable L/C at 60 days after sight to be opened in our favor.
- Terms : By an irrevocable at sight Credit to be opened in our favor.
- Payment Terms : By an irrevocable & transferable L/C, in favor of International Seoul Trading Co., Ltd.
- PAYMENT : D/P AT SIGHT
- PAYMENT : L/C AMOUNT US$ 18,296.15, T/T AMOUNT US$ 29,350.60

(8) Insurance (보험조건)

보험조건은 보험계약을 통해 보험자가 보상하는 범위와 그 조건들이 명시되어 있는 것을 말한다. 기본적인 보험조건에는 신협회적하약관(신약관)인 ICC(A), ICC(B), ICC(C) 조건이 있다. ICC(A) 조건은 보험자의 보상범위가 가장 큰 조건으로 구협회적하약관(구약관)인 전위험담보(A/R)에 해당한다.

ICC(B) 조건은 구약관의 분손담보(W/A)에 해당하며, ICC(C) 조건은 보상범위가 가장 좁은 조건으로 구약관인 분손부담보(FPA)에 해당한다. ICC(C) 조건은 전손과 공동해손은 보상되나 특정 분손 이외의 단독해손은 담보되지 않는다.

한편 부가조건 혹은 추가담보조건은 추가보험료를 내고 별도로 부보하는 조건으로 ICC(B) 조건이나 ICC(C) 조건의 경우에는 화물의 성질에 따라 필요한 부가조건을 특약할 필요가 있다. 대표적인 부가조건으로는 War, SRCC, TPND 등이 있다.

보험조건의 표현

- Insurance : To be covered on ICC(B) including War Risks for 10% over the invoice amount.
- Insurance : Seller to cover the CIF price plus 10% against ICC(B) including War and SRCC Risks.
- Insurance : TO BE COVERED BY SELLER

(9) Packing (포장)

곡물이나 광물, 철근 등의 산화물(bulk cargo, 살물)은 포장되지 않은 상태로 운송되는 것이 일반적이며 그 외 대부분의 공산품은 포장된 상태로 운송된다.

거래되는 상품에 따라 포장의 상태는 천차만별이지만 경량품으로 항공으로 운송되는 상품은 Carton Box에 포장하며 선박으로 운송되는 상품은 Wooden Case에 포장하는 것이 보통이다.

포장조건의 표현

- Packing Method : Each in a vinyl bag, 100 pieces in a carton box.
- Packing : Standard Export Packing.
- Packing : Export standard packing, completely free from moisture and water.

(10) Validity (유효기간)

Offer에는 통상 유효기간이 명시되어 있다. 이 유효기간 내에 상대방이 승낙하면 계약이 성립되기 때문에 무역계약에서 유효기간은 매우 중요한 의미가 있다.

상품의 국제시세가 수시로 변하는 원면, 원맥 등 1차 산품의 경우는 유효기간을 과도하게 길게 설정하면 국제시세의 등락에 따른 손실을 볼 수 있다.

일반 공산품의 경우에도 유효기간을 너무 짧게 설정하면 상대방이 청약의 내용을 충분히 검토하는데 시간적으로 부족할 수도 있다.

따라서 오퍼의 유효기간은 거래상품의 특성이나 국제시세의 변동에 적합하도록 설정하는 것이 바람직하다.

유효기간의 표현

- Validity of Offer : December 10, 2026.
- Validity : We offer you firm subject to your reply reaching us by the 23rd July, 2026.
- Validity of Offer : until end of May, 2026.
- We offer firm for your reply reaching us within 24 hours.

(11) Other terms and condition (기타조건)

이외에도 분할선적(partial shipment), 환적(transhipment), 할부선적(installment shipment), 검사(inspection), 클레임(claim) 등의 조건들이 오퍼에 표기되는 경우가 있다. 그러나 이 조건들은 Offer에 반드시 명시되어야 하는 것은 아니다.

Model Form 2 : 〈서식〉 물품매도확약서 (Offer Sheet)

INTERNATIONAL SEOUL TRADING CO., LTD.
Number 15 DongBang Bldg
310 Teheran-ro, Kangnam-ku, Seoul Korea, 06211

OFFER SHEET

Messrs. GLOBAL ENTERPRISING CO., INC.
25 W 31s St, New York, NY
10001, USA

OFFER NO : CO-N-1
Date : May 28, 2026

We are pleased to offer you the under-mentioned goods as per the terms and conditions as stated below.

HS NO.	COMMODITY & DESCRIPTION	QUANTITY	UNIT PRICE	AMOUNT
			CIF New York per dozen	
9109-10.0030	100% COTTON SHIRTS FOR MEN Style No.10	500 Doz	@US$120.00	US$60,000.
TOTAL		500 Doz		US$60,000.

Origin : Republic of Korea(ROK)
Place of Shipment : Busan, Korea
Time of Shipment : Within 3 months after receipt of your L/C
Destination : New York, USA
Payment : By an irrevocable documentary at sight L/C to be opened in favor of INTERNATIONAL SEOUL TRADING CO., LTD. Seoul, Korea.
Insurance : Seller to cover the CIF price plus 10% against ICC(B) including War, SRCC and TPND Risks.
Packing : 1(one) dozen each to be packed in a carton box and 100 dozen in a wooden case
Inspection : Seller's inspection to be final
Validity : June 10, 2026
Shipping Marks : 〈ISTC〉
New York
C/No. 1-up
USE NO HOOKS
Made in Korea

We are looking forward to your valued acceptance for the above offer.

Accepted by : ______________

____

INTERNATIONAL SEOUL TRADING CO., LTD.

E. J. Han

Vice President

2 승낙 (acceptance)

1) 승낙의 의의

승낙은 피청약자(offeree)가 구두나 행위로(by words or conduct) 청약의 조건들을 수락하고 계약을 성립시키겠다는 동의를 표시(manifestation of assent)하는 것을 말한다. 무역계약은 청약에 대해 상대방의 승낙이 있어야만 성립될 수 있다.

2) 승낙의 요건

무역계약을 성립시키기 위한 유효한 승낙의 요건은 다음과 같다.

첫째, 승낙의 내용은 청약의 내용과 일치해야 한다. 이것은 승낙은 청약의 내용 그대로 승낙해야 한다는 것으로 '경상의 법칙(mirror image rule)'이라고도 한다. 이 원칙에 위배되는 승낙으로는 조건부 승낙(conditional acceptance), 부분 승낙(partial acceptance), 청약내용의 변경승낙, 애매한 승낙(equivocal acceptance) 등이 있다.

둘째, 승낙의 내용은 청약내용을 무수정(without revision), 절대적(absolute), 최종적(final) , 그리고 무조건적(unconditional)으로 해야 한다. 청약에 조건을 붙이거나 변경을 부가하여 승낙하면 그것은 유효한 승낙이 아니라 원청약의 거절임과 동시에 새로운 청약을 한 반대청약(counter offer)이 된다. 따라서 승낙은 청약에 대해 무조건적이며 절대적인 동의(unconditional and absolute assent)가 되어야 한다.

셋째, 승낙은 청약의 상대방만이 해야 한다. 그러므로 그 이외의 다른 당사자가 승낙하면 그는 승낙의 적격 당사자가 아니기 때문에 계약은 성립되지 않게 된다.

넷째, 승낙은 청약이 효력을 가지고 있는 기간 내에 이루어져야 한다. 그러므로 청약을 승낙할 의사가 있는 경우에는 지연승낙(delayed acceptance)이 되지 않도록 해야 한다.

다섯째, 승낙의 의사는 청약자에게 표시되어야 한다. 이 이유는 상대방이 마음속으로 승낙할 결심을 했을지라도 그 결심만으로는 유효한 승낙으로 되지 않기 때문이다.

이 경우 어떤 방법으로 의사를 표시할 것인가는 원칙적으로는 자유이기 때문에 명시적인 방법 이외에 묵시적인 방법도 가능하다.

다만, 청약에 대해 피청약자가 적극적인 행위나 회신을 하지 않을 때 이것을 '승낙에 대한 침묵' 또는 '무행위(acceptance by silence or inactivity)'라고 하는데 이것은 청약자에 대한 승낙의 통지가 없기 때문에 유효한 승낙으로 인정되지 않는다.

비엔나협약 제18조도 피청약자가 청약을 받고 침묵하거나 아무런 행위도 하지 않은 것은 청약의 승낙으로 볼 수 없다고 규정하고 있다.

3) 승낙의 방법

(1) 승낙방법이 지정된 경우

청약에 승낙의 방법을 지정할 것인가는 청약자의 자유이고 피청약자가 어떠한 방법으로 승낙할 것인가도 원칙적으로는 자유이다. 그러나 청약에 그 승낙방법이 지정되어 있는 경우에는 승낙도 그 지정된 방법을 따라야 한다. 그렇지 않으면 반대청약이 된다.

(2) 승낙방법이 지정되지 않은 경우

청약에 승낙의 방법이 별도로 지정되어 있지 않으면 합리적인 방법으로(by reasonable method) 승낙하면 된다. 즉, 청약이 Fax로 온 경우는 Fax로, 전자우편으로 온 경우는 전자우편으로 하거나 더 신속한 방식으로 승낙하면 된다.

4) 승낙의 효력발생시기

무역거래에서는 승낙의 의사표시가 피청약자로부터 청약자에게 도달될 때까지의 어느 시점에서 계약이 성립되는가가 문제가 된다. 승낙의 효력발생시기는 곧 계약의 성립시점이 된다는 점에서 매우 중요한 의의가 있다.

승낙의 효력발생시기에 관한 법 이론은 발신주의(mailbox or post theory), 도달주의(arrival theory), 요지주의(acknowledgement theory)가 있다. 의사표시에 관한 일반원칙은 모두 도달주의를 채택하고 있다.

한편, 승낙의 의사표시의 발신과 수신(sending and receiving)이 어떻게 이루어지는 가에 따라 대화자간 통신수단과 격지자간 통신수단으로 구분되는데, 우리나라 민법과 일본법 및 영미법은 격지자간 통신수단의 경우에 한하여 모두 발신주의를 채택하고 있다.

〈표 6-1〉 승낙의 효력발생시기

<table>
<tr><th colspan="3">통신수단 / 준거법</th><th>한국법</th><th>일본법</th><th>영미법</th><th>독일법</th><th>CISG</th></tr>
<tr><td colspan="3">의사표시에 의한 일반원칙</td><td>도달주의</td><td>도달주의</td><td>도달주의</td><td>도달주의</td><td>도달주의</td></tr>
<tr><td rowspan="5">승낙의 의사 표시</td><td rowspan="3">대화자간 통신수단</td><td>대 화</td><td>도달주의</td><td>도달주의</td><td>도달주의</td><td>도달주의</td><td>도달주의</td></tr>
<tr><td>전 화
FAX, EDI</td><td>도달주의</td><td>도달주의</td><td>도달주의</td><td>도달주의</td><td>도달주의</td></tr>
<tr><td>전자우편
텔렉스</td><td>도달주의</td><td>도달주의</td><td>도달주의</td><td>도달주의</td><td>도달주의</td></tr>
<tr><td rowspan="2">격지자간 통신수단</td><td>우 편</td><td>발신주의</td><td>발신주의</td><td>발신주의</td><td>도달주의</td><td>도달주의</td></tr>
<tr><td>전 보</td><td>발신주의</td><td>발신주의</td><td>발신주의</td><td>도달주의</td><td>도달주의</td></tr>
</table>

Keys to the Lesson

1. be subject to ~ : ~을 조건으로 하다.

1) This offer is subject to your acceptance arriving at us not later than August 5.
   ➡ 이 오퍼는 귀사의 승낙회신이 8월 5일까지 당사에 도착될 것을 조건으로 한다.
2) 이 오퍼는 귀사 회신이 5월 5일까지 당사에 도착하는 것을 조건으로 한다.
   ➡ This offer is subject to your reply reaching us by May 5.
3) 본 청약은 귀 답신이 7월 9일까지 당사에 도착할 것을 조건으로 한다.
   ➡ This offer is conditional on your reply received by us till July 9.

주 ① be subject to ~ : ~을 조건으로 하다(=conditional on ~, conditionally on, make it a condition that ~, condition on ~). cf. subject to의 다음에는 (동)명사가 나옴.
② not later than ~ : (늦어도) ~까지(=by, till, until, on or before ~)
cf. on or about ~ : ~경(頃), on or about September, 20. : 9월 15일~9월 25일까지
③ arrive at us : 당사에 도착하다(=reach us, received by us).

2. open L/C in your favor : 귀사를 수익자로 하여 신용장을 발행하다.

1) 당사는 매출계약서 제12호의 대금결제를 위해 캘리포니아 은행에 한성상사를 수익자로 하여 신용장을 발행하도록 지시하였습니다.
   ➡ We have instructed The Bank of California to issue a credit in favor of The Han Sung Company to cover the Sales Note No.12.
2) 본 계약서의 상품대금을 결제하기 위해 귀사를 수익자로 하는 신용장을 발행하도록 스탠더드 차터드 은행에 요청하였습니다.
   ➡ We have asked Standard Chartered Bank to open an irrevocable L/C in your favor to cover the amount of this contract.
3) 가능한 한 8월말까지 유효한 취소불능신용장을 당사를 수익자로 하여 발행하여 주실 것을 요청 드립니다.
   ➡ We would ask you to establish an irrevocable letter of credit in our favor, as soon as possible, valid until the end of August.
4) If we agree to your request, then would you open an irrevocable L/C at sight?
   ➡ 당사자가 귀사의 요청을 수락하면 취소불능 일람불신용장을 발행하시겠습니까?

주 ① we have instructed our bank : 당사는 당사의 거래은행에 지시했다.
② open L/C in one's favor : ~를 수익자로 하여 신용장을 발행하다.
in one's favor : ~를 수익자로 하여(=in favor of one)
③ open(=issue, arrange, establish) an L/C : 신용장을 발행(=개설)하다.
④ issue L/C to cover ~ : ~대금결제를 위해 신용장을 발행하다.
⑤ to cover ~ : ~에 대한, 대금결제를 위해, ~을 결제하기 위해(=for, covering, against)
⑥ the amount(=figure) of this contract : 본 계약금액
⑦ valid until the end of August : 8월 말까지 유효한

3. against ICC(B) including War, SRCC and TPND Risks : 전쟁과 동맹파업·폭동·시민소요, 그리고 도난·발하·불착위험을 포함하여 협회적하약관(B) 조건으로

1) Insurance : Seller to cover the CIF price plus 10% against ICC(C) including War, SRCC and TPND Risks.
   ➡ 보험 : 전쟁과 동맹파업 · 폭동 · 시민소요, 그리고 도난 · 발하 · 불착위험을 포함하여 협회적하약관 (B) 조건으로 CIF가격에 10%를 가산한 금액으로 매도인이 부보해야 한다.
2) 매도인은 ICC(B) 조건으로 모든 선적품에 대해 보험계약을 체결해야 한다.
   ➡ Sellers shall effect marine insurance on all shipments on ICC(B).
3) However, the seller must provide the buyer, at the buyer's request, risk, and expense, with information that the buyer needs for obtaining insurance.
   ➡ 그러나 매도인은 매수인의 요청과 매수인의 위험과 비용부담조건으로 매수인이 부보하는 데 필요한 정보를 매수인에게 제공해야 한다.

주
① against ~ : ~조건으로(=on)
② seller to cover : 매도인이 부보함, 매도인이 보험계약을 체결해야 한다.
to cover : 부보하다, 결제하다, 보상하다.
③ ICC(Institute Cargo Clause) : 협회적하약관
ICC(A) : All Risks(A/R, 전위험담보조건)
ICC(B) : With average(WA, 단독해손담보조건)
ICC(C) : Free From Particular Average(FPA, 단독해손부담보조건)
④ SRCC : strikes, riots and civil commotions(동맹파업, 폭동, 시민소요)
⑤ TPND : theft, pilferage and non-delivery(도난, 발하, 불착)
⑥ effect(=arrange for, contract, cover, take out, obtaining, make, open, undertake) insurance : 부보하다, 보험계약을 체결하다.
⑦ marine insurance : 해상보험(=ocean insurance, cargo insurance)
⑧ at the buyer's request, risk, and expense : 매수인의 요청과 위험 및 비용부담 조건으로
⑨ information that the buyer needs for obtaining insurance : 매수인이 부보하는데 필요한 정보

4. proceed with the execution of this order : 본 주문의 이행을 진행하다.

1) We will proceed with the execution of this order immediately upon receiving your advice of the establishment of a Letter of Credit.
   ➡ 신용장이 발행되었다는 통지 소식을 받자마자 당사는 즉시 본 주문의 이행을 착수할 것이다.
2) 어떤 주문이 있게 되면 매도인은 고객에게 상품과 함께 보낸 송장 사본 한 부를 대리인에게 보내야 한다.
   ➡ Upon the execution of any such order, the seller shall forward to the Agent a duplicate copy of the invoice sent with the goods to the customer.

주
① proceed with ~ : ~을 진행하다, ~을 착수하다(engaged in), ~을 계속하다.
② execution : 실행, 수행, 이행(=performance, completeness, fulfillment, accomplishment)
③ the establishment of a Letter of Credit : 신용장의 발행(=개설)
④ upon receiving your advice : 귀사의 통지를 수령하자마자

사례 15 : 확정청약(firm offer)

INTERNATIONAL SEOUL TRADING CO., LTD.
Number 15 DongBang Bldg
310 Teheran-ro, Kangnam-ku, Seoul Korea, 06211

May 10, 2026

Gentlemen :

We have the pleasure of acknowledging your letter of April 25, requesting us to quote the most favorable price on 100% cotton shirts for men and we make the following offer subject to your acceptance received by us here by June 10 as follows :

Article	:	100% Cotton Shirts for Men, Style No.10
Quality	:	Subject to our catalog
Quantity	:	500 dozen
Price	:	@US$ 140.70 per dozen CIF New York
Shipment	:	Within 3 months after Receipt of your L/C
Payment	:	Under irrevocable L/C at sight to be opened in our favor
Insurance	:	Seller to cover the CIF price plus 10% against ICC(B) including War, SRCC and TPND Risks
Packing	:	One dozen each to be packed in a carton box and 100 dozen in a wooden case
Inspection	:	Seller's inspection to be final
Shipping Marks	:	〈ISTC〉 New York C/No. 1-up USE NO HOOKS Made in Korea

We regret that our prices were not low enough to meet your requirements. The demand for these goods is very strong both at home and abroad. A rush of orders are now coming every day. Therefore, the above revised price is the best price we can make at present, since the high quality of our goods can't be maintained at lower prices.

We trust that you will accept it without delay.

Yours very truly,

해설 수입자의 최저가격 견적 요청을 반영하여 가격할인을 하여 청약하지만, 더 이상의 가격인하는 불가능함을 통보하면서 즉각적인 승낙을 요청하는 서식이다.

주
① regret that ~ : ~하게 되어 유감스럽게 생각하다(=be sorry to ~).
② rush of orders : 주문쇄도, 주문폭주, 거래폭주(=rush of business)
③ revised price : 변경된 가격
revise : 수정 · 정정 · 개정 · 변경하다(=amend, modify, alter, change, renew, reform).
④ we trust that you will ~ : 귀사께서 ~하실 것으로 믿습니다.
⑤ without delay : 즉시(=without wasting time, without loss of time, at once, soon, immediately, promptly, with all speed, at an early date)

사례 16 : 가격할인을 요청하는 반대청약(counter offer asking more discount)

GLOBAL ENTERPRISING CO., INC.

25 W 31s St, New York, NY
10001, USA

May 20, 2026

Gentlemen :

We are in receipt of your firm offer dated May 10 for 500 dozen of 100% cotton shirts for men, style No.10 at US$ 140.70 per dozen CIF New York for shipment within 3 months after receipt of your L/C, for which we have just sent to you by Fax a counter offer as below contents.

In view of the current price in this market, your price is rather high.

You must remember that the competition in this line is very strong and that your competitors are offering lower prices than yours.

We would like to transact most of our business with you and we have sent by Fax you a counter offer, asking for further discount.

How about reducing your price somewhat, to US$120.00 per dozen?

If you can come down to this level, we prepared to give you a substantial order but so unless you can accept this price the business will fall through.

Hoping you to accept our price soon to our mutual encouragement and benefit.

Cordially yours,

John T. Bolen

John T. Bolen
President

해설 수출자의 확정청약을 받은 수입자는 제시가격이 높다고 지적하면서, 추가적인 가격인하를 요청하는 반대청약을 제시하고 양 회사의 이익을 위해서 변경된 가격을 승낙해 줄 것을 부탁하고 있다.

① in view of ~ : ~에 비추어 볼 때, ~을 고려할 때

② rather high : 다소 비싼(=rather stiff, somewhat strong, slightly high)

③ your competitors are offering lower prices than yours : 귀사의 경쟁자들은 귀사가 제시하는 가격보다 더 낮은 가격으로 오퍼하고 있다.

④ come down to this level : 이 수준까지 가격을 인하하다.

⑤ give you a substantial order : 상당한 주문을 하다, 상당량의 주문을 하다.

⑥ fall through : 실패하다, 그르치다, 수포로 돌아가다(=come to nothing, fail).

⑦ to our mutual(=reciprocal) encouragement and benefit : 당사와의 상호격려와 이익을 위해

사례 17 : 반대청약의 승낙(counter offer accepted)

INTERNATIONAL SEOUL TRADING CO., LTD.
Number 15 DongBang Bldg
310 Teheran-ro, Kangnam-ku, Seoul Korea, 06211

May 30, 2026

GLOBAL ENTERPRISING CO., INC.
25 W 31s St, New York, NY
10001, USA

Gentlemen :

We accept your counter offer of May 20 in order to execute the first transaction with you.

In the process of negotiating various terms with you, we were reluctantly forced to cut our price to a point where no margin of profit is left to us.

Please note that your limit price barely covers the cost of production, and therefore we shall be unable to maintain our quality without any increase in price for your future orders.

We will proceed with the execution of this order immediately upon receiving your advice of the establishment of a Letter of Credit.

We await your L/C No. and Purchase Note by return.

Yours truly,

E. J. Han

Vice President

해설 수출자는 반대청약을 승낙하면서 신용장이 발행되었다는 통지를 받는 즉시 본 주문의 수행을 위해 착수하겠다고 통보하고, 신용장 번호와 구매주문서를 요청하고 있다.

주
① execute of this order : 본 주문품을 조달하다, 본 주문을 이행하다.
execute(=carry out, fulfil, complete, accomplish, perform, fill)
② be forced(=obliged, compelled, bound) to ~ : ~하지 않을 수 없다, 억지로 ~하다.
③ no margin of profit : 이익이 전혀 없는, 이윤이 전혀 없는, 마진이 없는
④ please note that ~ : that 이하에 유념해 주십시오.
⑤ limit price : 지정가격, 제한가격, 할인가격
⑥ the cost of production : 제조원가, 생산원가, 생산비
⑦ barely cover the cost of production : 제조원가를 거의 커버하지 못한다.
⑧ Purchase Note : 구매주문서, 매입계약서(=Purchase Contract, Purchase Order)
cf. Sales Contract : 매출계약서(=Sales Note, Sales Confirmation)

청약과 승낙에 흔히 사용되는 문장

1. We look forward to your prompt acceptance.
   - 당사는 귀사의 즉각적인 승낙을 기대하고 있습니다.

2. We are pleased to offer you the under-mentioned articles as per conditions and details described as follow.
   - 아래에 기술되어 있는 조건과 명세대로 아래에 언급된 제품을 귀사에게 청약합니다.

3. We offer you firm subject to your reply reaching us by the end of November.
   - 당사는 11월 말까지 귀사의 회신이 당사에게 도착하는 조건으로 확정청약을 합니다.

4. We are pleased to offer you subject to market fluctuation. Please understand that the international market price of this product is very fluctuating.
   - 당사는 시장변동을 조건으로 귀사에게 청약하게 되어 기쁩니다. 본 상품의 국제시가의 등락이 매우 심한 것을 이해하여 주시기 바랍니다.

5. We trust you will make every effort to revise your prices for transaction with our company
   - 당사는 당사와의 거래를 위해 귀사 가격을 변경해 주실 것을 믿습니다.

6. We take pleasure in offering you the following goods on the terms and conditions mentioned below.
   - 당사는 아래에 언급된 조건으로 다음의 제품을 귀사에게 오퍼하게 되어 기쁩니다.

7. We think you will find the price quoted to be very attractive and the quality of our products is excellent.
   - 귀사는 당사의 견적가격이 매우 저렴하다는 것과 당사 제품의 품질이 매우 우수하다는 것을 귀사께서 발견하게 될 것으로 생각합니다.

8. Awaiting your L/C and Purchase Note by return.
   - 회신 편에 귀사가 발행한 신용장과 구매계약서를 기다리겠습니다.

9. We have made you a counter offer for 3,000 doz. at $13.00 per doz., September shipment. We may add that our offer is slightly in excess of the figure at which others are soliciting our orders for goods of comparable quality.
   - 당사는 9월 선적조건으로 1다스당 13달러에 3천 다스에 대한 반대청약을 귀사에 하였습니다. 당사의 오퍼가 비슷한 품질의 상품에 대해 당사의 주문을 간청하는 다른 업자들의 가격보다 다소 높은 금액임을 부언하는 바입니다.

Advanced English for Trade Practice

1. The offeree must do the acceptance within the time period specified, or if no time period is specified, within a reasonable time.
   - 피청약자는 명시된 기간 내에 오퍼를 승낙해야 하며 만일 어떠한 시기가 명시되지 않은 경우에는 합리적인 시기 이내에 승낙해야 한다.

2. A contract of sale need not be concluded in or evidenced by writing and is not subject to any other requirement as to form.(CISG 제11조)
   - 매매계약은 서면으로 체결되거나 서면으로 입증될 필요는 없으며 또 형식에 관하여도 어떠한 다른 요건에 따라야 하는 것은 아니다.

3. A proposal for concluding a contract addressed to one or more specific persons constitutes an offer if it is sufficiently definite and indicates the intention of the offeror to be bound in case of acceptance. A proposal is sufficiently definite if it indicates the goods and expressly or implicitly fixes or makes provision for determining the quantity and the price.(CISG 제14조)
   - 1인 이상의 특정한 자에게 보낸 계약체결의 제의는 그것이 충분히 확정적이고 승낙이 있을 경우에 구속된다고 하는 청약자의 의사를 표시하고 있는 경우에는 청약이 된다. 어떠한 제의가 물품을 표시하고 또한 명시적 또는 묵시적으로 그 수량과 대금을 정하고 있거나 또는 이를 정하는 규정을 두고 있는 경우에는 이 제의는 충분히 확정적이다.

4. A proposal other than one addressed to one or more specific persons is to be considered merely as an invitation to make offers, unless the contrary is clearly indicated by the person making the proposal.(CISG 제14조)
   - 1인 이상의 특정한 자에게 통지된 것 외의 어떠한 제의는 그 제의를 행한 자가 반대의사를 명확히 표시하지 않으면 이는 단순히 청약을 행하기 위한 유인으로 간주된다.

5. An offer becomes effective when it reaches the offeree. An acceptance becomes effective at the moment the indication of assent reaches the offeror.(CISG 제15조)
   - 청약은 피청약자에게 도달한 때 효력이 발생한다. 승낙은 동의의 의사표시가 청약자에게 도달한 때에 그 효력이 발생한다.

6. An offer, even if it is irrevocable, may be withdrawn if the withdrawal reaches the offeree before or at the same time as the offer. An offer, even if it is irrevocable, is terminated when a rejection reaches the offeror.(CISG 제15조 및 제17조)
   - 청약은 취소불능이라 할지라도 청약의 철회의 통지가 청약보다 먼저 또는 청약과 동시에 피청약자에게 도착한다면 철회될 수 있다. 청약은 그것이 취소불능한 것이라도 어떠한 거절이 청약자에게 도달한 때에는 그 효력을 상실한다.

7. Until a contract is concluded an offer may be revoked if the revocation reaches the offeree before he has dispatched an acceptance.(CISG 제16조)
 - 계약이 체결되기까지는 청약은 취소될 수 있다. 다만 이 경우에 취소는 피청약자가 승낙을 발송하기 전에 피청약자에게 도달해야 한다.

8. A statement made by or other conduct of the offeree indicating assent to an offer is an acceptance.(CISG 제18조)
 - 청약에 대한 동의를 표시하는 피청약자의 진술 또는 기타의 행위는 승낙이 된다.

9. Silence or inactivity does not in itself amount to acceptance.(CISG 제18조)
 - 침묵 또는 무행위 그 자체는 승낙이 되지 못한다.

10. A reply to an offer which purports to be an acceptance but contains additions, limitations or other modifications is a rejection of the offer and constitutes a counter offer.(CISG 제19조)
 - 승낙을 의도하고는 있으나 이에 추가, 제한 또는 기타의 변경을 포함하고 있는 청약에 대한 회답은 청약의 거절이면서 반대청약을 구성한다.

11. However, a reply to an offer which purports to be an acceptance but contains additional or different terms which do not materially alter the terms of the offer constitutes an acceptance.(CISG 제19조)
 - 그러나, 승낙을 의도하고 있으나 청약의 조건을 실질적으로 변경하지 아니하는 추가적 또는 상이한 조건을 포함하고 있는 청약에 대한 회답은 승낙을 구성한다.

12. Additional or different terms relating, among other things, to the price, payment, quality and quantity of the goods, place and time of delivery, extent of one party's liability to the other or the settlement of disputes are considered to alter the terms of the offer materially.(CISG 제19조)
 - 특히, 가격이나 결제, 물품의 품질 및 수량, 인도의 장소 및 시기, 상대방에 대한 일방 당사자의 책임범위 또는 분쟁의 해결에 관한 추가적 또는 상이한 조건은 청약의 조건을 실질적으로 변경하는 것으로 간주된다.

13. A period of time for acceptance fixed by the offeror by telephone, telex or other means of instantaneous communication, begins to run from the moment that the offer reaches the offeree.(CISG 제20조)
 - 전화, 텔렉스 또는 기타의 동시적 통신수단에 의해 청약자가 지정한 승낙의 기간은 청약이 피청약자에게 도달한 때로부터 기산된다.

14. An acceptance may be withdrawn if the withdrawal reaches the offeror before or at the same time as the acceptance would have become effective.(CISG 제22조)
 - 승낙은 그 승낙의 효력이 발생하기 이전 또는 그와 동시에 철회가 청약자에게 도달하는 경우에는 철회될 수 있다.

Glossary of Trade Practice

1. Acceptance : ① An unconditional assent to an offer or an assent to an conditioned on only minor changes that do not affect any material terms of the offer. ② An agreement to purchase goods on specified terms. ③ A statement made by or other conduct of the offeree indicating assent to the offer.
   ④ The assent to the terms of an offer, require before a contract can be valid. It must be absolute and unconditional (otherwise it is not an acceptance but a counter-offer), may be tendered only by the person to whom the offer, is directed, and must conform to any conditions concerned that are set forth in the offer. ⑤ The willingness of the offeree to conclude a transaction unconditionally.

2. Counter Offer : ① A reply to an offer which purports to be an acceptance but contains additions, limitations or other modifications. ② A rejection of the offer, and it cannot constitutes an acceptance of an offer.
   ③ An offer made by an offeree to an offeror, accepting some terms and changing other terms. It can be made verbally or in writing. A counter-coffer, in fact, is a rejection of the offer. Hence, it is a new offer and at the same time, the original offer lapses. ④ A reply to an offer which contains additions, limitations or other modification. In its nature counter-offers are rejection to the original offers.

3. Offer : ① A proposal that is made to a certain individual or legal entity to enter into a contract, that is definite in its terms, and that indicates the offer's intent to be bound by an acceptance. ② An expression of willingness to contract on certain items made with the intention that it shall become binding as it is accepted by the offeree.
   ③ A proposal of terms and conditions presented in a potential contract by one party, called the offeror, to another party, called the offeree. For the sake of the agreement to be binding, the offeree must first accept the offer ; otherwise there is no legal contract.
   ④ A sufficiently definite proposal addressed to one or more specific persons for concluding a contract, necessarily indicating the intention of the offeror to be bound in case of acceptance.

4. Offer with Engagement : A kind of offer, in which the offeror's intention of making a contract is definitely indicated, and under which the offeror cannot revoke or amend what he has offered during the validity of the offer.

5. Firm offer : ① An offer open for a specified time in which the offeror binds the offeree.
   ② An offer open for a reasonable time in which the offeror binds the offeree.
   ③ The definite offering of one person to another the opportunity of his/her buying certain goods as a given price within a given time.

Chapter 07

주문과 주문승낙

Order and Acknowledgement

무역계약은 일방의 청약(offer)에 대한 타방의 승낙(acceptance) 외에도, 일방의 주문(order)에 대한 타방의 주문승낙(acknowledgement)으로도 성립된다.

1 주문 (order)

매도인이 발행하는 매도청약(selling offer)과 달리, 주문(order)은 매수인이 구매하려는 물품의 내역과 조건을 명기하여 매도인에게 구매의사를 밝힌 것을 말한다.

주문은 법리적으로는 매수청약(buying offer)의 성격을 지니고 있으며 실무적으로는 'Purchase Order(P/O), 주문서'라고도 부른다.

주문 혹은 주문서의 내용에는 Offer와 같이 계약을 체결하기 위한 상품의 품질, 수량, 가격, 포장, 선적, 결제, 보험 등과 같은 무역계약의 기본 조건들이 명시되어 있다.

2 주문승낙 (acknowledgement)

보통 매도인이 청약을 하고 매수인이 이를 승낙함으로써 계약은 성립되지만 한편으로는 매수인이 능동적으로 매도인으로부터 입수한 견본(sample), 권유장(sales letter), 상품목록(catalog) 및 가격표(price list)를 토대로 자기가 구매하거나 수입하고자 하는 물품에 대해 주문(order)하는 경우도 있다.

주문승낙(Acknowledgement)은 매수인의 주문(order)에 대해 피청약자(매도인)가 주문내용을 확인하여 계약을 성립시키겠다는 승낙의 의사를 표시한 것을 말한다.

즉, 매수인의 주문을 받은 매도인이 이를 승낙하여 승낙의 표시를 송부하는 것을 주문승낙이라고 하고 실무에서는 '주문승낙서(acknowledgement of order)'라고도 한다.

주문승낙서에는 ① 주문승낙의 표시와 주문에 대한 감사 ② 주문내용의 재확인 ③ 선적시기, 선박명 등 매수인의 선적지시 사항 재확인 ④ 결제방법의 제시 ⑤ 주문품의 만족스러운 공급을 약속하고 계속적인 거래를 희망하는 문구 등이 기재된다.

Keys to the Lesson

1. In all details : 어느 면에서나, 모든 면에서

1) We assure you that all details of our order are correct in all details.
   ➡ 당사 주문서의 모든 세부사항은 모든 면에서 정확함을 확신합니다.
2) 당사는 당사의 주문서가 모든 면에서 정확하다고 확신합니다.
   ➡ We are assure that our order is correct in all aspects.
3) We trust that you will find the particulars of our order correct in all respects.
   ➡ 당사 주문서의 세부사항은 모든 면에서 정확하다는 것을 귀사는 아시게 되리라고 믿습니다.

주 ① In all details : 모든 면에서, 모든 점에서, 어느 면에서나(=in every respects, in every point, in all respects, in all aspects, in every way)
② You will find(=see, note, learn) : 귀사께서는 알게 될 것입니다.
③ details(=particulars, specifications, descriptions) : 명세, 세부사항, 명세서 cf. in details : 상세히

2. We have instructed our Bankers, The New York Commercial Bank, New York : 당사는 당사의 거래은행인 뉴욕소재 뉴욕상업은행에 지시했습니다.

1) We have instructed our Bankers, The New York Commercial Bank, New York to open an Irrevocable Letter of Credit.
   ➡ 당사는 취소불능신용장을 발행하도록 당사의 거래은행인 뉴욕상업은행에 지시했습니다.
2) 이들 계산을 위해, 당사는 당사의 거래은행에 미화 500달러를 송금하도록 지시했습니다.
   ➡ For these accounts, we have instructed our bank to transfer US$500.
3) We have instructed our Bankers to open an Irrevocable confirmed Letter of Credit for US$ 100,000 in your favor.
   ➡ 당사는 귀사를 수익자로 하여 미화 십만 불에 해당하는 금액의 취소불능 확인신용장을 발행하도록 당사의 거래은행에게 지시했습니다.

주 ① We have instructed : 당사는 지시했다.
② our bankers, New York Commercial Bank : 당사의 거래은행인 뉴욕상업은행
③ to open an Irrevocable Confirmed Letter of Credit : 취소불능확인신용장을 발행하도록

3. When you have completed the shipment : 귀사가 선적을 완료하면

1) When you have completed the shipment, please let us know by Fax.
   ➡ 귀사께서 선적을 완료하시면 팩스로 연락주시기 바랍니다.
2) 선적은 각 계약서에 규정된 기간 이내에 이행되어야 한다.
   ➡ Shipment shall be effected within the time stipulated in each contract.

주 ① completed the shipment : 선적을 이행(=완료)하다(=make shipment, effect shipment).
shipment is effected : 선적이 이행되다(=shipment is made).

4. Shinhan Bank which is our bankers' correspondent bank : 당사 은행의 환거래은행인 신한은행

1) You shall be advised of the letter of credit arrival through Shinhan Bank in Seoul which is our bankers' correspondent bank.
   ➡ 귀사는 서울소재 당사 은행의 환거래은행인 신한은행을 통해 신용장 도착을 통지받게 될 것입니다.
2) 이 신용장은 당사 은행의 환거래은행에 의해 확인될 것입니다.
   ➡ This credit will be confirmed by our banker's correspondents bank.
3) We can not open an L/C because our correspondent bank is now requesting 100% of cash deposit equivalent to L/C amount when opening L/C.
   ➡ 당사는 신용장을 발행할 수 없게 되었습니다. 왜냐하면 당사의 환거래은행이 신용장을 발행할 때 신용장금액에 상당하는 100%의 현금담보를 요구하고 있기 때문입니다.

주 ① You shall be advised of the credit arrival through ~ : 귀사께서는 ~를 통해 신용장 도착을 통보받을 것입니다.
② correspondent bank : 환거래은행(=corres bank)
③ 100% of cash deposit : 100%의 현금담보, 100%의 현금예치
④ equivalent to L/C amount : 신용장 금액에 상당하는, 신용장 금액의 100%에 해당하는

5. ~by the S/S 'Miss Korea' sailing from A : A항을 출항하는 기선 '미스코리아 호' 편으로

1) We will do our best to effect shipment of the goods by the S/S 'Miss Korea' sailing from Busan on or about October 20.
   ➡ 당사는 10월 20일 경에 부산항을 출항예정인 기선 '미스코리아 호' 편으로 그 물품을 선적하는데 최선을 다할 것입니다.
2) 5월 15일에 부산항을 출항하는 기선 '프린세스 호' 편에 상품을 선적해 주십시오.
   ➡ Please make shipment of the products by the s/s 'Princess' leaving Busan on May 15.
3) We will ship the goods on the S/S 'Glory' sailing for Los Angeles on July 20.
   ➡ 당사는 그 상품을 7월 20일에 로스앤젤레스로 출항예정인 '글로리 호'에 선적하겠습니다.
4) 당사는 7월 30일에 고베항에 도착할 예정인 기선 '프론티어 호' 편으로 TV 100 Sets를 선적하였습니다.
   ➡ We shipped 100 TV sets by S.S 'Frontier' which is scheduled to arrive at Kobe on July 30.

주 ① S/S(steam ship, S.S, s/s) : 기선(증기터빈을 동력으로 사용하는 선박)
M/S(motor ship) : 동력선(엔진으로 추진하는 선박) =M/V(motor vessel)
② do our best to effect shipment : 선적하는데 최선을 다하다, 최선을 다하여 선적하다.
③ sailing from A : A항을 출항 예정인, A항을 출항하는(=leaving A, scheduled to sail from A, due to sail from A, due to leave A, scheduled to leave from A, scheduled to sail from A, schedule to leave A : A를 출항할 예정인, ETD A)
④ sailing for ~ : ~로 향하여 출항하는, ~로 출항예정인(=scheduled to sail for ~, scheduled to leave for ~, leaving for ~, due to sail for ~, due to leave for ~, schedule to sail for ~)
cf. sailing for A from B : B를 출항하여 A로 갈 예정인

6. on or about September 20 : 9월 20일 경에

1) If the expression "on or about" or similar expressions are used, banks will interpret them as a stipulation that shipment is to be made during the period from five days before to five days after the specified date, both end days included. (UCP 600 제3조)
   ➡ "on or about"이란 표현 또는 이와 유사한 표현이 사용된 경우, 은행은 지정된 날짜로부터 5일 전후의 기간 내에 선적이 이루어지도록 약정된 것으로 해석하며 전후 양쪽의 마지막 날은 포함된다.

주 ① on or about ~ : ~경(頃) ex) on or about September, 20 : 9월 15일~9월 25일까지
② from five days before the specified date : 지정된 날짜 5일 전부터
③ to five days after the specified date : 지정된 날짜 5일 후까지
④ both end days included : 양쪽 끝 날은 포함된다.

7. The term 'first half', 'second half' of a month : 한 달의 전반과 후반이라는 기간

1) The terms "first half", "second half" of a month shall be construed respectively as the 1st to the 15th, and the 16th to the last day of each month, all dates inclusive. (UCP 600 제3조)
   ➡ 어느 달의 "first half", "second half"라는 기간은 각각 해당되는 달의 1부터 15일까지, 그리고 16일부터 말일까지 간주되며, 양끝의 모든 일자는 포함된다.

주 ① shall be construed respectively : 각각 간주된다.

8. The term 'beginning', 'middle', or 'end' of a month : 한 달의 상순, 중순과 하순이라는 기간

1) 어느 달의 "beginning", "middle", "end"라는 기간은 각각 해당되는 달의 1일부터 10일까지, 11일부터 20일까지, 21부터 말일까지 간주되며, 양끝의 모든 일자는 포함된다.
   ➡ The terms "beginning", "middle", or "end" of a month shall be construed respectively as the 1st to the 10th, the 11th to the 20th, and the 21st to the last day of such month, all dates inclusive. (UCP 600 제3조)

주 ① the beginning : 상순(=in a month, first ten days of a month, first decade of a month)
the middle : 중순(=about middle of a month), the end : 하순(= late in a month)

9. Sales Note : 매매계약서, 계약서, 매약서

1) You will find enclosed our Sales Note No.5.
   ➡ 당사의 계약서 제5호를 동봉하여 보내드립니다.

주 ① Sales Note : 매매계약서, 계약서(=Contract Note) cf. 구매(매입)계약서(=Purchase Note)
Case by Case Contract(개별계약) : Sales Contract, Purchase Note
Master Contract(포괄계약) : Agreement on General Terms & Conditions of Business

10. 2(two) copies : 2통, 2부, 2장

1) We enclose 2(two) copies of Purchase Note confirming our business for 500 dozen Cotton Shirts.
   ➡ 남성용 면셔츠 500다스에 대한 당사의 거래를 확인하는 구매확인서 2통을 동봉한다.
2) 본 화약약품에 관한 4월 10일자 귀사의 팩스오퍼를 잘 수령하였고 동봉된 사본과 같이 팩스로 회신을 발송하였다.
   ➡ We have duly received your Fax offer of April 10 on this chemical goods, and have dispatched a Fax reply as per enclosed copy.
3) Please send us two copies of shipping documents right after shipment is effected and inform us by Fax the name of vessel, issuing date of B/L and invoice amount.
   ➡ 선적이 이루어지면 즉시 선적서류 2부를 당사로 보내 주시고 선박명, 선하증권 발행일자, 송장금액 등을 팩스로 통지해 주시기 바랍니다.

주 ① 2 copies : 2통, 2부, 2장(=duplicate, folds)
duplicate : 복사하다, 원본(=original, first, primary)에 대한 부본(copy)
Original(원본), Duplicate(2통), Triplicate(3통), Quadruplicate(4통)
Quintuplicate(5통), Sextuplicate(6통), Septuplicate(7통)
Octoplicate(8통), 9 copies(9통), in 10 copies(10통으로)
② as per enclosed copy : 동봉된 사본과 같이

11. after receipt of your L/C : 귀사의 신용장을 수령한 후

1) Shipment : Within 3 months after receipt of your L/C
   ➡ 선적 : 귀사가 발행한 신용장을 수령한 후로부터 3달 이내에 이루어질 것임.
2) 귀사의 신용장을 수령하자마자, 당사는 선적통지서를 귀사에게 팩스로 송부할 것이다.
   ➡ On receipt of your L/C, we will send you the Shipping Advice by Fax.

주 ① Shipping Advice(S/A) : 선적통지, 선적통지서(=Shipping Notice, S/N)
cf. Arrival Notice(A/N) : 도착통지, 도착통지서

12. one dozen each to be packed in a carton box : 한 다스씩 종이상자에 포장됨

1) Packing : one dozen each to be packed in a carton box and 100 dozen in a wooden case
   ➡ 포장 : 한 다스씩 종이상자에 포장되고 한 종이상자에 100다스가 포장됨.
2) 가방 안에 포장할지 상자에 할지, 종이상자에 포장할 지를 언급해 주십시오.
   ➡ Please mention whether packed in bags, cases, cartons, etc.

주 ① carton box : 종이상자 cf. wooden case : 나무상자
carton : 종이상자, 골판지 또는 판지로 만들어진 수송 포장용 상자
② bag : (천이나 가죽 등으로 만든) 가방, 백, 포대, 자루
③ etc [et ceteral : 기타, ~등등, ~따위(=and so on, and so forth)

사례 18 : 구매주문서를 동봉한다는 서신

June 10, 2026

Gentlemen :

We are pleased to acknowledge your FAX of May 30 accepting our counter offer for 100% Cotton Shirts for Men and now enclose our Purchase Note No.123.

We trust that you will find the particulars of our order correct in all details.

We have instructed our bankers, The New York Commercial Bank, New York to open an irrevocable L/C in your favor for the amount of this order, and you shall be advised of the credit arrival through Shinhan Bank which is our bankers' correspondent bank in Seoul.

As we need the merchandise very urgently, please expedite the shipment by the earliest steamer available. Your utmost cooperation in this matter shall be appreciated.

Very truly yours,

주 ① our bankers : 당사(=수입자)의 거래은행
② for(=against) the amount of this amount : 본 금액을 결제하기 위해, 본 금액을 위해
③ expedite : 더 신속히 처리하다, 촉진하다.
④ by the earliest steamer available : 이용이 가능한 조속한 선편으로
⑤ Your utmost cooperation : 귀사의 긴밀한 협력

사례 19 : 구매주문서 확인과 동시에 계약서를 동봉한 서신

June 20, 2026

Gentlemen :

Thank you very much for your letter of June 10 and your Purchase Note No.123 for 500 dozen of 100% Cotton Shirts for Men, Style No.10.

You will find enclosed our Sales Contract No.700. We will do our best to effect shipment of the goods by the S/S 'Miss Korea' sailing from Busan on or about October 20.

We would appreciate your orders.

Yours very truly,

Enc : Sales Contract No.700

주 ① do one's best to ~ : ~하도록 최선을 다하다, 모든 노력을 다하다(=make every effort to ~, try one's utmost to ~, neglect one's nothing to ~, try one's best to ~, neglect nothing to ~, try one's utmost to ~).
② you will find enclosed~ : ~을 동봉하여 보내다(=we have enclosed ~, we enclose ~, please find enclosed ~, we are enclosing ~, enclosed you will find ~, ~ is(are) enclosed).

사례 20 : 표제서한(covering letter)

GLOBAL ENTERPRISING CO., INC.
25 W 31s ST, New York, NY 10001,
U. S. A

June 10, 2026

INTERNATIONAL SEOUL TRADING CO., LTD.
Number 15 DongBang Bldg
310 Teheran-ro, Kangnam-ku,
Seoul Korea, 06211

Gentlemen :

We enclose 1(one) copies of Purchase Note Fax, confirming our business for 500 dozen 100% Cotton Shirts for Men, Style No.10 as specified in our Purchase Note No.123 enclosed.

We are very happy that we closed the first contract so promptly.

We would like to ask you to ship them within stated period as far as possible and pay your close attention to the packing of the goods.

We have instructed our Bankers, The New York Commercial Bank, New York, to open an Irrevocable Letter of Credit, and hope that it will reach you without delay through the Shinhan Bank, Seoul, Korea.

When you have completed the shipment, please let us know by e-mail or Fax.

Yours truly,

John T. Bolen

John T. Bolen
President

Encls : 1 copies of Purchase Note Fax
1 Purchase Note No.123

해설 구매주문서의 내용을 확인하는 팩스 사본을 동봉하면서 뉴욕상업은행에 취소불능신용장을 발행하도록 지시하였다는 서신이다.

주
① as specified in our Purchase Note : 당사의 구매주문서에 명시된 대로
② closed the first contract : 첫 계약을 체결하다.
③ pay your close attention to the packing of the goods : 귀사께서 물품의 포장에 특별한 주의를 기울이다.

Model Form 3 : 〈서식〉 구매주문서(Purchase Note. 123)

GLOBAL ENTERPRISING CO., INC.
25 W 31s ST, New York, NY 10001,
U. S. A

June 10, 2026

INTERNATIONAL SEOUL TRADING CO., LTD.
Number 15 DongBang Bldg
310 Teheran-ro, Kangnam-ku,
Seoul Korea, 06211

Gentlemen :

This is to confirm the purchase of the following merchandise on the terms and conditions stated below :

Descriptions	:	500 dozen, 100% Cotton Shirts for Men, Style No.10 @US$120.00 per dozen CIF New York.
Shipment	:	Within 3 months after Receipt of your L/C
Payment	:	Under irrevocable L/C at sight to be opened in your favor
Packing	:	1 (one) dozen each to be packed in a carton box and 100 dozen in a wooden case
Shipping Marks	:	〈ISTC〉 New York C/No. 1-up USE NO HOOKS Made in Korea
Insurance	:	Seller to cover the CIF price plus 10% against ICC(B) including War, SRCC and TPND Risks.
Inspection	:	Seller's inspection to be final.

Yours truly,

John T. Bolen

John T. Bolen
President

Unless otherwise specified,
This contract is subject to Memorandum previously exchanged.

해설 앞의 통신문에 동봉되어 온 구매주문서의 내용이다.

주
① confirm the purchase of the following merchandise : 다음 상품의 구매를 확인하다.
② @ : 얼마에(=at)
③ Memorandum : 일반거래조건협정서, 일반거래협정서, 합의서, 각서(=Agreement)
④ previously exchanged : 사전에 교환한, 이전에 서로 나누어 가졌던

Model Form 4 : 〈서식〉 매매계약서 (Sales Contract : 전면)

INTERNATIONAL SEOUL TRADING CO., LTD.
Number 15 DongBang Bldg 310 Teheran-ro, Kangnam-ku,
Seoul Korea, 06211

Sales Contract No.700

MESSRS. GLOBAL ENTERPRISING CO., INC. DATE : June 20, 2026
25 W 31s ST, New York,
NY 10001, USA

We as Seller confirm having sold you as Buyer the following goods on the terms and conditions as stated below and on the back hereof.

DESCRIPTION	QUANTITY	UNIT PRICE	AMOUNT	REMARKS
100% Cotton Shirts for Men, Style No.10	500 Dozen	CIF New York @US$120.000.	US$60,000.	

ORIGIN : Republic of Korea(ROK)
SHIPMENT : Within 3 months after receipt of your L/C
SHIPPING PORT : Busan Port, Korea
DESTINATION PORT : New York Port, USA
PARTIAL SHIPMENT : Not allowed
TRANSHIPMENT : Not allowed
INSURANCE : Seller to cover on ICC(B) including War, SRCC and TPND Risks for the CIF price plus 10%
PAYMENT : Under an irrevocable L/C at Sight to be opened in favour of Kangnam Trading Co., Ltd. Seoul, Korea.
PACKING : 1 (one) dozen each to be packed in a carton box and 100 dozen in a wooden case
SHIPPING MARKS : 〈ISTC〉
New York
NO. 1-UP
USE NO HOOKS
MADE IN KOREA
INSPECTION : Seller's inspection to be final.
COVERING : 500 Dozen of 100% Cotton Shirts for Men, Style No.10 US$120.00 per Dozen CIF New York, INCOTERMS 2020 as per Purchase Note No.123.

DOCUMENTS REQUIRED :
1) Signed Commercial Invoice and Packing List in triplicate.
2) Full set of clean on board ocean Bills of Lading made out to order of shipper, blank endorsed, marked "Freight Prepaid" and Notify accountee.
3) Insurance Policy or Certificate for full invoice value plus 10%, with claims payable in New York in the same currency as the draft, covering Institute Cargo Clauses(B) including War, SRCC and TPND Risks.
4) Certificate of Origin in duplicate.
5) Beneficiary's drafts at sight for 100 of invoice cost drawn on issuing bank of L/C.

PLEASE SIGN AND RETURN THE DUPLICATE

Global Enterprising Co., Inc.	INTERNATIONAL SEOUL TRADING CO., LTD.
John T.Bolen	E. J. Han
John T. Bolen President	E. J. Han Vice, President

주문과 주문승낙에 흔히 사용되는 문장

1. We are prepared to offer a special discount of 5% on all orders exceeding USD30,000.
   - 당사는 3만 달러를 초과하는 모든 주문에 대해 5%의 특별할인을 제안할 용의가 있다.

2. The goods you ordered are out of stock, but we recommend No.10 as an excellent substitute.
   - 귀사가 주문한 상품은 재고가 없다. 그러나 당사는 훌륭한 대체품으로 제10호를 추천하는 바이다.

3. If this order is satisfactorily executed, we shall do further business with you.
   - 만약 본 주문이 만족스럽게 이행된다면 당사는 귀사와 계속 거래할 것입니다.

4. We shall be quite delighted to receive your further orders for which we will pay our best attention at all times. We sincerely hope that your favorable reply will arrive soon.
   - 추가주문을 받게 된다면 대단히 기쁘게 될 것이며 당사는 귀사의 주문을 항상 최선을 다해 처리하겠습니다. 귀사로부터 호의적인 회신이 조속히 도착하기를 기원합니다.

5. We shall do our best to execute this order to your entire satisfaction on receiving the advice of making a payment by T/T.
   - 당사는 전신환으로 결제가 이루어졌다는 통지를 수령하자마자 귀사께서 아주 만족하실 수 있도록 귀사 주문을 이행하는데 최선을 다할 것입니다.

6. In order to make a payment for the amount of this order, we have instructed our bankers to open an Irrevocable Letter of Credit and you will be duly advised it through the Shinhan bank, Seoul.
   - 본 주문금액을 결제하기 위하여 당사는 당사의 거래은행에 취소불능신용장을 발행하도록 지시했으며 귀사는 서울소재 신한은행을 통해 신용장을 통지 받을 것입니다.

7. In order to cover this order, we are going to instruct our bankers to open an Irrevocable L/C in your favor, and you will be duly notified of it through their correspondent bank at Korea.
   - 본 주문을 결제하기 위해 귀사를 수익자로 하여 취소불능신용장을 발행해주도록 당 거래은행에 지시할 것입니다. 그리고 귀사는 한국에 있는 환거래은행을 통해 그 신용장을 정히 통지 받게 될 것입니다.

8. Unless otherwise specified, this contract is subject to The Agreement on General Terms and Conditions of Business previously exchanged.
   - 별도의 다른 명시가 없는 한, 본 계약은 사전에 교환한 일반거래협정서에 따른다.

Advanced English for Trade Practice

1. The Importer investigates Circular Letters and inquires of the Exporter about any other information including catalogues, price lists, samples, etc.
   - 수입자는 거래제의서를 검토하고 카탈로그, 가격표, 견본 등을 포함하여 기타 정보에 대해 수출자에게 문의한다.

2. This agreement which has been made in Korea will be governed by Korean domestic law and this agreement will not be changed except by the consent of parties concerned in writing.
   - 한국에서 체결된 본 합의서는 한국 국내법의 적용을 받을 것이며 본 합의서는 관련 당사자 간에 서면에 의한 동의 없이는 변경될 수 없다.

3. If you are prepared to accept our terms of payment, we will order 5000 pcs. immediately at US$ 12.80 per pc. FOB Busan.
   - 만일 귀사께서 당사의 결제조건을 받아들일 용의가 있다면 당사는 부산 본선인도가격 조건으로 개당 12.80 미국달러로 5천 개를 즉시 주문할 것입니다.

4. Our terms of payment are irrevocable letter of credit, under which draft will be drawn at 90 days after sight.
   - 당사의 결제조건은 취소불능신용장이며 그것에 의거하여 환어음은 일람후 90일에 출급되는 조건으로 발행될 것입니다.

5. Upon receipt of your confirmation of this order, we will open the Letter of Credit 90 days prior to the shipping date with an expiration date 21 days after the shipping date.
   - 이 주문에 대한 귀사의 확인서를 받는 즉시, 당사는 만기일자가 선적일자 후 21일로 되어 있는 신용장을 선적일자보다 90일 전에 발행할 것이다.

6. If your goods are satisfactory both in quality and price, we are going to start off with an trial order exceeding 100 sets and then to place constant orders with you regularly.
   - 귀사의 제품이 품질과 가격 면에서 모두 만족스럽다면 첫 번째 주문을 100세트 이상에서 시작한 후 정기적으로 귀사에 재 주문할 것입니다.

7. We have been dealing in all kinds of broadcasting communication sound facilities on a large scale and want to know your favorable terms and conditions. if your prices are reasonable, we will place sufficient orders with you. we are looking forward to hearing your reply by Fax No.82+41+2353+4476
   - 당사는 모든 종류의 방송통신용 음향기기 제품을 다량으로 거래하고 있으므로 귀사의 유리한 조건을 알고 싶고 그 가격이 저렴하다면 충분한 주문을 하겠습니다. 팩스번호 82+41+2353+4476으로 회답을 기다리겠습니다.

Glossary of Trade Practice

1. Contract : An agreement that creates an obligation, which is a binding, legally enforceable agreement between two or more competent parties. It generally consists of an exchange of promises - an offer and an acceptance - resulting in an obligation to perform some particular act.

2. Blank Endorsed : The act that the shipper has signed on the back of it without bearing a specific person when a bill of lading is made out to order or shipper's order. The bill of lading then becomes a bearer instrument and the holder can present it to the shipping company to take delivery of the goods.

3. Cargo : Merchandise hauled by transportation lines.

4. Carrier : ① Any person by whom or in whose name a contract of carriage of goods by sea has been concludes with a shipper.
② Any person who, in a contract of carriage, undertakes to perform or to procure the performance of carriage by various means of transportation.

5. Delivery : The act of actually placing goods or property within the possession or control of another.

6. Destination : The place to which a shipment or person is going.

7. Discharge : The unloading of passengers or cargo from a vessel, vehicle, or aircraft.

8. Dock : An enclosed area in a harbour where ships go to be loaded, unloaded, and repaired.

9. Dry Cargo : Cargo which is of solid, dry material. It is not liquid or gas, and generally the term exclude cargo requiring special temperature controls.

10. Endorsement : The act of a payee, drawee, accommodation party, or holder of a negotiable instrument in signing the back of the instrument, with or without qualifying words, to transfer rights in the instrument to another.

11. Freight : The compensation paid for the transport of goods.

12. Negotiable : Legally capable of being transferred by endorsement or delivery.

13. Port of Discharge : The port at which a shipment is off loaded by a transportation line.

14. Port of Export : A place where customs is stationed to control departures of carriers, passengers, and goods to foreign countries.

Chapter 08

무역계약서

Agreements for Sales Contracts

1 무역계약의 의의

무역계약은 매도인이 매수인에게 계약상품의 인도를 약속하고 매수인은 그 대가로 대금을 지급할 것을 약정하는 국제물품매매계약을 말한다. 무역계약은 매도인의 관점에서는 수출계약이 되며 매수인의 관점에서는 수입계약이 된다.

2 무역계약의 특징

무역계약이 유상계약이고 쌍무계약이며 낙성계약으로 이루어지는 점에서는 국내에서 이루어지는 물품매매계약과 본질적인 측면에서 서로 동일하다.

그러나 무역계약은 국내물품매매계약과 구별된다. 우선 무역계약은 제반환경이 서로 상이한 당사자 사이에 체결되므로 절차가 복잡하고 위험성도 높다.

또한 현물거래가 주종을 이루는 국내거래와 달리 무역계약의 대상이 되는 물품은 선물매매가 주종을 이루며, 무역조건(trade terms)이라는 정형화된 국제상거래관습이 널리 사용되고 있다. 그리고 무역계약은 당사자의 매매계약을 주계약(main contracts)으로 하고 운송, 보험, 결제, 환계약 등을 종속계약으로 하여 복합적으로 이행될 뿐 아니라, 국가별 무역관리에 수반되는 절차상의 많은 제약들이 존재한다.

3 무역계약의 대상

무역계약은 물품의 국제적 이동을 의미하는 국제물품매매계약이 주요 대상이 되지만 보다 넓은 의미에서는 합작투자계약(joint investment agreement), 대리점계약(agency contract), 국제 라이센스계약(international license contract), 그리고 플랜트계약(plant contract) 등도 무역계약에 포함된다. 그러나 이러한 무역계약들은 무역 전반에서 극히 작은 분야를 점하고 있기 때문에 무역계약의 주요 대상은 국제물품매매계약이 된다.

4 무역계약의 법적 성질

1) 낙성계약 (consensual contract)

무역계약은 일방의 청약(offer)이나 주문(order)에 대해 상대방의 승낙(acceptance)이나 주문승낙(acknowledgement)으로 성립되는 낙성계약의 성질을 가진다.

따라서 물품의 점유나 소유권을 이전하거나 문서를 작성하고 교부하지 않아도 당사자의 합의만 있으면 성립된다. 그러나 실무에서는 후일의 분쟁예방을 위해 문서로 작성하여 계약내용을 확인(confirmation)하고 있다. 이를 '합의계약'이라고도 한다.

2) 쌍무계약 (bilateral contract)

무역계약은 매도인과 매수인 쌍방이 모두 채무를 부담하는 채무계약이다. 즉, 매도인은 물품인도의 의무를 부담하고 매수인은 대금지급의 의무를 부담한다.

3) 유상계약 (remunerative contract)

무역계약은 각 계약당사자가 서로 대가적 관계에 있는 의무를 이행할 것을 목적으로 성립되는 유상계약의 성질을 가진다. 무역계약은 대부분의 경우 물품의 급부에 대한 대금결제의 반대급부가 이루어짐으로써 계약의무가 이행되는 유상계약이다.

4) 불요식계약 (informal contract)

무역계약은 계약의 형식에 대해 어떤 요건도 필요 없는 불요식계약의 성질을 가진다. 따라서 구두(oral), 서면, 일부 구두, 일부 서면 등도 가능하며 계약서 없이 구두, 전자메일, 팩스만으로도 계약의 성립이 가능하다. 그러나 계약서 없이 거래를 할 경우에는 분쟁이 발생할 가능성이 많기 때문에 문서로 계약서를 작성하는 것이 일반적이다.

5) 유인계약 (causal contract)

무역계약은 당사자간의 계약에 의해 발생하는 채무가 그 원인사실과 결부되어 그 사실이 없다면 채무도 성립하지 않는다는 유인계약의 성질을 가진다. 이것은 매도인의 물품인도의무와 매수인의 대금결제의무가 맞물려 원인관계를 이루기 때문이다.

6) 국제계약 (international contract)

무역계약은 이국(異國)에 영업소를 두고 있는 당사자가 체결하는 계약이기 때문에 국제계약의 성질을 가진다. 이것은 국내계약과 반대되는 개념이다.

5 무역계약서의 작성

1) 무역계약서 작성의 필요성

무역계약은 통일된 양식이나 형식이 존재하지 않는다. 계약을 체결하는 방법도 서면이나 구두방식 등 어느 것을 채택해도 무방하다. 또한 불요식계약이기 때문에 문서로 작성하는 것이 무역계약이 성립되는 전제조건도 아니다.

그러나 무역거래는 계약의 성립부터 대금결제에 이르기까지 오랜 기간이 소요되며 수차례의 교섭을 통해 합의된 내용들이 복잡한 절차를 통해 이행되게 된다.

따라서 양 당사자가 의도한 것을 명확히 해두고 계약이행 과정에서 발생될 수도 있는 분쟁을 예방하기 위해서는 합의내용을 문서로 작성하여 두는 것이 바람직하다.

2) 무역계약서의 작성

무역계약서는 보통 매도인이 정부 2통을 작성하여 서명(signature)을 한 후 이들을 매수인에게 발송하면 매수인이 이를 확인한 후 미비점이나 상위점이 없을 때에는 계약서 2통에 각각 서명하고 그 중에 정본(original)은 자신이 보유하며 나머지 부본(duplicate)은 매도인에게 발송이나 교부하여 보관하게 한다.

3) 무역계약서 작성시 검토사항

첫째, 무역거래에는 수많은 위험 변수들이 존재하기 때문에 무역계약서는 물품의 특성이나 거래의 성격에 적합하도록 충실하게 작성되어야 한다.

둘째, 무역계약서의 내용은 계약 당사자가 의도한 것과 일치되게 작성되어야 한다. 특히 약정품질, 수량, 가격, 결제 등 핵심적인 계약내용들은 조금이라도 불분명하거나 오해의 소지가 없도록 작성되어야 한다.

셋째, 무역계약서를 작성할 때에는 장래 발생할 수도 있는 법적인 문제점을 충분히 검토하여 분쟁의 예방에 유용한 계약서가 되도록 작성되어야 한다.

넷째, 무역계약서를 작성할 때에는 계약내용의 충분성, 계약내용의 논리성과 일관성, 계약내용의 합법성, 계약기간과 갱신절차, 계약해지의 내용, 해지 후 권리의 적절성, 계약내용이 해당 국가의 법규에 위배되는 조항은 없는지 등이 철저히 검토되어야 한다.

다섯째, 향후에 발생 가능한 무역클레임의 원만한 해결을 위해 당사자 자치해결의 우선원칙이나 중재 등 구체적인 분쟁해결방법을 명시해야 한다.

여섯째, 사전에 당사자간에 교환하였던 의향서(Letter of Intent, LOI)나 각서가 있는 경우에는 이러한 내용들이 무역계약서에 빠짐없이 반영되었는지 확인해야 한다.

6 일반거래조건협정서

1) 의의

일반거래조건협정서(agreement on general terms and conditions of business)는 거래를 할 때 마다 구체적으로 약정해야 하는 계약내용에 대한 사항들이 아니라 어느 경우에도 공통으로 적용되는 기본적인 거래조건을 양당사자가 합의하고 이것을 문서화하기 위해 양당사자가 서명하여 소지하는 계약의 일반적인 거래조건들에 대한 협정서를 말한다.

이 협정서는 장래 전개될 거래에 대한 포괄적인 준칙을 당사자들이 미리 마련한 것이다. 이것은 예측가능한 거래조건의 일관성을 유지하고 향후 발생할지도 모르는 계약과 관련된 분쟁과 그 해결을 위해 보통 장기간 거래가 예상되는 거래와 최초로 무역거래를 할 때 반드시 작성되어야 한다.

일반거래조건협정서는 매도확약서(sales note)나 구매주문서(purchase order)의 이면에 인쇄되어 있는 경우가 많다. 이것을 실무에서는 일반협정서, 일반거래협정서, Master Contract 또는 MOA(memorandum of agree)이라고도 부른다.

2) 내용

일반거래조건협정서에는 후일에 당사자가 구체적으로 체결하게 되는 계약내용의 기초가 되는 조건들이 기재된다.

(1) 거래형태

거래형태(business)는 수출입 거래가 본인들의 계산과 책임 하에 이루어지는 본인 대 본인거래(principal to principal) 인지, 본인 대 대리인 또는 대리인 대 본인, 그리고 수수료 거래인 대리인 대 대리인(agent to agent)의 거래인지를 구분하여 명시한 것이다.

(2) 무역계약의 주요조건

여기에는 ① 품질(quality) ② 수량(quantity ③ 가격(price) ④ 확정오퍼 ⑤ 주문(order) ⑥ 포장(packing) ⑦ 결제(payment) ⑧ 선적(shipment) ⑨ 지연선적(delayed shipment) ⑩ 불가항력(force majeure) ⑪ 보험(insurance) ⑫ 클레임(claim)과 분쟁해결방법 등 원칙적인 무역계약의 조건들이 기재된다.

(3) 기타조건

기타조건으로는 청약(offer)과 승낙(acceptance)의 시기와 방법, 할인, 선적통지, 준거법 조항(governing law clause), 검사조항, 권리침해조항 등이 기재된다.

7 무역계약의 기본조건

무역계약의 기본조건은 무역거래에서 필수적으로 약정해야 할 거래조건을 말한다.

대표적인 거래조건들로는 ① 품질조건 ② 수량조건 ③ 가격조건 ④ 선적조건 ⑤ 결제조건 ⑥ 보험조건 ⑦ 포장 및 하인조건 ⑧ 분쟁해결조건 등이 있다.

기타조건으로는 권리침해조항, 불가항력조항 등이 있다. 이중 품질, 수량, 가격, 선적 및 결제조건을 '무역계약의 5대 기본조건'이라고 한다.

1) 품질조건 (terms of quality)

(1) 품질의 결정방법

① 견본매매 (sales by sample)

견본매매는 매매당사자가 제시한 견본과 동일한 품질의 물품을 인도하도록 약정하는 방법이다. 오늘날 공산품거래의 대부분은 이 방법에 의하고 있다. 견본(sample)은 실제로 매매되는 상품의 일부분이나 그 상품 전체의 품질을 대표하는 1개를 말한다.

견본에는 매도인이 제시하는 매도인 견본(seller's sample)과 매수인이 매도인에게 제시하는 매수인 견본(buyer's sample)이 있으며 매수인의 견본에 대해 매도인이 제시하는 반대견본(counter sample)도 있고, 실제 선적된 물품 중에서 일부를 발송하는 경우가 있는데 이를 선적견본(shipping sample, advance sample)이라 한다.

② 표준품매매 (sales by standard)

표준품매매는 품질을 대표하는 상품의 등급(grade)을 정하여 거래하는 방법이다.

수확이나 채취가 예정되어 있는 농산물, 수산물, 광물 등 1차 산물의 경우에는 공산품과는 달리 일정한 규격이 없고 견본제시도 곤란하기 때문에 이 결정방법이 사용된다.

㉮ 보통표준품질조건 (Usual Standard Quality, USQ)

보통표준품질조건은 공인검사기관이나 공인표준기준에 따라 보통품질을 표준품의 품질로 결정하는 방법이다. 우리나라에서 수출하는 상품 중 인삼, 오징어 등은 해당 수출조합이나 정부지정 공공기관에서 판정하는 등급(grade)으로 품질을 결정하고 있다.

㉯ 평균중등품질조건 (Fair Average Quality, F.A.Q)

평균중등품질조건은 동종 상품 중 평균적이며 중등의 품질을 선정하여 이를 표준물로 하는 방법이다. 이 조건은 곡물류(grains, cereals)나 과일류(fruits) 매매에서 주로 사용된다. 일반적으로 전년도 수확물의 평균중등품의 가격을 기준으로 하고 인도물품의 품질수준은 새로 수확한 물품의 평균중등품으로 한다.

㉰ 판매적격품질조건 (Good Merchantable Quality, G.M.Q)

판매적격품질조건은 인도 당시의 품질이 해당 물품의 성질이나 상관습상 판매가 가능한 물품임을 매도인이 보증하는 방법이다.

이 조건에서는 수입지에서 인수한 현물에서 내부나 잠재하자(latent defect)가 발견되어 판매가 불가능한 부분이 있으면 매수인이 매도인에게 배상을 요구할 수 있다.

이 조건은 원목(log)을 포함한 목재류(lumber, timber), 냉동어류(frozen fish), 광석류 등 물품 내부의 부패나 기타의 잠재하자가 발생할 가능성이 있는 생산물의 매매에 주로 사용된다.

③ 상표매매 (sales by trade mark or brand)

상표매매는 상표(trade mark)나 통명(brand)으로 품질수준을 표시하여 매매계약을 체결하는 방법으로 '통명매매'라고도 부른다.

생산업자의 상표나 생산되는 물품의 품질이나 품명이 세계적으로 널리 알려진 상품의 경우에는 구태여 견본을 제시할 필요가 없을 뿐 아니라 상표로서 누구나 품질을 보증하기 때문에 이 방법이 사용된다. 예로, 카메라의 Cannon, 손목시계의 Rolex와 Omega, 만년필의 Parker, 화장품의 Lancome, TV의 Samsung과 Sony 등이다.

④ 설명서매매 (sales by description)

설명서매매는 해당 상품의 소재와 구조, 성능, 특징, 규격 등을 상세히 알려주는 설명서(description)나 명세서(specification), 설계도(plan), 청사진(blueprint), 도해목록(illustrated catalogue) 등을 제시하여 이것으로 거래할 상품의 품질을 약정하는 방법이다.

견본매매나 상표매매에 부적합한 선박, 철도차량, 발전기 등 거대한 기계류 등을 거래할 때에 주로 활용되며 '명세서매매(sales by specification)'라고도 부른다.

⑤ 규격매매 (sales by type)

규격매매는 상품의 규격이 국제적으로 특정되어 있거나 수출국의 공적규정으로 특정되어 있는 경우에 적용되는 품질결정방법으로 등급매매(sales by grade)라고도 한다.

한국의 KS(Korean Standard), 일본의 JIS(Japan Industrial Standard) 및 ISO(International Standardization Organization) 등이 대표적이다.

⑥ 점검매매 (sales by inspection)

점검매매는 매수인이 현물의 품질을 직접 확인한 후 계약을 체결하는 경우의 품질의 결정방법이다. 매수인이 품질을 직접 점검하고 계약을 체결하기 때문에 국내거래에서 널리 이용되는 품질결정방법이다. 무역거래에서는 COD(Cash On Delivery)나 보세창고인도조건(Bonded Warehouse Transaction, BWT)에서 활용되고 있다.

(2) 품질의 결정시기

① 선적품질조건(shipped quality terms)

선적품질조건은 품질의 결정시기를 선적 완료시점으로 하는 조건으로, 매도인이 계약에 규정된 대로의 품질의 상품을 선적하면 비록 그 상품이 양하시에 손해가 있더라도 책임은 부담하지 않는다는 조건이다. 인코텀즈 상의 E, F, C로 시작되는 조건들은 모두 선적품질조건이다.

전술한 FAQ조건과 함께, 과거에 런던 곡물시장을 중심으로 확립되어 곡물류의 거래에 널리 사용되었던 TQ(Tale Quale, Tel Quel)도 선적품질조건이다.

② 양륙품질조건(landed quality terms)

양륙품질조건은 인도물품의 품질이 계약과 일치하는지의 여부를 양륙항구에서 물품을 양륙한 시점에서 판정하는 조건이다. 이 조건에서는 운송 중에 상품의 변질이 발생하였다면 매도인이 모든 책임을 지고 배상해야 한다.

이 조건은 곡물이나 어류, 모피 등 장기간의 운송도중에 변질될 우려가 많은 1차 산물의 거래에 주로 사용된다. 영국에서 곡물거래에 사용되었던 RT(Rye Terms)도 양륙품질조건이며, 인코텀즈 상의 D로 시작되는 조건들(DDP 등)도 전술한 GMQ 조건과 함께 모두 양륙품질조건이다.

③ Rye Terms(RT), Tale Quale(TQ), Sea Damaged(SD)

이 조건들은 선적과 양륙시의 품질차이에 대해 계약당사자 중 누가 책임을 질 것인가에 대해 런던의 곡물시장을 중심으로 정립된 특수조건이다.

Tale Quale(TQ) 조건은 매도인이 약정한 물품의 품질을 선적시까지만 책임지는 조건이며, Rye Terms(RT) 조건은 매도인이 약정한 물품의 품질을 도착지까지 책임지는 조건이다. Sea Damaged(SD) 조건은 원칙적으로는 선적품질조건이지만, 양륙항까지 운송 중에 해상에서 발생하는 조류의 위험만을 추가적으로 더 매도인이 부담하는 조건이다. 따라서 SD 조건은 선적품질조건과 양륙품질조건을 절충한 '조건부 선적품질조건'이다.

(3) 품질의 증명방법

선적품질조건의 경우에는 품질의 입증책임이 모두 매도인에게 있기 때문에 매도인은 권위가 있는 공인검사기관으로부터 검사증명서(certificate of inspection)나 품질증명서(certificate of quality) 등을 발급받아 매수인에게 제공해야 한다.

양륙품질조건의 경우에는 매수인에게 품질 수준의 미달이나 운송 도중의 변질에 대한 입증책임이 있기 때문에 매수인은 권위가 있는 감정인(surveyor)의 감정보고서(survey report)를 통해 사실을 증명받고 매도인에게 배상을 청구해야 한다.

2) 수량조건(terms of quantity)

(1) 의의

수량조건이란 당사자 사이에 수량에 관한 사항들을 약정한 조건을 말한다. 수량은 총가격을 산출하는 기초가 되므로 무역계약에서 매우 중요한 조건이다.

그런데 상품의 성질이나 국가간 관습에 따라 수량의 해석에는 차이가 있으므로 수량조건은 매매계약 체결시에 오해가 발생하지 않도록 명확히 약정해야 한다.

수량조건의 핵심은 수량단위의 결정, 과부족용인조건(more or less clause, M/L clause), 수량의 결정시기 및 수량의 검증방법 등이다.

(2) 수량단위의 결정

수량단위의 결정은 거래되는 상품의 수량단위로 어떠한 단위(unit)를 사용할 것인가를 약정하는 것이다. 수량의 단위는 국가마다 차이가 있기 때문에 계약당사자들은 어느 국가의 단위를 사용할 것인가를 미리 합의해 놓아야 한다.

무역거래에서 많이 사용되고 있는 수량단위는 중량(weight), 용적(measurement), 개수(piece), 포장(package), 길이(length), 면적(square)이 있다.

중량(weight)에는 1b(pound), Kg, Ton이 있다. 톤 중에서 Long ton(L/T)은 1톤에 1,016 kg, Short ton(S/T)은 907.2kg, Metric ton(M/T)은 1,000㎏에 해당한다.

중량 중 총중량(gross weight)은 외포장과 내포장을 합한 포장 즉, 내부충전물과 순수 내용물까지 모두 합하여 계량하는 조건으로 소맥분이나 면화의 특수거래에 사용된다.

순중량(net weight)은 총중량에서 포장의 무게를 제외한 순수한 상품의 중량으로 계량하는 조건으로 비누나 화장품 등을 소매로 판매할 경우와 같이 포장된 채로 판매되는 상품에 이용되는 가장 일반적인 중량조건이다.

순순중량(net net weight)은 중량에서 내포장과 충전물을 제외한 물품 내용물만의 순수한 중량만을 계량하는 조건으로 '정미중량조건'이라고도 한다.

용적(measurement)은 유류나 액체, 목재의 단위로 사용되며 석유에는 Barrel, 곡물에는 Bushel이 사용되고 목재의 용적은 SF(super feet)가 주로 사용된다. 개수(piece)는 낱개의 단위로 Piece, Dozen, Gross가 사용되며 잡화제품에 주로 사용된다.

포장(package)은 일정한 묶음의 단위로 Case, Bundle, Can, Bale, Carton, Drum 등이 많이 사용되고 컨테이너의 경우는 TEU와 FEU가 사용된다.

길이(length)의 단위로는 Meter, Feet, Inch, Yard가 사용되며 섬유류나 동관, 전선 등의 거래에서 사용된다. 면적(square)의 단위는 Square Feet가 사용되며 유리, 합판, 타일 등의 거래에 주로 사용된다.

〈표 8-1〉 수량단위

수량단위	종	류
중량 (무게) (weight)		kg (킬로그램), 1 kg : 1,000그램 lb (pound), 1 pound : 0.453599kg ton ┌ Long ton (L/T)=English ton =Gross ton=2,240lbs (1,016Kgs)=영국톤 ton ┤ Short ton (S/T)=American ton = Net ton=2,000lbs (907Kgs)=미국톤 ton └ Metric ton (M/T)=French ton = Kilo ton=2,204lbs (1,000Kgs)=프랑스톤 weight ┌ gross weight (총중량) weight ┤ net weight (순중량) weight └ net net weight (순순중량)
용적 (부피) (measurement)	목재	cubic feet (CFT, 입방피트=1 feet×1 feet×1 feet) super foot (S.F, 슈퍼푸트)=1 square feet×1 inch
	액체	barrel (1 barrel : 약 159 liter=31.5 gallons (미)) gallon (1 gallon : 약 3.79 liter) gallon ┌ English gallon (imperial gallon)=4.546 liter gallon └ American gallon (wine gallon)=3.7853 liter liter (1 liter : 0.264 gallon) pint (1 pint : 0.47 liter (미국), 0.57 liter (영국)=약 1/8 gallon) quart (1 quart : 1/4 gallon=2 pints=0.95 liter (미국), 1.14 liter (영국)) cubic meter (CBM, 입방미터, m^3), 1 CBM=1m (가로)×1m (세로)×1m (높이)
	곡물	bushel (1부셸 : 약 35 L=8 gallon)
개수 (piece)		piece (개), set (세트), dozen (1 Dozen=12 Pcs (pieces)) ┌ gross=12×12=144개=12다스 ├ small gross=12×10=120개=10다스 └ great gross=12×12×12=1,728개=12 gross=144다스
포장 (package)		TEU (twenty feet equivalent unit : 약 6.1미터 길이, 약 18톤 적재) 20피트=5.8m (L)×2.3m (W)×2.3m (H)=30.682 CBM FEU (forty feet equivalent unit : 약 12미터 길이, 약 20톤 적재) 40피트=12m (L)×2.3m (W)×2.3m (H)=63.480 CBM Keg (나무통) : 못이나 볼트 등의 포장용기, 표준중량 단위는 100파운드 bag : 천이나 가죽 등으로 만든 가방, 백, 포대, 자루 case (나무상자), bundle (다발, 꾸러미, 묶음), can (함석통, 통조림, 깡통) bale (곤포) : 곡물 등의 농산물을 집어넣는 포대 형태의 용기 carton (종이상자) : 골판지나 판지로 만들어진 수송 포장용 상자 drum (드럼통) : 강철제의 원통형 용기로 200 ℓ (55gal), 20 ℓ (5.5gal) 등 다양
길이 (length)		meter (1 meter : 100cm) yard (1 yard : 3피트, 36인치, 91.4cm, 略 yd) inch (1 inch : 2.54cm, 12 inch : 1 feet) feet (1 feet : 약 12 inch, 30.48cm, foot의 복수)
면적 (square)		square feet (제곱피트, 평방피트, 略 : sq. ft., ft^2) 1 square feet=1 feet×1 feet=0.3048×0.3048=0.09290304 m^2

(3) 과부족용인조건(more or less clause)

① 의의

과부족용인조건은 수량의 과부족(surplus or deficiency, more or less, difference)을 인정하는 거래조건이다. 곡물, 광석, 원유 등 개별단위로 포장하지 않고 운송되는 산화물(bulk cargo)은 상품의 성질상 계약수량을 정확히 인도하기 어렵기 때문에, 수송 도중 어느 정도의 과부족은 클레임을 제기하지 않는다는 조건을 계약 당사자가 약정한 것이다. 이것을 'M/L 조항' 또는 '과부족용인약관'이라고도 한다.

② 산화물의 과부족수량에 당사자의 별도 합의가 있는 경우

포장단위(packing unit)나 개개품목의 개수로 수량을 구체적으로 명시하고 있는 물품(individual items)의 경우에는 그 구체적인 수량을 인도하면 된다.

그러나 약정수량을 정확히 인도하기 어려운 산화물의 경우에는 계약당사자들이 약정수량에 신축성을 부여하고자 과부족을 인정하는 범위를 '100 M/T, 3% more or less at seller's option'과 같이 별도로 설정할 수 있다. 이와 같은 경우에는 97~103톤의 범위 내로 수량이 인도되면 계약위반이 되지 않는다.

③ 산화물의 과부족수량에 당사자간의 별도 합의가 없는 경우

산화물의 과부족수량에 별도 합의가 없는 경우 신용장거래는 5%의 과부족을 인정하고 있다. 이것은 산화물의 경우에만 적용되며 신용장금액을 한도로 환어음이 발행되어야 한다는 요건을 갖추어야 적용된다.

한편, 신용장거래는 신용장통일규칙(UCP)에 의거하여 산화물의 부과족 수량에 당사자간의 별도 합의가 없는 경우에도 5%의 과부족은 인정되고 있지만, 송금결제나 추심에 관한 통일규칙(URC)이 적용되는 D/P나 D/A거래에서는 계약을 체결할 때 과부족의 한도를 인정하는 범위를 별도로 약정해야 한다.

④ 개산수량조건(approximate quantity term)

개산(概算)수량조건은 화물의 성질상 정확하게 계약수량을 인도하기 어려운 경우에 사용되는 것으로 인도수량에 about, circa, some, approximately, around 등의 용어를 사용하여 인도수량의 신축성을 부여하는 것이다. 그런데 개산수량조건에서 '약'이라는 표현이 과연 어느 정도까지의 과부족을 의미하는가에 대해 해석상 분쟁의 소지가 있다.

따라서 UCP 600 제30조에서는 '신용장에 명기된 신용장의 금액, 수량 또는 단가와 관련하여 사용된 '약(about)', '대략(approximately)' 또는 '이와 유사한 표현'이 사용된 경우는 이에 언급된 금액, 수량 또는 단가의 10%를 초과하지 아니하는 과부족(tolerance)을 허용하는 것으로 해석한다.'고 규정되어 있다.

⑤ 과부족수량의 정산

M/L Clause는 인도수량에 일정한 과부족이 발생되어도 이것을 계약위반으로 간주하지 않는다는 인도상의 문제이지 과부족에 따른 금전적인 손해까지도 일방이 무조건 감수해야 한다는 의미는 아니다. 따라서 과부족분에 대한 대금정산은 당사자간에 별도로 이루어져야만 한다.

과부족수량의 정산 기준가격으로는 원래의 계약가격(contract price), 선적일의 가격(day-of-shipment price) 및 도착일의 가격(day-of-arrival price) 세 가지가 있는데, 정산 기준가격에 대해 아무런 약정이 없을 때에는 계약가격으로 정산하는 것이 일반적인 국제상거래 관행이다.

(4) 수량의 결정시기

수량의 결정시기는 어느 시점의 수량을 계약수량으로 판정할 것인가의 문제로 여기에는 다음 두 가지 조건이 있다.

① 선적수량조건 (shipped quantity terms)

선적수량조건은 선적항에서 화물을 선적할 때의 상태를 계약조건으로 하는 조건이다. 이를 'Shipped Weight Final'이라고도 한다. 이 조건에서는 선적수량이 계약수량이면 매도인의 책임은 충족되는 것이기 때문에 운송 중의 감량은 매수인의 부담이 된다. 보통 FOB, CFR 및 CIF계약은 이 조건을 적용한다.

② 양륙수량조건 (landed quantity terms)

양륙수량조건은 수입지에 화물이 양륙된 상태를 계약조건으로 하는 조건이다. 따라서 이 조건에서는 매도인이 수량을 양륙될 때까지 보장하기 때문에, 선적할 때까지만 매도인이 책임지는 선적수량조건에 상대되는 개념이다.

이 조건에서는 계약물품이 양륙되어 검품이 이루어지기 전의 모든 감량은 매도인이 전적으로 책임을 부담한다. 잡곡류, 청과류, 수산물, 화공약품 등과 같이 장기수송 중에 감량이나 누손이 발생하기 쉬운 상품에 주로 적용되는 조건이다.

(5) 수량의 검증방법

선적수량조건의 경우에는 매도인이 수량의 검증을 위해 선적시에 그 수량에 대해 미리 매수인의 동의를 얻어 SGS와 같은 전문검정기관(surveyor)이나 공인검량인으로부터 검량을 받아 작성되는 중량용적증명서를 매수인에게 제공해야 한다.

양륙수량조건의 경우에는 매수인이 수량의 검증을 위해 전문검정기관이나 공인검량인에 의한 중량 및 용적증명서(certificate of weight and measurement)를 발급받아 매도인에게 제공한다.

3) 가격조건(terms of price)

(1) 의의

가격조건이란 무역거래에서 발생하는 여러 가지 비용을 수출자와 수입자 중 누가 부담하느냐를 나타내는 조건을 말한다. 즉, 매도인과 매수인의 계약상 의무와 비용부담의 분기점 및 위험부담의 한계 등을 나타내어 정형화(package)한 것이다.

유사한 표현으로 '무역조건', '정형거래조건' 또는 '무역거래조건(trade terms)'으로 사용되는 경우도 있는데 이것은 가격조건보다 광범위한 상위개념이다.

즉, 무역조건은 단순히 비용부담의 한계를 나타내는 가격조건(terms of price)의 의미 이외에도, 위험부담의 분기점 등 당사자 간의 권리 및 의무관계를 정형화한 개념이다.

(2) 수출입가격의 구성

무역거래에서 무엇보다도 중요한 것이 수출입 단가(unit price)의 산정인데 이것은 물품의 제조원가만을 의미하는 것이 아니다. 보통 수출입 단가는 물품을 직접 제조하거나 타사에서 구매하는 제조원가(manufacturing cost)에 이윤(margin)을 붙이고, 거기에 수출입에 수반되는 여러 가지 부대비용을 포함시킨 '수출입 요소비용' 전체가 단가에 채산(estimation)되게 된다.

(3) 수출입에 수반되는 여러 가지 부대비용

수출입에 수반되는 여러 가지 부대비용에는 제조원가(기본원가 또는 상품원가), 수출포장비용, 물품검사비용, 수출허가와 제세공과금, 선적항지의 수출국에서의 국내운송비, 검사, 검량비용, 선적비용, 부두사용료(wharfage charges), 창고비용과 보관료(storage), 수출통관비용 및 수출세, 해상운임, 해상보험료, 수입통관 비용과 관세(import duties), 항구세, 양하비용(unloading charges), 수입국내의 창고료와 보관료 및 각종 행정비용, 그밖에 수출입에 수반되는 이자(interest), 은행비용, 환비용(cost of exchange), Cable 비용을 포함한 다양한 영업비용 또는 잡비, 그리고 희망이익(expected profit) 등이 포함된다.

이 부대비용 중에서 어느 비용을 매도인이 부담하고 어느 비용을 매수인이 부담할 것인가에 따라 상품의 수출입 단가는 달라지게 된다.

수출자의 물품에 대한 책임부담이 커지면 커질수록 매도인이 부담하는 부대비용들도 많이 발생하게 되므로 결국은 수출단가가 비싸게 된다.

아래에 있는 주요 조건별 수출가격의 구성요소는 무역조건 중에서 가장 널리 사용되고 있는 FOB와 CFR 및 CIF계약의 수출가격 구성요소를 중심으로 정형거래조건별 매매가격에 대한 원가 구성요소를 나타낸 것이다.

〈표 8-2〉 주요 조건별 수출가격의 구성요소

가격조건	가격의 구성요소	비 고
FOB조건 원가	1. 제조원가(manufacturing cost) 2. 수출포장비(export packing charge) 3. 물품검사비용(inspection fees) 4. 수출허가 등 제세공과금 5. 통신비(communication charge) 6. 잡비(petty expenses)	생산원가 (제조원가)
	6. 국내운송비(inland transport charge) 7. 검수·검량비(measuring and/or weighing charge) 8. 선적비용(shipping charge), 부두사용료(wharfage), 창고비용, 보관료(storage), 항구세 9. 수출통관비용(export clearance fees) 및 수출세	운송비용
	10. 이자(interest)와 환비용 11. 은행수수료(banking charge and commission)	금융비용
	12. 희망이익(expected profit)	이윤(margin)
CFR조건 원가	13. 해상운임(ocean freight)	해상운임 추가
CIF조건 원가	14. 해상보험료(marine insurance premium)	해상보험료 추가

(4) 가격조건의 국제적 정형화

무역거래에서 가격조건은 FOB, CFR, CIF 등 무역조건(trade terms)이라고 불리는 정형화된 용어를 의미한다.

이러한 무역조건들에 대해 국가마다 해석기준이 상이하면 이로 인해 분쟁이 발생할 수 있다. 따라서 이러한 해석기준을 일원화하기 위해 국제적으로 통일된 해석규칙인 인코텀즈(INCOTERMS)를 제정하였다.

인코텀즈는 1920년에 설립된 국제상업회의소(ICC)가 제정한 것으로 매도인과 매수인의 의무 즉, 물품에 대한 위험부담과 비용부담의 분기점, 매도인과 매수인의 수출과 수입 통관의무, 물품의 검사와 포장 및 하인표시, 운송계약의 체결과 선박의 지정의무, 보험계약의 체결당사자와 그 요건 등을 규정하고 있다.

최근에 개정된 2020년 인코텀즈에서는 EXW, FCA, CPT, CIP, DAP, DPU, DDP, FAS, FOB, CFR, CIF 등 11개 무역조건이 규정되어 있다. 이 중에서 우리나라에서 가장 많이 사용되고 있는 것은 FOB, CFR, CIF조건(또는 규칙)이다.

4) 선적조건 (terms of shipment)

(1) 인도와 선적의 의미

무역거래에서는 매도인이 매수인에게 물품을 인도할 목적으로 운송인에게 넘겨주는 것으로 그의 물품인도의무를 이행한 것으로 간주하는 것이 국제상관행이다.

여기에서 물품의 인도(delivery)는 물품의 점유권과 소유권을 어느 특정인이 타인에게 이전하는 행위를 말하는데, 물품의 인도는 곧 선적(shipment)을 의미한다.

흔히 '선적'이라 하면 선박에 물품을 싣는 것으로 이해하고 있다. 그러나 선적은 육상, 해상, 항공 모두에서 공히 사용할 수 있는 포괄적인 용어이다.

특히 신용장거래에서 선적일자와 관련하여 사용된 'Shipment'라는 용어는 운송에 형태에 따라 해상운송의 경우는 본선적재(loading on board), 항공운송의 경우는 발송(dispatch), 컨테이너를 포함한 복합운송의 경우는 수탁(taking in charge), 우편운송의 경우는 우편수취일자(date of post receipt)을 의미하는 포괄적인 개념이다.

(2) 선적조건의 의의와 중요성

선적조건이란 선적시기, 분할선적, 환적 등 선적방법과 선적지연 및 선적일의 증명 등을 약정하고 계약에서 약정한 선적을 이행하는 것을 말한다.

선적조건이 중요한 이유는 무역거래에서 매도인의 가장 중요한 의무는 계약물품의 인도인데, 이러한 계약물품의 인도는 선적을 통해 이루어지기 때문이다.

(3) 선적시기를 약정하는 방법

① 특정일 선적조건 (specific terms)

특정일 선적조건은 계약서나 신용장에 선적을 해야 하는 일정한 기간이나 최종 선적기일을 명시하는 방법이며 실무에서 가장 많이 이용되는 조건이다.

특정일 선적조건의 대표적인 형태는 단월 선적조건과 연월 선적조건이 있다. 단월 선적조건은 'Shipment : June' 또는 'Shipment : during March'과 같은 것이고, 연월 선적조건은 'Shipment shall be made from May to June, 2026' 또는 'Shipment : June/July'와 같은 것이다. 이때는 계약에서 지정된 단월 혹은 연월 동안에 선적이 이루어지면 된다.

또한 'Shipment shall be made during first half of August, 2026'과 'Shipment shall be made at the beginning of May, 2026'의 형태도 있다.

이때 어느 월의 상반(fist half)과 하반(second half)은 해당 월의 1일부터 15일까지, 그리고 16일부터 말일까지를 의미하고, 상순(beginning), 중순(middle)과 하순(end)은 해당 월의 1일부터 10일까지, 11일부터 20일까지 그리고 21일부터 말일까지를 의미한다.

또한 선적기한(기일) 즉, 최종 선적날짜(latest shipping date)를 표시하는 형태로는 'Latest shipping date : till May 10, 2026(The 10th of May, 2026)', 'Not later than May 10, 2026', 'Shipment shall be made by May 10, 2026', 'Shipment : on or before May 10, 2026', 'Shipment : till May 10, 2026' 등이 있다.

그리고 'shipment shall be made on or about May 10, 2026.'라는 표현을 사용하기도 한다. 이때 「on or about」는 '해당 일자 또는 그때 쯤'이라는 뜻으로 해당 일자와 양 끝 날짜를 포함하여 5일 전부터 5일 후까지의 기간, 즉 위의 예문의 경우 2026년 5월 5일부터 5월 15일까지의 기간 내에 선적이 이행되어야 하는 것을 의미한다.

그런데 이것은 신용장통일규칙(UCP)의 적용을 받는 신용장에 의한 대금결제에만 적용된다는 것에 유의해야 한다.

이외에도 'within 30 days after receipt of L/C' 또는 'within 3 months after the conclusion of the contract' 등의 형태로 선적기한을 정하는 경우도 있다.

② 즉시 선적조건

즉시 선적조건이란 앞에서 설명한 것과 같이 선적시기를 구체적인 특정날짜로 지정하지 않고 'immediately, promptly, quickly, as soon as possible, as possible, at once, soonest, without delay' 등의 용어를 사용하여 선적을 요구하는 것을 말한다.

이러한 표현은 매우 애매한 표현이다. 왜냐하면 선적이행의 시기와 관련하여 '즉시'라는 의미가 어느 시점인지에 대한 분쟁의 소지가 있을 수 있기 때문이다.

따라서 신용장통일규칙은 이러한 표현은 애매한 표현으로 사용되어서는 안 된다(should not used)고 규정하면서, 그럼에도 불구하고 이러한 표현이 사용된 경우에 은행은 신용장상에 선적기한이 없는 것으로 간주하여 서류를 심사할 때 이를 무시(disregard) 하도록 규정하고 있다. 이때 최종적인 선적날짜는 신용장의 유효기간(expiry date)이 된다.

〈표 8-3〉 UCP 600상 선적일과 관련된 기간과 일자의 해석

용 어	해 석 기 준
from, till, until, to after	해당일 포함 해당일 제외
on or about	지정일로부터 전후 5일의 양 말일을 포함한 기간
특정 월의 first half, second half	전반(1일~15일), 후반(16일~말일)
특정 월의 beginning, middle, end	상순(1일~10일), 중순(11일~20일), 하순(21일~말일)
promptly immediately 등	애매한 표현이므로 사용해서는 안 되며 은행은 이를 무시

(4) 분할선적과 할부선적

계약물품은 약정된 날짜에 한 번에 선적하는 것이 좋다. 그러나 계약물품이 다량이거나 수출자 또는 수입자의 요청에 따라 2회 이상 나누어서 선적하는 것이 오히려 당사자에게 유리한 경우도 있다.

분할선적(partial shipment)란 계약목적물의 약정수량을 일시에 선적하지 않고 수차례에 나누어 선적하는 것을 말한다. 분할선적은 계약물품의 수량이 많아 매도인이 한꺼번에 제공하기 어려운 경우, 대금지급과 판매능력, 시장상황 등의 제약으로 매수인이 전량을 한꺼번에 인수하기 어려운 경우, 선박의 배선일정 등 운송사정으로 계약물품 전량을 한꺼번에 선적하기 어려운 경우에 주로 이루어진다.

분할선적은 할부선적과 원래 구분되는 개념이지만 실무에서는 할부선적도 넓은 의미의 분할선적에 포함시켜 동일한 개념으로 취급하고 있다.

할부선적(instalment shipment)이란 매수인의 요구나 당사자의 합의에 따라 할부선적의 횟수, 각 할부분의 수량이나 선적시기 등이 미리 정해져 있는 방식을 말한다.

이에 비해 분할선적은 선적하는 횟수나 수량 등이 정해져 있지 않고 송하인이 임의로 나누어 선적할 수 있는 방법이다. 따라서 할부선적과 분할선적은 구별되는 개념이다.

할부선적은 분할선적의 일종으로 특정기간 동안 일정량의 화물을 수회에 걸쳐 선적하는 방법이기 때문에 신용장거래에서 할부선적을 지시하는 경우에는 신용장상 스케줄에 따라 반드시 지정된 기간 내에 지정된 수량이 선적되어야 한다.

분할선적이나 할부선적을 허용하는 경우에는 'allowed', 'permitted', 'authorized'라고 표시하고, 금지하는 경우에는 'not allowed', 'not permitted', 'prohibited', 'not authorized' 등으로 표시한다.

(5) 환적 (transshipment)

환적은 선적지에서 선적된 화물을 목적지로 가는 도중에 다른 선박이나 다른 운송수단으로 이적(移積)하거나 재선적하는 것을 말한다.

다른 운송기관으로 환적하기 위해서는 하역(적재와 양륙)작업이 반드시 필요한데, 이때 물품의 멸실이나 손상이 발생할 가능성이 매우 크기 때문에 수입자는 보통 환적을 원하지 않게 된다.

따라서 매매계약이나 신용장에서 환적을 금지하는 경우에는 'Transshipment are not allowed' 또는 'Transshipment are prohibited'라는 환적금지문언을 기재하게 된다.

그러나 복합운송은 육상운송과 항공운송 및 해상운송을 병행하는 방식이기 때문에 과정상 환적이 수반될 수밖에 없다. 따라서 이 경우에는 환적이 당연히 인정되고 있다.

(6) 선적지연 (delayed Shipment)

선적지연이란 매도인의 고의나 과실 또는 매도인이 책임질 수 없는 사유로 약정된 선적기한 내에 계약물품의 선적을 이행하지 않은 것을 말한다.

매도인의 고의나 과실에 의한 지연선적은 매도인의 명백한 계약위반이기 때문에 매도인이 계약불이행에 대한 모든 책임을 부담해야 한다.

그러나 천재지변(acts of god)이나 전쟁, 동맹파업, 수출입 금지(embargo), 적대행위, 항만봉쇄(blockade), 기타 불가항력(force majeure)으로 인한 선적지연은 매도인의 귀책사유로 보기 어렵기 때문에 면책(exemption)으로 인정되고 있다.

(7) 선적일 (date of shipment)의 증명

선적일은 물품을 선적해야 하는 날짜를 말한다. 선적일의 증명(evidence of shipment date)은 매도인의 선적의무 이행시기를 어느 일자로 간주할 것인가의 문제이다. 이 선적일의 증명을 통해 계약에서 정한 기간 내에 매도인이 선적을 이행했는지 그렇지 않고 지연선적이 이루어졌는지가 확인된다.

선적일의 증명은 원칙적으로 운송서류의 발행일을 기준으로 한다. 즉, 선하증권이 선적선하증권(shipped bill of lading)일 경우에는 운송서류인 선하증권의 발행일자, 수취선하증권(received bill of lading)일 경우에는 선하증권상의 본선적재일 표시(on board notation), 화물의 운송이 선박 이외의 방법으로 이루어질 경우에는 화물의 적재를 증명하는 서류의 발행일자를 선적일로 간주하고 있다.

대부분의 일반거래협정서나 매매계약서(sale contract)에도 이를 명확히 하기 위하여 'The date of Bill of Lading shall be taken as conclusive proof of the day of shipment'라는 문언을 삽입하고 있다. 따라서 은행은 선적일의 준수 여부를 선하증권에 표시되는 선적날짜를 기준으로 확인하게 된다.

5) 대금결제조건 (terms of payment)

(1) 의의

결제조건이란 대금지급에 관한 조건을 말한다. 쌍무계약의 성질을 가지고 있는 무역계약에서는 매도인의 물품인도조건(선적조건)과 함께 매수인의 대금결제조건이 가장 중요한 조건 중의 하나이다.

(2) 대금결제의 수단

① 물품결제

물품결제는 수출입의 대가로 다른 물품(goods)을 수입하거나 수출하는 방식이다.

물물교환방식(barter trade system)이나 구상무역(compensation trade)을 포함한 연계무역(counter trade)의 형태로 이루어지며 무역정책상 두 국가의 수출입균형을 위한 결제에 주로 사용된다.

② 현금결제

현금결제는 현금(cash)으로 결제하는 방식이다. 여기에 해당하는 대표적인 결제방식으로는 CWO(Cash With Order), COD(Cash On Delivery), CAD(Cash Against Documents), 그리고 수취증상환지급신용장(payment on receipt L/C)에 의한 결제가 있다.

COD와 CAD는 동시지급결제방식이므로 국내거래에서는 널리 사용되나, 격지자간의 거래인 수출입거래에서는 매도인의 지점이나 출장소 또는 대리인이 수입국내에 존재하거나 매수인의 지점이나 출장소 또는 대리인이 수출국내에 상주하고 있는 경우 등 제한된 범위 내에서 사용되고 있다.

③ 환결제

환결제는 전신환(telegraphic transfer, T/T)이나 우편환(mail transfer, M/T) 등과 같은 환(transfer)을 송금(remit)함으로써 대금을 결제하는 방식이다. 후술하는 단순송금방식 또는 사전송금방식이 대표적인 환결제 방식에 해당한다.

④ 환어음결제

환어음결제는 환어음(Bill of Exchange, B/E)을 발행하여 대금을 결제하는 방식이다. 국내거래에서는 채무자가 채권자에게 매입대금 결제용 약속어음(promissory note)을 발행한다. 그러나 무역거래는 반대로 채권자인 매도인이 매수인이나 신용장발행은행을 지급인(drawee)으로 하는 환어음을 발행하여 이를 추심(collection)하거나 매입(negotiation)하여 수출대금을 회수하는 이른바 역환(逆換)방식이 주로 이용되고 있다.

무역거래에 사용되는 환어음은 화환어음(documentary bill)이 원칙이지만 경우에 따라서는 무화환어음(clean bill, 무담보어음)이 발행되는 경우도 있다.

화환어음은 환어음에 상품을 대표하는 운송서류(선하증권 등)와 보험서류, 상업송장 등을 첨부하여 대금을 회수하는 방식이며 무화환어음은 환어음에 담보서류로서 운송서류 등이 첨부되지 않는 방식이다.

화환어음이 발행되는 조건의 신용장을 화환신용장(documentary L/C)이라고 부르고 그렇지 않은 것은 무화환신용장(clean L/C)이라 부르고 있다.

한편, 환어음은 신용장에 사용되는 환어음과 무신용장거래인 추심결제방식(D/P, D/A)에 사용되는 환어음으로 구분된다. 전자는 일람출급어음(sight bill)과 기한부어음(usance bill)으로 구분되며, 후자는 D/P어음과 D/A어음으로 구분된다.

(3) 대금결제의 시기

대금결제의 시기는 상품의 선적(또는 서류의 인도)과 대금지급의 시차에 의한 결제관계를 말하며 다음과 같은 조건들이 있다.

① **선지급** (payment in advance, 전지급)

선지급은 수출자가 물품을 인도하기 전에 수입자가 대금을 결제하는 방식이다.

수출자의 신용이 두텁고 거래관계가 빈번하여 서로 신뢰할 수 있을 경우에 사용되며 매수인에게는 매우 불리한 결제방식이다. 간단히 '선불'이라고도 한다.

여기에는 첫째, 현금선지급(Cash In Advance, CIA)과 상품의 구매를 위한 주문과 동시에 현금결제가 이루어지는 주문지급(Cash With Order, CWO) 결제방식 둘째, 주문과 함께 전신환(Telegraphic Transfer, T/T)이나 우편환(Mail Transfer, M/T) 등을 송금하여 결제하는 단순 혹은 사전송금방식(remittance base) 셋째, 수익자(beneficiary)인 매도인이 물품의 선적이 이루어지지 않아도 신용장 수취와 더불어 미리 대금의 일부를 결제받을 수 있는 선대신용장(red clause L/C, packing L/C) 결제방식이 포함된다.

② **동시지급** (concurrent payment)

동시지급은 물품의 선적(또는 인도)이나 물품을 화체한 선적서류의 인도와 동시에 대금결제가 이루어지는 방식이다. 이것은 현물 또는 현물과 동일시 되는 서류(B/L 등 운송서류)와 상환으로 대금지급이 일어나는 방식이기 때문에 '동시지급결제조건'이라고도 부른다. 여기에는 상품인도결제방식(Cash On Delivery, COD)과 서류인도결제방식(Cash Against Document, CAD)이 포함된다.

전자는 현물인도와 동시에 현금결제가 일어나는 결제방식으로 '현물상환 지급인도방식'이라고도 부르며, 후자는 선하증권을 비롯한 보험증권, 상업송장 등의 서류인도와 동시에 현금결제가 이루어지는 방식으로 '서류상환 지급인도방식'이라고도 부른다.

또한 동시지급결제방식에는 신용장거래에서 어음발행인이 환어음을 지급인에게 제시되면 지급인이 이를 일람과 동시에(at sight) 어음대금을 지급하는 일람출급신용장(sight L/C)방식이 포함된다.

그리고 환어음을 추심해서 대금을 회수하는 추심결제방식(collection base)에서는 환어음이 매수인(drawee)에게 제시되었을 때 대금지급과 동시에 선적서류가 인도되는 지급인도방식(Documents against Payment, D/P)이 포함된다.

③ **후지급** (deferred payment, 연지급)

후지급은 물품의 선적(또는 인도)이나 선적서류의 인도가 있은 후 일정한 기간이 경과되어야 대금결제가 이루어지는 방식으로 일종의 '외상결제방식'이다.

여기에는 신용장방식의 경우 환어음이 지급인(drawee)에게 제시된 후 일정기간이 경과되어야 환어음대금이 지급되는 기한부 신용장방식(usance L/C)과 추심결제방식에서 환어음을 추심할 때 어음제시가 있어도 지급인(drawee)은 대금지급을 하지 않고 환어음상의 채무인수 즉, 어음인수(acceptance)만을 하면 운송서류가 인도되어 환어음의 만기일에 대금이 지급되는 인수인도방식(D/A)이 포함된다.

또한 수출자와 수입자가 상호간에 거래를 자주하는 경우 거래할 때마다 대금을 결제하지 않고 이를 상쇄하여 일정한 기간마다 그 잔액에 대하여서만 결제하는 방식인 청산계정결제(Open Account, O/A)도 이 결제방식에 포함된다.

④ 혼합결제방식

혼합결제방식은 선지급, 동시지급, 후지급방식이 혼합된 방식이다. 대표적인 것으로는 누진지급방식(progressive payment)이 있다. 이것은 대금을 일시에 결제하지 않고 계약, 선적시 등으로 분할하거나 공정에 따라 분할해서(instalment) 지급하는 방식이다.

(4) 대금결제의 방식

대금결제의 방식은 크게 수입국 은행의 대금지급에 대한 확약이 있는 신용장 방식(L/C basis)과 그렇지 않고 당사자간의 신용에 의거하여 결제가 이루어지는 무신용장방식(Non L/C basis)이 있으며, 후자는 다시 송금결제방식과 추심결제방식으로 구분된다.

① 송금 (remittance)결제방식

㉠ 송금결제방식의 의의

송금결제방식은 수입자가 상품의 인도 전 · 인도 후 또는 인도와 동시에 수출자에게 송금함으로써 결제가 완료되는 방식이다.

㉡ 단순송금결제방식

단순송금방식은 수출자가 물품을 선적이나 인도하기 전에 수입자가 미리 대금전액을 결제하는 방식이다. 이 방식에서 사용되는 결제수단은 송금수표(Demand Draft, D/D), 우편송금환(Mail Transfer, M/T), 전신송금환(Telegraphic Transfer, T/T) 등이다.

㉢ 동시송금결제방식

동시송금결제방식은 수출자가 물품이나 서류를 인도할 때 수입자가 대금을 외화로 결제하는 방식으로 COD 및 CAD가 있으며, '대금상환도 결제방식'이라고도 한다.

상품인도결제방식(Cash On Delivery, COD)은 수출자가 상품을 선적한 후 운송서류를 자신의 대리인(주로 수입상의 국가에 소재)이나 지사에게 발송하여 상품이 목적지에 도착하면 수입자가 검사 후 상품을 인도 받으면서 대금을 결제하는 방식으로 주로 귀금속상품 등 소액거래에 이용된다.

서류인도결제방식(Cash Against Documents, CAD)은 수출자가 상품을 선적 후 운송서류를 수입자의 대리인(주로 수출자의 국가에 소재)이나 거래은행에 제시하여 서류와 상환으로 대금을 결제하는 방식이다.

② 추심 (collection) 결제방식

㉠ 추심결제방식의 의의

추심결제방식은 외상거래방식이므로 매수인의 신용이 절대적인 거래에 주로 이용된다.

㉡ 추심결제방식의 종류

추심결제에는 D/P와 D/A가 있다. 우선 지급인도조건(Documents against Payment, D/P)은 수출자가 상품을 선적한 후, 관련 서류가 첨부된 일람불 환어음(documentary sight bill)을 수입자를 지급인으로 발행하여 자신의 거래은행(추심의뢰은행, remitting bank)에 추심을 의뢰하면, 이 은행은 서류와 환어음을 수입자의 거래은행으로 보내어 추심을 의뢰한다. 수업자의 거래은행(추심은행, collecting bank)은 수입자로부터 대금을 지급받으며 서류를 인도하고 지급받은 대금은 추심의뢰은행에게 송금하여 결제하는 방식이다.

인수인도조건(Documents against Acceptance, D/A)은 수출자가 상품을 선적한 후, 관련서류가 첨부된 기한부 환어음(documentary usance bill)을 수입자를 지급인으로 발행하여 자신의 거래은행이 추심을 의뢰하면 그 은행은 서류가 첨부된 환어음을 수입자의 거래은행으로 보내 추심을 의뢰한다. 수입자 은행은 그 환어음의 지급인인 수입자로부터 환어음의 인수를 받으며 서류를 인도하고 환어음의 만기일에 대금을 지급받아 추심을 의뢰하여 온 은행으로 송금하여 결제하는 방식이다.

㉢ 추심결제방식에 관한 국제규칙

추심결제방식은 국제상업회의소가 제정한 '추심에 관한 통일규칙(Uniform Rules for Collections, 1995 Revision ICC Publication No.522, URC)'의 적용을 받는다.

㉣ 추심결제방식의 특징

추심결제방식은 첫째, 환어음이 사용된다는 점 둘째, 추심에 관한 통일규칙(URC)이 적용되는 점 셋째, 서류와 대금을 관계은행(추심의뢰은행, 추심은행, 제시은행)을 통하여 송부한다는 점 넷째, 신용이 두터운 거래선 사이에 사용되고 은행의 지급확약이 없다는 점 다섯째, 환어음의 지급인(drawee)이 수입자가 된다는 특징을 지니고 있다.

③ 신용장 (Letter of Credit) 결제방식

신용장결제방식은 수입국의 은행이 신용장 조건에 일치하는 소정의 운송서류를 첨부한 화환어음과 상환(相換)으로 수출자에게 대금지급을 보증하는 방식이다. 현재 대금결제방식으로 가장 널리 사용되고 있다.

6) 보험조건(terms of insurance)

(1) 의의

원활한 무역거래를 위해서는 운송계약뿐 아니라 화물이 매수인에게 인도될 때까지 운송도중에 발생할 수 있는 여러 위험에 대비하여 보험계약도 체결되는 것이 필요하다.

운송 도중에 발생한 화물의 손해에 대하여 운송인이 하주에게 전액을 배상해 준다면 하주가 별도로 보험계약을 체결할 필요는 없을 것이다.

그러나 운송계약에 따른 운송인의 책임은 여러 가지로 제한되어 있고 해상사고에 대한 대부분의 책임들은 운송인의 면책위험이 되기 때문에 별도로 보험계약을 체결할 필요가 있다. 즉, 운송인의 책임에는 한도가 있고 더욱이 불가항력이나 법률 또는 특약에 의해 면책되는 손해는 운송인에게 보상책임이 없기 때문에 보상을 받을 수 없게 된다.

이러한 위험들은 결국 하주가 부담하여야 하는데 하주가 부담하는 위험들은 해상보험(marine insurance)에서 담보되고 있다. 해상보험은 항해에 따르는 사고로 인하여 생긴 손해를 전보(塡補)하는 손해보험의 일종으로 해상적하보험(cargo insurance)과 해상선박보험(hull insurance)으로 구분된다.

해상적하보험은 원칙적으로 해상위험을 담보하는 보험이지만 특약이나 상관습에 따라 담보하는 범위를 확장하여 항해에 부수하는 내수 또는 육상위험도 담보하고 있기 때문에 육상과 해상 혼합보험의 성격을 가지고 있다.

(2) 보험조건과 무역조건

무역거래에서 운송 중의 위험을 매매당사자 중 어느 쪽이 부담하며 그 위험에 대해 보험에 부보해야 할 당사자가 누구인가는 매매당사자간에 체결된 무역조건에 따라 결정된다.

또한 어떠한 보험조건을 선택하느냐 하는 문제도 무역계약을 체결할 때에 매매당사간에 합의한 무역조건(trade terms)에 따라 결정된다.

왜냐하면, FOB나 CIF 등 정형화된 무역조건은 매매 당사자간의 비용과 위험부담에 대한 책임분기점을 규정하고 있을 뿐 아니라, 위험부담의 분기점을 기준으로 위험을 부담하는 당사자가 보험에 가입하여야 하며 사고가 발생하였을 경우에는 소유권 유무(피보험이익의 유무)로 보험금의 지급대상이 결정되기 때문이다.

한편, 매매 당사자간에 합의된 보험조건의 구체적인 내용들은 계약서나 신용장 등에 기재되는데, 어떠한 조건을 기본조건으로 선택하고 또 화물과 수송의 특수사항을 고려하여 어떠한 부가조건을 추가할 것이며 전쟁위험과 동맹파업위험 등은 어떻게 할 것인가는 화물의 종류, 포장, 운송방법 등을 감안하여 결정하게 된다.

(3) 손해보상 범위와 보험조건

해상보험에서 보험자는 담보하는 위험에 기인하여 발생한 손해만을 보상하기 때문에 피보험자는 약관상 특별히 제외되어 있는 위험은 보상받지 못하게 된다.

피보험자가 어떤 조건으로 보험에 가입할 것인지는 보험계약 체결시 결정되는데, 기본적인 손해보상 범위는 런던보험자협회가 제정한 협회적하약관(ICC)에 규정되어 있다.

협회적하약관은 구협회화물약관(A/R, FPA, WA조건)과 1983년 3월 1일부터 적용되고 있는 신협회적하약관인 ICC(A), ICC(B), ICC(C) 조건이 있다.

이중에서 FPA 조건 또는 ICC(C) 조건은 담보하는 손해의 보상범위가 가장 좁고 보험료도 가장 저렴한 조건이며, A/R 조건 또는 ICC(A) 조건은 담보되는 보상범위가 가장 넓고 보험료도 가장 고율인 조건이다.

보험실무에서는 계약당사자가 ICC(B) 조건이나 ICC(C) 조건으로 부보하고 이 조건으로 담보되지 않는 위험들에 대해서는 상품의 특성이나 성질을 감안하여 도난이나 파손 등의 부가위험(extraneous risk)을 특약하는 것이 일반적이다.

〈그림 8-1〉 해상손해의 종류

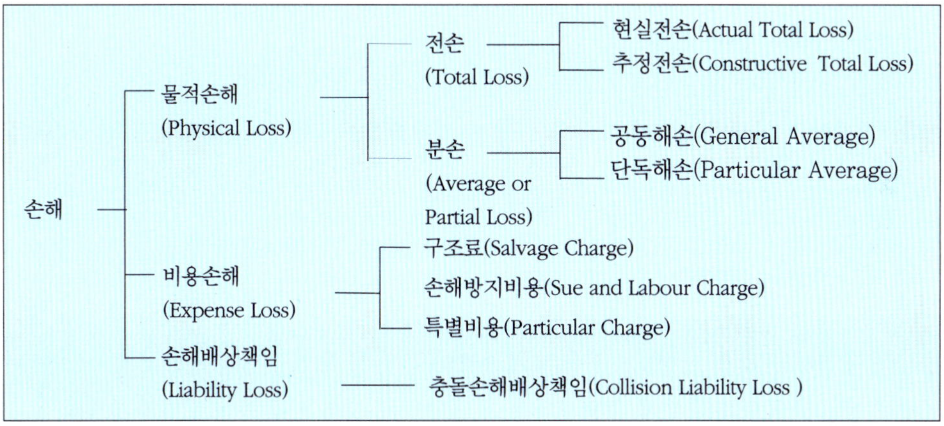

(4) 보험금액과 부보통화

보험금액(insured amount)은 보험자가 지급해야 할 손해보상의 최고한도액을 말한다. 일반적으로는 '110 per cent of the invoice value'와 같이 송장금액의 100%에 10%의 희망이익(expected profit, anticipated profit, estimated profit)을 더한 110%를 부보한다.

부보통화(currency insured)는 환차손을 방지하기 위해 환어음의 통화와 동일한 통화로 부보되는 것이 일반적이다.

7) 포장 및 하인조건(terms of packing and shipping marks)

(1) 포장의 의의와 목적

포장(packing)은 유통과정 즉, 운송, 보관, 하역, 사용 등에 있어 그 가치와 상태를 보호하고 유지하기 위해 적합한 재료나 용기 등으로 시공하는 기술이나 상태를 말한다.

포장의 본질적 기능은 상품의 보호와 소비자의 구매의욕을 일으켜 판매촉진을 가져오는데 있지만, 무역거래에서 포장은 수출입 상품을 운송도중 안전하게 보호함으로써 상품으로서의 가치를 유지하기 위한 목적에 주안점을 두고 있다.

수출상품의 포장은 상품의 특성에 적합한 포장이 이루어져야 하며 기본적으로는 값싸고 튼튼하게 이루어져야 한다. 수출자가 포장을 잘못하여 화물이 손상되었을 경우에는 해상보험에서도 보상되지 않기 때문에 화물의 성질을 고려하여 저렴하면서도 안전하고 튼튼한 포장이 이루어져야 한다.

포장조건의 주된 내용은 개장, 내장, 외장 등 포장의 종류와 포장의 표시방법이다.

(2) 포장의 종류

포장의 종류는 재질이나 단계에 따라 다양하지만 포장단계를 중심으로 구분하면 다음과 같은 종류들이 있다.

① 개장(unitary packing)

개장은 소매의 단위가 되는 상품의 최소 묶음을 개별적으로 하나씩 포장하는 것을 말한다. 개장에는 상표나 제조업체의 회사명이 기재되고 구매의욕을 자극하도록 디자인된 포장지를 사용하는 것이 일반적이다. 상품 몇 개를 소포장하고 다시 이것을 몇 개씩 포장하는 방법이 많이 이용된다.

② 내장(interior packing)

내장은 개장된 물품을 수송 또는 취급하기 좋도록 적절한 재료로 싸거나 용기에 포장하거나 충전하는 것을 말한다. 내장은 개장보다 튼튼한 용기를 사용하며 상품이 외부에 의해 손상되지 않도록 내부에 충전제나 판지 및 합성수지를 사용하여 포장하게 된다.

③ 외장(outer packing)

외장은 화물을 수송함에 있어서 파손, 변질, 도난, 부실 등을 방지하기 위하여 적절한 재료나 용기로써 화물을 보호하기 위해 포장하는 것을 말한다.

수출입거래에서 포장 또는 수출포장(export packing)은 외장을 의미한다. 외장은 내장보다 더 튼튼한 포장재를 사용하여 포장하는데 나무상자(wooden case), 종이상자(carton), 부대(bag) 등 상품마다 정형화된 포장용기가 사용된다.

(3) 포장의 표시방법

곡물이나 광물, 철근 등 산화물(bulk cargo)은 포장되지 않은 상태로 거래되는 것이 일반적이지만 대부분의 상품은 포장된 상태로 이동된다.

오퍼나 계약서 등에 나타나는 포장을 표시하는 방법에는 'Each in a vinyl bag, 100 pieces in a carton box'와 같이 어떤 종류의 포장재를 사용하는지, 포장에 몇 단위씩 들어가는지 등이 포함되어 있다. 보통 경량품으로 항공으로 운송되는 상품은 Carton Box에 포장되고 선박으로 운송되는 상품의 경우는 Wooden Case에 포장되며, 공산품의 경우에는 'Export Standard Packing' 등으로 표기하는 경우가 많다.

(4) 하인

① 하인의 의의와 기능

하인(shipping mark, cargo mark, 荷印)이란 외부포장의 표면에 기입하는 특정한 기호, 번호, 목적지, 취급상의 문구 등을 총칭한 것을 말한다.

하인의 목적은 화물취급자로 하여금 다른 상품과 구분을 용이하게 할 뿐 아니라 매수인의 사용편의 및 선적서류와 상품과의 대조에 편리성을 부여하는데 있다. 하인은 선하증권과 상업송장 등에 표시된 내용과 일치해야 한다.

일반적으로 하인은 적재 또는 양륙 시 화물의 분류를 원활히 수행하고 화물의 운송 및 보관시 화물취급상의 지시나 주의를 표시하기 위해 매수인이 매도인에게 요구하게 된다.

매수인의 별도 지시가 있는 경우에는 그 지시대로 이행해야 하며 매수인이 별도 지시가 없을 경우에는 매도인이 임의로 하인을 하면 된다.

하인이 부정확하게 되면 다른 화물과 혼동을 가져오게 되어 하역 착오나 불착의 원인이 되기 때문에 하인의 내용이나 형태는 계약서에 분명하게 명기하는 것이 좋다.

② 하인의 구성

㉠ 주표시(main mark) : 하인 중 가장 중요한 표시로 다른 화물과 식별이 용이하게 할 목적으로 표시한다. 일정한 기호로써 외장면에 삼각형, 다이아몬드형, 정방형, 마름모형, 타원형 등을 표시하고, 그 안에 상호 등의 약자를 써넣기도 하며 그림 없이 문자나 숫자만으로 된 경우도 있다.

㉡ 부표시(counter mark) : 주표시의 보조로 타 화물과 식별이 용이하도록 표시하는 것이다. 주로 내용물을 직접 생산한 제조업체나 공급업자의 약호를 쓰며 주마크의 위쪽이나 밑에 기재한다.

㉢ 품질표시(quality mark) : 동일 물품이라 하더라도 품질이나 등급에 차이가 있는 경우에는 계약에서 합의된 내용물품의 품질이나 등급을 표시한다.

㉣ **중량표시**(weight mark) : 운임계산과 하역작업에 도움을 주기 위해 화물의 순중량과 총중량을 표시한다.

㉤ **목적항표시**(port mark, destination mark) : 화물의 선적이나 양하 작업을 용이하게 하고 화물이 잘못 발송되는 일이 없도록 목적 항구명을 표시한다.

㉥ **포장 일련번호표시**(case number marks) : 포장물품이 여러 개인 경우 포장 마다 고유번호를 표시하여 총 개수 중에서 몇 번째인지를 표시한다.

㉦ **원산지표시**(country of origin mark) : 물품의 생산지를 표시하며 보통 목적항 밑에 'Made in Korea'처럼 표시한다.

㉧ **주의표시**(care mark, handling mark, caution mark, side mark) : 화물의 성격, 형상 등에 따라 화물의 선적이나 운송 시에 취급상의 주의사항을 표시한 것이다. 보통 포장의 측면에 표시하기 때문에 'Side Mark'라고도 한다.

대표적인 주의표시에는 다음의 것들이 있다.

FRAGILE : 깨지기 쉬운 화물에 충격을 주지 않도록 지시하는 마크

KEEP DRY : 물에 젖지 않도록 지시하는 마크

THIS SIDE UP : 화물의 상하의 방향을 지시하는 마크

USE NO HOOK : 갈고리 사용금지를 지시하는 마크

DO NOT DROP : 넘어지기 쉬운 화물인 것을 지시하는 마크

OPEN HERE : 이곳을 개봉할 것을 지시하는 마크

㉨ 기타 : 매수인의 요청에 따라 총중량과 순중량, 신용장 번호 등이 추가된다.

〈그림 8-2〉 하인의 구성

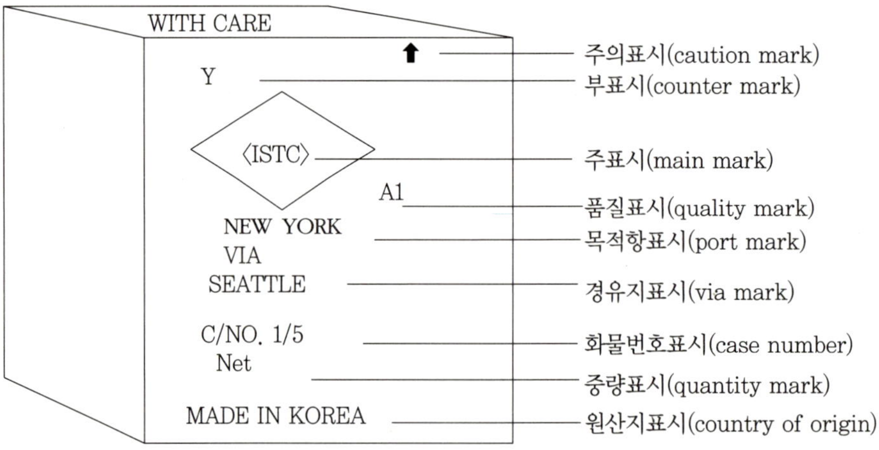

8) 분쟁해결조건(terms of dispute settlement)

분쟁해결조건은 당사자 일방의 계약 불이행에 따른 무역분쟁에 대비하기 위해 미리 클레임의 제기기한이나 해결방법 등을 설정해 둔 조항을 말한다. 여기에는 클레임조항, 중재조항, 준거법조항 등이 있다.

(1) 클레임조항

① 의의

클레임조항(claim clause)은 무역클레임이 발생한 경우 클레임을 제기할 수 있는 기한과 방법에 관한 합의사항을 규정하고 있는 조항이다.

② 예문

> Any claims by buyer of whatever nature arising under this contract shall be made by Fax within 30 days after arrival of the goods at the destination specified in the Bills of Lading.
>
> Full particulars of such claim shall be made in writing, and forwarded by registered mail to seller within 15 days after cabling. Buyer must submit with surveyor's reports when the quality or quantity of the goods is in dispute.
>
> 이 계약에서 매수인으로부터 제기되는 모든 형태의 클레임은 선하증권에 규정된 목적지에 물품이 도착 후 30일 이내에 팩스로 제기되어야 한다.
>
> 그러한 클레임에 관한 모든 세부사항은 팩스로 통지한 후 15일 이내에 서면으로 작성되어, 등기우편으로 매도인에게 송부되어야 한다. 상품의 품질이나 수량에 관한 분쟁의 경우 매수인은 검수인의 보고서를 제시하여야 한다.

(2) 중재조항

① 의의

중재조항(arbitration clause)은 중재제도의 특징인 단심제, 신속성, 경제성, 심리절차의 비공개성, 중재판정(awards)의 강제성과 국제적 승인 및 집행의 보장이라는 장점을 살려 무역거래에서 발생한 클레임을 중재제도로 해결한다는 내용이 들어 있는 조항이다.

② 예문

우리나라 유일의 상설중재기관인 대한상사중재원(The Korean Commercial Arbitration Board, KCAB)은 신속하고 원만한 분쟁해결을 위하여 계약서에 다음과 같은 표준중재조항(standard arbitration clause)의 삽입을 권장하고 있다.

All disputes, controversies, or differences which may arise between the parties, out of or in relation to or in connection with this contract, or for the breach thereof, shall be finally settled by arbitration in Seoul, Korea in accordance with the Commercial Arbitration Rules of the Korean Commercial Arbitration Board and under the laws of Korea. The award rendered by the arbitrator(s) shall be final and binding upon both parties concerned.

이 계약으로부터, 이 계약과 관련하여, 이 계약과 관계하여 또는 이 계약의 불이행으로 말미암아 당사자간에 발생하는 모든 분쟁, 논쟁 또는 의견차이는 대한민국 서울에서 대한상사중재원의 중재규칙 및 대한민국 법에 따라 중재에 의해 최종적으로 해결한다. 중재인(들)에 의하여 내려지는 판정은 최종적인 것이며 관련된 당사자 쌍방에 대해 구속력을 가진다.

(3) 준거법조항

① 의의

준거법조항(governing law clause, applicable law clause, proper law clause)은 무역계약의 성립과 이행, 그 해석에 관하여 어느 국가의 법률을 적용하여 해석할 것인가를 약정한 조항이다.

무역계약은 법역(法域)을 달리하는 당사자간에 이루어지는 매매계약이다. 따라서 그 계약으로 인하여 발생하는 문제들을 어느 국가의 법률에 따라 해결할 것인가 하는 준거법의 문제가 발생하게 되는데, 이때 필요한 것이 준거법조항이다.

국제적으로 통일된 물품매매법이 존재하지 않기 때문에 무역계약의 성립, 이행 및 종료 등에 대해 어느 법을 준거법으로 할 것인지에 관한 합의는 매우 중요하다.

무역계약과 관련하여 준거법으로 가장 널리 이용되는 것으로는 국제물품매매계약에 관한 국제연합협약(United Nations Convention on Contracts for the International Sale of Goods, CISG, 비엔나협약, 1980)이 있다. 그러나 이 협약이 적용되기 위해서는 매매거래가 국제성을 가져야 하며 협약에 비준한 체약국간의 거래이어야만 한다.

또한 본 협약에 대한 적용배제 선언이 없어야 하며, 어느 한 당사자가 체약국이 아닌 경우에는 법정지의 법이 체약국의 법률을 준거법으로 지정하고 있어야 한다. 우리나라는 2004년 유보선언 없이 이 협약에 가입하였다.

한편 비엔나협약에도 물품매매에 관한 매도인과 매수인의 의무가 규정되어 있으나. 그 내용은 매우 포괄적인 내용이기 때문에 일반적 국제관습인 INCOTERMS와 충돌이 생길 경우에는 INCOTERMS가 우선하여 적용하게 된다.

② 예문

Governing law clause : Unless specially stated, the trade terms under this contract shall be governed and construed under and by the latest Incoterms and the formation, validity, construction and the performance of this contract are governed by the laws of Korea.

준거법조항 : 별도의 기재가 없는 한, 본 계약의 무역조건은 가장 최근의 인코텀즈에 준거하고 해석하며 본 계약의 성립, 유효성, 해석 및 이행은 한국 법에 따른다.

This agreement shall be governed as to all matters including validity, formation, and performance under and by United Nations Convention on Contracts for the International Sale of Goods(1980).

본 합의는 유효성, 성립 및 이행을 포함한 모든 사항을 국제물품매매계약에 관한 유엔협약(1980)에 준거한다.

(4) 재판관할조항

① 의의

재판관할조항(jurisdiction clause)은 소송(재판)을 제기할 재판소를 당사자간에 미리 약정해 놓는 조항이다.

이 조항은 계약에 중재조항을 설정하고 있지 않은 경우 그 계약을 둘러싼 분쟁은 최종적으로 국가가 행하는 재판에 의해 해결되며 중재조항이 존재하여도 중재에 회부할 범위 외의 사항들은 재판에 의하게 된다는 것을 규정하고 있다.

재판소를 지정할 때에도 한국재판소 또는 미국재판소라고 막연히 규정하는 것은 문제의 소지가 있으므로 서울, 뉴욕 등 특정지의 재판소를 지정하는 것이 좋다.

② 예문

Jurisdiction clause : This agreement must be construed and take effect as a contract made in Korea and in accordance with the laws of Korea and the parties hereby submit to the jurisdiction of the court of Korea.

재판관할조항 : 본 계약은 한국에서 한국법에 준거하여 작성된 계약으로 해석되고 효력이 있는 것으로 한다. 그리고 양 당사자는 한국 법원의 재판관할에 따르는 것으로 한다.

9) 기타 조건

(1) 권리침해조항

① 의의

권리침해조항(infringement clause)은 지적재산권 침해에 대한 면책문언으로, 매수인이 지정한 상표, 디자인, 특허 및 기술 등을 채택하여 제조·공급한 상품에 향후 예기치 않은 특허침해문제가 발생할 수 있는 것을 대비하여 계약서 내에 이를 명시하여 매도인이 면책된다는 것을 규정한 조항이다.

② 예문

> The Buyer shall be liable for and hold the Seller harmless from and against all losses and damages incurred and suits and claims brought by a third party due to possible infringement of trademark, parent, copyright or other proprietary right of the third party in connection with the Seller's manufacture and sale of the goods according to the specification attached hereto as Exhibit [I].
>
> 표 [1]로서 첨부된 명세서에 따라 물품의 매매와 매도인의 제조와 관련하여 매수인은 상표, 특허, 저작권, 또는 기타 제3자의 재산권 침해로 인하여 제3자가 제기한 모든 멸실, 손해 및 손실 그리고 소송이나 클레임에 대해 책임을 지며 매도인은 면책된다.

(2) 완전합의조항

① 의의

완전합의조항(entire agreement clause)은 계약서 작성을 위해 기존의 약속이나 합의를 검토하여 최종합의의 계약이 체결되면 기존의 합의, 의견교환, 약속은 동 계약서에 완전히 통합되어 소멸된다는 것을 규정한 조항이다.

무역계약에서 발생되는 서식 논쟁(battle of forms)을 예방하기 위해 이 조항이 반드시 삽입되어야 한다. 이 조항은 동일 내용의 최종합의를 나타내는 계약서의 서명 이전까지 유효한 일체의 합의 등을 부인하는 면책적 효과가 있다.

② 예문

> This Agreement constitutes the entire agreement between the parties, all prior representations having been merged herein, and may not be modified except by a writing signed by a duly authorized representatives of both parties.
>
> This agreement shall be valid on and after 3 May, 2026.

(3) 지연이행조항

① 의의

지연이행조항(delayed performance clause)은 불가항력조항(Force Majeure Clause)과 밀접한 관련이 있는 조항이다.

즉, 이 조항은 천재지변(Act of God)이나 불가항력에 의해 계약이행이 이루어지지 못한 경우에는 그 이행기를 얼마동안 연장한다는 것과 그렇게 연장된 기간 내에도 불가항력의 지속이나 그 후속사태의 여파로 여전히 계약이행이 불가능한 경우의 조치사항, 그리고 연장기간 경과 후에 계약이행이 있는 경우 이를 수용할 것인가의 여부에 관한 사항을 상세하게 규정하고 있다.

② 예문

> In all cases of force majeure the period of shipment stipulated shall be extended for a period of twenty one(21) days.
>
> In cases shipment within the extended period should still be prevented by a continuance of the causes of force majeure or the consequences of any of them, it shall be at Buyer's option either to allow the shipment of late goods or to cancel the order by giving Seller the notice of cancellation without delay.

(4) 전매조항

① 의의

전매조항(product release clause)은 매수인이 계약을 취소하거나 물품의 인수를 거절할 경우, 매도인이 상표권 등 지적재산권과 관계없이 현지에서 물품을 제3자에게 재판매하거나 처분할 수 있도록 규정하고 있는 조항이다.

수출상품이 현지 수입자의 고의적인 상품인수 거절이나 저작권 및 상표권 등의 분쟁이 발생하는 것을 예방하기 위하여 계약을 체결할 때 이와 같은 분쟁발생시 현지에서 상표권 등과 관계없이 제3자에게 전매할 수 있도록 계약서에 명시해 둔 조항이다.

② 예문

> In the event of cancellation of this contract or rejection of the goods, seller shall be entitled to resell or otherwise dispose of the goods to third parties, regardless of patent, trade mark, design, utility model, copy right etc.. Thereon buyer shall not raise any objection to such disposition.

(5) 분리가능조항

① 의의

계약의 분리는 계약내용의 일부에 무효사유가 있어 계약의 일부는 무효, 나머지 일부는 효력을 잃지 않고 존속하여 결과적으로 계약의 내용이 일부 분리되는 것을 말한다.

분리가능조항(severability clause)은 당해 계약의 일부 조항이 중재나 법원의 판결에 위해 효력을 상실하더라도 기타 조항은 그대로 유효하다는 것을 규정하고 있는 조항으로 '가분조항' 또는 '계약분리조항'이라고도 부른다.

이 조항을 설정하는 목적은 특정 조항이나 계약의 일부가 국내 법령 등에 의해 무효 또는 이행불능이 되더라도 해당 조항만 영향을 미치고 그 계약 전체가 무효로 되는 것을 방지하기 위한 것이다. 그러나 실무에서는 계약의 중요 부분이 실효되면 계약 전체가 실효되거나 무효화되는 것이 일반적이다.

② 예문

> If any provision of this agreement is determined to be invalid or unenforceable, the provision shall be deemed to be severable from the remainder of this agreement and shall not cause the invalidity or unenforceable of the remainder of this Agreement.

(6) 신축조항

① 의의

신축조항(escalation clause)은 계약체결시에 계약금액은 고정되어 있으나 계약기간 중 물가의 급등으로 정상적인 계약이행이 힘들어질 경우 이에 비례하여 계약대금의 감액 또는 증액을 요구할 수 있도록 규정되어 있는 조항으로 '가격변동조항'이라고도 한다.

이 조항은 원류, 곡물, 원자재 등 시세변동이 심한 상품거래나 계약기간이 긴 해외철도 사업, 플랜트사업, 건설공사사업 등 대규모 공사의 계약조건에 삽입되는 경우가 많다.

② 예문

> If during the performance of this agreement the seller's cost of delivering the goods to the buyer's increase unexpectedly by more than 10 percent from the contract due to fluctuations in currency exchange rates, increases in the cost of raw materials, oil or other energy sources, taxes or other governmental charge, or any other similar factors beyond the reasonable control of the parties concerned, then the prices shall be proportionally increased, unless otherwise agreed.

(7) 권리불포기조항

① 의의

권리불포기조항(Non-waiver clause)은 일방이 계약을 위반했을 때, 상대방이 이에 대해 손해배상청구나 권리행사를 제기하지 않았다는 것이 권리를 포기하는 것은 아니라는 것을 규정하고 있는 조항이다.

즉, 계약당사자 일방이 이전 거래에서 계약상의 어떤 조항에 의한 이행청구를 하지 않았더라도 이를 이유로 이후 발생하는 동일한 계약위반에 대해 이행을 청구할 수 있는 권리를 포기하는 것이 아님을 선언하고 있는 조항으로 '비포기조항'이라고도 부른다.

예를 들어 2월과 4월 거래에서 각각 3일과 5일의 인도지연에 대해 매수인이 클레임을 제기하지 않았으나 6월 거래에서 15일 인도지연이 발생함에 따라 이에 매수인이 손해배상을 청구했을 때 앞의 2월과 4월에 거래 때 청구하지 않은 것이 단지 권리이행을 하지 않은 것 뿐이지 권리를 포기한 것은 아니라는 의미이다.

② 예문

> The failure of delay of either party to require performance by the other party of any provision of this Agreement shall not constitute a waiver of, or shall not affect, its right to require subsequent performance of such provision.

(8) 손해배상액예상조항

① 의의

손해배상액예상조항(liquidated damage clause)은 상대방의 계약불이행에 대비하여 청구할 손해배상액을 미리 계약서에 명시하고 있는 조항이다.

어느 일방이 계약을 위반한 경우 상대방은 Claim 제기를 통해 손해배상을 청구한다. 이때에는 계약위반 사실과 손해액을 입증해야 하는데, 이의 입증이 어렵거나 절차가 까다로운 경우도 있으므로 계약 당시 손해배상액을 미리 계약서에 기재한다.

이것을 '위약금 조항' 또는 'Indemnity clause'라고도 부른다.

② 예문

> If opening the letter of credit should be delayed due to the causes for which the Buyer is liable, the Buyer shall pay the Seller an amount equivalent to three tenths of one percent(0.3%) of the amount of relevant letter of credit per each full week as liquidated damages.

(9) 사정변경조항

① 의의

사정변경조항(hardship clause)은 계약 체결 시 당사자가 예견하지 못한 사태가 발생하여 당초의 계약이행이 불가능해짐에 따라 계약의 본질적 변경이 불가피해 진 경우, 원활한 계약이행을 위해 당사자는 계약내용의 변경을 요구할 수 있고 그 때 상대방은 이에 응해야 한다는 것을 규정하고 있는 조항으로 '하드쉽조항'이라고도 한다.

불가항력조항은 불가항력 사태가 발생한 경우 당사자의 면책을 규정한 조항이지만, 사정변경조항은 계약체결 후 발생하는 변화에 따라 계약내용의 변경을 규정한 조항이다.

이 조항은 대형선박 등 제조기간이 장기인 상품매매나 불가항력 사태가 발생하더라도 계약을 변경하여 계약관계를 유지하기를 원하는 경우의 계약에 주로 사용된다.

② 예문

> Substantial hardship shall mean if at any time or from time to time during the term of this Agreement, without default of the party concerned, there are the occurrences of an intervening event or change of circumstances beyond the said party's control, when acting as a reasonable and prudent operator, such that the consequences and effects of which are fundamentally different from what was contemplated by the parties at the time of entering into this agreement.
>
> The party claiming that it is placed in such a position as aforesaid may by notice request the other for a meeting to determine if said occurrence has happened and, if so, agree upon what, if any, adjustment in the price then in force under this Agreement and/or other terms and conditions thereof is justified in the circumstances, in fairness to the parties to alleviate said consequence and effects of said occurrence.

(10) 계약의 수정변경조항

① 의의

계약의 수정변경조항(modification clause, amendment clause)은 계약서의 수정하거나 변경시 따라야 할 절차에 관한 사항을 규정하고 있는 조항이다.

② 예문

> This agreement is not changed, modified or amended by the parties of this agreement except as such change, modification or amendment is in writing and signed by both parties.

(11) 설명조항

① 의의

설명조항(whereas clause, recital clause)은 당사자가 계약체결에 이른 경위나 당사자들의 영업내용, 주된 계약체결의 취지나 목적 등이 기재되어 있는 조항이다.

설명조항에 기재된 내용은 특별한 법적 효력을 갖지 않기 때문에 계약내용에 영향을 미치지 않는 것이 원칙이다. 그러나 계약당사자의 진의를 파악하는 하나의 중요한 참고자료가 될 수 있다.

② 예문

> WHEREAS, Seller is engaged in the manufacture of leather wearing apparel and desires to manufacture the same to Buyer's specifications and to sell the same exclusively to Buyer.

(12) 약인조항

① 의의

약인(約因)조항(consideration clause)은 Whereas Clause 다음에 관행적으로 기재되는 것으로 대가의 존재를 확인하여 기재하고 있는 조항이다. 이 조항은 계약이 유효하게 성립되기 위해서는 약인의 존재가 필요하다는 영미법 이론에서 비롯된 것이다.

② 예문

> NOW, THEREFORE, in consideration of the foregoing and of mutual promises hereinafter set forth, the parties hereto agee as follows;

(13) 이행불능조항

이행불능조항(frustration clause)은 후발적 불능이 발생하면 계약은 자동적으로 소멸된다는 것을 규정하고 있는 조항이다. 계약의 이행과정에서 계약에 규정된 이행불능의 사유가 발생하게 되면 계약의 효력은 자동적으로 소멸되게 된다.

그러나 당사자가 스스로 이와 같은 이행불능을 자초한 경우나 계약서상에 소멸 배제의 명시 규정이 있을 경우, 또는 예측된 사건의 경우 등은 Frustration의 적용이 배제된다.

이행불능(Frustration)과 불가항력(force majeure, superior force)은 계약이행이 불가능한 점에서는 공통점이 있으나, 전자는 계약 자체를 소멸시키지만 후자는 계약조건의 불이행에 따른 면책을 인정한다는 점에서 차이가 있다.

(14) 불가항력조항

① 의의

불가항력(force majeure)은 계약 당사자가 그의 고의나 과실이 없음에도 불구하고 의무 이행의 절대적인 책임을 부담해야 하는 불이익을 사전에 제한하기 위해 사용된 개념이다.

불가항력조항(force majeure clause)은 불가항력 사태가 발생하여 계약 당사자의 의무 이행이 불가능하게 된 경우 그 책임을 면하도록 규정하고 있는 조항이다.

여기에서 '불가항력 사태'는 당사자의 통제를 넘어서는 천재지변을 비롯한 전쟁, 동맹 파업과 같은 사건이나 사태를 말한다.

불가항력조항에는 공공기관이 불가항력의 사유가 발생하였음을 입증하는 서류를 상대방에게 제공하도록 함과 동시에, 일정기간 해당 의무의 유예나 계약해제의 가능성 등을 상세하게 규정하여야 한다.

② 예문

1. Force majeure clause : Neither party shall be liable for failure to perform its part of this agreement when such failure is due to fire, flood, strikes, labour troubles or other industrial disturbances, inevitable accidents, war (declared or undeclared), embargoes, blockades, legal restrictions, riots, insurrections, or any cause beyond the control of the parties.

불가항력조항 : 어떠한 당사자도 본 계약을 이행할 수 없는 사유가 화재, 홍수, 동맹파업, 노동쟁의, 기타 노사분규, 불가피한 사고, 전쟁(선전포고 유무를 불문함), 수출금지, 봉쇄, 법적 제한, 폭동, 내란, 기타 당사자가 통제할 수 없는 일체의 원인에 의한 경우는 본 계약의 불이행에 대해 책임을 지지 않는다.

2. The seller shall not be responsible for the delay in shipment due to force majeure, including mobilization, war, strikes, riots, civil commotion, hostilities, blockade, requisition of vessels, prohibition of export, fires, floods, earthquakes, tempest and any other contingencies, which prevent shipment within the stipulated period. In the event of any of the aforesaid causes arising, documents proving its occurrence or existence shall be sent by the seller to the buyer without delay.

매도인은 불가항력으로 인한 선적지연에 대해 책임을 지지 않는다. 불가항력에는 동원, 전쟁, 파업, 폭동, 소요, 적대행위, 봉쇄, 선박의 징발, 수출금지, 화재, 홍수, 지진, 폭풍우, 그 밖에 지정기일까지 선적을 불가능하게 하는 우발적인 사고를 포함한다. 이상과 같은 사유가 발생하면 매도인은 그와 같은 사유의 발생이나 존재를 증명하는 서류를 지체 없이 매수인에게 송부해야 한다.

Keys to the Lesson

1. as principals to principals : 본인 대 본인으로

1) Business is to be transacted between Sellers and Buyers as principals to principals, on their own account and responsibility.
 ➡ 거래는 그들 자신의 계산과 책임 즉, 본인 대 본인으로 매도인과 매수인 사이에서 이루어지는 것으로 한다.
2) 매도인과 매수인 모두는 대리인으로서가 아니라 본인으로서 행동한다.
 ➡ Both sellers and buyers shall act as principals, not as agents.

주 ① business : 거래, 거래형태(=type of business)
② business is to be done ~ : 거래는 ~로 행한다(=business is to be transacted).
③ as principals to principals : 본인 대 본인으로(=on a principal to principal basis)
as principals to agent : 본인 대 대리인으로, as agent to principals : 대리인 대 본인으로
as agent to agent : 대리인 대 대리인으로
④ on one's own account and responsibility : (각자) 자신의 계산과 책임으로
on their own account : 그들 자신의 계산으로(=for their own purposes and their own risk)

2. free of charge : 무료로

1) 매도인은 견본을 무료로 매수인에게 보내주기로 한다.
 ➡ The Sellers are to supply the Buyers with sample free of charge.
2) 견본은 수출자가 수입자에게 무상으로 제공하기로 한다.
 ➡ Samples are to be sent to the importers by the exporters free of charge.

주 ① free of charge : 무료로, 무상으로, 비용의 지불 없이(=without payment, for nothing, free of payment, without charge, gratis, free, costing you nothing)

3. be equal to ~ : ~와 일치하다.

1) 선적되는 상품의 품질은 주문 성립에 근거가 된 견본과 완전히 일치해야 한다.
 ➡ The quality of the goods to be shipped should be fully equal to that of the sample on which an order is given.
2) 상품의 품질은 원 견본과 완전히 일치해야 한다.
 ➡ The quality of the goods should be equal to the original sample.

주 ① the quality of the goods to be shipped : 선적되는 상품의 품질
② on which an order is given : 주문 성립의 근거가 된, 주문이 이루어졌던
③ be equal to ~ : ~와 일치하다(=match, come up to match ~, be as per ~, be identical to ~).
cf. be fully equal to ~ : ~와 완전히 일치하다(be up to ~, be exactly the same as ~).

4. prices are to be quoted ~ : 가격은 ~로 견적하기로 한다.

1) Prices are to be quoted in Korean Won on the basis of CIF Busan.
   ➡ 가격은 부산항도착 운임보험료 포함가격조건으로 대한민국 원화로 견적하기로 한다.
2) 가격은 보스톤 출발 본선인도조건으로 미국 달러화로 견적하기로 한다.
   ➡ Prices are to be quoted in US Dollars on FOB Boston.
3) Prices are to be quoted in US Dollars on CIF New York.
   ➡ 가격은 뉴욕항까지의 운임보험료 포함조건에 의해 미화로 견적한다.

주 ① be to be quoted (by one) : 견적하기로 한다, 견적한다(one is to quote~).
quote : (가격을) 견적하다, 제시하다, 책정하다.
② on the basis of ~ : ~을 근거(=기초)로 하여, ~을 조건으로(=on)

5. to remain effective for ~ : ~동안 유효하다.

1) Firm offers is to remain effective for 48 hours.
   ➡ 확정오퍼는 48시간 유효합니다.
2) 이 협정서는 5월 18일부터 발효되기로 한다.
   ➡ This agreement shall be valid on and after May 18.
3) This offer is open till the end of May.
   ➡ 이 오퍼는 5월 말까지 유효합니다.

주 ① Firm offer are to remain effective for ~ : 확정오퍼는 ~동안 유효하다.
Firm offer is effective until ~
Firm offer shall be available till ~
Firm offer is valid until ~
Firm offer is good until ~
Firm offer is open until ~
Firm offer is open by ~
Firm offer effects in force until ~
Firm offer keeps in force until ~
Firm offer expires ~
Firm offer is to expire ~
Firm offer shall expire ~
Firm offer come into effective ~
Firm offer come into force ~
② on and after ~ : ~부터 cf. till ~ : ~까지(=until, pending, up to)
③ the end of August : 8월말
the beginning : 초순(=the first ten days of a month, the first part of a month)
the middle : 중순(=the middle ten days of a month, the first middle part of a month)
the end : 하순(=the last ten days of a month , the last part of a month)

6. shall be taken as conclusive proof of ~ : ~의 궁극적인 증거로 간주된다.

1) The date of Bill of Lading shall be taken as conclusive proof of the day of shipment.
➡ 선하증권의 발행일자가 선적일자의 궁극적인 증거로 간주된다.
2) 선하증권의 발행일자를 선적일자의 결정적인 증거로 간주한다.
➡ The date of issuance of B/L shall be taken as prima facie evidence of the date of shipment.

주 ① the date of Bill of Lading : 선하증권의 발급날짜(the date of issuance of B/L)
② taken as ~ : ~로 간주되다.
③ conclusive proof : 궁극적인(=결정적, 최종적, 추정적) 증거(=prima facie evidence)
④ the day of shipment : 선적날짜, 선적기일, 선적일(Shipping Date : S/D)

7. unless otherwise specified : 다른 규정이 없는 한

1) 다른 규정이 없는 한, 가격은 CIF뉴욕조건으로 미국 달러로 견적하기로 한다.
➡ Prices are to be quoted in USD on the basis of CIF New York unless otherwise specified.
2) Unless expressly agreed upon, this contract is subject to Memorandum previously exchanged.
➡ 달리 명시적으로 합의되지 않는 한, 본 계약은 사전에 교환한 일반거래협정서를 조건으로 한다.
3) The trade terms used in this Contract shall be governed and interpreted by the provisions of INCOTERMS(2020 edition) unless otherwise specifically stated.
➡ 다른 특별한 언급이 없는 한, 본 계약에서 사용된 무역거래조건은 인코텀즈(2020년 판)의 규정에 의거하고 규율되고 해석되는 것으로 한다.

주 ① unless otherwise specified(=provided) : 별도로 명시되지 않는 한, 다른 규정이 없는 한
unless otherwise agreed between the parties : 당사자간에 달리 합의되지 않았다면
unless by mutual consent : 상호 동의가 없는 한
unless otherwise stated(=arranged, set forth) : 특별한 다른 언급이 없는 한
if no other conditions are particularly agreed upon : 다른 조건을 약정하지 않는 한
② unless expressly agreed upon : 명시적으로 합의되지 않는 한
③ memorandum previously exchanged : 사전에 교환한 일반거래협정서(=합의서)

8. at the seller's option : 매도인의 선택에 맡긴다, 매도인의 선택이다.

1) Unless expressly agreed upon, the port of shipment shall be at the seller's option.
➡ 명시적인 합의사항이 없는 한, 선적항은 매도인이 선택한다.
2) 지연화물의 선적을 용인하든가 아니면 팩스로 해약통지를 매도인에게 행함으로써 주문을 취소할 것인가 하는 것은 매수인이 선택한다.
➡ It shall be at the buyer's option either to allow the shipment of late goods or to cancel the order by giving the Sellers the notice of cancellation by Fax.

주 ① be at one's option : ~가 선택한다, ~의 선택이다.

9. not be responsible for the delay in shipment due to force majeure : 불가항력에 기인한 선적의 지연에 대해 책임을 지지 않는다.

1) Force Majeure : The Sellers shall not be responsible for the delay in shipment due directly or indirectly to force majeure including mobilization, war, riots, civil commotions, hostilities, blockades, requisition of vessels, prohibition of export, earthquakes, tempests, strikes, lockouts and any other contingencies, which prevent shipment within the period stipulated.
   ➡ 불가항력 : 매도인은 동원, 전쟁, 폭동, 시민의 소요, 교전, 봉쇄, 선박징발, 수출금지, 화재, 홍수, 지진, 폭풍우, 파업, 작업장 폐쇄 및 약정된 기간 내의 선적을 방해하는 기타 모든 우발사고를 포함하는 불가항력의 직 · 간접적인 원인으로 인한 선적지연에 대해서는 책임을 지지 않는다.
2) Force majeure clause : Neither party shall be liable for failure to perform its part of this agreement when such failure is due to fire, floods, strikes, labour troubles or other industrial disturbances, inevitable accidents, war(declared or undeclared), embargoes, blockades, legal restrictions, insurrections, or any cause beyond the control of the parties.
   ➡ 불가항력조항 : 모든 당사자는 본 계약을 이행할 수 없는 사유가 화재, 홍수, 동맹파업, 노동쟁의 기타 노사분규, 불가피한 사고, 전쟁(선전포고의 유무를 불문함), 수출금지, 봉쇄, 법적 제한, 내란 기타 당사자가 지배할 수 없는 일체의 원인에 의한 때에는 본 계약의 불이행에 대하여 책임을 지지 않는다.

주 ① force majeure : 불가항력(=Acts of God(천재지변), act of providence, accident beyond control, frustration(이행불능), uncontrollable accident, impossibility of performance)
② not be responsible for ~ : ~에 대해 책임지지 않다.
③ mobilization : 동원
riot : 폭동(=rioting)
civil commotion : 시민소요, 소요
hostilities : 적재행위
blockades : 봉쇄
requisition : 징발
prohibition of export : 수출금지(embargoes)
tempests : 대 폭풍우
lockout : 작업장 폐쇄
labour troubles : 노동쟁의, industrial disturbances : 노사분규
contingencies : 우발적 사고, inevitable accidents : 불가피한 사고
④ contingency : 우발적 사건, 우연한 사건, (어떤 사건에 수반되는) 부수적인 사건
cf. contingent : 우발적, 임시의, ~에 부수하는(to), ~에 따르는(upon)
⑤ declared or undeclared : 선전포고의 유무를 불문한다, 선전포고를 했던 하지 않았던
⑥ legal restrictions : 법적 제한
⑦ insurrections : 내란(=rebellion)
⑧ beyond the control of the parties : 당사자가 지배할 수 없는, 당사자의 통제를 벗어난
beyond the seller's control(=hand, reach) : 매도인으로서는 어쩔 수 없는, 불가항력의
beyond the control of ~ : ~의 통제(=수준)을 넘어서다.

10. with full set of transport documents : 운송서류 전통을 첨부하여, 운송서류 전통과 함께

1) Draft is to be drawn at sight under Irrevocable Letter of Credit which should be opened in favor of the Sellers immediately upon contract, with full set of transport documents, viz. Bill of Lading, Insurance Policy, Commercial Invoice, Certificate of Origin and other documents which contract requires.
   ➡ 환어음은 계약이 체결되는 즉시 매도인을 수익자로 하여 발행되어야 하는 취소불능신용장에 의거하여, 운송서류 전통, 즉 선하증권, 보험증권, 상업송장, 원산지증명서, 기타 계약이 요구하는 서류를 첨부하여 일람출급으로 발행하기로 한다.
2) 대금결제 : 환어음은 취소불능신용장에 의거하여 일람출급으로 하고 운송서류를 첨부, 송장 금액 전액에 대해 발행되는 것으로 한다.
   ➡ Payment : Drafts shall be drawn under irrevocable Letter of Credit at sight, document attached, for the full invoice value.

주 ① viz : 즉, 곧, 말하자면, 예를 들면(=videlicet, namely, e.g.(exempli gratia), for example, that is to say, which is to say, that is, i.e.)
② Bill of Lading : 선하증권(B/L), Insurance Policy : 보험증권(I/P)
Commercial Invoice : 상업송장(C/I), Certificate of Origin : 원산지증명서(C/O)
③ documents which contract requires : 계약이 요구하는 서류들
④ documents attached : 서류를 (환어음에) 첨부하여, 첨부된 서류들
⑤ for the full invoice amount : 전 송장금액으로, 송장금액 전액으로
⑥ invoice amount : 송장금액(=invoice value, invoice cost)

11. to be covered on ICC(B) for the invoice amount plus ten percent : 송장금액에 10%를 가산한 금액으로 협회적하약관(B) 조건으로 부보되어야 한다.

1) Marine Insurance : All shipments are to be covered on ICC(B) including War, SRCC and TPND Risks for the invoice amount plus ten percent, if no other conditions are particularly agreed upon.
   ➡ 해상보험 : 모든 선적품은 특별한 다른 조건을 약정하지 않는 한, 송장금액의 10%를 가산한 것을 보험금액으로 하여 전쟁, 동맹파업·폭동·소요위험 및 도난·발하·불착위험을 포함하여 협회적하약관 (B) 조건으로 보험계약을 체결하기로 한다.
2) 모든 선적품은 상업송장 금액에 10%를 가산한 보험금액으로 전쟁위험을 포함한 협회적하약관(B) 조건으로 부보되어야 합니다.
   ➡ All shipments are to be covered on ICC(B) including War Risks for the invoice amount plus ten(10) percent.

주 ① all shipment : 모든 선적품, 선적되는 모든 물품
② cover on(=against) ~ : ~조건으로 보험에 들다.
effect(=arrange for, contract, cover, take out) insurance : 부보하다.
③ for the invoice amount plus ten per cent : 송장금액에 10%를 가산한 금액으로
④ plus ten (10) per cent : 10%를 가산한

12. Insurance policy is to be made out in US Dollars and claims payable at New York. : 보험증권은 미국 달러화로 작성하고, 보험금은 뉴욕에서 지급한다.

1) The insurance policy is to be made out in US Dollars and claims payable at New York.
   ➡ 보험증권은 미국 달러화로 작성하고 보험금 지급지는 뉴욕으로 한다.
2) 협회적하약관(C) 조건으로 하고 환어음과 동일한 통화로 보험금은 미국에서 지불되며 전 송장금액에 10%를 가산한 금액의 보험증권이나 보험증명서
   ➡ Insurance Policy or Certificate for full invoice value plus 10%, with claims payable in New York in the same currency as the draft, covering Institute Cargo Clauses(C).

주 ① made out : 작성된, 작성하다(=write out, fill in, complete).
② claims : 보험금(↔ premium), (보험금, 보상금의) 배상청구액 cf. 손해배상청구
make a claim : 청구하다, 클레임을 제기하다(=raise a claim).
③ claims payable at New York : 손해배상 청구액의 지급지는 뉴욕으로 한다.
보험금(=배상청구액)은 뉴욕에서 지급되어야 한다.
④ payable : 지급해야 하는(=must be paid), 지급하기로 되어 있는, 지급할 수 있는
⑤ Insurance Policy or Certificate : 보험증권 또는 보험증명서
⑥ in the same currency as the draft : 환어음과 동일한 통화로

13. Case bearing the mark 〈ISTC〉 with port mark, running case numbers : 상자는 일련번호 및 목적항 표시와 함께 〈ISTC〉가 표기되어야 한다.

1) Each wooden case bearing the mark 〈ISTC〉 with port mark, running case numbers and the country of origin.
   ➡ 각 나무상자에는 원산지, 상자 일련번호, 목적항 표시와 함께 〈ISTC〉 표시가 되어야 한다.
2) 포장 : 적합한 수출용 목재상자로 포장이 이루어져야 한다.
   ➡ Packing : proper export wooden case packing is to be carried out.

주 ① bearing the mark ~ : ~표기가 되어 있다, ~표기를 달고 있다.
② running case number : 상자의 일련번호(=serial number, running number, consecutive No.)
③ running : 연속되는(=serial, consecutive, continuous)
④ the country of origin : 원산지, 원산국
⑤ carry out : 실행(=수행)하다(=execute, fulfil, complete, accomplish, perform).

14. be considered as null and void : 무효로 간주되다. 무효로 하다.

1) Claims after the lapse of ten (10) days shall be considered as null and void.
   ➡ 10일 경과 후의 클레임은 무효로 간주되다.

주 ① after the lapse of ~ : ~의 경과 후
② null and void : 무효

15. All claims which can not be amicably settled : 우호적으로 해결될 수 없는 모든 클레임

1) All claims which can not be amicably settled between Sellers and Buyers shall be settled by Arbitration in Seoul, in accordance with the rules of the Korean Commercial Arbitration Board.
➡ 매도인과 매수인간에 우호적으로 해결될 수 없는 모든 클레임은 대한상사중재원의 중재규칙에 따라 서울에서 중재로 해결한다.

주 ① by Arbitration in Seoul : 서울에서 중재로
Amicable settlement(화해), Compromise(타협), Intercession(알선)
Mediation(조정, Conciliation), Arbitration : 중재, Litigation(소송, Suit)
ADR(Alternative Dispute Resolution) : (소송 이외의) 대체적 분쟁해결제도
② in accordance with ~ : ~에 따라, ~에 일치하여(=in pursuance of)
③ The Korean Commercial Arbitration Board : 대한상사중재원(KCAB)

16. Whose award shall be final and binding upon sellers and buyers : 중재인의 판정은 최종적인 것이며 매도인과 매수인 양자를 구속한다.

1) Arbitrator's award shall be final and binding upon sellers and buyers.
➡ 중재인의 판정은 최종적인 것이고 매도인과 매수인 양 당사자를 구속한다.
2) 중재인(들)이 내린 판정은 최종적인 것이고 양 당사자를 구속한다.
➡ The award rendered by the arbitrator(s) shall be final and binding upon both parties.

주 ① whose award : 중재인(arbitrator)의 판정
② award : 판정 cf. decision : 판결
③ final and binding upon : 최종적이며 구속력이 있다.
binding : 구속력이 있는

17. This Agreement shall be valid on and from ~ : 본 협정서는 ~일부터 효력을 발생한다.

1) This Agreement shall be valid on and from the 1st of September 2026, and any of the Articles in the Agreement shall not be changed or modified unless by mutual consent.
➡ 본 협정서는 2026년 9월 1일부터 효력을 발생하며, 본 협정서의 어느 조항도 당사자 쌍방의 동의가 없는 한 변경이나 수정되지 아니한다.
2) 본 합의문은 2026년 5월 25일부터 발효하기로 한다.
➡ This Agreements Shall be valid on and after May 25, 2026.

주 ① this agreement : 본 협정서(=합의서, 합의문, 합의)
② on and from ~ : ~이후, ~부터(= as from, on and after ~, as of ~)
③ unless by mutual consent : 상호동의가 없는 한, 쌍방의 합의가 없다면

Model Form 5 : 〈서식〉 일반거래협정서

Agreement on General Terms and Conditions of Business

It is hereby agreed between INTERNATIONAL SEOUL TRADING CO., Ltd. Seoul, Korea (hereinafter called the Sellers) and GLOBAL ENTERPRISING CO., INC., New York, USA (hereinafter called the Buyers) that all business shall be conducted on the following terms and conditions :
『대한민국 서울에 있는 국제서울무역주식회사(이하 매도인이라 칭함)와 미국 뉴욕에 있는 글로벌 엔터프라이징 주식회사(이하 매수인이라 칭함)는 모든 거래를 다음 조건으로 행할 것을 이에 합의하는 바이다.』

(1) Business : Business is to be transacted between Sellers and Buyers as principals to principals, on their own account and responsibility for the sale of the 100% Cotton Shirts for Men in New York.
『거래 : 거래는 뉴욕에 남성용 100% 면셔츠를 매매하는데 있어서 그들 자신의 계산과 책임으로 본인 대 본인으로 행한다.』

(2) Quality : The Sellers are to supply the Buyers with samples free of charge and the quality of the goods to be shipped should be fully equal to that of the sample on which an order is given.
『품질 : 매도인은 매수인에게 무료로 견본을 보내야 하며 선적되는 상품의 품질은 주문이 이루어졌던 견본과 완전히 일치해야 한다.』

(3) Quantity : The minimum quantity for an order is to be the standard contents of one package.
『수량 : 1회 주문시 최소 수량은 한 포장의 표준 내용물이 되어야 한다.』

(4) Prices : Prices are to be quoted in US Dollars on the basis of CIF New York unless otherwise specified.
『가격 : 가격은 별도로 명시되지 않는 한 뉴욕항 도착 운임보험료포함가격조건으로 미국 달러로 견적하기로 한다.』

(5) Firm Offer : Firm Offer is to remain effective for forty-eight hours after the time of dispatch, excluding Sundays and National Holidays.
『확정오퍼 : 확정오퍼는 일요일과 국경일을 제외하고 발송 시간으로부터 48시간 동안 유효하다.』

(6) Shipment : Shipment is to be made within the time stipulated in each contract, except in circumstances beyond the seller's control. The date of Bills of Lading shall be taken as conclusive proof of the date of shipment. Unless expressly agreed upon, the port of shipment shall be at the seller's option.
『선적 : 선적은 매도인의 통제를 벗어난 상황인 경우를 제외하고 각 계약서에 규정된 기간 이내에 이행되어야 한다. 선하증권의 발행일자를 선적일의 결정적인 증거로 간주된다. 별도의 다른 명시적 합의가 없는 한 선적항은 매도인이 선택한다.』

(7) Force Majeure : The Sellers shall not be responsible for the delay in shipment due directly or indirectly to force majeure including mobilization, war, riots, tempests, civil commotions, hostilities, blockades, requisition of vessels, prohibition of export, floods, earthquakes, fires, strikes, lockouts and any other contingencies, which prevent shipment within the period stipulated.
In the event of any of the aforesaid causes arising, documents proving its occurrence or existence shall be submitted by the Sellers to the Buyers without delay and furnish a certificate substantiated by the Korea Chamber of Commerce and Industry.
『불가항력 : 매도인은 동원, 전쟁, 폭동, 폭풍우, 내란, 교전, 봉쇄, 선박징발, 수출금지, 홍수, 지진, 화재, 파업, 작업장 폐쇄 및 약정된 기간 이내의 선적을 방해하는 기타 모든 우발사고를 포함하는 불가항력의 직 · 간접적인 원인으로 인한 선적지연에 대해서는 책임을 지지 않는다. 앞의 원인이 발생한 경우에는 매도인은 즉시 이의 발생 또는 존재했던 사실을 증명하는 서류를 매수인에게 송부해야 하며 대한상공회의소에 의해 입증된 증명서를 제공해야 한다.』

(8) Delayed Shipment : In all cases of force majeure provided in Article (7), the period of shipment stipulated shall be extended for a period of twenty-one(21) days.
In case shipment within the extended period should still be prevented by a continuance of the causes mentioned in Article (7) or the consequences of any of them, it shall be at the Buyer's option either to allow the shipment of late goods or to cancel the order by giving the Sellers the notice of cancellation by Fax.
『지연선적 : 본 협정서 제7조에 규정한 불가항력일 경우에는 약정된 선적기간이 21일간 연장되는 것으로 한다. 연장된 기간 내의 선적이 제7조에 기재된 요인들이 계속되거나 그 결과에 의하여 여전히 방해받고 있을 경우에는 지연화물의 선적을 용인하든가 아니면 팩스로 해약통지를 매도인에게 행함으로써 주문을 취소할 것인가 하는 것은 매수인이 선택하기로 한다.』

(9) Shipping Samples : In case shipping samples be required, the Sellers shall forward them to the Buyers prior to shipment.
『선적견본 : 선적견본이 요구될 때 매도인은 견본을 선적 전에 매수인에게 송부하기로 한다.』

(10) Payment : Draft is to be drawn at sight under Irrevocable Letter of Credit which should be opened within 7 days after the conclusion of the contract in favor of the Seller, with full set of transport documents, viz. Bill of Lading, Insurance Policy, Commercial Invoice, Certificate of Origin and other documents which contract requires.
『대금결제 : 환어음은 계약이 체결되는 즉시 매도인을 수익자로 하여 발행되어야 하는 취소불능신용장에 의거하여 운송서류 전통 즉, 선하증권, 보험증권, 상업송장, 원산지증명서, 계약이 요구하는 기타서류들을 첨부하여 일람출급으로 발행하기로 한다.』

(11) Marine Insurance : All shipments are to be covered on ICC(B) including War, SRCC and TPND Risks for the invoice amount plus ten per cent, if no other conditions are particularly agreed upon, and the insurance policy is to be made out in US Dollars and claims payable at New York.
『해상보험 : 모든 선적품은 특별한 다른 조건이 약정되지 않는 한, 송장금액의 10%를 가산한 보험금액으로 전쟁, 동맹파업·폭동·소요위험 및 도난·발하·불착위험을 포함하여 협회적하약관(B) 조건으로 부보되어야 하며 보험증권은 미국 달러화로 작성하고 보험금의 지급지는 뉴욕으로 한다.』

(12) Packing : 1 (one) dozen each to be packed in a carton box and 100 dozen in a wooden case, each wooden case bearing the mark 〈ISTC〉 with port mark, running case numbers and the country of origin.

『포장 : 한 다스씩 나무상자에 포장되고 나무상자에 100다스 씩 포장되어야 하며, 각 나무상자에는 원산지, 상자의 일련번호, 목적항 표시와 함께 〈ISTC〉표시가 되어야 한다.』

(13) Claims : Buyer's claims, if any, shall be made by Fax within 14 days from the date of final discharge of goods at destination and certificates by recognized surveyors shall be sent by mail without delay. Claims after the lapse of 14 days shall be considered as null and void.

All claims which can not be amicably settled between Sellers and Buyers shall be settled by Arbitration in Seoul, in accordance with the rules of the Korean Commercial Arbitration Board, whose award shall be final and binding upon Sellers and Buyers. The arbitrators are consisted of three members.

『클레임 : 매수인의 클레임의 제기는 만일 있다면 최종목적지에 상품이 도착된 후 14일 이내에 팩스로 제기되어야 하며 공인검정인의 증명서가 우편으로 즉시 송부되어야 한다. 14일 경과된 후의 클레임은 무효로 간주한다.

매도인과 매수인간에 우호적으로 해결할 수 없는 모든 클레임은 대한상사중재원의 중재규칙에 따라 서울에서 중재에 의해서 해결하며 중재인의 판정은 최종적인 것이며 매도인과 매수인 양자를 구속한다. 그 중재인들은 3명으로 구성하기로 한다.』

(14) Trade Terms : The trade terms used in this Contract shall be governed and interpreted by the provisions of INCOTERMS (2020 edition) unless otherwise specifically stated.

『무역거래조건 : 다른 특별한 언급이 없는 한, 본 계약에서 사용된 무역조건은 인코텀즈(2020년 판)의 규정에 규율되고 해석되는 것으로 한다.

In witness whereof, International Seoul Trading Co., Ltd. has hereunto set their hand on the 5th day of June, 2026, at Seoul, and Global Enterprising Co., Inc. has hereto set their hand on the 11th day of June, 2026, at New York.

This Agreement shall be valid on and from the 1st of July 2026, and any of the Articles in the Agreement shall not be changed or modified unless by mutual consent.

『상기 사항의 증거로서 서울에 있는 국제서울무역㈜는 2026년 6월 5일에 서명하였고 또 뉴욕에 있는 ㈜글로벌엔터프라이징은 2026년 6월 11일에 서명하였다.

본 협정서는 2026년 7월 1일부터 효력을 발생하며 본 협정서에 있는 어떠한 조항도 상호동의가 없는 한, 변경되거나 수정되지 않는 것으로 한다.』

Global Enterprising Co., Inc.	INTERNATIONAL SEOUL TRADING CO., LTD.
John T. Bolen	E. J. Han
John T. Bolen	E. J. Han
President	Vice President

주 ① hereinafter called the Sellers : 이하 매도인이라 칭함, 이하에서는 매도인이라 부른다.
cf. henceforward : 이제부터는(=henceforth, from this time on)
② all business shall be conducted : 모든 거래가 수행되다.
③ landed quality terms(선적품질조건) : INCOTERMS상의 E, F, C terms
shipped quality terms(양륙품질조건) : INCOTERMS상의 D terms
④ samples free of charge(무상견본) ↔ samples of commercial value(유상견본)
⑤ excluding Sundays and National Holidays : 일요일과 국경일은 제외하고
cf. sundays and all official bank holidays excepted : 일요일과 모든 공적인 은행휴업일은 제외한다.
⑥ shipment is to be made : 선적이 이행되어야 한다, 선적이 이루어져야 한다.
⑦ except in circumstances : 사정이 있는 경우 외에는, 사정이 있는 경우를 제외하고
⑧ the event of any of the aforesaid causes arising : 앞에서 언급한 사유 중 어떤 것이 발생하는 경우
cf. in the event of : 만일 ~의 경우에는(=in case of), in aforesaid : 앞에서 말한, 앞에서 언급한
⑨ occurrence : 발생, 사건, 사고
⑩ existence : 존재(=being)
⑪ a certificate substantiated by ~ : ~에 의해 입증된 증명서
⑫ delayed shipment : 지연선적
⑬ the period of shipment stipulated : 규정된 선적날짜
⑭ the consequences : 그 결과
⑮ continuance of the causes : 그 원인의 계속
⑯ the shipment of late goods : 지연화물의 선적, 화물의 지연선적
⑰ cancel the order : 주문을 취소하다.
⑱ by giving the Sellers the notice : 매도인에게 통지함으로써
⑲ the notice of cancellation : 취소통지
⑳ shipping samples : 선적견본, 선적샘플
㉑ prior to shipment : 선적 전에(=before shipment)
㉒ forward them to ~ : ~에게 그들을 발송하다(=송부하다).
㉓ immediately upon ~ : ~하는 즉시
㉔ other documents which contract requires : 계약이 요구하는 기타서류들
㉕ buyer's claims, if any : 만일 있다면 매수인의 클레임은
㉖ certificates by recognized surveyors : 공인(=인증)된 검정인의 증명서
㉗ claims after the lapse of ten days : 10일이 경과된 후에 제기되는 클레임
㉘ be considered as null and void : 무효로 간주된다, 무효로 하다.
㉙ In witness whereof : (위 계약내용의) 증거로
㉚ set their hand on ~ : ~날에 서명하다.
㉛ hereunto : 이렇게, 이에(=hereto)
㉜ any of the Articles in the Agreement : 본 협정서에 있는 어떤 조항
㉝ shall not be changed or modified : 변경되거나 수정될 수 없다.
㉞ trade terms : 무역조건, 정형무역거래조건, 무역거래조건
㉟ governed and interpreted : 규율되고 해석되다.
㊱ by the provisions of ~ : ~의 규정에 의해
㊲ INCOTERMS(2020 edition) : 인코텀즈(2020년 판)
㊳ unless by mutual consent : 상호동의가 없는 한

Model Form 6 : 〈서식〉 독점판매계약(Exclusive Sales Contract)

An exclusive sales contract has been entered into July 1, 2026 between the International Seoul Trading Co., Ltd. Seoul, Korea (hereafter to be referred as Party A) and the GLOBAL ENTERPRISING CO., INC. New York, USA (hereafter to be referred as Party B), agreeing on the following terms and conditions.

1. Party A grants to Party B the right of sole distributorship for the sale of A's products in the territory of the United States.
2. Party B will work to the best of the ability in order to introduce and establish the largest possible sales in the territory and the sales target should be three million dollars or more a year.
3. Party A will quote to Party B the most reasonable prices at all times. All the prices Party A quotes to Party B shall be in US dollars on the basis of CIF American ports.
4. Party A shall not offer A's products to the above mentioned territory either through their branch or organization, and likewise Party B shall not import the same article from Korean exporter of such item.
5. Draft(s) shall be drawn at sight for the full invoice amount under an irrevocable letter of credit which shall be established within 17 days after the conclusion of the contract. Business against D/A draft without L/C should be subject to Party A's previous consent in each case. In case of D/A deal, interest will be Party A's account and delay charge, if any, will be paid by Party B.
6. Party A shall effect insurance on all shipments on ICC(B) for 110% of the invoice amount. War risk or any other additional insurance, if required, shall be covered by Party A for the account of Party B. Insurance Policies shall be made out in US. currency, and claims if any payable in New York.
7. Except in cases where firm offers are accepted, no orders shall be binding until acceptance is cabled by Party A. All orders shall be confirmed in writing.
8. Party B's claims, if any, shall not be entertained before the relative payments are completely made or the export draft is duly honored, and shall be made within 15 days after arrival of the goods at destination. Certificates by recognized surveyors shall be sent by Fax without delay. All claims which can not be amicably settled between Party A and Party B shall be settled by arbitration in Seoul, in pursuance of the rules of The Korean Commercial Arbitration Board, whose award shall be final and binding upon Party A and Party B.
9. This contract shall be valid until the end of 2030 and can be renewed, on the basis if such intention is conveyed to the other party at least three months before the expiry of the contract.
10. This contract is made and typed in two copies, given to each party.

Party A	Party B
INTERNATIONAL SEOUL TRADING CO., LTD.	GLOBAL ENTERPRISING CO., INC.
E. J. Han	John. T. Bolen
E. J. Han Vice, President	John T. Bolen President

해설 이것은 국제서울무역㈜과 ㈜글로벌엔터프라이징이 독점판매계약을 맺은 것으로 가정하여 작성된 계약서이다.

주 ① exclusive sales contract : 독점판매계약, 독점판매계약서
② has been entered into : 체결되다.
③ hereafter to be referred as Party A : 이하에서는 당사자 A(=A당사자)라고 부른다.
hereafter to be referred as Party B : 이하에서는 당사자 B(=B당사자)라고 부른다.
④ agreeing on the following terms and conditions : 다음과 같은 조건을 합의하여
⑤ party A grants to Party B : 당사자 A가 당사자 B에게 제공하다.
⑥ the right of sole distributorship : 독점판매권(=sole selling right, exclusive sales rights)
⑦ in the territory of the United States : 미국 지역에서
⑧ work to the best of the ability : 최선의 능력을 다하다.
⑨ the largest possible sales : 최대판매가능, 최대매출
⑩ the sales target : 판매액(=sales), 판매예상액(the expected sales)
⑪ the most reasonable prices at all times : 항상 최저가격, 항상 낮은 가격
⑫ all the prices Party A quotes to Party B : 당사자 A가 당사자 B에게 견적하는 모든 가격
⑬ on the basis of CIF American ports : 미국항 도착 운임보험료포함가격조건으로
⑭ Party A shall not offer : 당사자 A는 오퍼해서는 안 된다.
⑮ the above mentioned territory : 위에서 언급한 지역
⑯ through their branch or organization : 그들의 지점이나 조직을 통하여
⑰ and likewise Party B : 마찬가지로, 당사자 B는
⑱ shall not import the same article : 동일 제품을 수입해서는 안 된다.
⑲ from Korean exporter of such item : 그러한 제품의 한국 수출자로부터
⑳ draft(s) shall be drawn at sight : 환어음이 일람출급조건으로 발행되다.
㉑ for the full invoice amount : 전 송장금액으로, 상업송장 전액으로(=for invoice amount in full)
㉒ under an irrevocable letter of credit : 취소불능신용장에 의거하여
㉓ after the conclusion of the contract : 계약이 체결된 이후
㉔ business against D/A draft without L/C : 신용장이 없는 D/A 환어음의 거래
㉕ be subject to Party A's previous consent in each case : 매 경우에 있어 당사자 A의 사전 동의를 조건으로 한다.
㉖ In case of D/A deal : 인수인도조건의 거래인 경우
㉗ interest will be Party A's account : 이자는 당사자 A가 부담한다.
㉘ delay charge, if any, will be paid by Party B : 만일 있는 경우라면 지연이자는 당사자 B가 지급한다.
㉙ party A shall effect insurance on all shipments : 당사자 A는 모든 선적물품에 대해 보험계약을 체결하다. cf. effect(=cover, open, provide, place, make) insurance : 보험계약을 체결하다.
㉚ on ICC(B) for 110% : 110%를 보험금액으로 하여 협회적하약관(B) 조건으로
㉛ if required : 만일 필요하다면(=if necessary, if needed, if the occasion arises)
㉜ covered by Party A for the account of Party B : 당사자 B가 부담하는 조건으로 당사자 A가 부보하다.
㉝ except in cases where firm offers are accepted : 확정청약이 승낙된 경우를 제외하고
㉞ all orders shall be confirmed in writing : 모든 주문은 서면으로 확인되어야 한다.
㉟ export draft is duly honored : 수출환어음이 정히(올바로) 지급(=결제)되다.
㊱ certificates by recognized surveyors : 공인된 검증인이 발급한 증명서
㊲ can(=in a position to) be renewed : 갱신될 수 있다.
㊳ before the expiry of the contract : 계약의 유효기일(=만기일) 전에

Model Form 7 : 〈서식〉 매매계약서(D/P Contract)

SALES CONTRACT
(D/P CONTRACT)

CONTRACT NO. : KA02-34 DATE : JULY, 1 2026

BUYER : GLOBAL ENTERPRISING CO., INC.
25 W 31s St, New York, NY
10001, USA

SELLER : INTERNATIONAL SEOUL TRADING CO., LTD.
Number 15 DongBang Bldg 310 Teheran-ro,
Kangnam-ku, Seoul Korea, 06211

ABOVE "BUYER" AND "SELLER" AGREE TO THE BUSINESS FOR FOLLOWING GOODS BY ABOVE SALES CONTRACT BASED ON THE TERMS & CONDITIONS HEREUNDER SET FORTH.

MODEL NO.	DESCRIPTION	QUANTITY	UNIT/PRICE	AMOUNT
			CIF New York	
	100% Cotton Shirts for Men, Style No.10	500 Dozen	@US$120.000.	US$60,000.

ORIGIN : Republic of Korea(ROK)
SHIPMENT : Within 3 months after conclusion of the contract
SHIPPING PORT : Busan Port, Korea
DESTINATION PORT : New York Port, USA
PARTIAL SHIPMENT : Not allowed
TRANSHIPMENT : Not allowed
INSURANCE : Seller to cover on ICC(B) including War, SRCC and TPND Risks for the CIF price plus 10%
PAYMENT : D/P at sight
PACKING : 1 (one) dozen each to be packed in a carton box and 100 dozen in a wooden case
SHIPPING MARKS : 〈ISTC〉
New York
NO. 1-UP
USE NO HOOKS
MADE IN KOREA
INSPECTION : Seller's inspection to be final.
COVERING : 500 Dozen of 100% Cotton Shirts for Men, Style No.10 US$120.00 per Dozen CIF New York as per Purchase Note No.123.

DOCUMENTS REQUIRED :
1) Signed Commercial Invoice and Packing List in triplicate.
2) Full set of clean on board ocean Bills of Lading made out to order of shipper, blank endorsed, marked "Freight Prepaid" and Notify accountee.
3) Insurance Policy or Certificate for full invoice value plus 10%, with claims payable in New York in the same currency as the draft, covering Institute Cargo Clauses(B) including War, SRCC and TPND Risks.
4) Certificate of Origin in duplicate.

COLLECTING BANK : New York Commercial Bank, New York.

GLOBAL ENTERPRISING CO., INC.
John T. Bolen
John T. Bolen

INTERNATIONAL SEOUL TRADING CO., LTD.
E. J. Han
E. J. Han

해설 이것은 국제서울무역㈜과 ㈜글로벌엔터프라이징이 D/P조건으로 계약을 맺은 것으로 가정하여 작성된 계약서이다.

Model Form 8 : 〈서식〉 매매계약서(D/A Contract)

D/A CONTRACT

CONTRACT NO. : SA02006 DATE : JULY, 1, 2026

BUTER : GLOBAL ENTERPRISING CO., INC.
25 W 31s St, New York, NY
10001, USA

SELLER : INTERNATIONAL SEOUL TRADING CO., LTD.
Number 15 DongBang Bldg 310 Teheran-ro,
Kangnam-ku, Seoul Korea, 06211

ABOVE "BUYER" AND "SELLER" AGREE TO THE BUSINESS FOR FOLLOWING GOODS BY ABOVE SALES CONTRACT BASED ON THE TERMS & CONDITIONS HEREUNDER SET FORTH.

MODEL NO.	DESCRIPTION	QUANTITY	UNIT/PRICE	AMOUNT
			CIF New York	
	100% Cotton Shirts for Men, Style No.10	500 Dozen	@US$120.000.	US$60,000.

ORIGIN : Republic of Korea(ROK)
SHIPMENT : Within 3 months after conclusion of the contract
SHIPPING PORT : Busan Port, Korea
DESTINATION PORT : New York Port, USA
PARTIAL SHIPMENT : Not allowed
TRANSHIPMENT : Not allowed
INSURANCE : Seller to cover on ICC(B) including War, SRCC and TPND Risks for the CIF price plus 10%
PAYMENT : at 180 days from B/L date in The New York Commercial Bank under D/A Basis
PACKING : 1 (one) dozen each to be packed in a carton box and 100 dozen in a wooden case
SHIPPING MARKS : 〈ISTC〉
New York
NO. 1-UP
USE NO HOOKS
MADE IN KOREA
COVERING : 500 Dozen of 100% Cotton Shirts for Men, Style No.10 US$120.00 per Dozen CIF New York as per Purchase Note No.123.

DOCUMENTS REQUIRED :
1) Signed Commercial Invoice and Packing List in triplicate.
2) Full set of clean on board ocean Bills of Lading made out to order of shipper, blank endorsed, marked "Freight Prepaid" and Notify accountee.
3) Insurance Policy or Certificate for full invoice value plus 10%, with claims payable in New York, covering ICC (B) including War, SRCC and TPND Risks.
4) Certificate of Origin in duplicate.
5) Relevant draft to be drawn on buyer at 180 days from B/L date for 110% of invoice value.

GLOBAL ENTERPRISING CO., INC. INTERNATIONAL SEOUL TRADING CO., LTD.

John T. Bolen E. J. Han
John T. Bolen E. J. Han

해설 이것은 국제서울무역㈜과 ㈜글로벌엔터프라이징이 D/A조건으로 계약을 맺은 것으로 가정하여 작성된 계약서이다.

Model Form 9 : 〈서식〉 물품매매계약서

SALES CONTRACT

[ ], as Seller, hereby confirms having sold to [ ] as Buyer, the following goods by this sales contract made on the above date and on the terms and conditions hereinafter set forth.

	ITEM NO.	COMMODITY & SPECIFICATION	QUANTITY	UNIT PRICE	AMOUNT
◎					
◎					
◎					
TOTAL AMOUNT					

- ▫ Time of Shipment : [DATE MONTH YEAR]
- ▫ Port of Shipment : [ ]
- ▫ Port of Destination : [ ]
- ▫ Payment

	AT SIGHT L/C	By an irrevocable Letter of Credit payable at sight
	USANCE	By an irrevocable, confirmed and unconditional Letter of Credit
	DP	By Documents against Payment
	DA	By Bill(s) of Exchange drawn on Buyer due [ ] days from B/L date
	DD	By a D/D (Demand Draft) within [ ] days after the date of B/L
	TT	By a T/T (Telegraph Transfer) within [ ] days after the date of B/L
	MT	By a M/T (Mail Transfer) within [ ] days after the date of B/L

- ▫ Insurance : Seller to cover the [CIF] price plus [ ]% against Al Risking SRCC Risks
- ▫ Packing : [Export standard packing]
- ▫ Marking : [ ]
- ▫ Special Terms & Conditions :

▫ This Contract is subject to the General Terms and Conditions set forth on back hereof.

	Seller	Buyer
By	[ ]	[ ]
Address	[ ]	[ ]
Title	[ ]	[ ]
Name	[ ]	[ ]
	매도인	매수인
당사자명	[ ]	[ ]
주　소	[ ]	[ ]
대표자명	[ ]	[ ]
서　명	[ ]	[ ]

GENERAL TERMS AND CONDITIONS
『일반거래조건』

Article 1. Shipment : Date of Bill of Lading shall be accepted as a conclusive date of shipment. [ ] days grace in shipping shall be allowed. Partial shipment and transshipment shall be permitted unless otherwise stated in this Contract.
Seller shall not be responsible for any delay of shipment, should Buyer fail to provide timely Letter of Credit in conformity with this Contract or in case the sailing of the steamer designated by Buyer be deferred beyond the prearranged date of shipment.
『제1조. 선적 : 선하증권에 기재된 일자(B/L date)가 선적일이 된다. 선적에는 [ ]일의 준비기간이 허용되어야 한다. 계약에 별도 규정이 없는 경우 분할선적 및 환적은 허용된다.
매수인이 본 계약과 일치하는 신용장을 적기에 제공하지 못하였거나 매수인이 지정한 선박의 항해가 사전 약정된 선적일보다 늦어진 경우 매도인은 선적지연에 대해 책임이 없다.』

Article 2. Packing : Packing shall be at Seller's option. In case special instructions are necessary, Buyer should notify Seller thereof in time to enable Seller to comply with the same and all additional cost thereby incurred shall be borne by Buyer.
『제2조. 포장 : 포장은 매도인의 선택에 따른다. 만일 특별한 지시가 필요한 경우, 매수인은 매도인이 동 지시를 따르는데 충분한 시간을 갖도록 적절한 시간을 두고 매도인에게 통보하여야 하며 이로 인하여 발생되는 추가 비용은 매수인이 부담한다.』

Article 3. Insurance : In case of CIF or CIP basis, [ ]% of the invoice amount shall be insured, unless otherwise agreed; any additional insurance required by Buyer to be at his own expense; unless otherwise stated, insurance to be covered for marine insurance only FPA or ICC (C) Clause. Seller may, if he deems it necessary, insure against additional risks at Buyer's expense.
『제3조. 보험 : CIF와 CIP 조건일 경우, 별도 합의가 없는 한 송장금액의 [ ]%로 부보된다. 매수인이 요청하는 추가보험은 매수인 자신의 부담이다. 별도로 정하지 않는 한, 보험은 해상보험을 위해 FPA 또는 ICC (C)조건으로 부보된다. 매도인은 필요한 경우, 매수인의 비용으로 추가위험을 부보할 수 있다.』

Article 4. Increased costs : If Seller's costs of performance are increased after the date of this Contract by reason of increased freight rates, taxes or other governmental charges or insurance rates, or if any variation in rates of exchange increases Seller's costs or reduces Seller's return, Buyer agrees to compensate Seller for such increased cost or loss of income. Further, if at any time Buyer requests shipment later than agreed and Seller agrees thereto, Seller may, upon completion of manufacture, store the goods and all expenses thereby incurred to Buyer.
『제4조. 증가비용 : 매도인의 의무수행비용이 본 계약체결일 이후에 운임인상이나 세금, 기타 정부부과금 또는 보험료로 상승되거나, 환율변동이 매도인의 원가를 상승시키거나 매도인의 수익을 감소시키는 경우, 매수인은 매도인의 이러한 증가비용이나 수익감소를 보상하기로 한다.
또한 매수인이 선적연기를 요청하고 매도인이 이에 동의하는 경우, 매도인은 생산완료 후 제품을 보관할 수 있으며 이에 따른 모든 비용은 매수인의 부담으로 한다.』

Article 5. Payment 제5조. 대금결제

☐ AT SIGHT L/C An irrevocable Letter of Credit available against Seller's sight drafts shall be established through a prime bank satisfactory to Seller within [ ] days after the date of this Contract and be kept valid at least [ ] days after the date of last shipment. The amount of such letter of credit shall be sufficient to cover the Contract amount and additional expenses to be borne by Buyer.

『☐ AT SIGHT L/C 일람불 취소불능신용장이 본 계약일로부터 [ ]일 이내에 매도인이 만족하는 일류은행을 통해 개설되고 동 신용장은 최종선적일로부터 최소한 [ ]일 동안 유효하여야 한다. 그 신용장금액은 계약금액과 매수인이 부담할 추가 비용을 커버해야 한다.』

☐ USANCE For the payment of the Contract Price specified hereof the Buyer shall provide the Seller with the irrevocable, confirmed Letter of Credit (hereinafter called "L/C") in the amount of USD [ ] at [ ] months usance basis(after the date of draft issued by the Seller or Bill of Lading) in favor of the Seller to be opened within [ ] days from the signing date of the Contract under the agreed terms and conditions by the Seller and Buyer.

『☐ USANCE 계약서에 기재된 계약금액을 결제하기 위하여 매수인은 매도인에게 본 계약 체결일로부터 [ ]일 이내에 (매도인의 환어음 발행일 또는 선하증권 발행일 후) 매도인을 수익자로 하여 [ ]월의 기한부로 취소불능 확인신용장(앞으로 L/C라고 부름)을 액면금액 [ ]로 하여 매도인과 매수인이 합의한 조건으로 개설한다.』

☐ D/P After shipment, the Seller shall deliver a sight Bill(s) of Exchange drawn on the Buyer together with the required documents to the Buyer through a bank. The Buyer shall effect the payment immediately upon the first presentation of the Bill(s) of Exchange and the required documents, i.e. D/P.

『☐ D/P 선적 후, 매도인은 매수인을 지급인으로 하여 발행한 일람불 환어음과 요구서류를 은행을 통해 매수인에게 제시한다. 매수인은 동 환어음과 요구서류를 제시 받은 즉시 즉, D/P대금을 지급한다.』

☐ D/A After shipment, the Seller shall present Bill(s) of Exchange drawn on the Buyer, payable [ ] days after [ ], together with the required documents to the Buyer through a bank for acceptance. The Buyer shall accept the Bill(s) of Exchange immediately upon the first presentation of the Bill of Exchange and the required documents and shall effect the payment on the maturity date of the Bill(s) of Exchange.

『☐ D/A 선적 후, 매도인은 요구서류와 함께 매수인 앞으로 발행한 만기가 [ ]로부터 [ ] 일인 환어음을 인수를 위해 은행을 통하여 매수인에게 제시한다. 매수인은 동 환어음과 요구서류의 제시가 있으면 즉시 환어음에 인수하고 환어음의 만기에 결제한다.』

☐ D/D The Buyer shall pay the invoice value of the goods by means of D/D(Demand Draft) within [ ] days after the receipt of the required documents(or within [ ] days after the date of the Bill of Lading).

『☐ D/D 매수인은 요구서류를 수령한 후 [ ]일 이내에 (또는 B/L발행일 후로부터 [ ]일 이내에) 상품의 송장가격을 요구불환어음(D/D)으로 지급한다.』

☐ T/T The Buyer shall pay the invoice value of the goods to the Seller's account with the bank designated by the Seller by means of T/T within [ ] days after the receipt of the required documents (or within [ ] days after the date of the Bill of Lading).

『☐ T/T 매수인은 요구서류를 수령한 때로부터 [ ] 일 이내에 (또는 B/L 발행일로부터 [ ] 일 이내에) 상품의 송장가격을 매도인이 지정한 은행의 매도인 계좌로 전신환(T/T)으로 지급한다.』

☐ M/T The Buyer shall pay the invoice value of the goods by the Seller by means of M/T within [ ] days after the receipt of the required documents; within [ ] days after the date of the Bill of Lading

『☐ M/T 매수인은 요구서류를 수령할 후로부터 [ ] 일 이내에 (또는 B/L(선하증권) 발행일 후로부터 [ ] 일 이내에) 상품의 송장가격을 우편환(M/T)으로 매도인에게 지급한다.』

Article 6. Inspection : The inspection of the Goods shall be done according to the export regulation of the Republic of Korea and/or by the manufacturer(s) which shall be considered as final. Should any specific inspector be designated by Buyer, all additional charges incurred thereby shall be at Buyer's account and shall be added to the invoice amount, for which the letter of credit shall be amended accordingly.

『제6조. 상품검사 : 상품검사는 대한민국 수출 관련 규정에 따르거나 제조업자에 의해 수행되고 동 검사는 최종적이다. 매수인이 특별한 검사인을 지정하는 경우, 이로 인한 모든 추가비용은 매수인이 부담하며 이는 성장금액에 포함되고 따라서 신용장금액도 변경된다.』

Article 7. Warranty : The Goods shall conform to the specification set forth in this Contract and free from defects in material and manufacturing process for [ ] months from the date of shipment. The extent of Seller's liability under this warranty shall be limited to the repair or replacement as herein provided of any defective Goods or parts thereof. Provided, however, this warranty does not extend to any of the said Goods which have been : (a) subjected to misuse, neglect, accident or abuse, (b) improperly repaired, installed, transported, altered or modified in any way by any other party than Seller or (c) used in violation of instructions furnished by Seller.

Except for the express warranties set forth in this article, seller makes no other warranty to buyer, express or implied. In no event shall Seller be liable to Buyer under this Contract or otherwise for any lost profits or for indirect, incidental or consequential damages for any reason.

『제7조. 품질보증 : 상품은 본 계약에 규정된 명세에 부합해야 하며 선적일로부터 [ ]개월 동안 원료와 제조공정에 하자 없어야 한다. 본 보증 하에서 매도인의 책임한도는 하자상품이나 그 부품의 수리 또는 교환으로 한정된다.

그러나 본 보증은 (a) 상품이 오용되거나 허술히 다뤄지거나, 사고가 나거나, 또는 남용된 경우 (b) 매도인 이외의 자가 부적절히 수리, 설치, 운반, 변경한 경우 (c) 매도인이 제공한 지시사항을 위반하여 사용된 경우에는 적용되지 않는다.

본 조항에 규정된 명시적 보증을 제외하고는 매도인은 매수인에게 명시적이든 묵시적이든 다른 어떤 보증도 하지 않는다. 어떤 경우에도 매도인은 매수인에게 본 계약상 또는 기타 사유로 영업이익의 상실, 간접적·우연적·결과적 손해에 대한 책임을 지지 않는다.』

Article 8. Claims : Any claim by Buyer of whatever nature arising under this Contract shall be made by facsimile or e-mail within [ ] days after arrival of the Goods at the destination specified in the Bills of Lading.

Full particulars of such claim shall be made in writing, and forwarded by registered mail to Seller within [ ] days after such Fax or e-mailing.

Buyer must submit with particulars the inspection report sworn by a surveyor acceptable to the Seller when the quality or quantity of the Goods delivered is in dispute.

Failure to make such claim within such period shall constitute acceptance of shipment and agreement of Buyer that such shipment fully complies with the terms and conditions.

『제8조. 클레임 : 본 계약 하에서 발생하는 매수인의 모든 클레임은 선하증권에 기재된 목적지에 상품이 도착한 날로부터 [ ] 일 이내에 Fax나 이메일(전자메일)로 제기한다.

클레임의 상세한 내역은 서면으로 작성하며 위 Fax나 이메일 일자로부터 [ ] 이내에 등기우편으로 매도인에게 송부한다. 매수인은 인도상품의 수량과 품질에 다툼이 있는 경우에는 위 클레임 명세서와 함께 매도인이 인정하는 검사인이 작성한 검사보고서를 제출한다.

위 기한 이내에 클레임을 제기하지 못한 경우는 선적품의 인수로 간주되고 동 선적이 해당 조건을 충족시키고 있음을 매수인이 동의한 것이 된다.

Article 9. Remedy : If Buyer shall become insolvent, bankrupt or fail to make any payment to Seller including the establishment of the letter of credit within the due period, Seller may without prior notice thereof to Buyer exercise any of the following remedies among others : (a) terminate this Contract;

(b) terminate this Contract as to the portion of the Goods in default only and resell them and recover from Buyer the difference between the price set forth in this Contract and the price obtained upon resale ; or

(c) terminate the Contract as to any unshipped balance and recover from Buyer as liquidated damages, a sum of [ ] percent of the price of the unshipped balance.

『제9조. 계약의 구제조치 : 만일 매수인이 지급불능상태에 있거나 파산되거나 또는 정해진 기간 내에 신용장을 개설하는 것을 포함하여 매도인에게 대금을 지급하지 않는 경우, 매도인은 매수인에게 사전 통보 없이 다음의 구제조치를 행사할 수 있다.

① 본 계약의 해지(해제) ;

② 불이행한 물품의 부분에 관하여 계약을 해제하고 이를 재매도하여 계약금액과 재매도가액과의 차액을 매수인으로부터 징구

③ 미선적부분에 관하여 계약을 해제하고 미선적 금액의 [ ] %를 매수인으로부터 손해배상액으로 징구』

Article 10. Force Majeure : Neither party shall be liable for its failure to perform its obligations hereunder if such failure is the direct result of circumstances beyond that party's reasonable control, including fire, prohibition of exportation, suspension of issuance of export license or other government restriction, act of God, war, blockade, revolution, insurrection, mobilization, strike, lockout or any labor dispute, civil commotion, riot, plague or other epidemic, typhoon, flood.

『제10조. 불가항력 : 어떠한 당사자도 그 의무 불이행이 당사자의 합리적 통제를 벗어난 상황의 직접 결과인 화재, 수출금지, 수출허가서 발행의 정지 또는 기타 정부제한, 천재지변, 전쟁, 봉쇄, 혁명, 내란, 동원, 동맹파업, 직장폐쇄 또는 기타 노동쟁의, 시민소요, 폭동, 전염병 또는 기타 역병, 태풍, 홍수의 경우에는 그 의무 불이행에 대하여 책임지지 않는다.』

Article 11. Patents, Trade Marks, Designs, etc. : Buyer is to hold Seller harmless from liability for any infringement with regard to patent, trade mark, copyright, design, pattern, etc., originated or chosen by Buyer.

『제11조. 특허, 상표, 디자인 등 : 매수인은 자신부터 기원하거나 자신이 선정한 특허, 상표, 저작권, 디자인, 패턴 등과 관련된 일체의 권리침해에 대한 책임으로부터 매도인에게 책임을 지지 않도록 해야 한다.』

Article 13. Governing Law : This Contract shall be governed under the laws of Korea.

『제13조. 준거법 : 본 계약은 대한민국 법에 따른다.』

Article 14. Arbitration : Any dispute arising out of or in connection with this contract shall be finally settled by arbitration in Seoul in accordance with the Arbitration Rules of the Korean Commercial Arbitration Board. The award rendered by the arbitrator(s) shall be final and binding upon both parties concerned.

『제14조. 중재 : 본 계약으로부터 또는 본 계약과 관련하여 발생하는 모든 분쟁은 대한민국 서울에서 대한상사중재원의 중재규칙에 따라 중재에 의해 최종적으로 해결된다. 중재인이 내린 판정은 최종적이며 관련된 당사자 쌍방을 구속한다.』

Article 14. Quantity : Quantity set forth in this Contract is subject to a variation of [ ] percent more or less at Seller's option.

『제14조. 수량 : 본 계약에 정한 수량은 매도인의 선택에 따라 [ ] % 범위 내에서 증감할 수 있다.』

Article 15. Language : This Agreement may be written in English and in other languages (including Korean). In the event of any difference or inconsistency among different versions of this Agreement, the English version shall prevail over in all respect.

『제15조. 언어 : 본 계약은 영어와 기타의 다른 언어(한국어를 포함)로 작성될 수 있다. 서로 다른 언어로 작성된 계약서 간에 차이 또는 불일치가 있는 경우, 영문계약서가 모든 면에서 우선한다.』

Article 16. Trade Terms : All trade terms provided in the Contract shall be interpreted in accordance with the latest INCOTERMS 2020 of International Chamber of Commerce.

『제16조. 무역조건 : 본 계약에 적용되는 모든 무역조건은 국제상업회의소(ICC)가 최근에 제정한 INCOTERMS 2020에 따라 해석된다.』

주 ① on the terms and conditions hereinafter set forth : 이하에 제시된 조건대로
② set forth on back hereof : 이면에 제시된, 이면에 기재된
③ at sight L/C : 일람출급신용장
④ within [10] days after the date of B/L : 선하증권 발행일 후 10일 이내에
⑤ variation : 변경, 증감
⑥ grace (period) : (의무이행 · 지불기한 등) 유예, 연기(=postponement, deferment, suspension, stay, postpone, delay), 유예기간을 두다.
⑦ unless otherwise stated in this Contract : 계약에 별도 규정이 없는 경우
⑧ should fail to provide timely letter of credit : 신용장을 적기에 제공하지 못하였다면
⑨ the sailing of the steamer designated by Buyer : 매수인이 지정한 증기선(선박)의 항해
⑩ be deferred beyond the prearranged date of shipment : 사전에 약정된 선적일보다 늦어지다.
⑪ In case special instructions are necessary : 만일 특별한 지시가 필요한 경우
⑫ all additional cost thereby incurred : 이로 인하여 발생되는 모든 추가 비용
⑬ to be at his own expense : 그 자신(매수인)이 부담한다.
⑭ if he deems it necessary : 필요한 경우
⑮ Seller's costs of performance : 매도인의 의무 수행비용
⑯ reduces Seller's return : 매도인의 수익을 감소시키다.
⑰ Buyer requests shipment later than agreed : 매수인이 선적의 연기를 요청하다.
⑱ all expenses thereby incurred to Buyer : 이에 따른 모든 비용은 매수인의 부담한다.
⑲ available against Seller's sight drafts : 매도인이 일람출급으로 이용할 수 있는
⑳ specified hereof : 계약서에 명시된
㉑ a sight Bill(s) of Exchange drawn on the Buyer : 매수인을 지급인으로 한 일람불환어음
㉒ payable [ ] days after [ ] : 만기가 [ ] 후로부터 [ ]일인
㉓ on the maturity date of the Bill(s) of Exchange : 환어음의 만기일에
㉔ by means of D/D : 요구불 환어음(D/D)으로

㉕ Seller's account with the bank designated by Seller : 매도인이 지정한 은행의 매도인 계좌로
㉖ the invoice value of the goods : 상품대금, 상품의 송장가격
㉗ which shall be considered as final : 동 검사는 최종적이다.
㉘ additional charges incurred thereby : 이로 인해 발생하는 추가비용
㉙ shall be at Buyer's account : 매수인이 부담한다.
㉚ Warranty : 담보, 품질보증
㉛ free from defects in material and manufacturing process : 원료나 제조공정에 하자가 없다.
㉜ The extent of Seller's liability : 매도인의 책임한도
㉝ any defective Goods or parts thereof : 하자상품 또는 그 부품
㉞ subjected to misuse, neglect, accident or abuse : 오용되거나 허술히 다뤄지거나 사고가 나거나 또는 남용된 경우
㉟ Except for the express warranties : 명시적 보증을 제외하고는
㊱ makes no other warranty to buyer : 매수인에게 어떠한 다른 보증도 하지 않는다.
㊲ express or implied : 명시적이든 묵시적이든
㊳ for any reason : 기타 사유로
㊴ Any claim by Buyer of whatever nature : 성질이 무엇이든 간에 매수인이 제기하는 클레임
㊵ Full particulars of such claim : 그 클레임의 상세한 내역
㊶ forwarded by registered mail to Seller : 등기우편으로 매도인에게 송부하다.
㊷ sworn by a surveyor acceptable to the Seller : 매도인이 인정한 검사인이 작성한
㊸ with particulars : 클레임 명세와 함께
㊹ Failure to make such claim within such period : 위 기한 내에 위 클레임을 제기하지 못할 경우
㊺ constitute acceptance of shipment : 선적품의 인수로 간주된다.
㊻ become insolvent, bankrupt : 지급불능이나 파산되다.
㊼ without prior notice : 사전 통보 없이
㊽ exercise any of the following remedies : 다음의 구제조치를 행사하다.
㊾ terminate this Contract : 본 계약의 해지(해제)
㊿ as to the portion of the Goods in default : 불이행한 물품의 부분에 대하여
(51) resell them : 그들을 재매도하다.
(52) recover from Buyer the difference : 차액을 매수인으로부터 징구하다.
(53) for its failure to perform its obligations : 그 의무이행의 실패(=불이행)에 대해
(54) beyond that party's reasonable control : 당사자의 합리적 통제를 벗어난
(55) suspension of issuance of export license : 수출허가(=수출승인)서 발행의 정지
(56) plague or other epidemic : 전염병 또는 기타 역병
(57) Patents, Trade Marks, Designs : 특허, 상표, 디자인 등
(58) Buyer is to hold Seller harmless from liability : 매수인은 매도인이 책임을 지지 않도록 해야 한다.
(59) originated or chosen by Buyer : 매수인으로부터 기원하거나 매수인이 선정된
(60) Any dispute arising out this contract : 본 계약으로부터 발생하는 모든 분쟁
(61) binding upon both parties concerned : 관련된 당사자 쌍방을 구속한다.
(62) any difference or inconsistency : 어떤 차이 또는 불일치
(63) among different versions of this Agreement : 서로 다른 언어로 작성된 계약서 간에
(64) shall prevail over in all respect : 모든 면에서 우선한다.

Model Form 10 : 〈서식〉 대리점계약서

DISTRIBUTORSHIP AGREEMENT

This Agreement, made and entered into this [Date, Month, Year] by and between [회사명], a corporation duly organized and existing under the laws of the Republic of Korea, having its principal office at [주소] (hereinafter referred to as "COMPANY") and [회사명], a corporation duly organized and existing under the laws of [국가명], having its principal office at [주소](hereinafter referred to as "Distributor").

『본 계약은 한국법에 의해 조직되어 존재하는 법인으로 주소가 [주소기재]인 [회사명] (이하 "COMPANY")와 [국가명] 법인으로서 주소가 [주소기재] 인 [회사명] (이하 "Distributor")간에 [년 월 일]에 다음과 같이 체결되었음.』

Article 1. Definitions

In this Agreement except where the context otherwise requires, the following terms and expressions shall be understood to have the precise meaning as follows :

1.1 Contract Products or Products shall mean the products as follows. COMPANY may modify the design and type of the Contract Products or parts thereof or discontinue any Contract Products, in its sole discretion.

ITEM NO.	SPECIFICATION	remarks

1.2 Territory shall mean [ ], as the parties may from time to time vary upon mutual agreement.

1.3 Without the prior written consent of COMPANY, the Distributor, its subsidiary or affiliate shall not, directly and indirectly, sell the Contract Products to any other areas than Territory, nor shall the Distributor sell the Contract Products to any person or entity which may resell them outside the Territory.

『제1조. 정의

본 계약에 달리 규정되지 않는 한, 다음의 조건이나 표현은 다음의 정확한 의미를 갖는다.

1.1 계약제품 또는 제품은 아래와 같은 제품을 의미하며, COMPANY는 임의로 계약제품 또는 그 부품의 디자인이나 형식을 변경하거나 계약제품의 공급을 임의로 중단할 수 있다.

품명	명세	비고

1.2 판매지역은 [ ]을 의미하며 당사자의 합의로 수시로 변경할 수 있다.

1.3 COMPANY의 사전 서면동의 없이는 Distributor나 그 자회사 또는 계열회사는 판매지역 이외의 지역에는 직·간접적으로 계약제품을 판매하지 못하며 또한 판매지역 외로 판매할 자나 단체에게 계약제품을 판매하지도 못한다.』

Article 2. Appointment and Acceptance

2.1 During the term and subject to the conditions hereinafter set forth, COMPANY hereby appoints the Distributor as the sale and ☐ exclusive ☐ non-exclusive distributor for the Contract Products in the Territory and the Distributor accepts such appointment.

2.2 The Distributor shall not, directly or indirectly through another party, purchase, import, export, sell, distribute, or otherwise deal in products competitive with or similar to the Contract Products in the Territory.

『제2조. 지명 및 수락

2.1 본 계약기간 및 계약조건에 따라, COMPANY는 Distributor를 판매지역 내에 있는 계약제품의 ☐ 독점 ☐ 비독점 공급업자로 지명하고 Distributor는 그 지명을 수락한다.

2.2 Distributor는 판매지역 내에서 계약제품과 경쟁하거나 유사한 제품을 다른 당사자를 통하여 직·간접적으로 구매, 수입, 수출, 판매, 분배 또는 취급할 수 없다.』

Article 3. Orders and Shipment

In placing orders with COMPANY, the Distributor shall clearly describe the Contract Products and quantity required, and shall include precise instruction for packing, invoicing and shipping. The orders shall not be binding unless and until they are accepted by COMPANY in its discretion. COMPANY agrees to supply the Distributor with Contract Product to enable fulfillment of the minimum purchases as set forth in Article 5 herein.

『제3조. 주문 및 선적

COMPANY에게 주문할 때, Distributor는 계약제품과 필요 수량을 명확하게 명기하고 포장·송장 및 선적에 대해 정확하게 지시해야 한다. 주문은 그 재량으로 COMPANY가 수락했을 때에만 구속력이 있다. COMPANY는 Distributor가 아래 제5조에 규정된 최소구매량을 달성할 수 있도록 계약제품을 Distributor에 공급하기로 합의한다.』

Article 4. Price and Payment

4.1 The prices of the Contract Products may be determined mutually by both parties from to time. If the parties cannot agree on prices COMPANY reserves the right to terminate forthwith this Agreement upon giving a written notice to the Distributor with immediately effect.

4.2 Within [ ] days after receipt of COMPANY confirmation of order, the Distributor shall have an irrevocable at sight Letter of Credit be issued in favor of COMPANY or its nominee by a first class, international bank satisfactory to COMPANY.

『제4조. 가격 및 대금결제

4.1 계약제품의 가격은 그때그때 당사자 합의로 결정한다. 만일 가격합의가 이루어지지 않을 경우 COMPANY는 Distributor에 대한 서면통지로 본 계약을 즉시 해지할 수 있다.

4.2 Distributor는 COMPANY의 주문확인을 수령한 후 [ ]일 이내에, COMPANY가 만족하는 일류 국제은행을 통해 COMPANY와 그 지명자를 수익자로 하는 취소불능 일람불신용장을 발행해야 한다.』

4.3 Unless otherwise agreed between the parties, currency of payment shall be in [ ].
4.4 The Distributor shall be liable for and shall pay any tax, duty, charge or any other impost of a similar nature imposed upon COMPANY or the Distributor, in accordance with the laws of the jurisdiction of the Distributor.
4.5 The Distributor shall be free to fix its own resale prices for the Contract Products but shall not set those prices so high as may make them uncompetitive in the Territory including any trade discounts or rebates and shall advise COMPANY of any subsequent changes.
4.6 Unless otherwise agreed in writing, all prices quoted by COMPANY shall be for goods delivered on [FOB] [BUSAN] basis.

『4.3 당사자간의 다른 합의가 없는 한, 결제통화는 [ ]로 한다.
4.4 Distributor는 Distirbutor국가의 법에 따라 COMPANY 또는 Distributor에게 부과되는 세금, 관세, 기타 부과금을 그 책임으로 지급해야 한다.
4.5 Distributor는 계약제품의 재 판매가격을 임의로 정할 수 있으나, 할인이나 리베이트 등을 포함하여 판매지역 내에서 경쟁력을 잃을 정도의 고가를 설정할 수 없으며 COMPANY에게 그 변경 내역들을 알려주어야 한다.
4.6 별도의 서면합의가 없는 한, COMPANY가 제시한 가격은 [FOB] [부산] 가격기준이다.』

Article 5. Minimum Purchase

5.1 The Distributor shall purchase the Contract Products from COMPANY at least in the following amount:

	Contract Year	Contract Term	Quantity	Amount
	First Contract Year			
	Second Contract Year			
	Third Contract Year			

5.2 For the purpose of this Article, the Contract Products shall be considered to be purchased when shipped by COMPANY, excluding the sales returned to COMPANY.

『제5조. 최소구매량
5.1 Distributor는 COMPANY로부터 다음의 최소물량의 계약제품을 구매해야 한다.

	계약년도	계약조건	수량	금액
	첫 번째 계약년도			
	두 번째 계약년도			
	세 번째 계약년도			

5.2 본 조항에서 계약제품은 COMPANY가 선적하는 것을 기준으로 하며, COMPANY에 반품된 분량은 제외한다.』

Article 6. Technical Assistance

6.1 COMPANY is obligated to supply the Distributor with technical assistance such as, information and illustrated material, and to send advertising material suitable for the promotion and advertising of the Contract Products, as in the opinion of COMPANY may be necessary or useful to the Distributor.

6.2 COMPANY shall train a reasonable number of technical personnel of Distributor in [ ] by consent of both parties, if it becomes necessary due to the introduction of any new products, or generally, in order to achieve better installation and maintenance standards. Costs for round trips, meals, lodging, and other expenses of the Distributor's personnel dispatched for training shall be borne by the Distributor, and the Distributor shall also bear the above costs and expenses for COMPANY personnel who will train the Distributor's personnel.

6.3 The above technical assistance and materials shall be implemented in the English language.

『 제6조. 기술지원

6.1 COMPANY는 Distributor에게 유용하거나 필요하다고 판단할 경우, 제품정보 및 상세한 자료와 같은 필요한 기술지원을 제공해야 하며 계약제품의 판촉·광고에 적합한 광고자료 등을 공급해야 한다.

6.2 COMPANY는 신제품의 도입 또는 설치·유지 수준의 향상 등을 위해 필요한 경우 쌍방의 합의하에 적정수의 Distributor 소속의 기술인력을 [ ]에서 훈련한다. 이 경우 파견된 Distributor 소속의 기술 인력의 왕복항공비, 식대, 숙박비 기타 경비 및 COMPANY 소속 인원의 상기비용은 Distributor의 부담으로 한다.

6.3 위 기술지원과 자료는 영어로 수행된다.』

Article 7. Spare Parts

7.1 The Distributor shall keep a sufficient level of spare parts in order to provide efficient after-sales service. COMPANY shall also advise the Distributor of the required spare parts. Any stock will be discussed and mutually agreed upon before orders are placed.

7.2 COMPANY shall supply to the Distributor spare parts for the Contract Products as long as the Distributor continues to purchase the Contract Products pursuant to the terms and conditions of this Agreement and, in the absence of breach by the Distributor of this Agreement, for [ ] years after the last shipment of the Contract Products to the Distributor.

7.3 The price for the spare parts shall be agreed on by both parties. With the prior written consent of COMPANY, the Distributor may purchase standard spare parts from COMPANY's suppliers directly for [ ] years after the last shipment of Contract Products.

『 제7조. 부품

7.1 Distributor는 원활한 사후서비스(A/S)를 위해 충분한 부품재고를 유지해야 한다. COMPANY는 Distributor에게 필요부품의 내역을 알려주고 부품재고 수준은 발주 전에 사전 협의한다.

7.2 COMPANY는 Distributor가 본 계약조건에 따라 계약제품을 계속 구매하는 한, 제품부품을 Distributor에 공급해야 하며, Distributor가 본 계약을 위반하지 않는 한, 제품의 Distributor에게 계약제품의 최후 선적일로부터 [ ] 년 동안 공급한다.

7.3 부품의 가격은 당사자간에 합의한다. COMPANY로부터 사전 서면승인을 받은 경우, Distributor는 제품의 최종 선적일로부터 [ ] 년 동안 COMPANY의 공급처로부터 표준 부품을 구매할 수 있다.』

Article 8. Inspection and Warranty

8.1 Promptly after the receipt of the Contract Products, the Distributor shall inspect or shall cause its qualified agent to inspect the Contract Products at the Distributor's cost, to insure that the quality standards have been met as agreed to in writing by the parties.

If, upon receipt of the Contract Products after proper and thorough inspection, any of the Contract Products is found not to be in compliance with the quality standards, COMPANY shall replace the Contract Product or the part of a Contract Products not meeting the quality standards, and shall indemnify the Distributor against any direct damage incurred actually by the Distributor.

8.2 COMPANY warrants that the Contract Products shall be free from defects in material and workmanship. This warranty does not extend to any of the said Contract Products which have been : (1) subjected to misuse, neglect, accident or abuse, (2) improperly repaired, or altered or modified in any way, and (3) used in violation of instructions furnished by COMPANY.

8.3 Claims by the Distributor in regard to any defect in the Contract Products shall be in writing and be dispatched by the Distributor with full particulars within [ ] days after the receipt of the Contract Products.

『제8조. 검사 및 품질보증

8.1 Distributor는 계약제품을 수령한 후 즉시, 당사자가 서면으로 합의한 품질수준의 달성여부를 확인하기 위해, 자신의 비용으로 계약제품을 검사하거나 자격이 있는 대리인이 검사하도록 시켜야 한다. 적절하고 철저한 검사결과 품질수준을 만족시키지 못한 계약제품이 발견되면, COMPANY는 불량 제품이나 불량 부품을 교체하고 Distributor가 실제 입은 직접손해를 보상해야 한다.

8.2 COMPANY는 계약제품이 원료나 작업상 하자 없음을 보장한다. 이 보장은 아래 각 호의 경우 즉, 1) 오용, 취급부주의, 사고, 남용 2) 부적절한 수리 또는 여러 변경 3) 사용법에 위반된 사용 등의 경우에는 적용되지 아니한다.

8.3 계약제품의 하자에 관한 Distributor의 클레임은 계약상품의 수령일 후로부터 [ ] 일 이내에 서면으로 상세한 내역을 적시하여 제기해야 한다.』

Article 9. Distributor's Responsibility

9.1 The Distributor agrees and undertakes to diligently and conscientiously use all reasonable efforts to promote and expand the sale of the products in the Territory, including but not limited to regularly and at its own expense distributing promotional literature, conducting multi media advertising and carrying out market surveys.

9.2 The Distributor shall maintain adequate stocks of the Contract Products throughout the Territory to meet its customer's demand in time. The Distributor shall maintain adequate stocks of replacement parts, facilities and qualified mechanics throughout the Territory and shall provide reasonable after-sales service to its customers.

9.3 The Distributor shall take all reasonable steps to ensure that the Products are properly transported, handled and stored so as to prevent any damage thereto.

9.4 The Distributor shall maintain adequate products liability and other appropriate insurance acceptable to the COMPANY, to protect itself and the COMPANY from claims which may arise as a result of damage to the Products while in the possession or control of the Distributor.
9.5 The Distributor shall arrange at its owe efforts toward obtaining the largest sales volume of the Contract Products in the Territory.
If necessary, COMPANY supports cooperative advertising executed by COMPANY's Cooperative Advertising Agreement in a separate contract. The form and nature of advertisement and sales promotion of the Contract Products shall be submitted to COMPANY for the prior approval before publication.
9.6 Whenever COMPANY shall indicate to the Distributor any complaint concerning the activities of the Distributor under this Agreement, the Distributor shall immediately make investigation and take proper action.

『제9조. Distributor의 책임

9.1 Distributor는 그 자신의 비용으로, 정기적으로 판촉물의 배포, 멀티미디어 광고, 시장조사를 수행하는 등 판매지역 내에서 제품의 판매를 촉진하고 확장하기 위해 모든 합리적인 노력을 성실하고 양심적으로 기울일 것을 약속한다.

9.2 Distributor는 수요자의 수요에 적시 부응하기 위해 판매지역에서 제품의 적정재고를 유지한다. Distributor는 적절한 대체 부품재고나 시설 및 인력을 유지하여 고객에게 합리적으로 A/S를 제공한다.

9.3 Distributor는 제품을 적절히 운송, 취급, 보관하여 제품에 피해가 발생하지 않도록 필요한 조치를 취한다.

9.4 Distributor는 제품에 대해 제조물 담보 및 COMPANY가 받아들일 수 있는 기타 적절한 보험을 확보하여 Distributor의 소유나 통제 동안에 야기될 수 있는 제품의 손해로부터 그 자신과 COMPANY를 보호해야 한다.

9.5 Distributor는 그 비용으로 계약제품의 광고 판촉을 하고 판매지역에서 계약제품의 최고판매를 달성하기 위해 최선을 다한다. 필요 시 COMPANY는 별도 합의하는 협찬 광고계약에 따라 협찬광고를 지원한다.

9.6 COMPANY가 본 계약 하의 Distributor의 활동에 이의를 제기할 경우, Distributor는 즉각 조사하여 적절한 조치를 취해야 한다.』

<u>Article 10. Request of Information</u>

The Distributor shall cooperate with COMPANY's request on the sales of the Contract Products, and the Distributor shall send to COMPANY:
10.1 a written quarterly report on its activities in the Territory, such reports to include sales by product including both the value and units, sales by State, recommended retail price lists, advertising and promotion plans for the future and a commentary on the marketing, sales and distribution performance and plans, matters affecting pricing policies and achievements and proposals in respect of major customers.
10.2 A written monthly report on the stocks of the Contract Products and parts thereof held by the Distributor.

『제10조. 정보의 요청

Distributor는 COMPANY'의 계약제품의 판매 현황 요청에 대해 다음과 같이 협조한다.

10.1 판매지역에서의 서면으로 된 분기별 활동보고서. 동 보고서에는 제품의 판매가격 및 단가, 지역별 판매내역, 추천 소매가격표, 장래의 광고 및 판촉계획, 마케팅, 판매실적 분석, 가격 정책에 관한 계획, 주요 고객에 대한 성과 및 제안 등이 포함된다.

10.2 Distributor가 보유하고 있는 제품과 부품 재고에 대한 서면으로 된 월간 보고서』

Article 11. Trademark

11.1 During the term of this Agreement, COMPANY hereby grants to the Distributor, a non-exclusive license to use the Trademark which is registered in the Territory by COMPANY ("Trademark") for the purpose of sales and promotion within the Territory. When the Distributor uses the Trademark, it shall indicate clearly that the Trademark is registered in the name of COMPANY.

11.2 When the Distributor intends to use the Trademark under paragraph 11.1, prior to use, the Distributor shall, inform COMPANY of the manner of such use and submit a sample of any materials including but not limited to, catalogues, leaflets, posters, newspapers, bearing the Trademark for prior inspection and approval by COMPANY.

『제11조. 상표

11.1 계약기간 중에 COMPANY는 Distributor에게 COMPANY가 판매지역에 등록한 상표(이하 "상표")를 판매지역에서의 판촉을 위하여 사용할 비독점 권리를 부여한다. Distributor의 "상표" 사용 시 상표가 COMPANY 명의로 등록되었음을 명시해야 한다.

11.2 Distributor가 전항에 따라 상표를 사용하고자 할 경우, COMPANY에게 사전에 그 사용형태 및 카탈로그, 전단, 포스터, 신문 등 상표가 포함된 자료의 샘플을 제공하여 승인을 받아야 한다.』

Article 12. Term

12.1 This Agreement shall become effective upon signing, and shall continue in full force and effect for a period of [ ] from the date in the preamble hereof, unless earlier terminated pursuant to Article 14.

12.2 This Agreement shall be automatically extended for a successive [ ] year period of time, unless three months prior to the expiration of the term or any extension thereof, a notice of intention to finally terminate is given in writing by one party to the other.

『제12조. 계약기간

12.1 본 계약은 서명함으로써 발효하며, 제14조에 따라 조기에 해지되지 않는 한, 서문에 기재된 일자로부터 [ ]의 기간 동안 유효하다.

12.2 본 계약은 계약기간 또는 연장 계약기간 종료 3개월 전에 계약종결의사가 상대방에게 서면으로 통지되지 않으면 [ ] 동안 자동적으로 연장 된다.』

Article 13. Termination

13. This Agreement may be terminated at the option of COMPANY, effective immediately upon giving a prior written notice of termination to the Distributor, in each of the following events;

(a) Should the Distributor become bankrupt or insolvent, or
(b) Should the Distributor attempt to assign this Agreement or any rights hereunder to a third party without COMPANY's prior written consent ; or
(c) If the Distributor ceases to function as a going concern or to conduct its operations in the normal course of business voluntarily or otherwise; or
(d) If the Distributor commits a breach of or fails to perform or observe any agreement or conditions herein contained and on the part of the Distributor to be performed or observed, and shall not have remedied such breach or failure to perform or observe within [ ] days of a notice requiring the remedy of such breach of failure to perform or observe; or

『제13조 계약해지

13. 다음 각 호의 사유가 발생한 경우, COMPANY는 Distributor에게 사전에 서면 통보를 함으로써 본 계약을 해지할 수 있다.
(a) Distributor에 파산, 지급불능이 되었을 때
(b) Distributor가 COMPANY의 사전 서면동의 없이 본 계약 또는 계약상의 권리를 제3자에게 양도하는 경우
(c) Distributor가 폐업하거나 정상영업을 중단하는 경우
(d) Distributor가 자신이 이행할 계약조건을 위반하거나 불이행하고 동 위반 등의 치유 요청을 받은 날로부터 [ ]일 이내에 위반이나 불이행을 치유하지 못하는 경우』

Article 14. Governing Law and Arbitration

14.1 This Agreement shall be interpreted and governed by the laws of [ ].
14.2 Any dispute arising out of or in connection with this contract shall be finally settled by arbitration in Seoul in accordance with the Arbitration Rules of the Korean Commercial Arbitration Board.

『제14조. 준거법 및 중재

14.1 본 계약은 [ ] 법의 해석·적용을 받는다.
14.2 본 계약으로 부터 또는 본 계약과 관련하여 발생되는 모든 분쟁은 대한민국 서울에서 대한상사중재원의 중재규칙에 따라 중재로 해결한다.』

Article 15. Miscellaneous Provisions

15.1 This Agreement constitutes the entire understanding of COMPANY and the Distributor with respect to the subject matter hereof.
15.2 No amendment, modification or alteration of any terms of this Agreement shall be binding on either party unless the same shall be made in writing, dated subsequent to the date hereof and executed by or on behalf of the parties hereto.
15.3 No assignment of this Agreement shall be valid without the prior written consent of the other party hereto.
15.4 This Agreement may be executed in English and in other languages (including Korean). In the event of any difference or inconsistency among different versions of this Agreement, the English version shall prevail over in all respect.

『제15조. 기타 규정

15.1 본 계약은 본 건 사안과 관련하여 COMPANY와 Distributor간의 모든 합의를 포함한다.

15.2 본 계약조건의 변경, 변형 및 수정은 본 계약일 이후에 서면으로 작성되어야 하고, 계약 당사자가 거기에 서명하지 않는 한 구속력을 갖지 않는다.

15.3 본 계약의 양도는 타방 당사자의 사전 서면승인 없이는 효력이 발생하지 않는다.

15.4 이 계약은 영어와 기타의 다른 언어(한국어 포함)로 작성될 수 있다. 서로 다른 언어로 작성된 계약서 간에 차이 또는 불일치가 있는 경우, 영문 계약서가 모든 면에서 우선한다.』

IN WITNESS WHEREOF, the parties hereto have authorized this Agreement to be executed by their respective duly authorized officers.

	COMPANY	DISTRIBUTOR
By	[ ]	[ ]
Address	[ ]	[ ]
Title	[ ]	[ ]
Name	[ ]	[ ]

본 계약을 증명하기 위해 당사자들은 본 계약 체결의 수권을 받은 임원이 서명한다.

	회사	판매자
당사자명	[ ]	[ ]
주　　소	[ ]	[ ]
대표자명	[ ]	[ ]
서　　명	[ ]	[ ]

주 ① hereinafter referred to as "COMPANY" : 이하 "COMPANY"라고 한다.
② a corporation duly organized and existing under the laws : 법에 따라 조직되고 존재하는 법인
③ In this Agreement except where the context otherwise requires : 본 계약에 달리 규정되지 않는 한
④ Contract Products or Products : 계약제품 또는 제품
⑤ discontinue : 공급을 중단하다.
⑥ in its sole discretion : 임의로, 그 재량으로
⑦ Territory : 판매지역
⑧ from time to time vary : 수시로 변경하다.
⑨ Without the prior written consent of COMPANY : COMPANY의 사전서면동의 없이는
⑩ its subsidiary or affiliate : 그 자회사 또는 계열회사
⑪ to any other areas than Territory : 판매지역 이외의 지역에
⑫ to any person or entity which may resell them outside the Territory : 판매지역 외로 판매할 자나 단체에게
⑬ subject to the conditions hereinafter set forth : 본 계약기간 및 계약조건에 따라
⑭ exclusive or non-exclusive distributor : 독점 또는 비독점 공급업자
⑮ the Distributor accepts such appointment : Distributor는 그 지명을 수락한다.
⑯ products competitive with the Contract Products : 계약제품과 경쟁하는 제품

⑰ In placing orders with COMPANY : COMPANY에게 주문할 때
⑱ to enable fulfillment of the minimum purchases : 최소구매량을 달성할 수 있도록
⑲ reserves the right to terminate forthwith this Agreement upon : 본 계약을 즉시 해지할 권리를 가진다.
⑳ after receipt of COMPANY confirmation of order : COMPANY의 주문확인 수령 후
㉑ its nominee : 그 지명자를
㉒ satisfactory to COMPANY : COMPANY가 만족하는
㉓ currency of payment : 결제통화
㉔ any other impost of a similar nature imposed : 기타 유사한 성격으로 부여되는 부과금
㉕ shall be free to fix its own resale prices : 재 판매가격을 임의로 정하다.
㉖ so high as may make them uncompetitive : 경쟁력을 잃을 정도의 고가로
㉗ any subsequent changes : 그 변경내역
㉘ Unless otherwise agreed in writing : 별도 서면합의가 없는 한
㉙ considered to be purchased when shipped by COMPANY : COMPANY가 선적한 것이 기준이다.
㉚ excluding the sales returned to COMPANY : COMPANY에 반품된 분량은 제외한다.
㉛ as in the opinion of COMPANY may be necessary or useful to the Distributor : Distributor에게 유용하거나 필요하다고 COMPANY가 판단할 경우
㉜ in order to achieve better installation and maintenance standards : 설치 · 유지수준의 향상을 위해
㉝ Costs for round trips, meals, lodging : 왕복항공비, 식대, 숙박비
㉞ pursuant to the terms and conditions of this Agreement : 본 계약조건에 따라
㉟ in the absence of breach by the Distributor of this Agreement : Distributor가 본 계약을 위반하지 않는 한
㊱ With the prior written consent of COMPANY : COMPANY의 사전 서면승인을 받은 경우
㊲ Inspection and Warranty : 검사 및 품질보증
㊳ hall cause its qualified agent to inspect : 자격이 있는 대리인이 검사하도록 시켜야 한다.
㊴ damage incurred actually by the Distributor : Distributor가 실제 입은 직접손해
㊵ shall be free from defects in material and workmanship : 원료 및 작업상 하자가 없다.
㊶ misuse, neglect, accident or abuse : 오용, 취급부주의, 사고, 남용
㊷ but not limited to regularly : 정기적으로
㊸ distributing promotional literature : 판촉물 배포
㊹ for the prior approval before publication : 시행 전에 사전승인을 위해
㊺ Whenever COMPANY shall indicate to the Distributor any complaint : COMPANY가 Distributor에게 이의를 제기하는 경우
㊻ a written quarterly report on its activities : 분기별 서면활동 보고서
㊼ unless earlier terminated pursuant to Article 14. : 제14조에 따라 조기에 해지되지 않는 한
㊽ shall become effective upon signing, and shall continue in full force and effect for a period : 양 당사자가 서명함으로써 발효하며, 기간 동안 유효하다.
㊾ three months prior to the expiration of the term or any extension thereof : 계약기간 또는 연장 계약기간 종료 3개월 전에
㊿ the English version shall prevail over in all respect : 영문 계약서가 모든 면에서 우선한다.
51 IN WITNESS WHEREOF : 본 계약을 증명하기 위해

무역계약서에 흔히 사용되는 문장

1. All business transactions entered into between the parties shall be as Principals to Principals.
   - 당사자들 사이에서 체결되는 모든 거래는 본인 대 본인으로 한다.

2. All shipments shall be confirming to samples in regard to description and quality.
   - 선적되는 모든 물품은 명세와 품질에 관하여 견본과 일치해야 한다.

3. Seller shall not be responsible for late shipment caused by the delay of arrival of L/C.
   - 매도인은 신용장의 도착 지연으로 인한 지연선적에 대해서는 책임을 지지 않는다.

4. In the absence of any special instructions, all cases shall marked, ABC in triangle with the port mark, running case numbers and country of origin.
   - 어떤 특별한 지시가 없다면, 모든 상자에는 항구표시, 상자일련 번호 및 원산지 표시와 함께 삼각형 속에 ABC가 표시되어야 한다.

5. Please acknowledge by signing and returning the separate sheet, retaining the original for you.
   - 서명하여 원본은 귀사에서 보관하시고 부본은 송부하여 주시기 바랍니다.

6. The interpretation of trade terms used in this Agreement shall be governed by the provisions of the Incoterms 2020.
   - 본 협정서에 사용되는 무역조건의 해석은 인코텀즈 2020의 규정에 따른다.

7. The quality of the goods shipped shall be up to the samples submitted by the buyer prior to the conclusion of the contract.
   - 선적되는 물품의 품질은 계약이 체결되기 이전에 매수인이 송부한 견본과 일치해야 한다.

8. The formation of contracts and remedy for the breach of a contract shall be governed by the 'UN Convention on Contracts for the International Sale of Goods'.
   - 매매계약의 성립과 계약위반에 대한 구제는 '국제물품매매계약에 관한 유엔협약'에 따른다.

9. Drafts is to be drawn at 90 d/s under irrevocable L/C.
   - 환어음은 취소불능신용장에 의거하여 일람후 90일 출급 조건으로 발행한다.

10. Payment is to be made within the time stipulated in the Agreement on General Terms and Conditions of business.
    - 결제는 일반거래조건협정서에 규정된 기일 내에 이루어져야 한다.

Advanced English for Trade Practice

1. A contract of sale of goods is a contract by which the seller transfers the property in goods to the buyer for a money consideration.
   - 물품매매계약은 매도인이 매수인에게 금전적인 약인을 대가로 물품의 소유권을 이전시키는 계약을 말한다.

2. If an offer or counter offer is accepted by the offeree, an agreement is reached between the seller and buyer and a contract is concluded at the same time when an acceptance becomes effective.
   - 청약이나 반대청약이 피청약자에 의해 승낙되면 매도인과 매수인 사이의 합의가 도달하며 승낙의 효력이 발생함과 동시에 계약은 체결된다.

3. Exclusive Sales Contract : Party A grants to party B the right of sole distributorship for Tomas Brand Auto Accessories in the territories of Korea and Japan.
   - 독점판매계약 : 당사자 A는 당사자 B에게 한국과 일본지역에서 Tomas 브랜드제 자동차 액세서리에 대한 독점판매권을 부여한다.

4. The exporter sends to the importer the 'Agreement (or memorandum) of general terms and conditions of business'. If the importer agrees to the Agreement, it is to be returned to the exporter after having been signed by the importer. In the Agreement, both the parties agree to pay the price, for instance, under an irrevocable Letter of Credit.
   - 수출자는 수입자에게 일반거래협정서(또는 각서)를 발송한다. 수입자가 협정서에 동의한다면, 수입자가 서명한 후에 그것을 수출자에게 발송한다. 협정서에서 양 당사자는 예를 들어 취소불능신용장방식으로 대금을 지급할 것을 합의한다.

5. All shipments shall be covered on F.P.A. for 10% above the invoice value, if no other conditions are particularly agreed upon.
   - 기타 조건이 특별히 합의하지 않는 한, 모든 선적품은 상업송장 금액에 10%를 더한 금액에 대해 분손부담보조건으로 부보되어야 한다.

6. Special Condition(s) : All banking charges including postage, advising and payment commission outside Korea are for account of Beneficiary.
   - 특별조건 : 한국 밖에서 발생한 모든 우편료, 통지료, 지급수수료 등을 포함한 은행수수료는 수익자가 부담해야 한다.

7. Red clause credit has a condition that the beneficiary is allowed to obtain an advance or pre-shipment advances from the advising or confirming bank.
   - 전대신용장은 수익자가 통지은행이나 확인은행으로부터 선금 혹은 선적 전에 자금을 얻을 수 있도록 허용하고 있는 조건을 가지고 있다.

Glossary of Trade Practice

1. About : A terms which when used in a Letter of Credit, are construed to allow a difference not to exceed 10% more or 10% less than the monetary amount, or the quantity, or the unit price stipulated in the Letter of Credit.

2. Act of God : ① A violent act of nature such as lightning, flood, earthquake or hurricane which man can neither cause nor intervene with.
② An act of nature beyond man's control such as lightning, earthquake, flood or hurricane. Many shipping and other performance contracts include a force majeure clause which excuses a party who breaches the contract due to Acts of God.

3. Agent : A person of legal entity authorized to act on behalf of another.

4. Bale : A large bundle or package of compressed and bound goods, usually with an outer covering, often of burlap.

5. Bilateral Contract : Contract which consists of the exchange of mutual promises, i.e., a promise for a promise in which each party is both a promisor and a promisee.

6. Bilateral Trade : The commerce between two countries.

7. Cash Against Documents (CAD) : A term used in collections supported by shipping documents which are released to the buyer only against payment.

8. Collecting Bank : ① A bank involved in the collection process. In this process if presentation is made to the drawee, it become also the presenting bank. ② Any bank, other than the remitting bank, involved in processing the collection.
③ The bank being nominated by the remitting bank or exporter for the presentation of bills to the buyer (drawee) for payment or acceptance.

9. Collection : The presentation for payment of an obligation and the payment thereof.

10. Documentary Collection : Collection of financial documents accompanied by commercial documents, and commercial documents not accompanied by financial documents.

11. Document Against Acceptance (D/A) : ① As a procedure to collect payment on an export shipment, instructions are given that documents necessary to obtain the merchandise from customs and the carrier are to be released to a buyer only against the buyer's acceptance of a time draft drawn upon him.
② Term in a sales contract that provides for the buyer to deliver payment to a bank for release to the seller after the seller delivers to the bank a receipt acknowledging that the buyer has accepted the goods.

Chapter 09

인코텀즈 2020

INCOTERMS 2020

1 무역조건

무역조건(trade terms)은 인코텀즈(INCOTERMS)와 같은 국제규칙에 규정되어 있는 FOB나 CIF와 같은 3단어로 되어 있는 약어를 말하며, 이를 '정형거래조건', '무역거래조건', '정형무역거래조건'이라고도 부른다.

무역조건은 계약물품이 매도인으로부터 매수인에 인도되기까지 매매당사자의 기본적 의무를 하나하나 개별적으로 약정하지 않고 FOB나 CIF 등으로 표시함으로써 매매당사자들의 책임과 의무를 구분하는 역할을 수행한다.

무역조건은 단순히 가격조건(price terms)으로 사용되기도 한다. 보통 가격조건을 강조하는 경우는 「~가격」으로 부르지만, 매매당사자의 책임한계를 포함한 거래조건으로서는 「~조건」 또는 「~규칙」이라고 부른다.

2 무역조건과 국제규칙

무역조건도 국가나 지역별로 상관습과 법체계가 서로 상이하면 해석상의 오해나 분쟁이 야기될 수 있다. 이러한 문제를 해소하기 위해 지역적으로 널리 사용되고 있던 무역조건들에 대한 해석의 국제적인 통일이 이루어졌다. 그 대표적인 규칙들은 다음과 같다.

〈그림 9-1〉 무역거래조건과 국제규칙

- ◉ Warsaw–Oxford Rules for CIF Contract, 1932
  국제법협회(The International Law Association, ILA) 제정
- ◉ Revised America Foreign Trade Definition, 1941
  전 미국무역협회(The National Foreign Trade Council) 제정
- ◉ International Rules for the Interpretation of Trade Terms, 1936
  (약칭 : INCOTERMS) 국제상업회의소(ICC) 제정

이러한 규칙들 중에서 가장 핵심적이며 중요한 것이 INCOTERMS(International Rules for Interpretation of Trade Terms)이며 이 인코텀즈 중에서 우리나라에서 특히 많이 사용되는 것은 FOB, CFR, CIF조건(또는 규칙)이다.

1) Warsaw-Oxford Rules

영국의 CIF조건에 관한 관습과 관례를 토대로 국제법협회(The International Law Association, ILA)가 1928년 제정 한 '1928년 Warsaw Oxford Rules'를 ICC의 지원을 얻어 1932년에 개정한 것이 '1932년 Warsaw Oxford Rules'이다.

Warsaw-Oxford Rules의 명칭은 그 심의채택 회의가 열렸던 지명에서 따온 것으로 정식명칭은 'Warsaw-Oxford Rules for CIF Contract, 1932'이다.

이 규칙은 CIF계약에서 매매당사자의 권리와 의무만을 다루고 있는 단행규칙으로 서문과 본문 21개 조로 구성되어 있다. 이 규칙은 CIF계약은 상세한 규정을 두고 있지만, 그 후 개정이 이루어지지 않았고 현재는 사용되지 않고 있다.

2) RAFTD

FOB는 영국에서 유래되었고 영국은 섬나라이므로 중추적인 운송수단이 해상운송이었다. 따라서 FOB에서 'board'는 본선을 의미하는 것으로 이해되었다.

그러나 미국은 대륙 국가이기 때문에 운송수단이 다양했으며 양륙항구에서부터 최종 내륙목적지까지는 육상운송이나 항공운송이 이루어져야 했다.

미국 입장에서는 'board'는 선박의 'board'만을 의미하는 것이 아니라 철도나 트럭 또는 항공기의 board도 포함하는 것으로 이해하였다. 이런 이유로 미국의 FOB는 필연적으로 여러 형태로 분화될 수밖에 없었다.

이러한 배경 속에서 전미무역협회(National Foreign Trade Council)는 영국식 FOB와는 별도의 FOB를 제정할 필요를 느끼게 되었고 마침내 1919년 7종의 FOB를 중심으로 한 무역조건의 정의를 제정하였다.

그 후 전미무역협회와 전미수입자협회 및 미국상업회의소의 대표로 구성된 합동위원회가 개정작업을 진행한 결과, 1941년에 전미무역회의에서 현행 개정미국외국무역정의(Revised American Foreign Trade Definitions, RAFTD, 1941)를 탄생시켰다.

이 규칙은 6종의 FOB와 Ex(point of origin)을 비롯한 5종의 거래조건(FAS, CIF, CAF, Ex : point of origin, Ex dock)들이 규정되어 있다.

전술과 같이 FOB조건을 6가지로 세분화한 것은 미국의 지리적인 특성에 따라 본선인도가 다양한 방법으로 분화된 것을 반영한 것이다.

3) INCOTERMS

(1) 인코텀즈의 의의

INCOTERMS(International Rules for the Interpretation of Trade Terms, 무역조건의 해석에 관한 국제규칙)는 국제상업회의소(ICC)가 주관이 되어 제정한 무역조건의 해석에 관한 국제적인 규칙이다.

INCOTERMS는 'International Commercial Terms'의 약칭이며 매매 당사자 사이의 해석기준으로 가장 널리 사용되고 있는 국제상관습규칙이다.

(2) 인코텀즈의 주요내용

인코텀즈는 정형화된 거래조건별로 매도인과 매수인이 각각 무엇을 해야 하는지, 위험과 비용부담을 포함하여 상대방에 대해 어떠한 의무를 부담하는지 등을 상세하게 규정하고 있다.

각 거래조건에 규정되어 있는 매도인과 매수인의 의무에 대한 주요 내용은 ① 매도인과 매수인의 일반의무(계약물품의 인도와 대금지급 및 서류의 제공) ② 물품의 인도와 인도수령 ③ 위험의 이전 ④ 운송계약을 체결해야 할 당사자 등 ⑤ 보험계약을 체결해야 할 당사자 등 ⑥ 인도와 운송서류 및 물품인도의 증거서류 ⑦ 매도인과 매수인의 수출과 수입통관 ⑧ 물품의 검사, 포장, 하인표시 ⑨ 계약물품에 대한 당사자의 비용부담 분기점 ⑩ 통지 등이다.

(3) 인코텀즈의 제정목적

인코텀즈는 무역조건의 용어나 약어가 잘못 해석됨으로써 무역업자간에 발생할 수 있는 분쟁과 마찰을 방지함으로써 국가마다 다른 거래관행에 대한 불안전성을 해소하고 무역거래의 관습과 용어를 국제적으로 통일시키기 위하여 제정되었다.

(4) 인코텀즈의 개정

무역조건(trade terms)에 관한 통일적 해석이 국제적으로 정립되지 않았던 때에는 거래상의 오해나 분쟁들이 발생할 수 밖에 없었다.

이에 프랑스 파리(Paris)에 본부를 두고 1920년에 창설된 국제상업회의소(ICC, International Chamber of Commerce)가 1936년에 최초로 11종의 조건을 규정한 인코텀즈를 제정하였다.

이후 국제무역환경의 변화와 운송기법, 그리고 상거래관행의 변화에 부응하기 위하여 1953년, 1967년, 1976년, 1980년, 1990년, 2000년, 2010년, 2020년에 각각 개정되었다.

현재는 INCOTERMS® 2020이 2020년 1월부터 사용되고 있다.

3 인코텀즈 2020

1) 구성

인코텀즈 2020은 인코텀즈 2010과 같이 전체 11개 무역조건을 운송수단에 따라 첫째, 모든 운송방식에 적용되는 규칙 둘째, 해상운송과 내수로 운송에 적용되는 규칙으로 구성되어 있다.

〈표 9-2〉 인코텀즈 2020의 구성과 비교

<table>
<tr><th colspan="2">Incoterms® 2000</th><th colspan="2">Incoterms® 2010</th><th colspan="2">Incoterms® 2020</th></tr>
<tr><td>Groups E (Departure)
(현장인도조건)</td><td>EXW</td><td rowspan="2">모든
운송
규칙</td><td rowspan="2">EXW, FCA
CPT, CIP
DAT, DAP
DDP</td><td rowspan="2">모든
운송
규칙</td><td rowspan="2">EXW, FCA
CPT, CIP
DAP, DPU
DDP</td></tr>
<tr><td>Groups F
(Main carriage unpaid)
(주운임미지급조건)</td><td>FCA, FAS
FOB</td></tr>
<tr><td>Groups C
(Main carriage paid)
(주운임지급조건)</td><td>CFR, CIF
CPT, CIP</td><td rowspan="2">해상
운송
규칙</td><td rowspan="2">FAS, FOB
CFR, CIF</td><td rowspan="2">해상
운송
규칙</td><td rowspan="2">FAS, FOB
CFR, CIF</td></tr>
<tr><td>Groups D (arrival)
도착지인도조건</td><td>DAF, DES
DEQ, DDU, DDP</td></tr>
</table>

2) 주요 개정내용

인코텀즈 1990에서 2000, 그리고 2000에서 2010으로 개정될 때에는 전면적인 변화들이 이루어졌다. 그러나 인코텀즈 2020에서는 많은 변화들이 이루어질 것이라는 예상과 달리 다음과 같은 점을 제외하고는 큰 변화는 이루어지지 않았다.

첫째, 인코텀즈 2010에서 신설된 DAT(Delivered At Terminal)규칙을 삭제하는 대신 DPU(Delivered at Place Unloaded)규칙을 새로 만들었다.

둘째, 11개의 각 개별규칙을 개괄적으로 설명하기 위해 인코텀즈 2010에서 사용된 지침서(Guidance Note)를 사용자를 위한 설명문(Explanatory Notes for User)으로 명칭을 변경하였고 각 개별규칙마다 실제 내용도 좀 더 명확하게 개정되었다.

셋째, CIF 규칙 및 CIP규칙에서의 부보범위를 이원화하여 당사자의 별도 합의가 없는 한, CIF는 최소 담보조건(FPA나 ICC(C)조건)을 규정하는 반면, CIP에서는 최대 담보조건(A/R이나 ICC(A)조건)으로 부보하도록 하였다.

넷째, 인코텀즈 2010에서는 재래화물의 단일 해상운송규칙인 FAS, FOB, CFR, CIF규칙에서만 조달(procure)이 인정되었다. 그러나 인코텀즈 2020에서는 FCA, CPT, CIP, DAP, DPU, DDP에 대해서도 조달의무가 인정되도록 확대되었다.

다섯째, 인코텀즈 2010에서는 운송이 요구되는 규칙의 경우 원칙적으로 독립된 제3자 운송인(third party carrier)의 물품운송을 전제로 하였다. 그러나 인코텀즈 2020에서는 FCA규칙과 D규칙의 경우 반드시 독립된 운송인이 운송을 할 필요는 없도록 개정됨으로써 매도인 또는 매수인 자신의 운송수단에 의한 운송도 허용하였다.

그런데 이러한 개념은 운송계약이 포함되지 않는 EXW규칙, 선박으로 운송해야 하는 FAS 및 FOB규칙, 매도인이 운송계약을 체결해야 하는 C규칙에는 적용되지 않는다.

여섯째, 인코텀즈 2020의 FCA규칙에서도 당사자의 합의가 있는 경우, 매수인은 자신의 위험과 비용으로 운송인에게 본선적재식(on board) 선하증권의 발행을 지시할 수 있고, 매도인은 은행을 통해 본선적재식 선하증권을 제공할 수 있도록 신설하였다.

일곱째, 인코텀즈 2020에서는 수출자(A)와 수입자(B)로 나뉘는 개별규칙에서 인도와 인도의 수령, 위험이전의 중요성이 부각되면서 각각 'A2/B2', 'A3/B3' 부분이 2010년보다 상단으로 배치되었고 비용분담은 마지막 조항인 '통지' 앞 'A9/B9'에 배치되었다. 따라서 인코텀즈 2020의 규정은 일반의무(A1/B1), 인도·인도의 수령(A2/B2), 위험이전(A3/ B3), 운송(A4/B4), 보험(A5/B5), 인도·운송서류(A6/B6), 수출입통관(A7/B7), 점검·포장·하인표시(A8/B8), 비용분담(A9/B9), 통지(A10/B10) 순으로 개정되었다.

Incoterms® 2010 조항순서	Incoterms® 2020 조항순서
• A1/B1 General obligations of the seller/buyer	• A1/B1 General obligations
• A2/B2 License, authorizations, security clearances and other formalities.	• A2/B2 Delivery/Taking Delivery
• A3/B3 Contracts of carriage and insurance	• A3/B3 Transfer of Risks
• A4/B4 Delivery/Taking delivery	• A4/B4 Carriage
• A5/B5 Transfer of risks	• A5/B5 Insurance
• A6/B6 Allocation of costs	• A6/B6 Delivery/Transport Document
• A7/B7 Notices to the buyer/seller	• A7/B7 Export/Import Clearance
• A8/B8 Delivery document/Proof of delivery	• A8/B8 Checking/Packaging/Making
• A9/B9 Checking/Packaging/Making	• A9/B9 Allocation of Costs
• A10/B10 Assistance with information and related costs	• A10/B10 Notices

3) 11가지 규칙

(1) 모든 운송방식에 적용되는 규칙

① EXW [Ex Works(insert named place of delivery)]

"공장인도"는 매도인이 다음과 같이 한 때 매수인에게 물품을 인도하는 것을 의미한다. ▷ 매도인이 물품을 (공장이나 창고와 같은) 지정장소에서 매수인의 처분하에 두는 때, 그리고 ▷ 그 지정장소는 매도인의 영업구내일 수도 있고 아닐 수도 있다.

본 규칙은 선택되는 어떤 운송방식이 있는 경우에 그것이 어떠한 단일 또는 복수의 운송방식인지를 불문하고 사용될 수 있다.

② FCA [Free Carrier(insert named place of delivery)]

'운송인인도'는 매도인이 물품을 매수인에게 다음과 같은 두 가지 방법 중 어느 하나로 인도하는 것을 의미한다. 첫째, 지정장소가 매도인의 영업구내인 경우, 물품은 다음과 같이 된 때 인도된다. ▷ 물품이 매수인이 마련한 운송수단에 적재된 때

둘째, 지정장소가 그 밖의 장소인 경우, 물품은 다음과 같이 된 때 인도된다. ▷ 매도인의 운송수단에 적재되어서, ▷ 지정장소에 도착하고 ▷ 매도인의 운송수단에 실린 채 양하준비된 상태로 ▷ 매수인이 지정한 운송인이나 제3자의 처분하에 놓인 때.

③ CPT [Carriage Paid to(insert named place of destination)]

'운송비지급인도'는 매도인이 다음과 같이 매수인에게 물품을 인도하는 것을 - 그리고 위험을 이전하는 것을 - 의미한다. ▷ 운송인에게 물품을 교부함으로써 ▷ 매도인에 의해 계약이 체결된 ▷ 또는 그렇게 인도된 물품을 조달함으로써.

CPT에서는 두 곳이 중요하다. 물품이 (위험이전을 위하여) 인도되는 장소 또는 지점(있는 경우)이 그 하나이고, 물품의 목적지로서 합의된 장소 또는 지점이 다른 하나이다(매도인은 이 지점까지 운송계약을 체결하기로 약속하기 때문이다).

④ CIP [Carriage and Insurance Paid to(insert named place of destination)]

'운송비·보험료지급인도'는 매도인이 다음과 같이 매수인에게 물품을 인도하는 것을 - 그리고 위험을 이전하는 것을 - 의미한다. ▷ 매도인에 의해 계약이 체결된 ▷ 운송인에게 물품을 교부함으로써 ▷ 또는 그렇게 인도된 물품을 조달함으로써.

매도인은 물품을 인도지로부터 합의된 목적지까지 운송계약을 체결해야 한다. 또한 매도인은 인도지점으로부터 목적지까지 매수인의 물품의 멸실이나 손상위험에 대해 보험계약을 체결해야 한다. 또한 인코텀즈 2020 CIP하에서 매도인은 협회적하약관 (C)에 의한 제한적 담보조건이 아니라 협회적하약관 (A)이나 그와 유사한 약관에 따른 광범위한 담보조건으로 부보해야 한다는 것을 매수인은 유의해야 한다.

⑤ DAP [Delivered at Place(insert named place of destination)]

'도착지인도'는 다음과 같이 된 때 매도인이 매수인에게 물품을 인도하는 것을 - 그리고 위험을 이전하는 것을 - 의미한다. ▷ 지정목적지 내에 또는 ▷ 어떠한 지점이 합의된 경우에는 그 지점에서 ▷ 물품이 매수인의 처분상태로 놓인 때 ▷ 도착운송수단에 실어둔 채 양하준비된 상태로. 매도인은 물품을 지정목적지까지 또는 지정목적지 내의 합의된 지점까지 가져가는데 수반되는 모든 위험을 부담한다.

⑥ DPU [Delivered at Place Unloaded(insert named place of destination)]

'도착지양하인도'는 다음과 같이 된 때 매도인이 매수인에게 물품을 인도하는 것을 - 그리고 위험을 이전하는 것을 - 의미한다. ▷ 지정목적지 내에 또는 ▷ 어떠한 지점이 합의된 경우에는 그 지점에서 ▷ 물품이 ▷ 도착운송수단으로부터 양하가 완료된 상태로 ▷ 매수인의 처분상태로 놓인 때. 매도인은 물품을 지정목적지까지 가져가서 그곳에서 물품을 양하는데 수반되는 모든 위험을 부담한다.

DPU는 매도인이 목적지에서 물품을 양하하도록 하는 유일한 인코텀즈 규칙이다. 따라서 매도인은 자신이 그러한 지정장소에서 양하를 할 수 있는 입장에 있는지를 확실히 해야 한다. 당사자들은 매도인이 양하의 위험과 비용을 부담하기를 원하지 않는 경우에는 DPU를 피하고 그 대신 DAP를 사용해야 한다.

⑦ DDP [Delivered Duty Paid(insert named place of destination)]

'관세지급인도'는 다음과 같이 된 때 매도인이 매수인에게 물품을 인도하는 것을 의미한다. ▷ 물품이 매수인의 처분상태로 놓인 때 ▷ 수입통관을 필하여 ▷ 도착운송수단에 실어둔 채 ▷ 양하준비된 상태로 ▷ 지정목적지에서 또는 지정목적지내의 어떤 지점이 합의된 경우에는 그 지점에서.

매도인은 물품을 지정목적지까지 또는 지정목적지 내의 합의된 지점까지 가져가는데 수반되는 모든 위험을 부담한다. DDP에서는 인도가 도착지에서 일어나고 매도인이 수입통관과 해당되는 세금의 납부책임을 부담하므로 DDP는 11개의 모든 인코텀즈 규칙 중에서 매도인에게 최고수준의 의무를 부과하는 규칙이다.

여기에 '조달한다'고 규정한 것은 특히 일차산품거래에서 일반적인 수차의 걸쳐 연속적으로 이루어지는 매매(연속매매)에 대응하기 위함이다. 매도인은 자신의 운송계약상 인도장소/목적지에서 양하에 관하여 비용이 발생한 경우에 당사자간에 달리 합의되지 않는 한 그러한 비용을 매수인으로부터 별도로 상환받을 권리가 없다.

DDP에서는 매도인은 해당되는 경우에 물품의 수출통관 및 수입통관을 수행해야 하고 또한 수입관세를 납부하거나 모든 통관절차를 수행해야 한다.

(2) 해상운송과 내수로 운송에 적용되는 규칙

① FAS [Free Alongside Ship(insert named port of shipment)]

'선측인도'는 다음과 같이 된 때 매도인이 물품을 매수인에게 인도하는 것을 의미한다. ▷ 물품이 선박의 선측(예컨대 부두 또는 바지선)에 놓인 때 ▷ 매수인에 의해 지정된 ▷ 지정된 선적항에서 ▷ 또는 이미 그렇게 인도된 물품을 조달한 때.

물품의 멸실 또는 손상의 위험은 물품이 선측에 놓인 때에 이전하며 매수인은 그러한 시점 이후의 모든 비용을 부담한다.

② FOB [Free on Board(insert named port of shipment)]

'본선인도'는 매도인이 다음과 같이 물품을 매수인에게 인도하는 것을 의미한다.

▷ 지정된 선적항에서 ▷ 매수인에 의해 지정된 ▷ 본선상에 적재함 ▷ 또는 이미 그렇게 인도된 물품을 조달함. 본 규칙은 당사자들이 물품을 선박에 적재함으로써 인도하기로 하는 해상운송이나 내수로 운송의 경우에만 사용되어야 한다. 매도인은 물품을 선박에 적재하여 인도하거나 선적을 위하여 이미 그렇게 인도된 물품을 조달해야 한다.

③ CFR [Cost and Freight(insert named port of destination)]

'운임포함인도'는 매도인이 다음과 같이 물품을 매수인에게 인도하는 것을 의미한다. ▷ 본선상에 적재함 ▷ 또는 이미 그렇게 인도된 물품을 조달함.

위험은 물품이 선적항에서 선박에 적재됨으로써 또는 이미 그렇게 인도된 물품을 조달함으로써 매수인에게 인도된 때 매도인으로부터 매수인에게 이전된다. 그러나 매도인은 물품을 인도지부터 합의된 목적지까지 운송하는 계약을 체결해야 한다.

④ CIF [Cost, Insurance and Freight(insert named port of destination)]

'운임 · 보험료포함인도'는 매도인이 다음과 같이 물품을 매수인에게 인도하는 것을 의미한다. ▷ 본선상에 적재함 ▷ 또는 이미 그렇게 인도된 물품을 조달함.

본 규칙은 해상운송이나 내수로 운송의 경우에만 사용되어야 한다. 물품이 컨테이너터미널에서 운송인에게 교부되는 경우에 일반적으로 그러하듯이 둘 이상의 운송방식이 사용되는 경우에 적합한 규칙은 CIF가 아니라 CIP이다.

매도인은 물품을 인도지부터 합의된 목적지까지 운송하는 계약을 체결해야 한다. 또한 매도인은 선적항으로부터 적어도 목적항까지 매수인의 물품의 멸실이나 손상 위험에 대하여 보험계약을 체결해야 한다.

또한 인코텀즈 2020 CIF하에서 매도인은 협회적하약관 (A)에 의한 보다 광범위한 담보조건이 아니라 협회적하약관 (C)나 그와 유사한 약관에 따른 제한적인 담보조건으로 부보해야 한다는 것을 매수인은 유의해야 한다.

4 인코텀즈 2020의 규칙과 해석

EXW (Ex Works) (insert named place of delivery)

■ EXPLANATORY NOTES FOR USERS(사용자를 위한 설명문)

1. **Delivery and risk** - "Ex works" means that the seller delivers the goods to the buyer ▸ when it places the goods at the disposal of the buyer at a named place (like a factory or warehouse), and ▸ that named place may or may not be the seller's premises. For delivery to occur, the seller does not need to load the goods on any collecting vehicle, nor does it need to clear the goods for export, where such clearance is applicable.

1. **인도와 위험** - "공장인도"는 매도인이 다음과 같이 한 때 매수인에게 물품을 인도하는 것을 의미한다. ▸ 매도인이 물품을 (공장이나 창고와 같은) 지정장소에서 매수인의 처분하에 두는 때, 그리고 ▸ 그 지정장소는 매도인의 영업구내일 수도 있고 아닐 수도 있다. 인도가 일어나기 위하여 매도인은 물품을 수취용 차량에 적재하지 않아도 되고, 물품의 수출통관이 요구되더라도 이를 수행할 필요가 없다.

2. **Mode of transport** - This rule may be used irrespective of the mode or modes of transport, if any, selected.

2. **운송방식** - 본 규칙은 선택되는 어떤 운송방식이 있는 경우에 그것이 어떠한 단일 또는 복수의 운송방식인지를 불문하고 사용할 수 있다.

3. **place or precise point of delivery** - The parties need only name the place of delivery. However, the parties are well advised also to specify as clearly as possible the precise point within the named place of delivery. A named precise point of delivery makes it clear to both parties when the goods are delivered and when risk transfers to the buyer, such precision also marks the point at which costs are for the buyer's account.
If the parties do not name the point of delivery, then they are taken to have left it to have left it to the seller to select the point "that best suits its purpose".
This means that the buyer may incur the risk that the seller may choose a point just before the point at which goods are lost or damaged. Best for the buyer therefore to select the precise point within a place where delivery will occur.

3. **인도장소 또는 정확한 인도지점** - 당사자들은 단지 인도장소만 지정하면 된다. 그러나 당사자들은 또한 지정 인도장소 내에 정확한 지점을 가급적 명확하게 명시하는 것이 좋다. 그러한 정확한 지정 인도지점은 양 당사자에게 언제 물품이 인도되는지와 언제 위험이 매수인에게 이전하는지 명확하게 하며, 또한 그러한 정확한 지점은 매수인의 비용부담의 기준점을 확정한다. 당사자들이 인도지점을 지정하지 않는 경우에는 매도인이 "그의 목적에 가장 적합한" 지점을 선택하기로 한 것으로 된다.
이는 매수인으로서는 매도인이 물품의 멸실이나 손상이 발생한 지점이 아닌 그 직전의 지점을 선택할 수도 있는 위험이 있음을 의미한다. 따라서 매수인으로서는 인도가 이루어질 장소 내에 정확한 지점을 선택하는 것이 가장 좋다.

4. **A note of caution to buyers** - EXW is the incoterms rule which imposes the least set of obligations on the seller. From the buyer's perspective, therefore, the rule should be used with care for different reasons as set out below.

4. **매수인을 위한 유의사항** - EXW는 매도인에게 최소의 일련의 의무를 지우는 인코텀즈 규칙이다. 따라서 매수인의 관점에서 이 규칙은 아래와 같은 여러 가지 이유로 조심스럽게 사용해야 한다.

5. **Loading risk** - Delivery happens-and risk transfers-when the goods are placed, not loaded, at the buyer's disposal. However, risk of loss of or damage to the goods occurring while the loading operation is carried out by the seller, as it may well be, might arguably lie with the buyer, who has not physically participated in the loading. This is common situation simply because the seller is more likely to have the necessary loading equipment at its own premises or because applicable safety or security rules prevent access to the seller's premises by unauthorised personnel.
Where the buyer is keen to avoid any risk during loading at the seller's premises, then the buyer ought to consider choosing the FCA rule (under which, if the goods are delivered at the seller's premises, the seller owes the buyer an obligation to load, with the risk of loss of or damage to the goods during that operation remaining with the seller)

5. **적재위험** - 인도는 물품이 적재된 때가 아니라 매수인의 처분하에 놓인 때에 일어난다. 그리고 그때 위험이 이전한다. 그러나 매도인이 적재작업을 수행하는 동안에 발생하는 물품의 멸실이나 손상의 위험을 적재에 물리적으로 참여하지 않은 매수인이 부담하는 것은 통상 그렇듯이 논란이 될 수 있다. 이러한 가능성 때문에 매도인이 물품을 적재해야 하는 경우에 당자사들은 적재 중 물품의 멸실이나 손상의 위험을 누가 부담하는지를 미리 합의하에 두는 것이 바람직하다.
단순히 매도인이 그의 영업구내에서 필요한 적재 장비를 가지고 있을 가능성이 더 많기 때문에 혹은 적용가능한 안전규칙이나 보안규칙에 의하여 권한 없는 인원이 매도인의 영업구내에 접근하는 것이 금지되기 때문에 매도인이 물품을 적재하는 것은 흔한 일이다. 매도인의 영업구내에서 일어나는 적재작업 중의 위험을 피하고자 하는 경우에 매수인은 FCA 규칙을 선택하는 것을 고려해야 한다(FCA 규칙에서는 물품이 매도인의 영업구내에서 인도되는 경우에 매도인이 매수인에 대해 적재의무를 부담하고 적재작업 중에 발생하는 물품의 멸실이나 손상의 위험은 매도인이 부담한다.)

6. **Export clearance** - With delivery happening when the goods are at the buyer's disposal either at the seller's jurisdiction or within the same Customs Union, there is no obligation on the seller to organize export clearance or clearance within third countries through which the goods pass in transit. Indeed, EXW may be suitable for domestic trades, where there is no intention at all to export the goods. The seller's participation in export clearance is limited to providing assistance in obtaining such documents and information as the buyer may require for the purpose of exporting the goods.
Where the buyer intends to export the goods and where it anticipates difficulty in obtaining export clearance, the buyer would be better advised to choose the FCA rule, under which the obligation and cost of obtaining export clearance lies with the seller.

6. **수출통관** - 물품이 매도인의 영업구내에서 또는 정형적으로 매도인의 국가나 관세동맹지역 내에 있는 다른 지정지점에서 매수인의 처분하에 놓인 때에 인도가 일어나기 때문에 매도인은 수출통관이나 운송 중에 물품이 통과할 제3국의 통관을 수행할 의무가 없다. 정말로 EXW는 물품을 수출한 의사가 전혀 없는 국내거래에 적절하다. 수출통관에 관한 매도인의 참여는 물품수출을 위하여 매수인이 요청할 수 있는 서류와 정보를 취득하는 데 협력을 제공하는 것에 한정된다.
매수인이 물품을 수출하기를 원하나 수출통관을 하는 데 어려움이 예상되는 경우 매수인은 수출통관을 할 의무와 그에 관한 비용을 매도인이 부담하는 FCA 규칙을 선택하는 것이 더 좋다.

핵심

① 공장인도규칙(Ex Works : EXW, Loco=On Spot terms, Ex-(point of origin))
② 매도인이 가장 적은 물품인도의무를 부담하는 규칙, 매수인에게는 부담이 가장 큰 규칙
③ 국제거래 보다는 국내거래에 적합한 규칙(국제거래에는 FCA규칙이 더 적합)
④ 무역거래에 익숙하지 않은 수출자가 이용하기에 편리한 규칙
⑤ 매수인이 직·간접적으로 수출절차를 이행할 수 없는 경우에는 FCA규칙이 더 적합
⑥ 매도인 : 수출통관 ×, 수입통관 ×, 매수인 : 수출통관 ○, 수입통관 ○
⑦ ex) Unit Price : $100/pc EXW Samsung's warehouse #5, Suwon, Korea

주

① Ex : ~부터, ~에서(from, out of)라는 뜻의 라틴어
② works : 작업장(factory, warehouse, etc.)
③ insert named place of delivery : 지정된 인도장소를 기입하다.
④ EXPLANATORY NOTES FOR USERS : 사용자를 위한 설명문
⑤ delivery and risk : 인도와 위험
⑥ "Ex Works" means that the seller delivers when ~ : "공장인도"는 ~했을 때 매도인이 인도하는 것을 의미한다.
⑦ mode of transport : 운송방식
⑧ may be used irrespective of the mode or modes of transport, if any, selected. : 선택되는 어떤 운송방식이 있는 경우에 그것이 어떠한 단일 또는 복수의 운송방식인지를 불문하고 사용할 수 있다.
⑨ For delivery to occur : 인도가 일어나기 위하여
⑩ at the disposal of the buyer : 매수인의 임의처분 상태로, 임의로 처분할 수 있는 상태로
⑪ at the seller's premises : 매도인의 영업소(=영업장소, 영업구내)에서
⑫ the seller does not need to load the goods : 매도인은 그 물품을 적재할 필요가 없다.
⑬ on any collecting vehicle : 수취용 차량에
⑭ to clear the goods for export : 물품을 수출통관하다, 수출을 위해 물품을 통관하다.
↔ to clear the goods for import : 물품을 수입통관하다, 수입을 위해 물품을 통관하다.
⑮ where such clearance is applicable : 수출통관이 적용될 수 있는 경우에도, 그러한 통관이 요구되더라도, 그러한 통관이 가능하더라도
⑯ place or precise point of delivery : 인도장소 또는 정확한 인도지점
⑰ A note of caution to buyers : 매수인을 위한 유의사항
⑱ loading risk : 적재위험
⑲ export clearance : 수출통관
⑳ for the buyer's account : 매수인이 부담한다(=for the account of the buyer).

EXW (Ex Works) (insert named place of delivery)

■ A THE SELLER'S OBLIGATIONS (매도인의 의무)

A1 General obligations (일반의무)

The seller must provide the goods and the commercial invoice in conformity with the contract of sale and any other evidence of conformity that may be required by the contract. Any document to be provided by the seller may be in paper or electronic from as agreed or, where there is no agreement, as is customary.
매도인은 매매계약에 일치하는 물품 및 상업송장과 그밖에 계약에서 요구될 수 있는 일치성에 관한 증거를 제공해야 한다. 매도인이 제공해야 하는 서류는 합의에 따라, 합의가 없는 경우에는 관행에 따라 종이서류나 전자적 방식으로 제공될 수 있다.

■ B THE BUYER'S OBLIGATIONS (매수인의 의무)

B1 General obligation (일반의무)

The buyer must pay the price of the goods as provided in the contract of sale. Any document to be provided by the buyer may be in paper or electronic from as agreed or, where there is no agreement, as is customary.
매수인은 매매계약에 규정된 바에 따라 물품의 대금을 지급해야 한다. 매수인이 제공해야 하는 서류는 합의에 따라, 합의가 없는 경우에는 관행에 따라 종이서류나 전자적 방식으로 제공될 수 있다.

A2 Delivery (인도)

The seller must deliver the goods by placing them at the disposal of the buyer at the agreed point, if any, at the named place of delivery, not loaded on any collecting vehicle. if no specific point has been agreed within the named place of delivery, and if there are several points available, the seller may select the point that best suits its purpose. The seller must deliver the goods on the agreed date or within the agreed period
매도인은 지정 인도장소에서, 그 지정 인도장소에 합의된 지점이 있는 경우에는 그 지점에서 물품을 수취용 차량에 적재하지 않은 채로 매수인의 처분 하에 둠으로써 인도해야 한다. 지정 인도장소 내에 합의된 특정한 지점이 없는 경우에 그리고 이용 가능한 복수의 지점이 있는 경우에 매도인은 그의 목적에 가장 적합한 지점을 선택할 수 있다. 매도인은 합의된 기일에 또는 합의된 기간 내에 물품을 인도해야 한다.

B2 Taking delivery (인도의 수령)

The buyer must take delivery of the goods when they have been delivered under A2 and notice given A10. 매수인은 물품이 A2에 따라 인도되고 A10에 따른 통지가 있는 때에 그 물품의 인도를 수령해야 한다.

A3 Transfer of risk (위험이전)

The seller bears all risks of or damage to the goods until they have been delivered in accordance with A2, with the exception of loss or damage in the circumstance described in B3.
매도인은 물품이 A2에 따라 인도된 때까지 물품의 멸실이나 손상의 모든 위험을 부담하되, B3에 규정된 상황에서 발생하는 멸실이나 손상은 예외로 한다.

B3 Transfer of risk (위험이전)

The buyer bears all risks of loss of or damage to the goods from the time they have been delivered under A2. If the buyer fails to give notice in accordance with B10, than the buyer bears all risks of loss of or damage to the goods from the agreed date or the end of the agreed period for delivery, provided that the goods have been clearly identified as the contract goods.

매수인은 물품이 A2에 따라 인도된 때부터 물품의 멸실이나 손상의 모든 위험을 부담한다. 매수인이 B10에 따른 통지를 하지 않는 경우에 매수인은 합의된 인도기일 또는 합의된 인도기간의 만료일부터 물품의 멸실이나 손상의 모든 위험을 부담하되, 다만 물품은 계약물품으로 명확히 특정되어 있어야 한다.

A4 carriage (운송)

The seller has no obligation to the buyer to make a contract of carriage. However, the seller must provide the buyer, at the buyer's request, risk and cost, with any information in the possession of the seller, including transport-related security requirements, that the buyer needs for arranging carriage

매도인은 매수인에 대하여 운송계약의 체결할 의무가 없다. 그러나 매도인은 매수인의 요청에 따라 매수인의 위험과 비용으로, 운송 관련 보안요건을 포함하여 매수인이 운송을 마련하기 위하여 필요로 하는 정보로서 매도인 자신이 가지고 있는 정보를 매수인에게 제공해야 한다.

B4 Carriage (운송)

It is up to the buyer to contract or arrange at its own cost for the carriage of the goods from the named place of delivery.

자신의 비용으로 물품을 지정 인도장소로부터 운송하는 계약을 체결하거나 그러한 운송을 마련하는 것은 매수인의 몫이다.

A5 insurance (보험)

The seller has no obligation to the buyer to make a contract of insurance. However, the seller must provide the buyer, at the buyer's request, risk and cost with information in the possession of the seller that buyer needs obtaining insurance.

매도인은 매수인에 대하여 보험계약을 체결한 의무가 없다. 그러나 매도인은 매수인의 요청에 따라 매수인의 위험과 비용으로 매수인이 부보하는 데 필요한 정보로서 매도인 자신이 가지고 있는 정보를 매수인에게 제공해야 한다.

B5 Insurance (보험)

The buyer has no obligation to the seller to make a contract of insurance.

매수인은 매도인에 대하여 보험계약을 체결한 의무가 없다.

A6 Delivery/transport document (인도/운송서류)

The seller has no obligation to the buyer.

매도인은 매수인에 대하여 의무가 없다.

B6 Proof of delivery (인도의 증거)

The buyer must provide the seller with appropriate evidence of having taken delivery.
매수인은 매도인에게 인도를 수령하였다는 적절한 증거를 제공해야 한다.

A7 Export/import clearance (수출/수입통관)

Where applicable, the seller must assist the buyer, at the buyer's request, risk and cost, in obtaining any documents and/ or information related to all export/transit/import clearance formalities required by the countries of export/transit/import, such as:

- export/transit/import licence;
- security clearance for export/transit/import;
- pre-shipment inspection; and any other official authorization

해당되는 경우에 매도인은 매수인의 요청에 따라 매수인의 위험과 비용으로 다음과 같은 수출국/통과국/수입국에 의하여 부과되는 모든 수출/통과/수입통관절차에 관한 서류 및/또는 정보를 취득하는데 매수인에게 협력해야 한다.

- 수출/통과/수입허가
- 수출/통과/수입을 위한 보안통과
- 선적전 검사 및 그 밖의 공적 인가

B7 Export/import clearance (수출/수입통관)

Where applicable, it is up to the buyer to carry out and pay for all export/ transit/ import clearance formalities required by the countries of export/transit/import, such as:

- all export/transit/import licence;
- security clearance for all export/transit/import;
- pre-shipment inspection; and
- any other official authorization.

해당되는 경우에 다음과 같은 수출국/통과국/수입국에 의하여 부과되는 모든 수출/통과/수입통관절차를 수행하고 그에 관한 비용을 부담하는 것은 매수인의 몫이다.

- 수출/통관/수입허가
- 수출/통관/수입을 위한 보안통관
- 선적전 검사 및
- 그 밖의 공적 인가

A8 Checking/ packaging/marking (점검/포장/하인표시)

The seller must pay the costs of those checking operations(such as checking quality, measuring, weighing, counting) that are necessary for the purpose of delivering the goods in accordance with A2.

The seller must, at its own cost, package the goods, unless it is usual for the particular trade to transport the type of goods sold unpackaged. The seller must package and mark the goods in the manner appropriate for their transport, unless the parties have agreed on specific packaging or marking requirements.

매도인은 A2에 따라 물품을 인도하기 위한 목적에서 필요한 점검 작업(예컨대 품질점검, 용적측량, 중량측정, 수량계수)에 드는 비용을 부담해야 한다.
매도인은 자신의 비용으로 물품을 포장해야 하되 다만 특정한 거래에서 통상적으로 포장되지 않은 채 매매되어 운송되는 형태의 물품인 경우에는 그러하지 아니하다. 매도인은 당해 운송에 적절한 방법으로 물품을 포장하고 하인을 표시해야 하되 다만 당사자들이 특정한 포장요건에 합의한 경우에는 그러하지 아니하다.

B8 Checking/packing/marking (점검/포장/하인표시)

The buyer has no obligation to the seller. 매수인은 매도인에 대하여 의무가 없다.

A9 Allocation of costs (비용부담)

The seller must pay all costs relating to the goods until they have been delivered in accordance with A2, other than those payable by the buyer under B9.
매도인은 B9에 따라 매수인이 부담하는 비용은 제외하고 물품이 A2에 따라 인도된 때까지 물품에 관한 모든 비용을 부담해야 한다.

B9 Allocation of costs (비용분담)

The buyer must : a) Pay all costs relating to the goods from the time they have been delivered under A2; b) Reimburse all costs and charges incurred by the seller in providing assistance or information under A4, A5, or A7;
c) Pay, where applicable, all duties, taxes and other charges, as well as the cost of costs of carrying out customs formalities payable upon export; and
d) Pay any additional costs incurred by failing either to take delivery of the goods when they have been placed at its disposal or to give appropriate notice in accordance with B10, provided that the goods have been clearly identified as the contract goods.
a) 매수인은 물품이 A2에 따라 인도된 때부터 물품에 관한 모든 비용을 부담해야 한다.
b) A4, A5 및 A7에 따라 서류와 정보를 취득하는 데 협력을 제공하는 것과 관련하여 매도인에게 발생한 모든 비용을 상환해야 한다. c) 해당되는 경우에 물품의 수출에 부과되는 모든 관세, 세금, 기타 공과금 및 수출통관절차를 수행하는 비용을 부담해야 한다.
그리고 d) 물품이 자신의 처분하에 놓인 때에 물품의 인도를 수령하지 않거나 B10에 따른 적절한 통지를 하지 않음으로써 발생하는 추가비용을 부담해야 한다. 다만 물품은 계약물품으로 명확히 특정되어 있어야 한다.

A10 Notices (통지)

The seller must give the buyer any notice needed to enable the buyer to take delivery of the goods.
매도인은 매수인이 물품의 인도를 수령할 수 있도록 하는데 필요한 통지를 해야 한다.

B10 Notices (통지)

The buyer must whenever it is agreed that the buyer is entitled to determine the time within an agreed period and/or the point of taking delivery within the named place, give the seller sufficient notice.
매수인은 자신이 합의된 기간 중의 어느 시기 및/ 또는 지정장소 내에 인도를 수령할 지점을 결정할 권리를 가지는 것으로 합의된 경우에는 매도인에게 충분한 통지를 해야 한다.

주 ① THE SELLER'S OBLIGATIONS : 매도인의 의무 ↔ THE BUYER'S OBLIGATIONS(매수인의 의무)
② the seller must provide the goods : 매도인은 물품을 제공해야 한다.
the buyer must pay the price : 매수인은 대금을 지급해야 한다.
③ in conformity with the contract of sale : 매매계약과 일치하는, 매매계약에 일치하는
④ where there is no agreement, as is customary : 합의가 없는 경우에는 관행에 따라
⑤ as provided in the contract of sale : 매매계약에서 규정된 바에 따라
⑥ at the agreed point, if any : 합의된 지점이 있는 경우에는 그 지점에서
⑦ at the named place of delivery : 지정 인도장소에, 지정된 인도장소에서
⑧ if no specific point has been agreed : 합의된 특정한 지점이 없는 경우에
⑨ delivery(인도) ↔ taking delivery(인도의 수령)
⑩ the seller must deliver the goods : 매도인은 물품을 인도해야 한다.
↔ the buyer must take delivery of the goods : 매수인은 물품의 인도를 수령해야 한다.
⑪ not loaded on any collecting vehicle : 수취용 차량에 적재하지 않은 채로
load(적재하다) ↔ unload(양륙하다, 양하하다)
⑫ transfer of risks : 위험의 이전 cf. transfer of ownership(=title) : 소유권의 이전
⑬ all risks of loss of or damage : 멸실이나 손상의 모든 위험
⑭ allocation of costs : 비용분담, 비용의 분배(=cost sharing, cost allocation)
⑮ all duties, taxes and other charges : 모든 관세, 조세, 기타 수수료
⑯ bears all risks of or damage to the goods : 물품의 멸실이나 손상의 모든 위험을 부담하다.
⑰ until they have been delivered in accordance with A2 : 물품이 A2에 따라 인도된 때까지
⑱ with the exception of loss or damage in the circumstance described in B3 : B3에 규정된 상황에서 발생하는 멸실이나 손상은 예외로 한다.
⑲ notices to the buyer : 매수인에 대한 통지 ↔ notices to the seller : 매도인에 대한 통지
⑳ delivery document : 인도서류 ↔ proof of delivery : 인도의 증거
㉑ the seller has no obligation to the buyer : 매도인은 매수인에 대해 의무가 없다.
㉒ checking-packaging-marking : 점검(=검사)-포장-하인
㉓ to make a contract of carriage : 운송계약을 체결하다.
to make a contract of insurance : 보험계약을 체결하다.
㉔ at the buyer's request, risk and cost : 매수인의 요청과 위험 및 비용으로
㉕ with any information in the possession of the seller : 매도인 자신이 가지고 있는 정보를
㉖ including transport-related security requirements : 운송 관련 보안요건을 포함하여
㉗ buyer needs for arranging carriage : 매수인이 운송을 마련하기 위하여 필요로 하는
㉘ packaging is to be marked appropriately : 포장은 적절하게 하인이 표시되어야 한다.
㉙ assistance with information and related costs : 정보에 관한 협조 및 관련 비용
㉚ appropriate evidence of having taken delivery : 인도를 수령하였다는 적절한 증거
㉛ where applicable : 해당되는 경우에, 적용할 수 있는 경우에는
㉜ all export/transit/import clearance formalities : 모든 수출/통과/수입통관절차
㉝ type of goods sold unpackaged : 포장되지 않고 매매되는 물품의 형태로
㉞ unless it is usual for the particular trade to transport : 운송하는 것이 특정거래에서 일상적이지 않는 한
㉟ in the manner appropriate for their transport : 물품의 운송을 위해 적절한 방법으로
㊱ give the seller sufficient notice : 충분한 통지를 해야 한다.

FCA (Free Carrier) (insert named place of delivery)

■ EXPLANATORY NOTES FOR USERS (사용자를 위한 설명문)

1. **Delivery and risk** - "Free Carrier(named place)" means that the seller delivers the goods to the buyer in one or other of two ways.
   - ▸ Frist, when the named place is the seller's premises, the goods are delivered.
     - ▹ when they are loaded on the means of transport arranged by the buyer.
   - ▸ Second, when the named place is another place, the goods are delivered
     - ▹ when, having been loaded on the seller's means of transport,
     - ▹ they reach the named other place and
     - ▹ are ready for unloading from that seller's means of transport and
     - ▹ at the disposal of the carrier or of another person nominated by the buyer.

   Whichever of the two is chosen as the place of delivery, that place identifies where risk transfers to the buyer and the time from which costs are for the buyer's account

1. **인도와 위험** - "운송인인도(지정장소)"는 매도인이 물품을 매수인에게 다음과 같은 두 가지 방법 중 어느 하나로 인도하는 것을 의미한다.
   - ▸ 첫째, 지정장소가 매도인의 영업구내인 경우, 물품은 다음과 같이 된 때 인도된다.
     - ▹ 물품이 매수인이 마련한 운송수단에 적재된 때
   - ▸ 둘째, 지정장소가 그 밖의 장소인 경우, 물품은 다음과 같이 된 때 인도된다.
     - ▹ 매도인의 운송수단에 적재되어서 ▹ 지정장소에 도착하고 ▹ 매도인의 운송수단에 실린 채 양하 준비된 상태로 ▹ 매수인이 지정한 운송인이나 제3자의 처분 하에 놓인 때

   그러한 두 장소 중에서 인도장소로 선택되는 장소는 위험이 매수인에게 이전하는 곳이며 또한 매수인이 비용을 부담하기 시작하는 시점이 된다.

2. **Mode of transport** - This rule may be used irrespective of the mode of transport selected and may also be used where more than one mode of transport is employed.

2. **운송방식** - 본 규칙은 어떠한 운송방식이 선택되는지를 불문하고 사용할 수 있고 둘 이상의 운송방식이 이용되는 경우에는 사용할 수 있다.

3. **Place or point of delivery** - A sale under FCA can be concluded naming only the place of delivery, either at the seller's premises or elsewhere, without specifying the precise point of delivery within that named place. However, the parties are well advised also to specify as clearly as possible the precise point within the named place of delivery. A named precise point of delivery makes it clear to both parties when the goods are delivered and when risk transfers to the buyer; such precision also marks the point at which costs are for the buyer's account. Where the precise point is not identified, however, this may cause problems for the buyer.

   The seller in this case has the right to select the point "that best suits its purpose": that point becomes the point of delivery, from which risk and costs transfer to the buyer. If the precise point of delivery is not identified by naming it in the contract, then parties are taken to have left it to the seller to select the point "that best suits its purpose".

3. **인도장소 또는 인도지점** - FCA 매매는 지정장소 내에 정확한 인도지점을 명시하지 않고서 매도인의 영업구내나 그 밖의 장소 중에서 어느 하나를 단지 인도장소로 지정하여 체결될 수 있다. 그러나 당사자들은 지정 인도장소 내에 정확한 지점도 가급적 명확하게 명시하는 것이 좋다.
그러한 정확한 지정 인도지점은 양 당사자에게 언제 물품이 인도되는지와 언제 위험이 매수인에게 이전하는지 명확하게 하며, 또한 그러한 정확한 지점은 매수인의 비용부담의 기준점을 확정한다. 그러나 정확한 지점이 지정되지 않은 경우에는 매수인에게 문제가 생길 수 있다.
이러한 경우에 매도인은 "그의 목적에 가장 적합한" 지점을 선택할 권리를 갖는다. 즉 이러한 지점이 곧 인도지점이 되고 그곳에서부터 위험과 비용이 매수인에게 이전한다. 계약에서 이를 지정하지 않아서 정확한 인도지점이 정해지지 않은 경우에, 당사자들은 매도인이 "자신의 목적에 가장 적합한" 지점을 선택하도록 한 것으로 된다.
이는 매수인으로서는 매도인이 물품의 멸실 또는 훼손이 발생한 지점이 아닌 그 직전의 지점을 선택할 수도 있는 위험이 있음을 의미한다. 따라서 매수인으로서는 인도가 이루어질 장소 내에 정확한 지점을 선택하는 것이 가장 좋다.

4. **'or procure goods so delivered'** - The reference to "procure" here caters for multiple sales down a chain (string sales), particularly, although not exclusively, common in the commodity trades.
4. **'또는 그렇게 인도된 물품을 조달한다'** - 여기에 "조달한다"고 규정한 것은 꼭 이 분야에서 그런 것만은 아니지만 특히 일차산품거래에서 일반적인 수차에 걸쳐 연속적으로 이루어지는 매매(연속매매)에 대응하기 위함이다.

5. **Export/import clearance** - FCA requires the seller to clear the goods for export, where applicable, However, the seller has no obligation to clear the goods for import or for transit through third countries, to pay any import duty or to carry out any import customs formalities.
5. **수출/수입통관** - FCA에서는 해당되는 경우에 매도인이 물품의 수출통관을 해야 한다. 그러나 매도인은 물품의 수입을 위한 또는 제3국 통과를 위한 통관을 하거나 수입관세를 납부하거나 수입통관절차를 수행할 의무가 없다.

6. **Bills of lading with an on-board notation in FCA sales** - We have already seen that FCA in intended for use irrespective of the mode or modes of transport used.
Now if goods are being picked up by the buyer's road-haulier in Las Vegas, it would be rather uncommon to expect a bill of lading with an on-board notation to be issued by the carrier from Las Vegas, Which is not a port and which a vessel cannot reach for goods to be placed on board.
Nonetheless, sellers selling FCA Las Vegas do sometimes find themselves in a situation where they need a bill of lading with an on-board notation(typically because of a bank collection or a letter of credit requirement), albeit necessarily stating that the goods have been placed on board in Los Angeles as well as stating that they were received for carriage in Las Vegas. To cater for this possibility of an FCA seller needing a bill of lading with an on-board notation, FCA incoterms 2020 has, for the first time, provided the following optional mechanism.

If the parties have so agreed in the contract, the buyer must instruct its carrier to issue a bill of lading with an on- board notation to the seller. The carrier may or may not, of course, accede to the buyer's request, given that the carrier is only bound and entitled to issue such a bill of lading once the goods are on board in Los Angeles. However, if and when the bill of lading is issued to the seller by the carrier at the buyer's cost and risk, the seller must provide that same document to the buyer, who will need the bill of leading in order to obtain discharge of the goods from the carrier. This optional mechanism becomes unnecessary, of course, if the parties have agreed that the seller will present to the buyer a bill of lading stating simply that the goods have been received for shipment rather than that have been shipped on board.
Moreover, it should be emphasized that even where this optional mechanism is adopted, the seller is under no obligation to the buyer as to the terms of the contract of carriage. Finally, when this optional mechanism is adopted, the dates of delivery inland and loading on board will necessarily be different, which may well create difficulties for the seller under a letter of credit.

6. **FCA매매에서 본선적재표기가 있는 선하증권** - 이미 언급하였듯이 FCA는 사용되는 운송방식이 어떠한지를 불문하고 사용할 수 있다. 이제는 매수인의 도로운송인이 라스베이거스에서 물품의 수거(pick up)한다고 할 때, 라스베이거스에서 운송인으로부터 본선적재표기가 있는 선하증권을 발급받기를 기대 하는 것이 오히려 일반적이지 않다. 라스베이거스는 항구가 아니어서 선박이 물품적재를 위하여 그곳으로 갈 수 없기 때문이다. 그럼에도 FCA Las Vegas 조건으로 매매하는 매도인은 때로는 (전형적으로 은행의 추심조건이나 신용장조건 때문에) 무엇보다도 물품이 라스베이거스에서 운송을 위하여 수령된 것으로 기재될 뿐만 아니라 그것이 로스앤젤레스에서 선적되었다고 기재된 본선적재표기가 있는 선하증권이 필요한 상황에 처하게 된다.
본선적재표기가 있는 선하증권을 필요로 하는 FCA 매도인의 이러한 가능성에 대응하기 위해 인코텀즈 2020 FCA에서는 처음으로 다음과 같은 선택적 기제를 규정한다.
당사자들이 계약에서 합의한 경우에 매수인은 그의 운송인에게 본선적재표기가 있는 선하증권을 매도인에게 발행하도록 지시해야 한다. 물론 운송인으로서는 물품이 로스앤젤레스에서 본선적재된 때에만 그러한 선하증권을 발행할 의무가 있고 또 그렇게 할 권리가 있기 때문에 매수인의 요청에 응할 수도 응하지 않을 수도 있다.
그러나 운송인이 매수인의 비용과 위험으로 매도인에게 선하증권을 발행하는 경우에는 매도인은 바로 그 선하증권을 매수인에게 제공해야 하고 매수인은 운송인으로부터 물품을 수령하기 위하여 그 선하증권이 필요하다.
물론 당사자들의 합의에 의하여 매도인이 매수인에게 물품의 본선적재 사실이 아니라 단지 물품이 선적을 위하여 수령 되었다는 사실을 기재한 선하증권을 제시하는 경우에는 이러한 선택적 기제는 불필요하다. 또한 강조되어야 할 것으로 이러한 선택적 기제가 적용되는 경우에도 매도인은 매수인에 대하여 운송계약조건에 관한 어떠한 의무도 없다. 끝으로, 이러한 선택적 기제가 적용되는 경우에 내륙의 인도일자와 본선적재 일자는 부득이 다를 수 있고, 이로 인하여 매도인에게 신용장상 어려움이 발생할 수 있다.

핵심
① 운송인도규칙(Free Carrier, FCA) : FCA = EXW + 인도장소까지의 운송비용 + 수출통관비
② 매도인 : 수출통관 ○, 수입통관 ×, 매수인 : 수출통관 ×, 수입통관 ○
③ ex) Unit price : USD 100/pc FCA Kimpo Airport, Korea (Air Transport)
USD 100/pc FCA Yongdang Container Terminal (Sea Transport)

CPT (Carriage Paid To) (insert named place of destination)

■ PLANATORY NOTES FOR USERS (사용자를 위한 설명문)

1. **Delivery and risk** - "Carriage Paid To" means that the seller delivers the goods-and transfers the risk-to the buyer ▸ by handing them over to the carrier ▸ contracted by the seller ▸ or by procuring the goods so delivered. ▸ The seller may do so by giving the carrier physical possession of the goods in the manner and at the place appropriate to the means of transport used.
   Once the goods have been delivered to the buyer in this way, the seller does not guarantee that the goods will reach the place of destination in sound condition, in the stated quantity or indeed at all. This is because risk transfers from seller to buyer when the goods are delivered to the buyer by handing them over to the carrier; the seller must nonetheless contract for the carriage of the goods from delivery to the agreed destination. Thus, for example, goods are handed over to a carrier in Las Vegas (which is not a port) for carriage to Southampton (a port) or to Winchester (which is not a port). In either case, delivery transferring risk to the buyer happens in Las Vegas, and the seller must make a contract of carriage to either Southampton or Winchester.

1. **인도와 위험** - "운송비지급인도"는 매도인이 다음과 같이 매수인에게 물품을 인도하는 것을 - 그리고 위험을 이전하는 것을 - 의미한다. ▸ 운송인에게 물품을 교부함으로써 ▸ 매도인에 의해 계약이 체결된 ▸ 또는 그렇게 인도된 물품을 조달함으로써 ▸ 매도인은 사용되는 운송수단에 적합한 방법으로 그에 적합한 장소에서 운송인에게 물품의 물리적 점유를 이전함으로써 물품을 인도할 수 있다.
   물품이 이러한 방법으로 매수인에게 인도되면 매도인은 그 물품이 목적지에 양호한 상태로 그리고 명시된 수량 또는 그 전량이 도착할 것을 보장하지 않는다. 왜냐하면 물품이 운송인에게 교부됨으로써 매수인에게 인도된 때 위험은 매도인으로부터 매수인에게 이전하기 때문이다. 그러나 매도인은 물품을 인도지로부터 합의된 목적지까지 운송하는 계약을 체결해야 한다. 따라서 예컨대 (항구인) 사우샘프턴이나 (항구가 아닌) 윈체스터까지 운송하기 위하여 (항구가 아닌) 라스베이거스에서 운송인에게 물품이 교부된다. 이러한 각각의 경우에 위험을 매수인에게 이전시키는 인도는 라스베이거스에서 일어나고 매도인은 사우샘프턴이나 윈체스터로 향하는 운송계약을 체결해야 한다.

2. **Mode of transport** - This rule may be used irrespective of the mode of transport selected and may also be used where more than one mode of transport is employed.

2. **운송방식** - 본 규칙은 어떠한 운송방식이 선택되는지를 불문하고 사용할 수 있고 둘 이상의 운송방식이 이용되는 경우에도 사용할 수 있다.

3. **Places (or points) of delivery and destination** - In CPT, two locations are important: the place or point (if any) at which the goods are delivered (for the transfer of risk) and the place or point agreed as the destination of the goods (as the point to which the seller promises to contract for carriage).

3. **인도장소(또는 인도지점)와 목적지** - CPT에서는 두 곳이 중요하다. 물품이 (위험이전을 위하여) 인도되는 장소 또는 지점(있는 경우)이 그 하나이고, 물품의 목적지로서 합의된 장소 또는 지점이 다른 하나이다(매도인은 이 지점까지 운송계약을 체결하기로 약속하기 때문이다).

4. **Identifying the place or point of delivery with precision** - The parties are well advised to identify both places, or indeed points within those places, as precisely as possible in the contract of sale. Identifying the place or point (if any) of delivery as precisely as possible is important to cater for the common situation where several carriers are engaged, each for different legs of the transit from delivery to destination.

Where this happens and the parties do not agree on a specific place or point of delivery, the default position is that risk transfers when the goods have been delivered to the first carrier at a point entirely of the seller's choosing and over which the buyer has co control. Should the parties wish the risk to transfer at a later stage (e.g. at a sea or river port or at an airport), or indeed an earlier one (e.g. an inland point some way away from a sea or river port), they need to specify this in their contract of sale and to carefully think through the consequences of so doing in case the goods are lost or damaged.

4. **정확한 인도장소 또는 인도지점 지정** - 당사자들은 매매계약에서 가급적 정확하게 두 장소 (인도장소 및 목적지) 또는 그러한 두 장소 내의 실제 지점들을 지정하는 것이 좋다.

인도장소나 인도지점(있는 경우)을 가급적 정확하게 지정하는 것은 복수의 운송인이 참여하여 인도지부터 목적지까지 사이에 각자 상이한 운송구간을 담당하는 일반적인 상황에 대응하기 위하여 중요하다.

이러한 상황에서 당사자들이 특정한 인도장소나 인도지점을 합의하지 않는 경우에 [본 규칙이 규정하는] 보충적 입장은, 위험은 물품이 매도인이 전적으로 선택하고 그에 대하여 매수인이 전혀 통제할 수 없는 지점에서 제1운송인에게 인도된 때 이전한다는 것이다. 그 후의 어느 단계에서 (예컨대 바다나 강의 항구로부터 멀리 있는 내륙의 어느 지점에서) 위험이 이전되길 원한다면, 당사자들은 이를 매매계약에 명시하고 물품이 실제로 멸실이나 손상되는 경우에 그렇게 하는 것의 결과가 어떻게 되는지를 신중하게 생각할 필요가 있다.

5. **Identifying the destination as precisely as possible** - The parties are also well advised to identify as precisely as possible in the contract of sale the point within the agreed place of destination, as this is the point to which the seller must contract for carriage and this is the point to which the costs of carriage fall on the seller.

5. **가급적 정확한 목적지 지정** - 당사자들은 또한 매매계약에서 합의된 목적지 내의 지점을 가급적 정확하게 지정하는 것이 좋다. 그 지점까지 매도인은 운송계약을 체결해야 하고 그 지점까지 발생하는 운송비용을 매도인이 부담하기 때문이다.

6. **'or procuring the goods so delivered'** - The reference to "procure" here caters for multiple sales down a chain (string sales), particularly common in the commodity trades.

6. **'또는 그렇게 인도된 물품을 조달함'** - 여기에 "조달한다"고 규정한 것은 특히 일차산품거래에서 일반적인 수차에 걸쳐 연속적으로 이루어지는 매매(연속매매)에 대응하기 위함이다.

7. **Costs of unloading at destination** - If the seller incurs costs under its contract of carriage related to unloading at the named place of destination, the seller is not entitled to recover such costs separately from the buyer unless otherwise agreed between the parties.

7. **목적지의 양하비용** - 매도인이 자신의 운송계약상 지정목적지에서 양하에 관하여 비용이 발생한 경우에 매도인은 당사자간에 달리 합의되지 않은 한 그러한 비용을 매수인으로부터 별도로 상환받을 권리가 없다.

8. **Export/import clearance** - CPT requires the seller to clear the goods for export, where applicable. However, the seller has no obligation to clear the goods for import or for transit through third countries, or to pay any import duty or to carry out any import customs formalities.

8. **수출/수입통관** - CPT에서는 해당되는 경우에 매도인이 물품의 수출통관을 해야 한다. 그러나 매도인은 물품의 수입을 위한 또는 제3국 통과를 위한 통관을 하거나 수입관세를 납부하거나 수입통관절차를 수행할 의무가 없다.

핵심

① 운송비지급인도규칙(Carriage paid to : CPT)
② CPT=FCA+지정목적지까지 운송비 부담이 매도인에게 추가된 규칙
③ 해상운송조건인 CFR규칙을 복합운송방식으로 변경시 사용가능한 규칙
④ 수출지에서 매도인이 지정한 운송인에게 물품을 인도할 때 위험의 분기점이 종료
⑤ 위험부담의 분기점과 비용부담의 분기점이 상이
⑥ 매도인 : 수출통관 ○, 수입통관 ×, 매수인 : 수출통관 ×, 수입통관 ○
⑦ Ex) Unit price : USD100 per set CPT LAX airport, LA, USA

주

① by handing them over to the carrier : 운송인에게 물품을 교부함으로써
② contracted by the seller : 매도인에 의해 계약이 체결된
③ or by procuring the goods so delivered : 또는 그렇게 인도된 물품을 조달함으로써
④ by giving the carrier physical possession of the goods : 운송인에게 물품의 물리적 점유를 이전함으로써
⑤ in the manner and at the place appropriate to the means of transport used : 사용되는 운송수단에 적합한 방법으로 그에 적합한 장소에서
⑥ may also be used where more than one mode of transport is employed : 둘 이상의 운송방식이 이용되는 경우에도 사용할 수 있다.
⑦ Places (or points) of delivery and destination : 인도장소(또는 인도지점)와 목적지
⑧ two locations are important : 두 곳이 중요하다.
⑨ as the point to which the seller promises to contract for carriage : 매도인은 이 지점까지 운송계약을 체결하기로 약속하기 때문이다.
⑩ are well advised to identify as precisely as possible in the contract both : 모두를 계약에 가능한 한 정확하게 특정하는 것이 현명하다.
⑪ to procure goods already so delivered : 이미 그렇게 인도된 물품을 조달하다.
⑫ the reference to "procure" here : 여기에서 "조달"을 규정한 것은
⑬ caters for ~ : ~에 대응하다, ~에 부응하다.
⑭ multiple sales down a chain ('string sales') : 복수의 연속적 매매('연속매매')
⑮ particularly common : 특히 보편적인
⑯ in the commodity trades : 1차 산품거래에서
⑰ costs of unloading at destination : 목적지의 양하비용
⑱ under its contract of carriage : 운송계약 하에서
⑲ seller is not entitled to recover such costs : 매도인은 그러한 비용을 구상청구(=회수, 상환 받을) 할 권리가 없다.
⑲ CPT requires the seller to clear the goods for export : CPT는 매도인이 수출을 위해 물품을 통관할 것을 요구하고 있다.

CIP (Carriage and Insurance Paid To) (insert named place of destination)

■ EXPLANATORY NOTES FOR USERS (사용자를 위한 설명문)

1. **Delivery and risk** - "Carriage and Insurance Paid To" means that seller delivers the goods -and transfers the risk-to the buyer ▸ by handing them over to the carrier ▸ contracted by the seller ▸ or by procuring the goods so delivered.
▸ The seller may do so by giving the carrier physical possession of the goods in the manner and at the place appropriate to the means of transport used.
Once the goods have been delivered to the buyer in this way, the seller does not guarantee that the goods will reach the place of destination in sound condition, in the stated quantity or indeed at all.
This is because risk transfers from seller to buyer by handing them over to the carrier; the seller must nonetheless contract for th carriage of the goods from delivery to the agreed destination. Thus, for example, goods are handed over to a carrier in Las Vegas (which is not a port) for carriage to Southampton (a port) or to Winchester (which is not a port). In either case, delivery transferring risk to the buyer happens in Las Vegas, and the seller must make a contract of carriage to either Southampton or Winchester.

1. **인도와 위험** - "운송비·보험료지급인도"는 매도인이 다음과 같이 매수인에게 물품을 인도하는 것을- 그리고 위험을 이전하는 것을- 의미한다. ▸ 운송인에게 물품을 교부함으로써 ▸ 매도인에 의해 계약이 체결된 ▸ 또는 그렇게 인도된 물품을 조달함으로써.
▸ 매도인은 사용되는 운송수단에 적합한 방법으로 그에 적합한 장소에서 운송인에게 물품의 물리적 점유를 이전함으로써 물품을 인도할 수 있다.
물품이 이러한 방법으로 매수인에게 인도되면, 매도인은 그 물품이 목적지에 양호한 상태로 그리고 명시된 수량 또는 그 전량이 도착할 것을 보장하지 않는다. 왜냐하면 물품이 운송인에게 교부됨으로써 매수인에게 인도된 때 위험은 매도인으로부터 매수인에게 이전하기 때문이다. 그러나 매도인은 물품을 인도지로부터 합의된 목적지까지 운송하는 계약을 체결해야 한다. 따라서 예컨대 (항구인) 사우샘프턴이나 (항구가 아닌) 윈체스터까지 운송하기 위하여 (항구가 아닌) 라스베이거스에서 운송인에게 물품이 교부된다. 이러한 각각의 경우에 위험을 매수인에게 이전시키는 인도는 라스베이거스에서 일어나고 매도인은 사우샘프턴이나 윈체스터로 향하는 운송계약을 체결해야 한다.

2. **Mode of transport** - This rule may be used irrespective of the mode of transport selected and may also be used where more than one mode of transport is employed.

2. **운송방식** - 본 규칙은 어떠한 운송방식이 선택되는지를 불문하고 사용할 수 있고 둘 이상의 운송방식이 이용되는 경우에도 사용할 수 있다.

3. **Places (or points) of delivery and destination** - In CIP two locations are important: the place or oint at which the goods are delivered (for the transfer of risk) and the place or point agreed as the destination of the goods (as the point to which the seller promises to contract for carriage).

3. **인도장소(또는 인도지점)와 목적지** - CIP에서는 두 곳이 중요하다. 물품이 (위험이전을 위하여) 인도되는 장소 또는 지점이 그 하나이고, 물품의 목적지로서 합의된 장소 또는 지점이 다른 하나이다. (매도인은 이 지점까지 운송계약을 체결하기로 약속하기 때문이다.)

4. **Insurance** - The seller must also contract for insurance cover against the buyer's risk of loss of or damage to the goods from the point of delivery to at least the point of destination. This may cause difficulty where the destination country requires insurance cover to be purchased locally: in this case the parties should consider selling and buying under CPT.
The buyer should also note that under the CIP Incoterms 2020 rule the seller is required to obtain extensive insurance cover complying with Institute Cargo Clauses (A) or similar clause, rather than with the more limited cover under Institute Cargo Clauses (C). It is, however, still open to the parties to agree on a lower level of cover.

4. **보험** - 매도인은 또한 인도지점부터 적어도 목적지점까지 매수인의 물품의 멸실이나 손상위험에 대하여 보험계약을 체결해야 한다. 이는 목적지 국가가 자국의 보험자에게 부보하도록 요구하는 경우에는 어려움을 야기할 수 있다. 이러한 경우에 당사자들은 CPT로 매매하는 것을 고려해야 한다.
또한 매수인은 인코텀즈 2020 CIP 하에서 매도인은 협회적하약관 (C)에 의한 제한적인 담보조건이 아니라 협회적하약관 (A)나 그와 유사한 약관에 따른 광범위한 담보조건으로 부보해야 한다는 것을 유의해야 한다. 그러나 당사자들은 여전히 더 낮은 수준의 담보조건으로 부보하기로 합의할 수 있다.

5. **Identifying the place or point of delivery with precision** - The parties are well advised to identify both places, or indeed points within those places, as precisely as possible in the contract of sale. Identifying the place or point (if any) of delivery as precisely as possible is important to cater for the common situation where several carriers are engaged, each for different legs of the transit from delivery to destination.
Where this happens and the parties do not agree on a specific place or point of delivery, the default position is that risk transfers when the goods have been delivered to the first carrier at a point entirely of the seller's choosing and over which the buyer has no control. Should the parties wish the risk to transfer at a later stage(e.g. at a sea or river port or at an airport), or indeed an earlier one (e.g. on inland point some way away from a sea or river port), they need to specify this in their contract of sale and to carefully think through the consequences of so doing in case the goods are lost or damaged.

5. **정확한 인도장소 또는 인도지점 지정** - 당사자들은 매매계약에서 가급적 정확하게 두 장소(인도장소 및 목적지) 또는 그러한 두 장소 내의 실제 지점들을 지정하는 것이 좋다.
인도장소나 인도지점(있는 경우)을 가급적 정확하게 지정하는 것은 복수의 운송인이 참여하여 인도지부터 목적지까지 사이에 각자 상이한 운송구간을 담당하는 일반적인 상황에 대응하기 위하여 중요하다.
이러한 상황에서 당사자들이 특정한 인도장소나 인도지점을 합의하지 않는 경우에 [본 규칙이 규정하는] 보충적 입장은, 위험은 물품이 매도인이 전적으로 선택하고 그에 대하여 매수인이 전혀 통제할 수 없는 지점에서 최초의 운송인(제1운송인)에게 인도된 때 이전한다는 것이다. 그 후의 어느 단계에서 (예컨대 바다나 강의 항구에서 또는 공항에서) 또는 그 전의 어느 단계에서 (예컨대 바다나 강의 항구로부터 멀리 있는 내륙의 어느 지점에서) 위험이 이전되길 원한다면, 당사자들은 이를 매매계약에 명시하고 물품이 실제로 멸실이나 손상되는 경우에 그렇게 하는 것의 결과가 어떻게 되는지를 신중하게 생각할 필요가 있다.

6. **Identifying the destination as precisely as possible** - The parties are also well advised to identify as precisely as possible in the contract of sale the point within the agreed place of destination, as this is the point to which the seller must contract for carriage and insurance and this is the point to which the costs of carriage and insurance fall on the seller.

6. **가급적 정확한 목적지 지정** - 당사자들은 매매계약에서 합의된 목적지 내의 지점을 가급적 정확하게 지정하는 것이 좋다. 그 지점까지 매도인은 운송계약과 보험계약을 체결해야 하고 그 지점까지 발생하는 운송비용과 보험비용을 매도인이 부담하기 때문이다.

7. **'or procuring the goods so delivered'** - The reference to "procure" here caters for multiple sales down a chain (string sales), particularly common in the commodity trades.

7. **'또는 그렇게 인도된 물품을 조달함'** - 여기에 "조달한다"고 규정한 것은 특히 일차산품거래에서 일반적인 수차에 걸쳐 연속적으로 이루어지는 매매(연속매매)에 대응하기 위함이다.

8. **Costs of unloading at destination** - If the seller incurs costs under its contract of carriage related to unloading at the named place of destination, the seller is not entitled to recover such costs separately from the buyer unless otherwise agreed between the parties.

8. **목적지의 양하비용** - 매도인이 자신의 운송계약상 지정목적지에서 양하에 관하여 비용이 발생한 경우에 매도인은 당사자간에 달리 합의되지 않은 한 그러한 비용을 매수인으로부터 별도로 상환받을 권리가 없다.

9. **Export/import clearance** - CIP requires the seller to clear the goods for export, where applicable. However, the seller has no obligation to clear the goods for import or for transit through third countries, or to pay any import duty or to carry out any import customs formalities.

9. **수출/수입통관** - CIP에서는 해당되는 경우에 매도인이 물품의 수출통관을 해야 한다. 그러나 매도인은 물품의 수입을 위한 또는 제3국 통과를 위한 통관을 하거나 수입관세를 납부하거나 수입통관절차를 수행할 의무가 없다.

핵심

① 운송비보험료지급인도규칙(Carriage and insurance paid to : CIP)
② CIP=CPT+지정목적지까지 보험체결의무가 매도인에게 추가된 규칙
③ 해상운송조건인 CIF규칙을 복합운송방식으로 변경시 사용 가능한 규칙
④ 매도인 : 수출통관 ○, 수입통관 ×, 매수인 : 수출통관 ×, 수입통관 ○
⑤ 매도인의 보험부보 의무, 주운송비 지급조건
⑥ CPT규칙과 마찬가지로, 위험의 이전과 비용부담의 분기점이 서로 상이
위험부담의 분기점 : 지정한 운송인에게 물품 인도시
비용부담의 분기점 : 지정목적지까지 운송비와 보험료 부담
C자로 시작되는 조건들(CFR, CIF, CPT, CIP) : 모두 위험 비용부담의 분기점이 서로 상이
⑦ 매수인 : 물품이 운송인에게 인도된 이후의 모든 위험을 부담함과 동시에 지정목적지까지의 운송비와 적하보험료를 제외한 모든 비용을 부담
⑧ 운송 도중 계약물품의 멸실 또는 손상에 관한 매수인의 위험에 대해 보험을 매도인이 취득해야 한다는 것을 제외하고는 CPT규칙과 동일

⑨ CPT규칙이 CFR규칙에 해당된다면 CIP규칙은 CIF규칙에 해당
⑩ CIP규칙은 운송형태에 관계없이 특히 복합운송에 적합한 규칙
⑪ CPT규칙 및 CIP규칙에서 매도인의 인도의무는 FCA규칙과 마찬가지로 최초의 운송인에게 현실적 인도(actual delivery)로서 이행되는 법리적 성질
⑫ 매도인은 최대담보조건인 ICC(A) 또는 ICC(A/R) 조건으로 부보하고 송장금액의 110%를 보험금액으로 함. 만일 매수인이 그 이상을 요구하면 서로 합의하거나 매수인의 비용부담으로 매도인이 매수인을 위해 부보
⑬ Carriage : 해상운송, 항공운송, 도로운송, 철도운송 및 항공운송 등의 운송비용
Insurance : 운송 중의 물품의 멸실 또는 손상의 위험을 담보하기 위한 보험료
paid to : (목적지)까지 지급된다는 것을 의미
⑭ Ex) Unit price : USD100 per box CIP LAX airport, LA, USA

주 ① named place of destination : 지정된 목적지
② The seller must contract for insurance cover : 매도인은 보험계약을 체결해야 한다.
③ from the point of delivery to at least he point of destination : 인도지점부터 적어도 목적지점까지
④ where the destination country requires insurance cover to be purchased locally : 목적지 국가가 자국의 보험자에게 부보하도록 요구하는 경우에는
⑤ should consider selling and buying under CPT : CPT로 매매하는 것을 고려해야 한다.
⑥ under the CIP Incoterms 2020 rule : 인코텀즈 2020 CIP 하에서
⑦ the seller is required to obtain extensive insurance cover : 매도인은 광범위한 담보조건으로 부보해야 한다.
⑧ rather than with the more limited cover under Institute Cargo Clauses (C) : 협회적하약관 (C)에 의한 제한적인 담보조건이 아니라
⑨ It is, however, still open to the parties to agree on a lower level of cover : 그러나 당사자들은 여전히 더 낮은 수준의 담보조건으로 부보하기로 합의할 수 있다.
⑩ Identifying the place or point (if any) of delivery as precisely as possible : 인도장소나 인도지점(있는 경우)을 가급적 정확하게 지정하는 것
⑪ is important to cater for the common situation where several carriers are engaged : 복수의 운송인이 참여하는 일반적인 상황에 대응하기 위하여 중요하다.
⑫ each for different legs of the transit from delivery to destination : 인도지부터 목적지까지 사이에 각자 상이한 운송구간을 담당하는
⑬ Where this happens and the parties do not agree on a specific place or point of delivery : 이러한 상황에서 당사자들이 특정한 인도장소나 인도지점을 합의하지 않는 경우에
⑭ the default position : [본 규칙이 규정하는] 보충적 입장
⑮ at a point entirely of the seller's choosing and over which the buyer has no control : 매도인이 전적으로 선택하고 그에 대하여 매수인이 전혀 통제할 수 없는 지점에서
⑯ at a later stage : 그 후의 어느 단계에서
⑰ an earlier one (e.g. on inland point some way away from a sea or river port) : 그 전의 어느 단계에서 (예컨대 바다나 강의 항구로부터 멀리 있는 내륙의 어느 지점에서)
⑱ to carefully think through the consequences of so doing : 그렇게 하는 것의 결과가 어떻게 되는지를 신중하게 생각하다.
⑲ for transit through third countries : 제3국 통과를 위한 통관을 하거나

DAP (Delivered At Place) (insert named place of destination)

■ EXPLANATORY NOTES FOR USERS (사용자를 위한 설명문)

1. **Delivery and risk** - "Delivered at Place" means that the seller delivers the goods-and transfers risk-to the buyer ▸ when the goods are placed at the disposal of the buyer ▸ on the arriving means of transport ready for unloading ▸ at the named placed of destination or ▸ at the agreed point within that place, if any such point is agreed. The seller bears all risks involved in bringing the goods to the named place of destination or the agreed point within that place. In this Incoterms rule, therefore, delivery and arrival at destination are the same.

1. **인도와 위험** - "도착지인도"는 다음과 같이 된 때 매도인이 매수인에게 물품을 인도하는 것을- 그리고 위험을 이전하는 것을-의미한다. ▸ 물품이 매수인의 처분 하에 놓인 때 ▸ 도착 운동수단에 실어둔 채 양하가 준비된 상태로 ▸ 지정목적지 내에 또는 ▸ 어떠한 지점이 합의된 경우에는 그 지점에서. 매도인은 물품을 지정목적지까지 또는 지정목적지 내의 합의된 지점까지 가져가는 데 수반되는 모든 위험을 부담한다. 따라서 본 인코텀즈 규칙에서 인도와 목적지의 도착은 같은 것이다.

2. **Mode of transport** - This rule may be used irrespective of the mode of transport selected and may also be used where more than mode of transport is employed.

2. **운송방식** - 본 규칙은 어떠한 운송방식이 선택되는지를 불문하고 사용할 수 있고 둘 이상의 운송방식이 이용되는 경우에는 사용할 수 있다.

3. **Identifying the place or point delivery/destination precisely** - The parties are well advised to specify the destination place or point as cleary as possible and this for several reasons. First, risk of loss of or damage to the goods transfers to the buyer at that point of delivery/destination-and it is best for the seller and the buyer to be clear about the point at which the critical transfer happens.
Secondly, the costs before that place or point of delivery /destination are for the account of the seller and the costs after that place or point are for the account of the buyer.
Thirdly, the seller must contract or arrange for the carriage of the goods to the agreed place or point delivery /destination. If it fails to do so, the seller is in breach of its obligations under the Incoterms DAP rule and will be liable to the buyer for any ensuing loss. Thus, for example, the seller would be responsible for any additional costs levied by the carrier to the buyer for any additional on- carriage

3. **정확한 인도장소/목적지 또는 인도/목적지점 지정** - 당사자들은 몇 가지 이유로 가급적 명확하게 목적지나 목적지점을 명시하는 것이 좋다. 첫째, 물품의 멸실이나 손상의 위험은 그러한 인도/목적지점에서 매수인에게 이전한다. -따라서 매도인과 매수인은 그러한 결정적인 이전이 일어나는 지점에 대하여 명확하게 해두는 것이 가장 좋다. 둘째, 그러한 인도장소/목적지 또는 인도/목적지점 전의 비용은 매도인이 부담하고 그 후의 비용은 매수인이 부담한다.
셋째, 매도인은 물품을 합의된 인도장소/목적지 또는 인도/목적지점까지 운송하는 계약을 체결하거나 그러한 운송을 마련해야 한다.
그렇지 않는 경우 매도인은 인코텀즈 DAP규칙상 그의 의무를 위반한 것이 되고 매수인에 대해 그에 따른 손해배상책임을 지게 된다. 따라서 예컨대 매도인은 추가적인 후속운송을 운송인이 매수인에게 부과하는 추가비용에 대하여 책임을 지게 된다.

4. **'or procuring the goods so delivered'** - The reference to "procure" here caters for multiple sales down a chain (string sales), particularly common in the commodity trades.
4. **'또는 그렇게 인도된 물품을 조달함'** - 여기에 "조달한다"고 규정한 것은 특히 일차산품거래에서 일반적인 수차에 걸쳐 연속적으로 이루어지는 매매(연속매매)에 대응하기 위함이다.

5. **Unloading costs** - The seller is not required th unload the goods from the arriving means of transportation. However, if the seller incurs costs under its contract of carriage related to unloading at the place of delivery/destination, the seller is not entitled to recover such costs separately from the buyer unless otherwise agreed between the parties.
5. **양하비용** - 매도인은 도착운송수단으로부터 물품을 양하(unload)할 필요가 없다. 그러나 매도인이 자신의 운송계약상 인도장소/목적지에서 양하에 관하여 비용이 발생한 경우에 매도인은 당사자 간에 달리 합의되지 않은 한 그러한 비용을 매수인으로부터 별도로 상환 받을 권리가 없다.

6. **Export/import clearance** - DAP requires the seller to clear the goods for export, where applicable. However, the seller has no obligation to clear the goods for import or for post-delivery transit through third countries, to pay any import duty or to carry out any import customs formalities. As a result, if the buyer fails to organize import clearance, the goods will be held up at a port or inland terminal in the destination country. Who bears the risk of any loss that might occur while the goods are thus held up at the port of entry in the destination country?
The answer is the buyer: delivery will not have occurred yet, B3(a) ensuring that the risk of loss of or damage to the goods is with the buyer until transit to a named inland point can be resumed. If, in order to avoid this scenario, the parties intend the seller to clear the goods for import, pay any import duty or tax and carry out any import customs formalities, the parties might consider using DDP.
6. **수출/수입통관** - DAP에서는 해당되는 경우에 매도인이 물품의 수출통관을 해야 한다. 그러나 매도인은 물품의 수입을 위한 또는 인도 후 제3국 통과를 위한 통관을 하거나 수입관세를 납부하거나 수입통관절차를 수행할 의무가 없다.
따라서 매수인이 수입통관을 못하는 경우에는 물품은 목적지 국가의 항구나 내륙터미널에 묶이게 될 것이다. 그렇다면 물품이 목적지 국가의 입국항구(port of entry)에 묶여있는 동안에 발생하는 어떤 멸실의 위험은 누가 부담하는가?
그 답은 매수인이다. 즉 아직 인도가 일어나지 않았고, B3(a)는 내륙의 지정지점으로의 통과가 재개될 때까지 물품의 멸실이나 손상의 위험을 매수인이 부담하도록 하기 때문이다. 만일 이러한 시나리오를 피하기 위하여 물품의 수입통관을 하고 수입관세나 세금을 납부하고 수입통관절차를 수행하는 것을 매도인이 하도록 하고자 하는 경우에는 당사자들은 DDP를 사용하는 것을 고려할 수 있다.

핵심

① 목적지인도규칙(Delivered at Place : DAP)
② 지정목적지에서 물품을 운송수단에서 양하하지 않은 채 매수인의 임의처분상태로 둘 때 인도
③ Ex) Unit price: USD100/pc DAP Shanghai Port pier 3, Shanghai, China
④ delivery and arrival at destination are the same : 인도와 목적지의 도착은 같은 것이다.
⑤ for post-delivery transit through third countries : 인도 후 제3국 통과를 위한
⑥ if the buyer fails to organize import clearance : 매수인이 수입통관을 못하는 경우에는

DPU (Delivered at Place Unloaded) (insert named place of destination)

■ EXPLANATORY NOTES FOR USERS (사용자를 위한 설명문)

1. **Delivery and risk** - "Delivered at Place Unloaded" means that the seller delivers the goods −and transfers risk− to the buyer ▸ when the goods, ▸ once unloaded from the arriving means of transport, ▸ are placed at the disposal of the buyer ▸ at a named place of destination or ▸ at the agreed point within that place, if any such point is agreed.
The seller bears all risks involved in bringing the goods to and unloading them at the named place of destination. In this Incoterms rule, therefore, the delivery and arrival at destination are the same.
DPU is the only Incoterms rule that requires the seller to unload goods at destination. The seller should therefore ensure that it is in a position to organize unloading at the named place. Should the parties intend the seller not to bear the risk and cost of unloading, the DPU rule should be avoided and DAP should be used instead.

1. **인도와 위험** - "도착지양하인도"는 다음과 같이 된 때 매도인이 매수인에게 물품을 인도하는 것을 −그리고 위험을 이전하는 것을− 의미한다. ▸ 물품이 ▸ 도착운송수단으로부터 양하가 완료된 상태로 ▸ 매수인의 처분하에 놓인 때 ▸ 지정목적지 내에 또는 ▸ 어떠한 지점이 합의된 경우에는 그 지점에서.
매도인은 물품을 지정목적지까지 가져가서 그곳에서 물품을 양하하는 데 수반되는 모든 위험을 부담한다. 따라서 본 인코텀즈 규칙에서 인도와 목적지의 도착은 같은 것이다. DPU는 매도인이 목적지에서 물품을 양하하도록 하는 유일한 인코텀즈 규칙이다.
따라서 매도인은 자신이 그러한 지정장소에서 양하를 할 수 있는 입장에 있는지를 확실히 해야 한다. 당사자들은 매도인이 양하의 위험과 비용을 부담하기를 원하지 않는 경우는 DPU 규칙은 피하고 대신 DAP를 사용해야 한다.

2. **Mode of transport** − This rule may be used irrespective of the mode of transport selected and may also be used where more than one mode of transport is employed.

2. **운송방식** − 본 규칙은 어떠한 운송방식이 선택되는지를 불문하고 사용할 수 있고 둘 이상의 운송방식이 이용되는 경우에도 사용할 수 있다.

3. **Identifying the place or point of delivery/destination precisely** - The parties are well advised to specify the destination place or point as clearly as possible and this for several reasons. First, risk of loss of or damage to the goods transfers to the buyer at that point of delivery/destination-and it is best for the seller and the buyer to be clear about the point at which that critical transfer happens.
Secondly, the costs before that place or point of delivery/destination are for the account of the seller and the costs after that place or point are for the account of the buyer.
Thirdly, the seller must contract or arrange for the carriage of the goods to the agreed place or point of delivery/destination. If it fails to do so, the seller is in breach of its obligations under this rule and will be liable to the buyer for the any ensuing loss. The seller would, for example, be responsible for any additional costs levied by the carrier to the buyer for any additional on-carriage.

3. **정확한 인도장소/목적지 또는 인도/목적지점 지정** − 당사자들은 몇 가지 이유로 가급적 명확하게 목적지나 목적지점을 명시하는 것이 좋다. 첫째, 물품의 멸실이나 손상의 위험은 그러한 인도/목적지점에서 매수인에게 이전한다. 따라서 매도인과 매수인은 그러한 결정적인 이전이 일어나는 지점에 대하여 명확하게 해두는 것이 가장 좋다.

둘째, 그러한 인도장소/목적지 또는 인도/목적지점 전의 비용은 매도인이 부담하고 그 후의 비용은 매수인이 부담한다. 셋째, 매도인은 물품을 합의된 인도장소/목적지 또는 인도/목적지점까지 운송하는 계약을 체결하거나 그러한 운송을 마련해야 한다.
그렇지 않는 경우에 매도인은 본 규칙상 그의 의무를 위반한 것이 되고 매수인에 대하여 그에 따른 손해배상책임을 지게 된다. 따라서 예컨대 매도인은 추가적인 후속운송을 위해 운송인이 매수인에게 부과하는 추가비용에 대하여 책임을 지게 된다.

4. **'or procuring the goods so delivered'** - The reference to "procure" here caters for multiple sales down a chain (string sales), particularly common in the commodity trades.
4. **'또는 그렇게 인도된 물품을 조달함'** - 여기에 "조달한다"고 규정한 것은 특히 일차산품거래에서 일반적인 수차에 걸쳐 연속적으로 이루어지는 매매(연속매매)에 대응하기 위함이다.

5. **Export/import clearance** - DPU requires the seller to clear the goods for export, where applicable. However, the seller has no obligation to clear the goods for import or for post-delivery transit through third countries, to pay any import duty or to carry out any import customs formalities. As a result, if the buyer fails to organize import clearance, the goods will be held up at a port or inland terminal in the destination country. Who bears the risk of any loss that might occur while the goods are thus held up at the port of entry in the destination country?
The answer is the buyer : delivery will not have occurred yet, B3(a) ensuring that the risk of inland point can be resumed. If, in order to avoid this scenario, the parties intend the seller to clear the goods for import, pay any import duty or tax and carry out any import customs formalities, the parties might consider using DDP.
5. **수출/수입통관** - DPU에서는 해당되는 경우에 매도인이 물품의 수출통관을 해야 한다. 그러나 매도인은 물품의 수입을 위한 또는 인도 후 제3국 통과를 위한 통관을 하거나 수입관세를 납부하거나 수입통관절차를 수행할 의무가 없다. 따라서 매수인이 수입통관을 못하는 경우에 물품은 목적지 국가의 항구나 내륙터미널에 묶이게 될 것이다. 그렇다면 물품이 목적지 국가의 입국항구(port of entry)나 내륙터미널에 묶여있는 동안에 발생하는 어떤 멸실의 위험은 누가 부담하는가? 그 답은 매수인이다.
즉 아직 인도가 일어나지 않았고, B3(a)은 내륙의 지정지점으로의 통과가 재개될 때까지 물품의 멸실이나 손상의 위험을 매수인이 부담하도록 하기 때문이다. 이러한 시나리오를 피하기 위하여 물품의 수입신고를 하고 수입관세나 세금을 납부하고 수입통관절차를 수행하는 것을 매도인이 하도록 하는 경우에 당사자들은 DDP를 사용하는 것을 고려할 수 있다.

핵심
① 도착지양하인도규칙(Delivered at Place Unloaded : DPU)
② 인코텀즈 2020에서 유일하게 매도인이 물품을 운송수단에서 양하하여 인도하는 규칙
③ 매도인 : 수출통관 ○, 수입통관 ×, 매수인 : 수출통관 ×, 수입통관 ○
④ Ex) Unit price: USD100/set DAT Hutchison Busan Terminal, Busan Port, Korea

주
① named place of destination : 지정된 목적지
② once unloaded from the arriving means of transport : 도착된 운송수단에서 양하된 상태로
③ DPU is the only Incoterms rule : DPU는 유일한 인코텀즈 규칙이다.
④ the DPU rule should be avoided : DPU 규칙은 피해야 한다.

DDP (Delivered Duty Paid) (insert named place of destination)

■ EXPLANATORY NOTES FOR USERS (사용자를 위한 설명문)

1. **Delivery and risk** - "Delivered Duty Paid" means that the seller delivers the goods to the buyer ▸ when the goods are placed at the disposal of the buyer ▸ cleared for import ▸ on the arriving means of transport ▸ ready for unloading ▸ at the named place of destination or at the agreed point within that place, if any such point is agreed.
The seller bears all risks involved in bringing the goods to the named place of destination or to the agreed point within that place. In this Incoterms rule, therefore, delivery and arrival at destination are the same.

1. **인도와 위험** - "관세지급인도"는 다음과 같이 된 때 매도인이 매수인에게 물품을 인도하는 것을 의미한다. ▸ 물품이 매수인의 처분상태로 놓인 때 ▸ 수입통관을 필하여 ▸ 도착된 운송수단에 실어둔 채 ▸ 양하준비된 상태로 ▸ 지정목적지에서 또는 지정목적지 내의 어떠한 지점이 합의된 경우에는 그러한 지점에서.
매도인은 물품을 지정목적지까지 또는 지정목적지 내의 합의된 지점까지 가져가는 데 수반되는 모든 위험을 부담한다. 따라서 본 인코텀즈 규칙에서 인도와 목적지의 도착은 같은 것이다.

2. **Mode of transport** - This rule may be used irrespective of the mode of transport selected and may also be used where more than one mode of transport is employed.

2. **운송방식** - 본 규칙은 어떠한 운송방식이 선택되는지를 불문하고 사용할 수 있고 둘 이상의 운송방식이 이용되는 경우에도 사용할 수 있다.

3. **A note of caution to sellers : maximum responsibility** - DDP, with delivery happening at destination and with the sellers being responsible for the payment of import duty and applicable taxes is the Incoterms rule imposing on the seller the maximum level of obligation of all eleven Incoterms rules. From the seller's perspective, therefore, the rule should be used with care for different reasons as set out in paragraph 7.

3. **매도인을 위한 유의사항: 최대책임** - DDP에서는 인도가 도착지에서 일어나고 매도인이 수입관세와 해당되는 세금의 납부책임을 부담하므로 DDP는 11개의 모든 인코텀즈 규칙 중에서 매도인에게 최고수준의 의무를 부과하는 규칙이다. 따라서 매도인의 관점에서, 본 규칙은 아래 7번 단락에서 보는 바와 같이 여러 가지 이유로 조심스럽게 사용해야 한다.

4. **Identifying the place or point of delivery/destination precisely** - The parties are well advised to specify the destination place or point as clearly as possible and this for several reasons.
First, risk of loss of or damage to the goods transfers to the buyer at that point of delivery/destination-and it is best for the seller and the buyer to be clear about the point at which that critical transfer happens.
Secondly, the costs before that place or point of delivery/destination are for the account of the seller, including the costs of import clearance, and the costs after that place or point, other than the costs of import, are for the account of the buyer.
Thirdly, the seller must contract or arrange for the carriage of the goods to the agreed place or point of delivery/destination. If it fails to do so, the seller is in breach of its obligations under the Incoterms rule DDP and will be liable to the buyer for any ensuing loss.

Thus, for example, the seller would be responsible for any additional costs levied by the carrier to the buyer for any additional on-carriage.

4. **정확한 인도장소/목적지 또는 인도/목적지점 지정** – 당사자들은 몇 가지 이유로 가급적 명확하게 목적지나 목적지점을 명시하는 것이 좋다. 첫째, 물품의 멸실이나 손상의 위험은 그러한 인도/목적지점에서 매수인에게 이전한다 – 따라서 매도인과 매수인은 그러한 결정적인 이전이 일어나는 지점에 대하여 명확하게 해두는 것이 가장 좋다.
둘째, 수입통관비용을 포함하여 그러한 인도장소/목적지 또는 인도/목적지점 전의 비용은 매도인이 부담하고 수입비용을 제외한 그 후의 비용은 매수인이 부담한다.
셋째, 매도인은 물품을 합의된 인도장소/목적지 또는 인도/목적지점까지 운송하는 계약을 체결하거나 그러한 운송을 마련해야 한다. 그렇게 하지 않는 경우에 매도인은 인코텀즈 DDP 규칙상 그의 의무를 위반한 것이 되고 매수인에 대하여 그에 따른 손해배상책임을 지게 된다.
따라서 예컨대 매도인은 추가적인 후속운송(on-carriage)을 위하여 운송인이 매수인에게 부과하는 추가비용에 대하여 책임을 지게 된다.

5. **'or procuring the goods so delivered'** - The reference to "procure" here caters for multiple sales down a chain (string sales), particularly common in the commodity trades.

5. **'또는 그렇게 인도된 물품을 조달함'** - 여기에 "조달한다"고 규정한 것은 특히 일차산품거래에서 일반적인 수차에 걸쳐 연속적으로 이루어지는 매매(연속매매)에 대응하기 위함이다.

6. **Unloading costs** - If the seller incurs costs under its contract of carriage related to unloading at the place of delivery/destination, the seller is not entitled to recover such costs separately from the buyer unless otherwise agreed between the parties.

6. **양하비용** – 매도인은 자신의 운송계약상 인도장소/목적지에서 양하에 관하여 비용이 발생한 경우에 당사자간에 달리 합의되지 않은 한 그러한 비용을 매수인으로부터 별도로 상환받을 권리가 없다.

7. **Export/import clearance** - As set out in paragraph 3, DDP requires the seller to clear the goods for export, where applicable, as well as for import and to pay any import duty or to carry out any customs formalities. Thus if the seller is unable to obtain import clearance and would rather leave that side of things in the buyer's hands in the country of import, then the seller should consider choosing DAP or DPU, under which rules delivery still happens at destination, but with import clearance being left to the buyer. There may be tax implications and this tax may not be recoverable from the buyer; see A9(d).

7. **수출/수입통관** – 위의 3번 단락에서 보듯이, DDP에서는 해당되는 경우에 매도인이 물품의 수출통관 및 수입통관을 해야 하고 또한 수입관세를 납부하거나 모든 통관절차를 수행해야 한다. 따라서 매도인은 수입통관을 완료할 수 없어서 차라리 이러한 부분을 수입국에 있는 매수인의 손에 맡기고자 하는 경우에 인도는 여전히 목적지에서 일어나지만 수입통관은 매수인이 하도록 되어 있는 DAP나 DPU를 선택하는 것을 고려해야 한다. 세금문제가 개재될 수 있는데 이러한 세금은 매수인으로부터 상환받을 수 없다. A9(d)를 보라.

핵심
① 관세지급인도규칙(Delivered duty paid : DDP)
② 매도인의 최대의무조건, 매도인 : 수출통관 ○, 수입통관 ○

FAS (Free Alongside Ship) (insert named place of shipment)

■ EXPLANATORY NOTES FOR USERS (사용자를 위한 설명문)

1. **Delivery and risk** - "Free Alongside Ship" means that the seller delivers the goods to the buyer ▸ when the goods are placed alongside the ship (e.g. on a quay or a barge) ▸ nominated by the buyer ▸ at the named port of shipment ▸ or when the seller procures goods already so delivered.
The risk of loss or damage to the goods transfers when the goods are alongside the ship, and the buyer bears all costs from that moment onwards.

1. **인도와 위험** - "선측인도"는 다음과 같이 된 때 매도인이 물품을 매수인에게 인도하는 것을 의미한다. ▸ 물품이 선박의 선측(예컨대 부두나 바지선)에 놓인 때 ▸ 매수인에 의해 지정된 ▸ 지정선 선적항에서 ▸ 또는 이미 그렇게 인도된 물품을 조달한 때.
물품의 멸실이나 손상의 위험은 물품이 선측에 놓인 때 이전하고, 매수인은 그 순간부터 향후의 모든 비용을 부담한다.

2. **Mode of transport** - This rule is to be used only for sea or inland waterway transport where the parties intend to deliver the goods by placing the goods alongside a vessel. Thus, the FAS rule is not appropriate where goods are handed over to the carrier before they are alongside the vessel, for example where goods are handed over to a carrier at a container terminal. Where this is the case, parties should consider using the FCA rule rather than the FAS rule.

2. **운송방식** - 본 규칙은 당사자들이 물품을 선측에 둠으로써 인도하기로 의도하는 해상운송이나 내수로 운송에만 사용되어야 한다.
따라서 FAS 규칙은 물품이 선측에 놓이기 전에 운송인에게 교부되는 경우, 예컨대 물품이 컨테이너터미널에서 운송인에게 교부되는 경우에는 적절하지 않다. 이러한 경우에 당사자들은 FAS 규칙 대신에 FCA 규칙을 사용하는 것을 고려해야 한다.

3. **Identifying the loading point precisely** - The parties are will advised to specify as clearly as possible the loading point at the named port of shipment there the goods are to be transferred from the quay or barge to the ship, as the costs and risks to that point are for the account of the seller and these costs and associated handling charges may vary according to the practice of the port.

3. **정확한 적재지점 지정** - 당사자들은 지정선적항에서 물품이 부두나 바지선으로부터 선박으로 이동하는 적재지점을 가급적 명확하게 명시하는 것이 좋다. 그 지점까지의 비용과 위험은 매도인이 부담하고, 이러한 비용과 그와 관련된 처리비용은 항구의 관행에 따라 다르기 때문이다.

4. **'or procuring the goods so delivered'** - The seller is required either to deliver the goods alongside the ship or to procure goods already so delivered for shipment. The reference to "procure" here caters for multiple sales down chain (string sales), particularly common in the commodity trades.

4. **'또는 그렇게 인도된 물품을 조달함'** - 매도인은 물품을 선측에서 인도하거나 선적을 위하여 이미 그렇게 인도된 물품을 조달해야 한다. 여기에 "조달한다"고 규정한 것은 특히 일차산품거래에서 일반적인 수차에 걸쳐 연속적으로 이루어지는 매매(연속매매)에 대응하기 위함이다.

5. **Export/ import clearance** - FAS requires the seller to clear the goods for export, where applicable. However, the seller has no obligation to clear the goods for import or for transit through third counties, to pay any import duty or to carry out any import customs formalities.

5. **수출/수입통관** - FAS에서는 해당되는 경우에 매도인이 물품의 수출통관을 해야 한다. 그러나 매도인은 물품의 수입을 위한 또는 제3국 통과를 위한 통관을 하거나 수입관세를 납부하거나 수입통관절차를 수행할 의무가 없다.

핵심

① 선측인도규칙(Free Alongside Ship : FAS)

② 매도인은 지정선적항에서 매수인이 지정한 본선의 선측에 물품을 인도하거나 또는 선적을 위해 이미 그렇게 인도된 물품을 조달(procure)하면 되는 규칙

③ 선측에서 본선에 적재되는 비용은 매수인이 부담

④ 매도인이 수출통관하여 지정된 본선의 선측에 인도한 이후의 비용과 위험은 매수인 부담

⑤ 원맥이나 원목, 원면 등 적양비용이 많이 소요되는 Bulk Product의 거래에 주로 이용되는 규칙

⑥ 운송형태의 제한 : FAS규칙은 물품을 해상운송이나 내수로 운송할 경우에만 사용되는 규칙

⑦ 물품이 컨테이너에 적입되는 경우 매도인은 물품을 선측이 아니라 터미널에서 운송인에게 인도하므로 이러한 경우는 FAS규칙이 적합하지 않고 FCA규칙을 사용해야 함.

⑧ 매도인 : 수출통관 ○, 수입통관 ×, 매수인 : 수출통관 ×, 수입통관 ○

⑨ Ex) Unit Price : $100 per ton FAS Busan Port pier 2, Korea

주

① named place of shipment : 지정된 선적항(=선적장소)

② the goods are placed alongside the ship : 물품이 본선의 선측에 놓이다.

③ on a quay or a barge : 부두 또는 바지선(=부선)에

④ nominated by the buyer : 매수인이 지정한, 매수인에 의해 지정된

⑤ at the named port of shipment : 지정된 선적항에서, 지정된 선적항에 있는

⑥ the goods are alongside the ship : 물품이 선측에 놓이다.

⑦ when the goods are alongside the ship : 물품이 선측에 놓인 때

⑧ or when the seller procures goods already so delivered : 또는 이미 그렇게 인도된 물품을 조달한 때

⑨ from that moment onwards : 그러한 시점 이후의, 그 순간부터

⑩ this rule is to be used only for sea or inland waterway transport : 이 규칙은 오직 해상이나 내수로 운송의 경우에만 사용되어야 한다.

⑪ where the parties intend to deliver the goods by placing the goods alongside a vessel : 당사자들이 물품을 선측에 둠으로써 인도하기로 의도하는

⑫ the FAS rule is not appropriate : FAS 규칙은 적절하지 않다.

⑬ where goods are handed over to a carrier at a container terminal : 물품이 컨테이너터미널에서 운송인에게 교부되는 경우에

⑭ Where this is the case : 이러한 경우에

⑮ parties should consider using the FCA rule rather than the FAS rule : 당사자들은 FAS 규칙 대신에 FCA 규칙을 사용하는 것을 고려해야 한다.

⑯ the costs and risks to that point are for the account of the seller : 그 지점까지의 비용과 위험은 매도인이 부담한다.

⑰ associated handling charges may vary according to the practice of the port : 그와 관련된 처리비용은 항구의 관행에 따라 다르다.

FOB (Free On Board) (insert named port of shipment)

■ EXPLANATORY NOTES FOR USERS (사용자를 위한 설명문)

1. **Delivery and risk** - "Free On Board" means that the seller delivers the goods to the buyer ▸ on board the vessel ▸ nominated by the buyer ▸ at the named port of shipment ▸ or procures the goods already so delivered.
The risk of loss of or damage to the goods transfers when the goods are on board the vessel, and the buyer bears all costs from that moment onwards.

1. **인도와 위험** - "본선인도"는 매도인이 다음과 같이 물품을 매수인에게 인도하는 것을 의미한다. ▸ 본선상에 적재함 ▸ 매수인에 의해 지정된 ▸ 지정된 선적항에서 ▸ 또는 이미 그렇게 인도된 물품을 조달함. 물품의 멸실이나 손상의 위험은 물품이 선박에 적재된 때 이전하고, 매수인은 그 순간부터 향후의 모든 비용을 부담한다.

2. **Mode of transport**-This rule is to be used only for sea or inland waterway transport where the parties intend to deliver the goods by placing the goods on board a vessel. Thus, the FOB rule is not appropriate where goods are handed over to the carrier before they are on board the vessel, for example where goods are handed over to a carrier at a container terminal. Where this is the case, parties should consider using the FCA rule rather than the FOB rule.

2. **운송방식** - 본 규칙은 당사자들이 물품을 선박에 적재함으로써 인도하기로 하는 해상운송이나 내수로 운송에만 사용되어야 한다.
따라서 FOB규칙은 물품이 선박에 적재되기 전에 운송인에게 교부되는 경우, 예컨대 물품이 컨테이너터미널에서 운송인에게 교부되는 경우에는 적절하지 않다. 이러한 경우에 당사자들은 FOB규칙 대신에 FCA규칙을 사용하는 것을 고려해야 한다.

3. **'or procuring the goods so delivered'** - The seller is required either to deliver the goods on board the vessel or to procure goods already so delivered for shipment. The reference to 'procure' here caters for multiple sales down a chain (string sales), particularly common in the commodity trades.

3. **'또는 그렇게 인도된 물품을 조달함'** - 매도인은 물품을 선박에 적재하여 인도하거나 선적을 위하여 이미 그렇게 인도된 물품을 조달해야 한다. 여기에 "조달한다"고 규정한 것은 특히 일차산품거래에서 일반적인 수차에 걸쳐 연속적으로 이루어지는 매매('연속매매')에 대응하기 위함이다.

4. **Export/import clearance** - FOB requires the seller to clear the goods for export, where applicable. However, the seller has no obligation to clear the goods for import or for transit through third countries, to pay any import duty or to carry out any import customs formalities.

4. **수출/수입통관** - FOB에서는 해당되는 경우에 매도인이 물품의 수출통관을 해야 한다. 그러나 매도인은 물품의 수입을 위한 또는 제3국 통과를 위한 통관을 하거나 수입관세를 납부하거나 수입통관절차를 수행할 의무가 없다.

핵심
① 본선인도규칙(Free on board : FOB)
② 우리나라에서 CIF규칙과 함께 가장 많이 사용되는 규칙
③ Ex) $100/ pc FOB Busan Port, Korea

CFR (Cost and Freight) (insert named port of destination)

■ EXPLANATORY NOTES FOR USERS (사용자를 위한 설명문)

1. **Delivery and risk** - "Cost and Freight" means that the seller delivers the goods to the buyer ▶on board the vessel▸ or procures the goods already so delivered.
   The risk of or damage to the goods transfers when the goods are on board the vessel, such that the seller is taken to have performed its obligation to deliver the goods whether or not the goods actually arrive at their destination in sound condition, in the stated quantity or, indeed, at all.
   In CFR, the seller owes no obligation to the buyer to purchase insurance cover: the buyer would be well-advised therefore to purchase some cover for itself.

1. **인도와 위험** - "운임포함인도"는 매도인이 물품을 매수인에게 다음과 같이 인도하는 것을 의미한다. ▸본선상에 적재함▸ 또는 이미 그렇게 인도된 물품을 조달함.
   물품의 멸실이나 손상의 위험은 물품이 선박에 적재된 때 이전하고, 그에 따라 매도인은 명시된 수량의 물품이 실제로 목적지에 양호한 상태로 도착하는지를 불문하고 또는 사실 물품이 전혀 도착하지 않더라도 그의 물품인도의무를 이행한 것으로 된다. CFR에서 매도인은 매수인에 대하여 부보의무가 없다. 따라서 매수인은 스스로 부보하는 것이 좋다.

2. **Mode of transport** - This rule is to be used only for sea or inland waterway transport. Where more than one mode of transport is to be used, which will commonly be the case where goods are handed over to a carrier at a container terminal, the appropriate rule to use is CPT rather than CFR.

2. **운송방식** - 본 규칙은 해상운송이나 내수로 운송에만 사용되어야 한다. 물품이 컨테이너터미널에서 운송인에게 교부되는 경우에 일반적으로 그러하듯이 둘 이상의 운송방식이 사용되는 경우에 사용하기 적절한 규칙은 CFR이 아니라 CPT이다.

3. **'or procuring the goods so delivered'** - The reference to "procure" here caters for multiple sales down a chain (string sales), particularly common in the commodity trades.

3. **'또는 그렇게 인도된 물품을 조달함'** - 여기에 "조달한다"고 규정한 것은 특히 일차산품거래에서 일반적인 수차에 걸쳐 연속적으로 이루어지는 매매(연속매매)에 대응하기 위함이다.

4. **Ports of delivery and destination** - In CFR, two ports are important: the port where the goods are delivered on board the vessel and the port agreed as the destination of the goods. Risk transfers from seller to buyer when the goods are delivered to the buyer by placing them on board the vessel at the shipment port or by procuring the goods already so delivered. However, the seller must contract for the carriage of the goods from delivery to the agreed destination.
   Thus, for example, goods are placed on board a vessel in Shanghai (which is a port) for carriage to Southampton (also a port). Delivery here happens when the goods are on board in Shanghai, with risk transferring to the buyer at that time; and the seller must make a contract of carriage from Shanghai to Southampton.

4. **인도항과 목적항** - CFR에서는 두 항구가 중요하다. 물품이 선박에 적재되어 인도되는 항구와 물품의 목적항으로 합의된 항구가 그것이다.
위험은 물품이 선적항에서 선박에 적재됨으로써 또는 이미 그렇게 인도된 물품을 조달함으로써 매수인에게 인도된 때 매도인으로부터 매수인에게 이전한다. 그러나 매도인은 물품을 인도지부터 합의된 목적지까지 운송하는 계약을 체결해야 한다.
따라서 예컨대 물품은 (항구인) 사우샘프턴까지 운송을 위하여 (항구인) 상하이에서 선박에 적재된다. 그러면 물품이 상하이에서 적재된 때 여기서 인도가 일어나고, 그 시점에 위험이 매수인에게 이전한다. 그리고 매도인은 상하이에서 사우샘프턴으로 향하는 운송계약을 체결해야 한다.

5. **Must the shipment port be named?** - While the contract will always specify a destination port, it might not specify the port of shipment, which is where risk transfers to the buyer. If the shipment port is of particular interest to the buyer, as it may, for example, where the buyer wishes to ascertain that the freight element of the price is reasonable, the parties are well advised to identify it as precisely as possible in the contract.
5. **선적항은 반드시 지정되어야 하는가?** - 계약에서 항상 목적항을 명시할 것이지만, 위험이 매수인에게 이전하는 장소인 선적항은 명시하지 않을 수도 있다.
예컨대 매수인이 매매대금에서 운임요소가 합리적인지 확인하고자 하는 경우에 그러하듯이 선적항이 특히 매수인의 관심사항인 경우에 당사자들은 계약에서 선적항을 가급적 정확하게 특정하는 것이 좋다.

6. **Identifying the destination point at the discharge port** - The parties are well advised to identify as precisely as possible the point at the named port of destination, as the costs to that point are for the account of the seller.
The seller must make a contract or contracts of carriage that cover(s) the transit of the goods from delivery to the names port or to the agreed point within that port where such a point has been agreed in the contract of sale.
6. **양륙항 내 목적지점 지정** - 당사자들은 지정 목적항 내의 지점을 가급적 정확하게 지정하는 것이 좋다. 그 지정학적 비용을 매도인이 부담하기 때문이다.
매도인은 물품을 인도자로부터 지정 목적항까지 또는 그 지정 목적항 내의 지점으로서 매매계약에서 합의된 지점까지 물품을 운송하는 단일 또는 복수의 계약을 체결해야 한다.

7. **Multiple carriers** - It is possible that carriage is effected through several carriers for different legs of the sea transport, for example, first by a carrier operating a feeder vessel from Hong Kong to Shanghai, and then onto an ocean vessel from Shanghai to Southampton. The question which arises here is whether risk transfers from seller to buyer at Hong Kong or at Shanghai: where does delivery take place?
The parties may well have agreed this in the sale contract itself. Where, however, there is no such agreement, the default position is that risk transfers when the goods have been delivered to the first carrier, i.e. Hong Kong, thus increasing the period during which the buyer incurs the risk of loss or damage.
Should the parties wish the risk to at later stage (here, Shanghai) they need to specify this in their contract of sale.

7. **복수의 운송인** - 예컨대 먼저 홍콩에서 상하이까지 피더선을 운항하는 운송인이 담당하고 이어서 상하이에서 사우샘프턴까지 항해선박이 담당하는 경우와 같이, 상이한 해상운송구간을 각기 담당하는 복수의 운송인이 운송을 수행하는 것도 가능하다. 이때 과연 위험은 매도인으로부터 매수인에게 홍콩에서 이전하는지 아니면 상하이에서 이전하는지 의문이 발생한다. 즉, 인도는 어디서 일어나는가? 당사자들이 매매계약 자체에서 이를 잘 합의하였을 수도 있다. 그러나 그러한 합의가 없는 경우에는 [본 규칙의 규정하는] 보충적 입장은 위험은 물품이 최초운송인에게 인도된 때 즉 홍콩에서 이전하고, 따라서 매수인이 멸실이나 손상의 위험을 부담하는 기간이 증가한다는 것이다. 당사자들은 그 뒤의 어느 단계에서 (여기는 상하이) 위험이 이전하기를 원한다면 이를 매매계약에 명시해야 한다.

8. **Unloading costs** - If the seller incurs costs under its contract of carriage related to unloading at the specified point at the port of destination, the seller is not entitled to recover such costs separately from the buyer unless otherwise agreed between the parties.
8. **양하비용** - 매도인은 자신의 운송계약상 목적항 내의 명시된 지점에서 양하에 관하여 비용이 발생한 경우에 당사자 간의 합의되지 않은 한 그러한 비용을 매수인으로부터 별도로 상환 받을 권리가 없다.

9. **Export/Import clearance** - CFR requires the seller to clear the goods for export, where applicable. However, the seller has no obligation to clear the goods for import or for transit through third countries, to pay any import duty or to carry out any import customs formalities.
9. **수출/수입통관** - CFR에서는 해당되는 경우에 매도인이 물품의 수출통관을 해야 한다. 그러나 매도인은 물품의 수입을 위한 또는 제3국 통과를 위한 통관을 하거나 수입관세를 납부하거나 수입통관절차를 수행할 의무가 없다.

핵심

① 운임포함규칙(Cost and Freight : CFR)
② CFR = FOB(cost)+지정목적항까지의 운임을 매도인이 부담하는 규칙
③ 물품에 대한 멸실이나 손상의 위험은 물품이 본선상에 인도된 때에 이전
④ 위험부담과 비용부담의 분기점이 서로 상이
⑤ 컨테이너운송의 경우에는 CFR규칙이 아니라 CPT규칙을 사용
⑥ 매도인 : 수출통관 ○, 수입통관 ×, 매수인 : 수출통관 ×, 수입통관 ○
⑧ Ex) \$100/ pc CFR Singapore, CFR 뒤에 지정목적항이 표시

주

① named port of destination : 지정된 목적항
② when the goods are on board the vessel : 물품이 선박에 적재된 때
③ such that the seller is taken to have performed its obligation to deliver the goods : 그에 따라 매도인은 그의 물품인도의 의무를 이행한 것으로 된다.
④ whether or not the goods actually arrive at their destination in sound condition, in the stated quantity or, indeed, at all : 명시된 수량의 물품이 실제로 목적지에 양호한 상태로 도착하는지를 불문하고 또는 사실 물품이 전혀 도착하지 않더라도
⑤ the seller owes no obligation to the buyer to purchase insurance cover : 매도인은 매수인에 대하여 부보의무가 없다.
⑥ the buyer would be well-advised therefore to purchase some cover for itself : 따라서 매수인은 스스로 부보하는 것이 좋다.

CIF (Cost Insurance and Freight) (insert named port of destination)

■ EXPLANATORY NOTES FOR USERS (사용자를 위한 설명문)

1. **Delivery and risk** - "Cost Insurance and Freight" means that the seller delivers the goods to the buyer ▸ on board the vessel ▸ or procures the goods already so delivered. The risk of loss of or damage to the goods transfers when the goods are on board the vessel, such that the seller is taken to have performed its obligation to deliver the goods whether or not the goods actually arrive at their destination in sound condition, in the stated quantity or, indeed, at all.

1. **인도와 위험** - "운임·보험료포함인도"는 매도인이 물품을 매수인에게 다음과 같이 인도하는 것을 의미한다. ▸ 본선상에 적재함 ▸ 또는 이미 그렇게 인도된 물품을 조달함. 물품의 멸실이나 손상의 위험은 물품이 선박에 적재된 때 이전하고, 그에 따라 매도인은 명시된 수량의 물품이 실제로 목적지에 양호한 상태로 도착하는지를 불문하고 또는 사실 물품이 전혀 도착하지 않더라도 그의 물품인도의무를 이행한 것으로 된다.

2. **Mode of transport** - This rule is to be used only for sea or inland waterway transport. Where more than one mode of transport is to be used, which will commonly be the case where goods are handed over to a carrier at a container terminal, the appropriate rule to use is CIP rather than CIF.

2. **운송방식** - 본 규칙은 해상운송이나 내수로 운송에만 사용되어야 한다. 물품이 컨테이너터미널에서 운송인에게 교부되는 경우에 일반적으로 그러하듯이 둘 이상의 운송방식이 사용되는 경우에 사용하기 적절한 규칙은 CIF가 아니라 CIP이다.

3. **'or procuring the goods so delivered'** - The reference to "procure" here caters for multiple sales down a chain (string sales), particularly common in the commodity trades.

3. **'또는 그렇게 인도된 물품을 조달함'** - 여기에 "조달한다"고 규정한 것은 특히 일차산품거래에서 일반적인 수차에 걸쳐 연속적으로 이루어지는 매매(연속매매)에 대응하기 위함이다.

4. **Ports of delivery and destination** - In CIF, two ports are important: the port where the goods are delivered on board the vessel and the port agreed as the destination of the goods. Risk transfers from seller to buyer when the goods are delivered to the buyer by placing them on board the vessel at the shipment port or by procuring the goods already so delivered. However, the seller must contract for the carriage of the goods from delivery to the agreed destination. Thus, for example, goods are placed on board a vessel in Shanghai (which is a port) for carriage to Southampton (also a port). Delivery here happens when the goods are on board in Shanghai, with risk transferring to the buyer at that time; and the seller must make a contract of carriage from Shanghai to Southampton.

4. **인도항과 목적항** - CIF에서는 두 항구가 중요하다. 물품이 선박에 적재되어 인도되는 항구와 물품의 목적항으로 합의된 항구가 그것이다. 위험은 물품이 선적항에서 선박에 적재됨으로써 또는 이미 그렇게 인도된 물품을 조달함으로써 매수인에게 인도된 때 매도인으로부터 매수인에게 이전한다. 그러나 매도인은 물품을 인도지부터 합의된 목적지까지 운송하는 계약을 체결해야 한다.

따라서 예컨대 물품은 (항구인) 사우샘프턴까지 운송을 위하여 (항구인) 상하이에서 선박에 적재된다. 그러면 물품이 상하이에서 선적된 때 여기서 인도가 일어나고, 그 시점에 위험이 매수인에게 이전한다. 그리고 매도인은 상하이에서 사우샘프턴으로 향하는 운송계약을 체결해야 한다.

5. **Must the shipment port be named?** - While the contract will always specify a destination port, it might not specify the port of shipment, which is where risk transfers to the buyer. If the shipment port is of particular interest to the buyer, as it may be, for example, where the buyer wishes to ascertain that the freight or the insurance element of the price is reasonable, the parties are well advised to identify it as precisely as possible in the contract.

5. **선적항은 반드시 지정되어야 하는가?** - 계약에서 항상 목적항을 명시할 것이지만 위험이 매수인에게 이전하는 장소인 선적항은 명시하지 않을 수도 있다. 예컨대 매수인이 매매대금에서 운임요소 또는 보험요소가 합리적인지 확인하고자 하는 경우에 그러하듯이 선적항이 특히 매수인의 관심사항인 경우에 당사자들은 계약에서 선적항을 가급적 정확하게 지정하는 것이 좋다.

6. **Identifying the destination point at the discharge port** - The parties are well advised to identify as precisely as possible the point at the named port of destination, as the costs to that point are for the account of the seller. The seller must make a contract or contracts of carriage that cover the transit of the goods from delivery to the named port or to the agreed point within that port where such a point has been agreed in the contract of sale.

6. **양륙항 내 목적지점 지정** - 당사자들은 지정목적항 내의 지점을 가급적 정확하게 지정하는 것이 좋다. 그 지점까지 비용을 매도인이 부담하기 때문이다. 매도인은 물품을 인도지로부터 지정목적항가지 또는 매매계약에서 그러한 지점이 합의된 경우에는 지정목적항 내의 지점까지 운송하는 단일 또는 복수의 계약을 체결해야 한다.

7. **Multiple carriers** - It is possible that carriage is effected through several carriers for different legs of the sea transport, for example, first by a carrier operating a feeder vessel from Hong Kong to Shanghai, and then onto an ocean vessel from Shanghai to Southampton. The question which arises here is whether risk transfers from seller to buyer at Hong Kong or at Shanghai: where does delivery take place? The parties may well have agreed this in the sale contract itself. Where, however, there is no such agreement, the default position is that risk transfers when the goods have been delivered to the first carrier, i.e. Hong Kong, thus increasing the period during which the buyer incurs the risk of loss or damage. Should the parties wish the risk to transfer at a later stage (here, Shanghai) they need to specify this in their contract of sale.

7. **복수의 운송인** - 예컨대 먼저 홍콩에서 상하이까지 피더선을 운항하는 운송인이 담당하고 이어서 상하이에서 사우샘프턴까지 항해선박이 담당하는 경우와 같이, 상이한 해상운송 구간을 각기 담당하는 복수의 운송인이 운송을 수행하는 것도 가능하다.
이때 과연 위험은 매도인으로부터 매수인에게 홍콩에서 이전하는지 아니면 상하이에서 이전하는지 의문이 발생한다. 즉 인도는 어디서 일어나는가? 당사자들이 매매계약 자체에서 이를 잘 합의하였을 수도 있다. 그러나 그러한 합의가 없는 경우에, [본 규칙이 규정하는] 보충적 입장은 위험은 물품이 최초운송인에게 인도된 때 즉 홍콩에서 이전하고, 따라서 매수인이 멸실이나 손상의 위험을 부담하는 기간이 증가한다는 것이다. 당사자들은 그 뒤의 어느 단계에서 (여기서는 상하이) 위험이 이전하기를 원한다면 이를 매매계약서 명시해야 한다.

8. **Insurance** - The seller must also contract for insurance cover against the buyer's risk of loss of or damage to the goods from the port of shipment to at least the port of destination. This may cause difficulty where the destination country requires insurance cover to be purchase locally: in this case the parties should consider selling and buying under CFR.
The buyer should also note that under the CIF Incoterms® 2020 rule the seller is required to obtain limited insurance cover complying with Institute Cargo Clauses (C) or similar clause, rather than with the more extensive cover under Institute Cargo Clauses (A). It is, however, still open to the parties to agree on a higher level of cover.

8. **보험** - 매도인은 또한 선적항부터 적어도 목적항까지 매수인의 물품의 멸실이나 손상위험에 대하여 보험계약을 체결해야 한다. 이는 목적지 국가가 자국의 보험자에게 부보하도록 요구하는 경우에는 어려움을 야기할 수 있다. 이러한 경우에 당사자들은 CFR로 매매하는 것을 고려해야 한다.
또한 매수인은 인코텀즈 2020 CIF하에서 매도인은 협회적하약관 (A)에 의한 보다 광범위한 담보조건이 아니라 협회적하약관 (C)나 그와 유사한 약관에 따른 제한적인 담보조건으로 부보해야 한다는 것을 유의해야 한다. 그러나 당사자들은 여전히 더 높은 수준의 담보조건으로 부보하기로 합의할 수 있다.

9. **Unloading costs** - If the seller incurs costs under its contract of carriage related to unloading at the specified point at the port of destination, the seller is not entitled to recover such costs separately from the buyer unless otherwise agreed between the parties.

9. **양하비용** - 매도인은 자신의 운송계약상 목적항 내의 명시된 지점에서 양하에 관하여 비용이 발생한 경우에 당사자간에 달리 합의되지 않은 한 그러한 비용을 매수인으로부터 별도로 상환받을 권리가 없다.

10. **Export/Import clearance** - CIF requires the seller to clear the goods for export, where applicable. However, the seller has no obligation to clear the goods for import or for transit through third countries, to pay any import duty or to carry out any import customs formalities.

10. **수출/수입통관** - CIF에서는 해당되는 경우에 매도인이 물품의 수출통관을 해야 한다. 그러나 매도인은 물품의 수입을 위한 또는 제3국 통과를 위한 통관을 하거나 수입관세를 납부하거나 수입통관절차를 수행할 의무가 없다.

핵심

① 운임보험료포함규칙(Cost, Insurance and Freight : CIF)
② CFR조건에 지정목적항까지의 보험료가 가산된 규칙, CIF 뒤에 지정목적항이 표시
③ 매도인은 물품을 본선상에 인도하거나 또는 이미 그렇게 인도된 물품을 조달해야 하고, 물품에 대한 멸실이나 손상의 위험은 물품이 본선상에 인도된 때에 매수인에게 이전
④ 매도인은 지정목적항까지의 해상운송계약을 체결하고 운임을 부담. 또한 운송 도중의 물품의 멸실·손상에 대한 매수인의 위험을 담보하는 보험계약을 체결해야 할 의무 부담
⑤ 매수인은 물품이 선적항에서 본선에 인도된 이후의 물품에 관한 모든 위험 부담
물품이 본선에 인도된 이후 해상운임과 보험료를 제외한 모든 추가비용은 매수인이 부담
⑥ ICC(C) 조건 또는 ICC(FPA)조건으로 매도인이 부보
⑦ 선적 후 보험증서에 배서하여 보험금 청구권리를 매수인에 양도
⑧ CIF계약에 대한 당사자 간의 권리와 의무를 다루고 있는 규칙 : Warsaw-Oxford Rule

⑨ 매도인 : 수출통관 ○, 수입통관 ×, 매수인 : 수출통관 ×, 수입통관 ○
⑩ CIF규칙은 물품이 본선에 적재되기 전에 운송인에게 인도되는 경우, 예를 들면 통상 터미널에서 인도되는 컨테이너화물의 경우는 적합하지 않으므로 이럴 경우는 CIP규칙 사용
⑪ 위험부담의 분기점과 비용부담의 분기점이 서로 상이
위험부담의 분기점 : 본선에 적재되었을 때
비용부담의 분기점 : 목적항까지의 운임과 보험료
⑫ FOB규칙와 더불어 가장 많이 사용되는 거래조건
⑬ Ex) $100/ set CIP New York port, USA
⑭ CFR규칙과 함께 대표적인 상징적 인도조건
⑮ 매도인과 매수인의 부담을 균등하게 한 조건
⑯ 우리나라 수출입 화물의 가격기준 : 수출시에는 FOB, 수입시는 CIF
⑰ CIF의 변형
CIF & E : CIF 외에 환 리스크도 수출상이 부담하는 것
CIF & C : 특수 수수료를 포함한 것
CIF & I : 환어음에 대한 이자를 포함한 것
CIF & CI : 수수료와 이자를 포함한 것

주 ① Must the shipment port be named? : 선적항은 반드시 지정되어야 하는가?
② While the contract will always specify a destination port : 계약에서 항상 목적항을 명시하지만
③ it might not specify the port of shipment : 선적항은 명시하지 않을 수도 있다.
④ where the buyer wishes to ascertain that the freight element of the price is reasonable : 매수인이 매매대금에서 운임요소가 합리적인지 확인하고자 하는 경우에
⑤ must contract for the carriage of the goods : 물품을 운송하는 계약을 체결해야 한다.
⑥ from delivery to the agreed destination : 인도지부터 합의된 목적지까지
⑦ for carriage to Southampton (also a port) : (항구인) 사우샘프턴까지 운송을 위하여
⑧ Delivery here happens : 여기에서 인도가 일어나다.
⑨ with risk transferring to the buyer at that time : 그 시점에 위험이 매수인에게 이전한다.
⑩ Multiple carriers : 복수의 운송인
⑪ carriage is effected through several carriers for different legs of the sea transport : 운송이 운송구간을 각기 담당하는 복수의 운송인에 의해 수행되다.
⑫ The question which arises here is : 여기에서 의문이 발생하는 것은
⑬ where does delivery take place? : 인도는 어디에서 일어나는가?
⑭ The parties may well have agreed this in the sale contract itself : 당사자들이 매매계약 자체에서 이를 잘 합의하였을 수도 있다.
⑮ against the buyer's risk of loss of or damage to the goods : 매수인의 물품의 멸실이나 손상위험에 대하여
⑯ the seller is required to obtain limited insurance cover : 매도인은 제한적인 담보조건으로 부보해야 한다.
⑰ complying with Institute Cargo Clauses (C) or similar clause : 협회적하약관의 C약관이나 그와 유사한 약관에 따른
⑱ If the seller incurs costs related to unloading : 매도인이 양하에 관해 비용이 발생한 경우
⑲ under its contract of carriage : 자신의 운송계약상
⑳ to recover such costs separately : 그러한 비용을 별도로 상환받다.

인코텀즈에 흔히 사용되는 문장

1. Unless otherwise specified in Fax or letters, all prices submitted by "A" or "B" shall be understood CIF New York in US Dollars.
   - 팩스 또는 서신으로 별도로 규정되어 있지 않는 한, "A" 또는 "B"가 제시하는 모든 가격은 미국 달러화로 뉴욕항 도착 운임보험료포함가격조건으로 한다.

2. The price shall be quoted on the basis of CIF Kobe and in the US currency.
   - 가격은 고베항 도착 운임보험료포함가격조건과 미국 통화로 견적되어야 한다.

3. Prices are to be quoted in US Dollars on CIF New York.
   - 가격은 뉴욕항까지 운임보험료포함가격조건에 의해 미화로 견적한다.

4. The trade terms used herein shall be governed and interpreted by the provisions of the latest INCOTERMS.
   - 여기에서 사용된 무역조건은 가장 최근의 인코텀즈 규정에 따라 규율되고 해석된다.

5. Unless otherwise specified in this contract, all prices shall be quoted on CIF Busan basis.
   - 본 계약에 달리 정함이 없다면 모든 가격은 CIF 부산조건으로 견적되어야 한다.

6. Please quote us your lowest price based on CIF Busan for the following goods.
   - 다음 제품을 부산항 도착 운임보험료포함가격조건으로 가장 저렴하게 견적하여 주십시오.

7. We shall be pleased to send you our latest catalog, together with a list of our quotations on CIF basis.
   - CIF 조건으로 당사의 견적서 목록과 함께 최신 카탈로그를 귀사께 보내 드리겠습니다.

8. Would you be kind enough to quote us on an FOB Korean port basis, not on a CIF Rotterdam basis.
   - CIF 로테르담조건이 아니라 FOB 한국 항구를 기준으로 견적하여 주실 수 있는지요?

9. Please note that the prices given in this price list are those of CIF your port and subject to our confirmation.
   - 이 가격표에 나타난 가격은 귀 항구 도착항 CIF조건의 가격과 당사의 확인을 조건으로 함을 유념해 주십시오.

10. We should be appreciated your sending us an offer based on CIF Hamburg including our 3% commissions for 2,000 boxes of item No. 234 and endeavor the production for this commodities.
    - 상품번호 제234품목 2,000상자에 대해 당사의 수수료 3%가 포함된 CIF Hamburg 조건으로 오더를 보내주시고 동 상품에 대한 생산을 서둘러 주시기 바랍니다.

Advanced English for Trade Practice

1. CIF terms are similar to CFR terms except that the seller is also obligated to provide and pay for marine insurance. As with CFR terms, and consequently, the assumption of risk passes after goods are loaded on board the vessel or delivered to the custody of the ocean carrier.
   - 운임보험료포함가격조건은 매도인이 해상보험을 제공하고 이에 대한 비용을 지급해야 하는 것을 제외하고는 운임포함가격조건과 유사하다. 운임포함가격조건에서와 같이 결국 위험의 부담은 상품이 본선상에 적재된 이후나 해상운송인의 보관 하에 인도된 이후에 이전된다.

2. The buyer must, at his own expense, contract for the carriage of the goods from the named point and give the seller due notice of the name of the carrier and of the time for delivering the goods to him.
   - 매수인은 그 자신의 비용으로 지정된 지점에서 상품을 위한 운송계약을 체결해야 하고, 매도인에게 운송인명과 자신에 대한 상품의 인도시기를 지체 없이 통지해야 한다.

3. The price quoted by an exporter to an overseas buyer will naturally depend upon who is to pay the various expenses involved in delivering the goods from the factory or warehouse in Korea to the buyer's premises abroad.
   - 수출자가 해외 매수인에게 견적하는 가격은 상품을 한국의 공장이나 창고에서 해외 매수인의 영업소까지 인도하는데 포함되는 각종 비용을 누가 부담하느냐에 따라 자연히 달라진다.

4. At the time of delivery if the buyer actually receives the goods, the delivery is defined as actual delivery, if the buyer has not physically received the goods when the seller delivers, the delivery is called symbolic delivery.
   - 인도시에 만일 매수인이 물품을 실질적으로 수령한다면 그 인도는 현실적 인도라고 부르고 매도인이 인도시에 만일 매수인이 그 물품을 물리적으로 인도받지 못하였다면 그 인도는 상징적 인도라고 부른다.

5. According to whether the delivery happens at the time of shipment or at the time of arrival, the 11 rules can be divided into two categories, shipment contracts terms and arrival contracts terms.
   The CIF rule is a condition that equalizes the burden of the seller and the buyer by harmonizing the heavy burden of the seller by the landing terms and the heavy burden of the buyer by the shipping terms.
   - 인도가 선적시점에서 발생하는지 또는 도착시점에서 발생하는지에 따라 11개 규칙은 선적계약조건과 양륙계약조건이라는 두 분류로 구분된다. CIF규칙은 양륙조건에 의한 매도인의 과중한 부담과 선적조건에 의한 매수인의 과중한 부담을 조화시켜 매도인과 매수인의 부담을 균등하게 한 조건이다.

Chapter 10

신용장

Letter of Credit

1 신용장의 개념

신용장(Letter of Credit : L/C)은 수입자의 요청과 지시에 따라 수출자인 수익자가 신용장에 명기된 제 조건에 충족된 서류를 제시하면 수입국에 있는 은행이 이와 상환으로 지급의 이행 또는 환어음의 지급, 인수를 하거나 타 은행에게 지급의 이행 또는 환어음의 지급(payment), 인수(acceptance) 또는 매입(negotiation)을 하도록 수권(授權)한 영어로 된 서장(letter)이다.

즉, 신용장에서 요구하는 서류가 신용장 조건에 충족되어 제시되었을 때 수출자 등에게 대금지급을 약속하고 있는 발행은행의 조건부 지급확약서가 신용장이다.

여기에서 '조건부 지급확약(conditional undertaking)'은 신용장에서 요구하고 있는 조건과 일치하는 서류를 정확히 제시해야만 발행은행이 지급을 이행하겠다는 것을 의미한다.

2 신용장의 유용성

신용장은 신용도가 높은 수입국의 은행이 수입자를 대신하여 수출자에게 대금의 지급을 약속하는 것이기 때문에 수출입자 모두에게 유용한 대금결제방식이다.

우선 수출자에게는 대금회수의 확실성이 보장되며 금융상의 편익을 누릴 수 있다.

즉, 신용장은 발행은행의 수출자에 대한 독립적인 약속이기 때문에 서류를 제시하는 시점에서 수입자가 지급불능상태(파산, 행방불명 등)가 되었다 하더라도 발행은행은 이것을 이유로 지급을 거절하거나 지연시킬 수 없는 법적인 책임을 지게 된다. 따라서 수출자는 대금회수에 불안감을 느낄 필요가 없을 뿐 아니라 신용장 자체는 기업금융의 담보수단으로도 활용할 수 있다.

한편, 수입자에게는 선적에 대한 확신과 물품의 인도시기를 예상할 수 있고 신용장이 없는 경우보다 저렴한 가격이나 유리한 조건으로 매매계약을 체결할 수 있다. 그리고 수입대금은 서류를 수령한 이후에 금융을 이용하여 결제할 수도 있다.

3 신용장의 당사자

1) 기본 당사자

기본 당사자(essential parties)는 신용장거래에 참여하여 직접적인 권리와 의무를 행사하는 자로 신용장 발행의뢰인, 발행은행, 수익자를 말하며 확인신용장의 경우에는 확인은행도 기본 당사자에 포함된다.

(1) 신용장 발행의뢰인 (applicant)

신용장 발행의뢰인은 수입국에 있는 자기의 거래은행에 신용장을 발행해 주도록 지시와 요청을 하는 자를 말한다. 발행의뢰인은 ① 매매계약에서는 매수인(buyer) 및 수입자(importer) ② 은행으로부터 신용을 공여받기 때문에 수신매수인(accredited buyer) ③ 신용장의 발행인이기 때문에 Opener, Issuer ④ 대금결제인이나 채무자(accountee, for account of … : A/C) ⑤ 환어음의 지급인(drawee) ⑥ 수하인(consignee) ⑦ 발행은행의 고객이란 의미에서 고객(customer)을 말한다. 신용장통일규칙(UCP)에서는 'Applicant for the Credit' 또는 'Applicant'라 부르고 있다.

(2) 발행은행 (issuing bank)

발행은행은 발행의뢰인의 요청과 지시에 따라 수익자 앞으로 신용장을 발행하는 수입국에 있는 수입자의 거래은행을 말한다.

발행은행은 Opening Bank, Establishing Bank, Credit Writing Bank, Grantor 등으로 불리며 신용장통일규칙에서는 'Issuing Bank'라고 부르고 있다.

(3) 수익자 (beneficiary)

수익자는 발행은행이 발행한 신용장에 의거하여 대금을 지급받아 이익을 누리는 자를 말한다. 수익자는 ① 매매계약에서는 매도인(seller) 및 수출자(exporter) ② 신용장을 수령하는 수신인(addressee) ③ 신용장의 사용자(user) ④ 은행으로부터 신용을 제공받는 신용수령인(accreditee) ⑤ 환어음의 대금을 수령하는 대금영수인(payee) ⑥ 환어음의 발행인(drawer, originator) ⑦ 선적인(shipper) ⑧ 계약화물의 송하인(consignor)을 말한다. 신용장통일규칙(UCP)에서는 'Beneficiary'라 부르고 있다.

(4) 확인은행 (confirming bank)

확인은행은 발행은행의 수권이나 요청에 따라 발행은행이 발행한 취소불능신용장에 대해 추가로 수익자에게 지급, 인수 또는 매입을 확약하고 있는 은행을 말한다.

확인은행이 있게 되면(if any) 수익자는 확실하게 대금을 회수할 수 있다.

확인이 필요한 경우는 수입국의 발행은행이 빈번히 지급확약을 위반하거나 파산 또는 지급불능의 사태가 발생할 우려가 있는 경우 등이다.

2) 기타 당사자

기타 당사자(other parties)는 직접적인 권리와 의무는 가지고 있지 않지만, 신용장거래의 원활한 운용을 위해 간접적으로 참여하거나 협조하는 자를 말한다.

(1) 통지은행 (advising bank)

통지은행은 수익자에게 신용장이 발행된 사실과 그 신용장의 내용을 전달하는 역할을 담당하는 수출국에 있는 은행을 말한다. 통지은행은 Notifying Bank, Transmitting Bank 등으로도 불리고 있다.

(2) 지급은행 (paying bank)

지급은행은 발행은행과 예치환거래계약을 체결하여 자행에 발행은행 명의의 예금계정을 설치하여 두고 신용장의 조건과 일치되는 서류가 제시될 때 또는 그러한 서류가 첨부된 환어음(일람출급)이 자행을 지급인으로 하여 제시될 때 발행은행의 예금계정에서 지급을 이행하는 은행을 말한다. 지정은행은 일치서류와 상환으로 전액을 지급하거나 자신 앞으로 발행된 환어음의 액면가액을 할인함이 없이 전부 지급한다.

(3) 인수은행 (accepting bank)

기한부 신용장(usance credit)은 신용장에 의해 발행되는 환어음이 기한부 환어음일 것을 조건으로 하는 신용장인데, 인수은행은 기한부 신용장에 의거하여 발행된 기한부 환어음(usance bill)을 인수하는 은행을 말한다.

(4) 매입은행 (negotiating bank)

매입은행은 매입신용장(negotiation credit)이 발행된 경우 수출자가 제시한 환어음을 매입하는 은행을 말한다. 보통 매입은행은 발행은행 앞으로 발행된 환어음이 신용장에 명시된 서류와 함께 제시되면 일정한 기간의 이자를 받고 그 환어음을 매입하고 어음가액(value)을 지급한다. 이를 네고은행(nego bank)이라 부르기도 한다.

(5) 상환은행 (reimbursing bank, reimbursement bank)

상환은행은 매입은행 등에 대한 상환을 발행은행의 본지점이나 제3의 은행으로 청구하는 경우, 발행은행을 대신하여 상환업무를 수행하는 은행을 말한다.

상환은행은 발행은행의 해외지점이나 예치환거래은행이 되며 결제은행(settling bank) 또는 어음지급은행(drawee bank)이라고도 부른다.

4 신용장거래의 결제절차

일반적으로 신용장방식의 거래는 다음 과정을 통해 결제가 이루어진다.

① 수입자(발행의뢰인)는 매도인(수익자)과 매매계약을 체결하면서 등에 대금결제방법으로 신용장(L/C)에 의한 대금지급이 이루어지도록 합의한다.

② 수입자는 관련기관에 수입승인을 신청하여 수입승인(import license , I/L)을 받는다(수출입공고, 통합공고상 제한품목에 해당되는 경우에 한함).

③ 수입자는 자기의 거래은행(발행은행)에게 수출자 앞으로 신용장을 발행해 주도록 요청한다. 이 때 수입자는 신용장의 조건들을 신용장발행신청서(Application)에 명확하게 기재해야 한다. 그 이유는 발행신청서의 기재내용이 곧바로 신용장의 기재내용이 되기 때문이다.

④ 신용장의 발행을 의뢰받은 수입국의 은행(발행은행)은 발행의뢰인의 지시를 준수하여 수익자 앞으로 신용장을 발행하여 수출자 소재의 외국의 환거래은행(통지은행)에게 신용장을 송부하여 신용장의 통지를 요청한다.

⑤ 수익자 소재지의 통지은행은 신용장의 외관상 진정성(眞正性)을 확인하여 수출자에게 신용장의 도착을 통지한다. 통지은행이 발행은행으로부터 확인(confirmation)의 추가를 요청받은 경우에는 별도의 확약문언을 추가하여 신용장을 통지한다.

⑥ 신용장을 수취한 수출자는 그 신용장조건이 매매계약과 일치하는지를 확인하고 해당되는 경우 관련기관에 신청하여 수출승인(export license, E/L)을 받는다. 더불어 CIF계약이나 CIP계약의 경우 수출자는 보험계약을 체결한다.

⑦ 수출자는 물품을 제조 또는 집하하여 계약에서 정해진 날짜 이내에 선적을 완료한다. 이에 앞서 CIF계약의 경우는 수출자가, FOB계약은 수입자가 계약서에서 합의한 내용대로 주 운송계약을 체결해야 한다.

⑧ 선적 이후 선하증권을 비롯하여 신용장에서 요구하는 각종 서류를 정비한다.

⑨ 결제서류의 정비가 완료되면 환어음을 발행하여 신용장에서 지정된 지급 · 인수 또는 매입은행에 이의 결제를 위해 제시한다.

⑩ 수출지의 매입은행 등은 환어음 및 제시서류와 상환으로 수출자에게 환어음대금을 지급한다.

⑪~⑫ 매입은행은 수출자에게 지급한 환어음대금을 결제받기 위해 발행은행에 환어음 및 첨부서류를 송부함과 동시에 환어음대금을 상환청구하여 수출대금을 상환받는다.

이 경우 신용장에 별도의 상환은행이 있는 경우에는 매입은행은 서류는 발행은행 앞으로 송부하고 수출대금은 상환은행으로부터 상환받는다.

⑬ 발행은행은 매입은행 등으로부터 결제서류나 환어음이 도착하면 수입자에게 선적서류의 도착(arrival notice of documents)을 통지한다.

⑭ 수입자가 수입대금을 결제하면 발행은행은 결제서류를 인도한다. 그런데 만일 수입자가 발행은행에 대금을 지급하지 않고 운송서류를 찾아야 할 경우에는 수입자는 발행은행에 수입담보화물보관증의 성격을 가지고 있는 수입화물대도(trust receipt, T/R)를 발행은행에 제공해야 한다.

⑮ 선사는 화물이 목적항에 도착하면 수입자에게 화물이 목적항에 도착하였다는 사실을 통지(arrival notice of cargo)한다.

⑯ 화물 도착통지를 받고 운송서류를 은행을 통해 입수한 수입자는 선사에 선하증권을 제시하여 화물인도지시서(delivery order, D/O)를 발급 받고 이를 현장책임자에게 제시하고 도착화물을 수령한다. 그런데 만일 화물은 이미 양륙항에 도착하였으나 운송서류가 도착하지 않아 선사로부터 양륙화물을 인수할 수 없는 경우에는 발행은행과 연대 보증한 수입화물선취보증장(letter of guarantee, L/G)을 은행으로부터 발급받아 선사에 제시함으로써 화물을 인도받을 수 있다.

〈그림 10-1〉 신용장거래의 결제절차

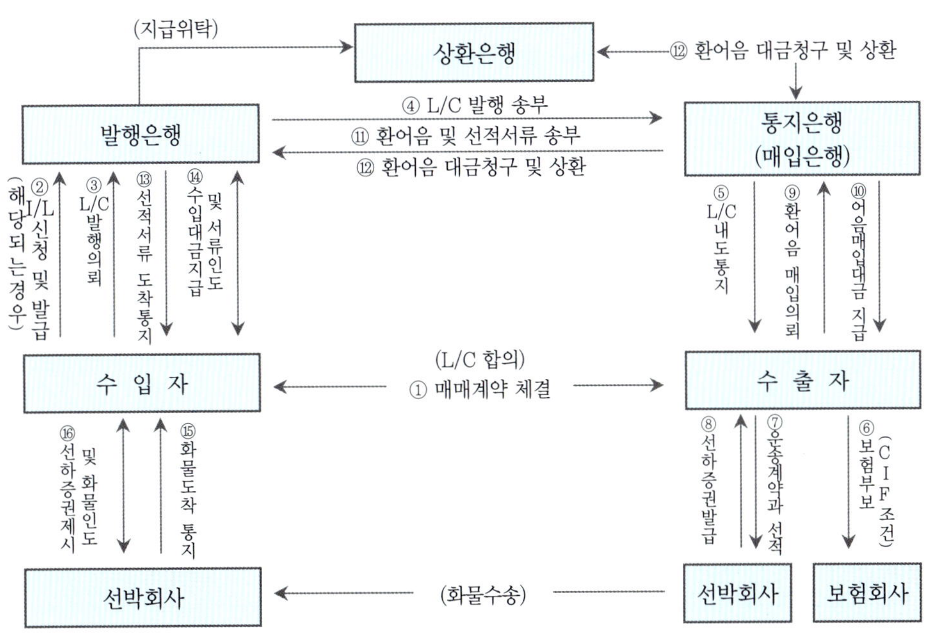

5 신용장거래의 특성

1) 독립성 (independence)

독립성은 신용장이 발행되면 발행된 신용장은 그 근거가 되었던 매매계약과 완전히 독립되어 그 자체로서 별도의 법률관계를 형성한다는 원칙이다.

이 원칙에 따라 수익자가 신용장에서 요구하는 서류를 신용장조건에 일치하여 제시되면 은행은 매매계약의 내용 및 이행 여부와 관계없이 대금을 지급해야 한다.

신용장의 독립성은 은행을 보호함과 동시에 신용장거래의 원활화를 도모하기 위한 기본적인 전제가 된다. 왜냐하면 은행이 신용장업무를 수행함에 있어 매매계약의 진정성을 확인한다는 것은 현실적으로 불가능하기 때문이다.

신용장통일규칙(UCP 600) 제4조는 신용장의 독립성에 대해 'A credit by its nature is separate transaction from the sale or other contract on which it may be based. Banks are in no way concerned with or bound by such contract, even if any reference whatsoever to it is included in the credit.'라고 규정하고 있다.

2) 추상성 (abstraction)

추상성은 신용장거래에서 '모든 관계당사자(all parties concerned with L/C)는 서류상의 거래를 하는 것이지 그러한 서류들과 관련된 상품, 용역 그리고 계약이행상의 거래를 하는 것은 아니다.' 라는 원칙이다. 이 원칙은 모든 판단기준이 실제의 사실이 아닌 서류에 있다고 추상화함으로써 상품이나 실무거래 지식이 불충분하고 경험이 부족한 은행이 적극적으로 신용장거래에 참여할 수 있도록 보장하기 위해 적용된다.

신용장통일규칙(UCP 600) 제5조에서는 신용장의 추상성과 관련하여 'Banks deal with documents and not with goods, services or performance to which the documents may relate.'라고 규정하고 있다.

3) 한계성 (limitations)

한계성은 신용장은 수출자와 수입자 모두를 만족시켜주는 대금결제방식이지만 그 자체가 만능은 아니며 일정한 한계를 가진다는 원칙이다.

즉, 수출자는 매매계약 내용을 성실히 이행하였음에도 불구하고 서류상의 오류나 하자가 있으면 신용장에 따른 대금의 지급을 받을 수 없다는 한계가 있으며, 수입자는 수출자의 악의나 사기가 개입되는 경우 자기가 요구하는 상품을 반드시 입수할 수 있다는 보장이 되지 않는다는 한계가 있다.

6 신용장의 구분과 종류

1) 상업신용장과 클린신용장

상업신용장(commercial credit)은 수출입거래의 대금결제에 이용되는 신용장으로 무역신용장(trade credit)이라고도 한다.

클린신용장(clean credit)은 '무담보신용장'이라고도 부르며 수출입거래의 대금결제에 이용되지 않고 상품 이외 거래를 수행하는데 사용되는 신용장으로 여행자신용장과 보증신용장이 있다.

여행자신용장(traveller's credit)은 여행자의 현금휴대 위험을 없애고 편의를 위하여 여행자인 수익자가 발행한 어음을 매입하도록 발행은행이 자행의 본지점이나 환거래은행에 위임하고 이의 상환을 약속한 신용장이다.

보증신용장(stand-by credit)은 입찰보증금이나 계약이행보증(performance bond) 등 각종 채무보증을 목적으로 발행되는 신용장이다.

2) 화환신용장과 무화환신용장

화환신용장(documentary credit)은 매입시 신용장의 조건에 따라 수출자가 발행하는 환어음에 상업송장, 선하증권 및 보험증권 등의 운송서류를 첨부할 것을 요구하는 신용장을 말한다. 현재 사용되는 대부분의 상업신용장은 화환신용장이다.

무화환신용장(non-documentary credit)은 신용장에 의해 발행되는 환어음에 운송서류가 첨부되어 있지 않은 신용장을 말한다. 이를 '클린신용장' 또는 '무담보신용장(clean credit)'이라고도 한다.

3) 취소가능신용장과 취소불능신용장 및 조건부 취소불능신용장

취소가능신용장(revocable credit)은 수익자에게 사전에 통지하지 않고도 언제라도 발행된 신용장의 조건을 임의대로 변경하거나 취소할 수 있는 신용장을 말한다.

취소불능신용장(irrevocable credit)은 신용장이 발행된 후에 발행은행, 확인은행(있는 경우) 및 수익자의 합의가 없이는 그 조건을 변경하거나 취소할 수 없는 신용장을 말한다.

조건부 취소불능신용장(conditional irrevocable credit)은 형태는 취소불능신용장이지만 조건 중에 선적을 보류하거나 매입을 보류하는 등 실질적으로는 취소불능이 아닌 신용장을 말한다. 즉, 신용장의 특별지시(special instruction)란에 그 신용장의 이행이 발행은행이나 발행의뢰인 일방 당사자의 행위에 따라 좌우될 수 있는 내용을 포함한 악의적인 신용장이다.

4) 확인신용장과 무확인신용장

확인신용장(confirmed credit)은 수익자가 발행한 환어음에 대해 발행은행 이외의 제3은행이 별도로 추가적 확약을 하고 있는 신용장을 말한다. 확인은행의 이러한 확약은 발행은행의 그것을 보증하는 것이 아니라 별개의 독립된 약속이 된다.

무확인신용장(unconfirmed credit)은 신용장 발행은행 이외의 제3은행의 확약이 없이 오로지 발행은행의 지급확약으로만 구성된 신용장을 말한다. 무역거래에 사용되는 대부분의 상업신용장은 무확인신용장이다.

5) 상환청구가능신용장과 상환청구불능신용장

상환청구가능신용장(with recourse credit)은 환어음을 매입한 매입은행이나 이를 소지하고 있는 선의의 소지인 또는 배서인이 환어음의 지급인(발행은행)에 의하여 어떠한 이유로든 지급이나 인수가 거절될 때는 그 환어음의 발행인(수익자)에게 상환을 청구할 수 있도록 되어 있는 신용장을 말한다.

신용장에 상환청구에 관한 별도표시가 없거나 'with recourse'라는 용어가 있으면 모두 상환청구가능신용장으로 인정된다.

상환청구불능신용장(without recourse credit)은 신용장에 'without recourse'라는 문구가 표시된 신용장을 말한다. 우리나라 어음법 제9조는 상환청구불능신용장을 인정하지 않고 있다. 따라서 무역거래에서 사용되는 대부분의 신용장은 상환청구가능신용장이다.

6) 자유매입신용장과 매입제한신용장

자유매입신용장(freely negotiable L/C)은 매입은행에 아무런 제한이나 지정이 없는 신용장을 말한다. 이를 '매입은행개방신용장(circular negotiation form)', '개방신용장(open L/C)', '보통신용장(general credit)'이라고도 부른다.

매입제한신용장(restricted credit, negotiation restricted credit)은 수출자가 발행하는 환어음의 매입 등을 어느 특정은행으로 한정하고 있는 신용장을 말한다. 이를 '특수신용장(special credit)' 또는 '지정신용장(straight L/C, nominated L/C)'이라고도 부른다.

이 신용장을 표시하는 문언은 'This credit is available through xxx Bank only' 또는 'Negotiation under this credit is restricted to xxx Bank' 등으로 되어 있다.

7) 우편신용장과 전신신용장

우편신용장(mail credit)은 신용장을 발행할 때 발행은행이 자기은행의 양식을 사용하여 서신형식으로 신용장을 작성하여 우편으로 발송하는 신용장을 말한다.

전신신용장(cable credit)은 전신을 이용하여 발행하는 신용장을 말하며 우편신용장보다 신속하고 정확하다.

전신신용장의 종류에는 Short Cable(약식전보), Full Cable(정식전보), Cypher(전신약어), 그리고 스위프트(SWIFT, Society for Worldwide Interbank Financial Telecommunication) 신용장 등이 있는데, 요즘 대부분의 신용장은 SWIFT 형식으로 발행되고 있다.

약식전보의 경우에는 추후에 정식의 우편확인서(mail confirmation)가 송부되어야 하며 그것이 신용장 원본으로 간주된다.

8) 양도가능신용장과 양도불능신용장

양도가능신용장(transferable credit)은 신용장에 'Transferable'이라는 명시적인 문언으로 두어 원수익자(original beneficiary)인 수출자가 신용장의 전부나 일부를 다른 제2수익자(second beneficiary)에게 양도할 수 있도록 되어 있는 신용장을 말한다.

신용장에 별도의 명시가 없는 한, 신용장의 양도는 동일 국내나 타국으로도 양도할 수 있고 1회에 한하며 분할선적이 허용되는 경우에만 분할양도가 가능하다.

양도불능신용장(non-transferable credit)은 신용장상에 'Transferable'이라는 명시적인 문언이 없어 다른 당사자에게 양도할 수 없는 신용장을 말하기 때문에 오직 신용장상에 지정된 원수익자만이 신용장을 사용할 수 있다.

9) 일람출급신용장과 기한부신용장

일람출급신용장(sight L/C)은 신용장에 의해 발행된 환어음 기간(tenor)이 일람출급인 신용장을 말한다. 환어음이 지급인에게 제시되면 즉시 지급이 이루어진다.

기한부신용장(usance L/C)은 발행된 환어음의 기간이 기한부인 신용장을 말한다.

환어음이 지급인에게 제시되면 인수가 이루어지고 만기일(maturity date, due date)이 내도하면 지급이 이루어진다.

10) 송금상환신용장과 상환신용장

송금상환신용장(remittance reimbursement credit)은 발행은행에 의해 서류가 수리된 후 발행은행이 매입은행 등에게 직접 결제대금을 송금하여 상환하기로 되어 있는 신용장을 말한다.

상환신용장(reimbursement credit)은 발행은행이 아닌 타 은행(즉, 상환은행)을 지정하여 두고 매입은행 등이 그 상환은행에게 상환요청을 하면 상환은행이 발행은행의 계정을 차기(debit)하여 상환하기로 되어 있는 신용장을 말한다.

11) 특수신용장

(1) 회전신용장 (revolving credit)

회전신용장은 일정기간 동안 신용장 금액이 자동적으로 갱신되어 다시 사용할 수 있도록 되어 있는 신용장을 말한다. 즉, 수출자와 수입자 사이에 동종의 상품거래가 상당한 기간 동안 계속하여 이루어질 것이 예상되는 경우 거래할 때 마다 신용장을 발행하거나 한꺼번에 금액을 모두 발행하는 것은 비용부담뿐 아니라 불편함이 있기 때문에 이러한 부담을 덜기 위해 발행되는 신용장이다.

(2) 선대신용장 (packing credit)

선대신용장은 수출자가 상품을 선적하기도 전에 미리 대금을 선지급 받을 수 있도록 권한을 부여하고 있는 신용장을 말한다.

즉, 발행은행이 매입은행으로 하여금 수출자에게 선적 전에 일정한 조건으로 수출대금을 선대하는 문언을 신용장에 기재하고 그 선대금의 상환을 확약한 신용장이다.

그 선대받은 자금으로 수출자는 수출상품의 집하나 포장 등에 사용한다. 이 신용장을 '선불신용장' 또는 '선수금신용장(red clause credit, advance payment credit, anticipatory credit)'이라고도 부른다.

(3) 연계무역신용장 (counter trade credit)

연계무역은 물물교환, 구상무역, 대응구매, 제품환매 등의 형태로 거래당사국간 수출입의 균형을 유지하거나 통상협력의 수단으로 이용되는 수출입형태이다. 연계무역에서는 다음과 같은 특수신용장이 사용된다.

① **동시개설신용장** (back to back credit)

동시개설신용장은 수입국에서 일정액의 수입신용장을 발행한 경우 그 신용장은 수출국에서 동액이나 이에 상응하는 금액의 수입신용장을 발행하는 경우에만 유효하다는 조건의 신용장이다.

② **기탁신용장** (escrow credit)

기탁신용장은 수출자가 선적 후 수입자로부터 수출대금을 지급받는 것이 아니라 이를 기탁계정(escrow account)에 기탁하여 두었다가 수입자로부터 다른 물품을 수입할 때 그 결제대금으로만 사용하도록 지정된 신용장이다.

③ **토마스신용장** (tomas credit)

토마스신용장은 양측이 서로 동액의 신용장을 발행하는 대신 한쪽이 신용장을 발행하면서 상대방이 같은 금액만큼 일정한 기간 내에 신용장을 발행하겠다는 보증서를 발행하는 것을 그 신용장의 효력발생 조건으로 하는 신용장이다.

(4) 내국신용장(local L/C)

내국신용장은 원신용장(original L/C)의 수익자인 수출자가 국내에 있는 원자재(원료공급자)와 완제품(하청업자) 등의 물품공급업자에게 자기가 받은 신용장을 근거로 자기의 거래은행에게 새로운 신용장을 발행하도록 요청하여 발행된 신용장을 말한다.

내국신용장은 국내 수출자가 수출용 원자재나 완제품을 국내에서 조달할 때 외국환은행이 물품대금 지급을 보장하는 지급보증서로, 물품공급자를 수익자로 하고 물품을 공급받는 자를 발행의뢰인으로 하여 발행된다.

Domestic L/C, Secondary L/C, Subsidiary L/C라고도 부르며, 이와 구별하기 위해 내국신용장을 원신용장을 Original L/C, Prime L/C, Master L/C라고 부른다.

(5) Baby L/C

Baby L/C는 외국에서 원자재나 부자재를 수입하여 제조 및 가공한 후 상품을 수출하고자 할 때 원래 받은 신용장(master L/C)에 대해 원·부자재 수입용으로 새로 발행되는 신용장을 말한다. 이것이 국내에서 조달될 때는 Local L/C가 된다.

Master L/C에서 파생된 것으로, Master L/C를 받고 그 수출을 이행하기 위한 수출용 원자재를 수입하고자 개설되는 신용장이 Baby L/C이며 'Child L/C'라고도 한다.

(6) 보증신용장(stand-by credit)

보증신용장은 금융이나 채무보증 등을 목적으로 발행하는 신용장을 말한다. 즉, 이 신용장은 국내기업의 해외지사 운영자금이나 국제입찰참가에 필요한 입찰보증(bid bond), 계약이행보증(performance bond), 선수금환급보증(advance payment bond)에 필요한 자금 등을 현지은행에서 공급받는 경우 동 채무를 보증할 목적으로 국내 외국환은행이 해외은행 앞으로 발행하는 신용장이다.

최근 기업들의 해외진출이 증가하고 거래형태가 다양화 및 거액화 됨에 따라 지급보증에 대한 수요가 급격히 증대하면서 보증신용장 거래가 증가하고 있다.

(7) 연장신용장(extended credit)

연장신용장은 수출자의 자금조달의 편의를 위하여 발행의뢰인의 요청으로 상품 선적 전에 수익자가 발행은행 앞으로 무담보어음(clean bill)을 발행하면 이것을 통지은행이 매입하고 무담보어음이 발행된 후 일정기간 내에 해당 상품에 관한 일체의 운송서류를 어음 매입은행에 제공할 것을 조건으로 한 신용장이다.

수출대금을 선적 전에 선지급을 받을 수 있다는 점에서 Packing Credit와 유사하고, 선적서류의 매입과 동시에 매입금액이 갱신되도록 된다는 점에서는 Revolving Credit의 성질을 결합한 특수한 신용장을 말한다.

7 신용장의 구성과 기재내용

일반적으로 신용장은 다음 사항들로 구성되어 있다. 그러나 경우에 따라서는 그 순서를 달리 하거나 일부 항목을 추가하거나 생략한 신용장도 있다.

1) 신용장 자체에 관한 사항

(1) 발행은행과 발행일자, 신용장의 종류(type of credit)

(2) 신용장의 번호, 발행일자, 신용장의 유효기간 및 유효장소

(3) 발행의뢰인(applicant), 수익자(beneficiary), 통지은행, 통지번호

(4) 통화코드(currency code), 신용장금액, 신용장금액의 과부족 허용비율

(5) 신용장의 사용가능 은행, 신용장의 사용방법(method of availability)

2) 환어음에 관한 사항

(1) 환어음의 발행인(drawer), 지급인(drawee)

(2) 환어음의 금액, 환어음의 지급일

3) 선적에 관한 사항

(1) 선적항, 양육항

(2) 분할선적(partial shipment), 환적, 최종 선적날짜

4) 상품에 관한 사항

(1) 상품명세(commodity description), 수량(quantity)

(2) 단가(unit price), 가격조건(price terms) 등

5) 서류에 관한 사항

요구하는 서류의 종류, 통수, 충족 및 구비요건

6) 추가조건에 관한 사항

(1) 특정 선박편의 지정, 신용장양도의 허용

(2) 신용장번호 기재지시, 전신환상환 금지

7) 기타 사항

(1) 서류제시기한(time limit for presentation), 은행수수료의 부담자

(2) 확약지시문언 및 상환방법(reimbursement method)

(3) 통지방법 지시 및 지급/인수/매입은행에 대한 지시

(4) 신용장통일규칙 준거문언 등

8 신용장의 사례와 항목별 해설

Model Form 11

	MT 700 ISSUE OF A DOCUMENTARY CREDIT	(메시지 형식 700 화환신용장의 발행)
	Advice Number, Date : A0604-206-00123, 29 JULY 2026	(통지번호 및 통지일자)
	From : NEW YORK COMMERCIAL BANK, NY. ①	(발신자 즉, 발행은행)
	To : SHINHAN BANK SEOUL, KOREA ⑧	(수신자 즉, 통지은행)
:27	sequence of total : 1/1	(총 메시지 중 본 메시지 수)
:40A	form of documentary credit : IRREVOCABLE ②	(신용장의 종류)
:20	documentary credit number : P-466878 ③	(신용장의 번호)
:31C	date of issue : 28 JULY 2026 ④	(신용장 발행일자)
:31D	date and place of expiry : 10 NOVEMBER 2026 KOREA ⑤	(신용장의 유효기간 및 유효장소)
:50	applicant : GLOBAL ENTERPRISING CO., Inc. 25 W 31s St, NY 20001, USA ⑥	(발행의뢰인)
:59	beneficiary : INTERNATIONAL SEOUL TRADING CO., LTD. ⑦ NUMBER 15 DONGBANG BLDG 310 TEHERAN-RO, KANGNAM-KU, SEOUL KOREA, 06211	(수익자)
:32B	currency code/ amount : USD 60,000 ⑨	(통화코드 및 신용장의 금액)
:39A	pct credit amount tolerance : 0/0 ⑩	(신용장금액의 과부족 허용비율)
:41D	available with by name, address : ANY BANK ⑪	(신용장의 가용가능 은행)
	BY NEGOTIATION ⑫	(신용장의 사용방법)
:42C	drafts at : SIGHT ⑬	(환어음의 지급일)
:42A	drawee : NEW YORK COMMERCIAL BANK, NY. USA ⑭	(환어음이 지급인)
:43P	partial shipment : ALLOWED ⑮	(분할선적)
:43T	transshipment : NOT ALLOWED ⑯	(환적)
:44A	loading on board/dispatch/taking in charge : BUSAN, KOREA ⑰	(본선적재/발송/수탁)
:44B	for transportation to : NEW YORK, USA ⑱	(목적지)
44C	latest date of shipment : 28 OCTOBER 2026 ⑲	(최종 선적날짜)
:45A	description of goods and/or services or performance ⑳ 500 DOZ OF 100% COTTON SHIRTS FOR MEN, OTHER DETAILS AS PER PURCHASE NOTE NO.123 DATED JUNE 30, 2026 @US$120.00 PER DOZEN CIF NEW YORK INCOTERMS 2020	(물품 및/또는 서비스 또는 이행의 명세)
:46A	documents required	(요구서류)
	+SIGNED ORIGINAL COMMERCIAL INVOICE IN TRIPLICATE ㉑	(상업송장)
	+FULL SET OF CLEAN ON BOARD OCEAN BILL OF LANDING MADE OUT TO THE ORDER OF THE NEW YORK COMMERCIAL BANK MARKED FREIGHT PREPAID AND NOTIFY ACCOUNTEE ㉒	(운송서류)
	+MARINE INSURANCE POLICIES OR CERTIFICATES IN DUPLICATE ENDORSED IN BLANK FOR 110PCT OF INVOICE VALUE. INSURANCE POLICES OR CERTIFICATES MUST EXPRESSLY STIPULATE THAT CLAIMS ARE PAYABLE IN THE CURRENCY OF THE DRAFTS AND MUST ALSO INDICATE A CLAIM SETTLING AGENT IN NEW YORK. INSURANCE MUST INCLUDE ICC(B) ㉓	(보험서류)
	+PACKING LIST IN TRIPLICATE ㉔	(포장명세서)
	+CERTIFICATE OF ORIGIN IN DUPLICATE ㉕	(원산지증명서)
	+INSPECTION CERTIFICATE IN DUPLICATE ㉖	(검사증명서)
	+CERTIFICATE OF WEIGHT AND MEASUREMENT IN DUPLICATE ㉗	(용적 및 중량증명서)
:47A	additional conditions	(추가조건)
	SHIPMENT MUST BE EFFECTED BY HYUNDAI SHIPPING CO.,ONLY ㉘	(특정선박편의 지정)
	THIS CREDIT IS TRANSFERABLE ㉙	(신용장 양도의 허용)
	ALL DOCUMENTS MUST BEAR OUR CREDIT NUMBER ㉚	(신용장번호 기재지시)
	T/T REIMBURSEMENT NOT ALLOWED ㉛	(전신환상환 금지)
:48	period for presentation : DOCUMENTS MUST BE PRESENTED WITHIN 14 DAYS AFTER THE DATE OF BILL OF LADING BUT WITHIN THE CREDIT VALIDITY ㉜	(서류제시기한)
:71B	charges : ALL BANKING COMMISSIONS AND CHARGES INCLUDING REIMBURSEMENT CHARGES OUTSIDE USA ARE FOR ACCOUNT OF BENEFICIARY ㉝	(은행수수료의 부담자)
:49	confirmation instructions : WITHOUT ㉞	(확인지시 문언여부)
:53A	reimbursement bank : THE BANK OF AMERICA, SEOUL, KOREA ㉟	(상환은행)
:78	instructions to the paying/accepting/negotiating bank ㊱ DRAFTS MUST BE SENT TO DRAWEE BANK FOR YOUR REIMBURSEMENT AND ALL DOCUMENTS TO US BY COURIER SERVICE IN ONE LOT	(지급 /인수/매입은행에 대한 지시)
:72	sender to receiver information : THIS CREDIT IS SUBJECT TO UCP 600 (2007 REVISED) ㊲	(신용장통일규칙 준거문언)

1) 신용장 자체에 관한 사항

① **발행은행**(issuing bank) : From : NEW YORK COMMERCIAL BANK, NY.

발행은행은 신용장의 상단에 기재되어 있다. SWIFT 메시지 형식(MT 700)으로 발행되는 신용장은 국제적으로 그 메시지 형식이 통일되어 있기 때문에 메시지 발신자(From)가 발행은행이 되고 수신자(To)는 통지은행이 된다. 신용장에서 'WE, OUR, US'는 보통 발행은행을 지칭하는 것이고 'YOU, YOUR'는 수익자(Beneficiary)를 지칭하는 것이다.

② **신용장의 종류**(form of documentary credit) : 40A

UCP 600하에서 신용장의 종류는 신용장에 취소불능이라는 표시가 있거나 없거나를 불문하고 모두 취소불능신용장(irrevocable credit)이다.

따라서 발행된 신용장은 신용장 기본 당사자(발행의뢰인 제외)의 합의가 없는 한 취소나 조건변경이 불가능하다. 만일 'IRREVOCABLE, TRANSFERABLE'이라는 표시가 있으면 이 신용장은 취소불능신용장이며 양도가능신용장이다.

③ **신용장의 번호**(documentary credit number) : 20

신용장의 번호는 기준에 따라 발행은행이 부여한 번호로, 실무에서는 서류에 신용장번호를 기재할 것을 요구하는 경우가 많다.

우리나라에서 신용장을 발행할 경우(즉 수입시) 은행들은 1976년 한국은행이 정한 '수출입허가(승인)서 및 신용장 등의 번호기재 요강'에 따라 번호를 부여하고 있는데 모두 15자리로 구성되어 있다.

신용장번호에 나타나 있는 코드 번호내용을 예를 들면 다음과 같다.

M	D1	NY	6	04	N	S	0101	8
(1)	(2)	(3)	(4)	(5)	(6)	(7)	(8)	(9)

(1) 수입신용장의 표시번호 (M : Master L/C, L : Local L/C)
(2) 은행고유번호 (D1 : 우리은행, 42 : 신한은행 등)
(3) 발행은행 지점번호 (NY : 우리은행 트윈타워지점)
(4) 발행년도의 끝자리 수 (예 : 2026년은 6으로 표시)
(5) 발행 월 표시 (월은 두 단위(04)로 표시, 예 : 8월은 08, 12월은 12)
(6) 수입용도 구분번호 (N : Normal (일반재 내수용물자), E : Export (수출용 원자재), G : 정부용, B : 가공무역용, A : 군납용원자재)
(7) 수입대금 결제방식 기호

S : Sight L/C U : Usance L/C R : 단순송금방식
P : D/P방식 A : D/A방식

(8) 신용장 일련번호 : 4자리, 년 중 몇 번째 발행내용(0101)

(9) Check digit number : 은행별 확인번호(1자리)

④ 신용장 발행일자(date of issue) : 31C

신용장 발행일자는 실제 신용장이 발행된 날짜로 신용장 상단에 기재된다. 신용장은 계약에서 합의된 일자 이내에 발행되어야 한다.

⑤ 신용장의 유효기간 및 유효장소(date and place of expiry) : 31D

신용장의 유효기간(expiry date, E/D)은 수익자가 은행에 환어음의 매입을 요구하기 위해 서류를 제시해야 하는 최종 마감일을 말한다.

유효기간이 경과한 서류가 은행에 제시되면 이는 기한경과선하증권(stale B/L)으로 취급되어 당연히 수리되지 않게 된다. 신용장에 유효기일이 기재되어 있지 않은 경우에는 선하증권이 발행된 날로부터 21일 이내에는 제시되어야 한다.

한편, 신용장에 유효기간은 정해져 있으나 최종 선적날짜가 정해져 있지 않을 경우에는 신용장의 유효기간을 최종 선적날짜(S/D)로 간주한다. 또한 신용장의 유효기간(E/D)이 국경일이나 일요일 및 은행의 휴무일 경우에는 다음 영업일까지 자동적으로 연장된다.

이러한 사유로 연장된 날에 지급이나 매입된 환어음이나 서류에는 'UCP 600 제29조 a항 규정에 의해 연장된 기한 내에 제시되었음'이라는 문언이 부기(附記)되어야 한다.

신용장의 유효장소(place of expiry)는 환어음의 매입이 이루어지는 소재지로 보통은 수출국에 있는 장소가 된다.

신용장에 별도의 명시가 없는 한 신용장의 사용가능(available) 은행(자유매입신용장의 경우에는 모든 은행(any bank))의 장소가 제시를 위한 유효장소가 되는 동시에 유효기일의 종료장소가 된다.

유효기간의 종료장소는 매입은행(수출국)이 되는 경우가 보통이나 발행은행(수입국가)이 되는 경우도 있다. 만일 종료장소와 관련하여 'WE, OUR, US, OUR COUNTRY'라는 표시가 있으면 이것은 발행은행(수입국)에서 종료되는 것이기 때문에 수출자는 매입을 위한 서류를 보다 일찍 제시해야 한다.

⑥ 발행의뢰인(applicant) : 50

발행의뢰인은 신용장의 기본당사자이기 때문에 수익자와 함께 신용장의 상단에 표기된다. 발행의뢰인은 계약서상 Buyer이며 수하인(consignee)이다.

⑦ 수익자(beneficiary) : 59

수익자는 신용장을 수취하는 자 및 발행된 신용장을 통해 이익을 누리는 자이다. 수익자는 매매계약서상 Seller이며 송하인(consignor)이고 환어음을 발행하는 발행인(drawer)이다.

⑧ **통지은행**(advising bank) : TO : SHINHAN BANK SEOUL, KOREA

통지은행은 발행은행이 수익자 소재지에 있는 환거래은행이나 자기의 본·지점을 통해 신용장을 통지하는 경우 그 통지를 담당하는 수출국에 있는 은행을 말한다.

확인은행의 역할을 겸하지 않는 통지은행은 단순히 중계은행으로서의 역할만을 수행하기 때문에 신용장이나 모든 조건변경을 통지할 때 지급이행이나 매입할 어떠한 책임도 부담하지 않게 된다.

⑨ **통화코드**(currency code) **및 신용장금액**(credit amount) : 32B

통화코드는 숫자금액 앞에 USD, JPY, DEM, KRW와 같이 붙이는 ISO 코드이며 신용장금액은 수익자가 대금을 청구하거나 환어음을 발행할 수 있는 한도금액이다.

⑩ **신용장금액의 과부족 허용비율**(pct credit amount tolerance) : 39A

신용장금액의 과부족 허용비율은 포장단위(packing units)나 개개 품목의 개수로 수량을 구체적으로 명시하는 물품이 아닌 산화물(bulk cargo)의 경우에 일정비율의 과부족(difference, tolerance)을 인정하는 제도이다. 본 사례 신용장에서는 개체품목(individual items)이기 때문에 과부족허용비율이 적용되지 않았다.

⑪ **신용장의 사용가능 은행**(credit available with ... by ... Name/Addr) : 41D

신용장의 사용가능 은행은 지급, 인수 또는 매입의 권한이 부여된 은행을 말한다.

여기에는 신용장이 일람지급(sight payment)이나 연지급(deferred payment) 또는 인수(acceptance)를 위한 것인 경우에는 특정의 지정은행이 기입된다.

매입(negotiation)의 경우 특정 은행에게만 매입 권한을 부여할 때에 그 은행을 지정은행으로 기입하고 모든 은행에 의한 매입을 허용할 때는 'Any Bank'라고 기입한다.

가장 일반적은 것은 'Any Bank'와 같이 매입은행에 아무런 제한이나 지정을 하지 않은 경우이다. 이것은 수출지의 Nego은행을 수출자가 자기 마음대로 선택할 수 있게 된다. 이 경우 수익자 입장에서는 환어음의 매입을 주거래 은행이나 높은 매입환율을 적용하는 은행에 의뢰하는 것이 일반적이다.

⑫ **신용장의 사용방법**(method of availability) : 41D

모든 신용장에는 그것이 일람출급, 연지급, 인수 또는 매입 중 어느 것으로 사용될 것인지 명확하게 표시되어 있어야 한다(UCP 600 제6조 b항).

신용장의 사용방법은 신용장의 'This credit available by' 다음에 '( ) sight payment', '( ) deferred payment', '( ) acceptance', '( ) negotiation' 중 해당되는 사용방법 앞에 ×표를 하거나 그중 어느 하나를 표시함으로써 지정된다.

본 사례 신용장에서는 'by negotiation'으로 표시되어 있다.

2) 환어음에 관한 사항

⑬ 환어음의 만기일(tenor of draft) : 42C

환어음은 대금결제 기간에 따라 지급인이 일람하는 즉시 지급되는 일람출급 환어음(sight bill, demand bill)과 일람하고 일정기간이 경과한 후에 지급되는 기한부 환어음(usance bill, time bill, term bill)이 있다.

환어음의 만기일은 'draft at : '의 at 다음에 일람출급 환어음이면 'sight'가 기재되고 기한부 환어음이면 '30 d/s', '90 days after sight' 또는 '60 days after B/L date' 등과 같이 일정기한이 기재한다.

⑭ 환어음의 지급인(drawee) : 42A

환어음의 지급인은 'drawee' 다음에 기재된다. 환어음의 하단 좌측에 'TO ……' 다음에 기재되는 자가 환어음의 지급인이며 보통은 발행은행이 된다. 그러나 발행은행의 예치환거래은행인 제3국의 은행(상환은행)이 지급인이 되는 경우도 있다.

유의할 점은 신용장거래에서는 발행의뢰인을 지급인으로 하여 환어음을 발행하는 행위를 규제하고 있다는 것과 발행은행의 지급약속이 없는 추심결제방식(D/P, D/A)의 경우는 환어음의 지급인이 수입자(accountee)가 된다는 점이다.

3) 선적(운송)에 관한 사항

⑮ 분할선적(partial shipments) : 43P

분할선적은 계약물품을 시간적 간격을 두고 여러 번 나누어 선적하는 것을 말한다.

분할선적이 허용되는 경우에는 'allowed', 'permitted', 'authorized' 등으로 표시하고, 금지하는 경우는 'not allow', 'prohibited', 'not allowed', 'not permitted' 등으로 표시한다. 분할선적 여부에 대한 아무런 표시가 없는 경우에는 이를 허용하는 것으로 간주한다.

⑯ 환적(transhipments) : 43T

운송 중 물품의 멸실이나 훼손 및 도난사고는 환적이 이루어질 때 많이 발생하기 때문에 일반적으로 환적을 금지하는 취지를 매매계약이나 신용장에 기재하고 있다.

환적이 허용되는 경우에는 'allowed', 'permitted', 'authorized' 등으로 표시하고, 금지되는 경우는 'not allowed', 'prohibited', 'not permitted' 등으로 표시한다.

⑰ 본선적재/발송/수탁(loading on board/dispatch/taking in charge) : 44A

여기에서 'loading on board'는 선박 등에 의한 본선적재를, 'dispatch'는 항공 또는 우편에서 발송을, 'taking in charge'는 컨테이너에 의한 복합운송에서 운송인의 운송화물 수탁을 의미하는데 이들은 모두 선적(shipment)에 포함되는 개념이다.

즉, 선적되는 화물의 운송형태에 따라 선박에 의한 해상운송의 경우는 본선에 적재되는 장소인 선적항이 기재되고, 항공기에 의한 항공운송의 경우는 발송지(Incheon Airport 등과 같이 공항)가 기재되며, 컨테이너에 의한 복합운송의 경우는 운송인의 보관이나 관리하에 인도되는 장소(통상은 CY나 CFS 등 터미널)가 기재된다. 본 사례 신용장에서는 해상운송이 이루어졌기 때문에 수출국의 선적항구인 부산항이 기재되어 있다.

⑱ 목적지(for transportation to) : 44B

목적지는 'for transportation to' 다음에 표기되는데, 해상운송의 경우는 목적항이 기재되고 항공운송의 경우에는 도착지 공항이 기재되며, 복합운송의 경우에는 도착지의 CY나 CFS 등 터미널이 기재된다. 본 사례 신용장에서는 해상운송이 이루어졌으므로 수입국의 양륙항구(port of discharge)인 뉴욕이 기재되어 있다.

⑲ 최종 선적날짜(latest date of shipment) : 44C

최종 선적날짜는 그 신용장에 의해 거래되는 물품의 본선적재, 발송, 수탁 등을 이행하여야 하는 최종 날짜로 '선적일(shipping date, S/D)'이라고도 한다.

본 사례 신용장에서는 'latest date of shipment : 31 August, 2026'로 되어 있기 때문에 적어도 8월 31일까지는 선적이 완료되고 그 증명은 선하증권의 발행일자로 확인되어야 한다.

유의점은 신용장의 유효기간과는 달리, 최종 선적날짜는 공휴일이더라도 연장되지 않기 때문에 공휴일을 불문하고 본선적재, 발송 또는 수탁이 완료되어야 한다는 것이다.

선적날짜를 표시하는데 사용되는 'to', 'until', 'till', 'from', 'between'의 용어는 기재된 일자를 포함하며 'before'와 'after'의 용어는 기재된 일자는 제외한다.

그리고 'on or about'라는 용어가 지정날짜와 함께 표시된 경우는 지정날짜 이전 5일부터 그 이후의 5일(끝 날짜 포함)을 선적일자로 간주한다.

4) 상품에 관한 사항

⑳ 물품 및/또는 서비스 및/또는 이행의 명세(description of goods and/or services and/or performance) : 45A

물품의 명세는 상품명(name of commodity), 수량(quantity), 규격(specification), 단가(unit price), 원산지(country of origin), 가격조건(price terms) 등이 기재된다. 물품의 명세는 가능한 한 간결하게 기입해야 한다.

본 사례 신용장에서는 '500 DOZ OF 100% COTTON SHIRTS FOR MEN, OTHER DETAILS AS PER PURCHASE NOTE NO.123 DATED JUNE 30, 2026 @US$ 120.00 PER DOZEN CIF NEW YORK INCOTERMS 2020'으로 되어 있다.

이를 해석하면 '상품명은 2026년 6월 30일자 매약서 제123번에 나타나 있는 남성용 100% 면셔츠이고 수량은 500다스이며 단가는 미국통화로 다스당 120달러이고 가격조건은 CIF NEW YORK이며 그 근거는 인코텀즈 2020에 규정된 CIF조건이다.'가 된다.

5) 서류에 관한 사항(documents required) : 46A

여기에는 신용장에서 요구하고 있는 서류들의 상세한 명세가 기재되어 있다. 신용장거래는 서류거래이므로 은행들은 오로지 수익자가 구비하여 제시하는 제반서류만을 심사함으로써 대금의 지급 여부를 결정하게 된다. 따라서 신용장에서 요구하는 서류의 요건들은 그 중요성을 불문하고 반드시 충족된 상태로 제시되어야 한다.

신용장에서 요구하는 기본서류는 화물의 명세서인 상업송장, 선하증권을 포함한 운송서류, 그리고 보험서류(CIF나 CIP계약의 경우)이며, 기타서류는 포장명세서, 원산지증명서, 검사증명서 등이다. 신용장에서는 2 Copies, 2 Folds 및 Duplicate, Triplicate 등과 같이 요구하는 서류의 종류와 함께 통수도 기재되어 있다.

㉑ 상업송장(commercial invoice) : 46A

신용장 관련 3대 기본서류 중 상품의 명칭과 규격, 단가, 금액 등이 동일한 용지에 함께 기재되는 것은 상업송장 밖에 없다. 그 만큼 중요한 서류이기 때문에 어느 신용장에서나 반드시 이 서류의 제시를 가장 먼저 요구하고 있다.

상업송장은 수출자에게는 대금청구서와 가격계산서, 수입자에게는 수입물품의 정확성과 진실성을 입증하고 과세가격을 산정하는데 사용되는 필수서류이다.

상업송장의 작성자는 수익자(beneficiary)가 되며 기재되는 물품의 명세는 신용장의 물품의 명세와 일치되어야 하고 상업송장의 금액은 신용장 금액을 초과해서는 안된다.

본 사례 신용장에서는 'Signed Original Commercial Invoice in Triplicate'을 요구하고 있는데 이것은 '반드시 서명되고 원본이라고 표시된 상업송장을 3통'을 의미한다.

UCP 600에서는 별도의 명시가 없는 한, 상업송장에는 서명은 필요하지 않도록 되어 있으나 본 신용장과 같이 서명을 요구하는 경우에는 반드시 서명이 이루어지도록하고 있다.

㉒ 운송서류(transport document) : 46A

운송서류의 종류는 운송방식만큼이나 다양하지만 선박을 이용한 해상운송방식이 주종을 이루기 때문에 통상의 운송서류는 해상선하증권(Marine Bill of Lading)을 요구하는 경우가 대부분이다.

예전의 무역 운송수단은 대부분을 해상운송에 의존하였으나 운송수단의 급속한 발달로 항공, 복합운송수단 등으로 운송이 이루어짐으로써 선적서류(shipping documents)란 용어가 운송서류로 변경되었다.

본 사례 신용장에서는 'FULL SET OF CLEAN ON BOARD OCEAN BILL OF LANDING MADE OUT TO THE ORDER OF NEW YORK COMMERCIAL BANK MARKED FREIGHT PREPAID AND NOTIFY ACCOUNTEE'을 요구하고 있다.

여기에서 FULL SET은 전통 선하증권을 의미하고 Clean B/L은 무사고 선하증권을 의미하며 ON BOARD B/L은 본선적재 선하증권을 의미한다.

또한 TO THE ORDER OF NEW YORK COMMERCIAL BANK는 뉴욕상업은행의 지시식으로 발행된 B/L을 의미하며, 운임은 선지급(FREIGHT PREPAID)되었다고 표시되어 있고 착하통지처(NOTIFY PARTY)는 수입자가 표시되어 있어야 한다는 것을 의미한다.

㉓ 보험서류 (insurance document) : 46A

보험서류는 보험계약의 체결증명으로 발행되는 보험관련 서류들을 말하며 가장 대표적인 보험서류로는 보험증권과 보험증명서가 있다.

CIF계약이나 CIP계약의 경우 보험서류는 운송서류와 마찬가지로 필수적으로 구비해야 하는 기본서류가 되며 보험서류의 종류와 담보위험들은 매매당사자간의 합의에 따라 신용장에 명시되어 있다.

본 사례 신용장에서는 'MARINE INSURANCE POLICIES OR CERTIFICATES IN DUPLICATE ENDORSED IN BLANK FOR 110 PCT OF INVOICE VALUE. INSURANCE POLICES OR CERTIFICATES MUST EXPRESSLY STIPULATE THAT CLAIMS ARE PAYABLE IN THE CURRENCY OF THE DRAFTS AND MUST ALSO INDICATE A CLAIM SETTLING AGENT IN NEW YORK. INSURANCE MUST INCLUDE ICC(B)'을 요구하고 있다.

본 사례 신용장에서는 우선 해상보험증권이나 보험증명서를 요구하고 있고 보험금액은 송장금액에 10%를 가산한 금액 즉, 110%를 부보하도록 요구하고 있다. 또한 해상보험증권이나 보험증명서는 양도성 유가증권이므로 배서에 의해 청구권을 타인에게 양도할 수 있도록 백지배서(ENDORSED IN BLANK)를 요구하고 있다.

백지배서를 하는 목적은 보험금 청구의 특성에 따라 청구권자의 편리성을 높이기 위한 것이다. 즉, 수출지에서 본선적재 이전에 사고가 발생하면 수출자가 보험청구권을 행사하고, 본선적재 이후에 사고가 발생하면 수입자가 대금결제를 마치지 않았으면 발행은행이 보험청구권을 행사하고 대금결제를 마치고 난 후에는 수입자가 보험청구권을 행사할 수 있도록 한 것이다.

본 사례 신용장에서 요구하는 해상보험증권이나 보험증명서에는 '보험금은 환어음의 통화로 지급되고 보험금의 지급지로 뉴욕에 있는 보험금 결제대리인이 명확하게 기재되어 있어야 하며 보험조건은 ICC(B) 조건으로 부보할 것'을 요건으로 하고 있다.

㉔ **포장명세서**(packing list) : 46A

포장명세서는 포장 속에 들어있는 상품의 목록을 상세하게 기술하고 있는 서류이다. 이 서류는 상업송장의 기재내용을 보완하고 운송 및 통관상의 편의를 제공하기 위해 수출자가 수입자 앞으로 작성한다.

포장명세서의 기재내용은 상업송장의 기재내용과 일치되어야 한다. 포장명세서는 대금관련사항을 명기하지 않고 각 규격별, 단위별로 일목요연하게 기재하고 있다는 점을 제외하고는 상업송장의 기재내용과 거의 동일하다.

㉕ **원산지증명서**(certificate of origin : C/O) : 46A

원산지증명서는 원래 수입자가 수입화물의 관세부과 과정에서 생산국 등을 판별하여 국정세율(national tariff)보다 낮은 협정세율(conventional tariff)의 적용을 받기 위하여 수입자 개인이 필요로 하는 서류였다.

그러나 최근에는 이러한 목적 이외에도 수입국이 덤핑방지나 외환관리 등 수입정책상이나 무역통계를 목적으로 원산지증명서의 제출을 요구하는 경우가 더 많다.

㉖ **검사증명서**(inspection certificate) : 46A

검사증명서는 수출상품의 완전함을 증명하는 서류로 수입자가 품질조건상에 하자가 없는 상품을 수입할 목적으로 요구하는 서류이다. 검사의 공정성을 위하여 수입자가 지정한 수출검사인(inspector)이나 공적 검사기관 또는 전문검사기관의 검사증명서를 첨부하도록 요구하는 경우도 있고 수출자 자신이 직접 작성하는 경우도 있다.

신용장에 본 증명서의 발행기관을 구체적으로 명기하고 있는 경우에는 신용장에서 요구하고 있는 그 지정검사기관에서 발행된 증명서를 구비해야 한다. 이와 유사한 증명서로는 검사증명서, 품질증명서, 분석증명서 등이 있다.

㉗ **중량 및 용적증명서**(certificate of weight and measurement, CWM) : 46A

중량 및 용적증명서는 수출화물의 중량 및 용적에 관한 명세서로 상업송장에 총괄적으로 기재된 중량 및 용적의 내역을 상세하게 기재한 서류이다. 보통 공적인 제3자의 검량기관에 의한 검량결과가 기재되는 것을 요구하는 경우가 많다.

중량 및 용적증명서의 중량이나 용적의 표시는 상업송장 및 운송서류의 중량 표시와 일치하여야 하며 이것은 해상운임을 산정하는 기초가 된다.

6) 추가조건에 관한 사항 : 47A

추가조건(additional conditions)은 그 국가의 지역별 특색이나 수입상품의 특성에 비추어 신용장 표준양식에 기재하지 못한 사항을 추가적으로 요구하고 있는 사항으로 '특수조건(special conditions)' 또는 '부가조건'이라고도 한다.

추가조건은 매수인이 매도인의 사전 양해 없이 신용장의 조건으로 기재하는 경우도 있고 매도인에게 사전에 통보하여 확인을 받고 기재하는 경우도 있다.

㉘ 특정 선박편의 지정조항

본 사례 신용장에서는 'SHIPMENT MUST BE EFFECTED BY HYUNDAI SHIPPING CO., LTD. ONLY'라고 기재되어 있다. 이것은 최종 선적날짜까지 선적하되 그 선적은 반드시 '현대상선'에 의해 이루어지도록 특정 선사를 지정하고 있는 것이다.

㉙ 신용장 양도의 허용

본 사례 신용장에서는 'THIS CREDIT IS TRANSFERABLE'로 되어 있다. 이는 본 신용장은 양도가능하다는 것을 의미한다. 신용장의 양도는 신용장에 양도가 가능하다는 문구(TRANSFERABLE)가 있는 경우에 한하여 인정된다. 양도가 이루어지더라도 그 양도는 1회에 한하며 분할선적이 가능한 경우에만 분할양도가 가능하다.

본 사례 신용장의 경우와 같이 신용장 양도허용의 문언을 여기에 기재하지 않고 신용장의 종류에 'IRREVOCABLE, TRANSFERABLE CREDIT'와 같이 기재되는 경우도 있다.

㉚ 신용장번호 기재지시

본 사례 신용장에서는 'ALL DOCUMENTS MUST BEAR OUR CREDIT NUMBER'로 하여 모든 서류에는 본 신용장의 번호를 기재하도록 요구하고 있다. 이와 유사한 표현으로는 'Each documents of presentation must be indicated the credit number of the issuing bank'이 사용되는 경우도 있다.

㉛ 전신환상환 금지

수익자가 신용장에서 요구하는 서류들을 정비하여 매입(Nego)을 의뢰하면 매입은행은 서류를 검토하여 하자가 없으면 매입을 한다. 이후 매입은행은 상환은행에 그 대금을 청구하는데 이때 환어음 없이 전신으로 상환을 청구하는 것을 'T/T Reimbursement is allowed'라고 부른다. 이에 반해 환어음을 발행하여 상환은행으로 우송하여 대금결제를 청구하는 것을 'T/T Reimbursement is not allowed'라고 부른다.

'T/T Reimbursement is allowed'인 경우에는 발행은행이 서류를 검토하여 결제하는 것보다 상환은행이 먼저 결제하기 때문에 발행은행은 발행의뢰인에게 그 기간만큼의 환가료(exchange commission)를 추가로 청구하게 된다. 그 금액은 120~150달러 정도이며 이는 보통 수입자가 부담한다.

수입자는 별도의 수수료를 부담하여야 하기 때문에 선적서류 검토 전에 대금이 지급되는 것을 원하지 않게 된다. 이러한 이유 때문에 실무에서는 전신환상환을 금지하는 경우가 많다.

7) 기타 사항

㉜ 서류제시기한(period for presentation) : 48

서류제시기한은 신용장의 조건과 일치하는 서류가 매입은행 등에 제시되어야 하는 기간을 말한다. 본 사례 신용장에서는 'DOCUMENTS MUST BE PRESENTED WITHIN 14 DAYS AFTER THE DATE OF BILL OF LADING BUT WITHIN THE CREDIT VALIDITY'로 되어 운송서류 발행일로부터 14일 이내에 서류를 제시하도록 요구하고 있다.

신용장에 서류제시기한을 일정기간으로 제한하는 이유는 물품은 도착되었으나 서류가 도착하지 않게 되면 수입자는 수입화물을 통관할 수가 없게 되고, 이로 인한 창고료와 보험료 등의 추가적인 부대비용이 발생할 뿐 아니라 적절한 판매시점을 놓치는 손실을 입을 수도 있기 때문이다.

이 경우에 수입화물선취보증제도(L/G)를 활용하면 서류 없이도 물품을 인도받을 수 있지만 L/G 보증료 등의 추가적인 비용부담은 피할 수 없게 된다.

신용장에 서류제시기한에 관한 아무런 명시가 없다 하더라도 선적일 또는 운송서류 발행일 후 21일 이내에는 서류가 제시되어야 하며 어떠한 경우에도 그 서류는 신용장의 유효기일 이전에 제시되어야 한다. 만일 서류제시기한 이후에 제시되는 서류도 수리하도록 할 의도인 경우는 특별조건으로 'STALE DOCUMENTS ARE ACCEPTABLE'이라는 문구가 반드시 기재되어야 한다.

㉝ 은행수수료의 부담자 : 71B

신용장거래는 은행수수료나 요금 등의 비용이 필연적으로 발생한다. 이 경우 수입국에서 발생하는 비용은 수입자가 부담하고 수입국 이외의 국가에서 발생하는 비용은 수출자가 부담하는 것이 합리적일 것이다. 본 사례 신용장에서는 'ALL BANKING CHARGES AND COMMISSIONS INCLUDING REIMBURSEMENT CHARGES OUTSIDE USA ARE FOR ACCOUNT OF BENEFICIARY.'라고 하여 미국(수입국) 이외에서 발생하는 상환수수료를 포함한 모든 은행수수료와 요금은 수익자가 부담하도록 하고 있다.

㉞ 확인지시 문언 여부 : 49

신용장 확인(confirmation)은 신용장 발행은행과 별도로 독립된 제2의 은행을 통해 신용장 조건과 일치하는 지급을 약속하는 것으로 발행은행이 대금지급을 할 수 없는 상황이 발생할지라도 확인은행이 환어음의 발행인 또는 선의의 소지인에 대해 상환청구권 행사 없이 매입의무 등을 이행하도록 하는 방법이다. 확인은 신용장 발행에 버금가기 때문에 확인수수료도 발행수수료와 비슷한 수준에서 징구되고 있다. 확인지시 문언 여부는 통지은행이 발행은행으로부터 어떠한 통지를 요구받았는가를 표시하는 것이다.

확인신용장의 경우는 'with'로 표기하고 무확인신용장의 경우는 'WITHOUT'으로 표기한다. 대부분의 상업신용장은 제3은행의 확약이 없기 때문에 'WITHOUT'으로 표기한다. 본 사례 신용장에서도 'WITHOUT'으로 기재되어 있다.

㉟ 상환은행 : 53A

상환은행(reimbursing bank)은 발행은행을 대신하여 환어음을 매입한 매입은행의 상환을 담당하는 은행이다. 이것은 신용장의 매입은행 등이 결제한 대금을 어디에서 어떻게 상환받을 수 있는가를 표시한 것이다.

본 사례 신용장에서는 상환은행명을 'REIMBURSEMENT BANK : THE BANK OF AMERICA, SEOUL, KOREA'로 기재하고 있으나 보통 'In reimbursement, we will remit the proceeds of the draft(s) to your designated bank on receipt of the documents' 등으로 표기되어 있는 경우가 많다.

㊱ 지급/인수/매입은행에 대한 지시 : 78

본 사례 신용장에서는 지급/인수/매입은행에 대한 지시문언으로 'DRAFTS MUST BE SENT TO DRAWEE BANK FOR YOUR REIMBURSEMENT AND ALL DOCUMENTS TO US BY COURIER SERVICE IN ONE LOT'로 기재되어 있다.

이것은 환어음은 상환을 위해 지급은행(상환은행)으로 송부해야 하며, 모든 서류는 한 묶음으로 국제택배우편으로 당사(발행은행)에 보내야 한다는 내용이다. 앞의 문장은 'T/T Reimbursement is not allowed'의 결과이며, 뒤의 문장은 지급/인수/매입한 서류를 발행은행에 송부함에 있어 그 방법과 횟수를 기재하고 있다.

보통은 서류의 분실 등을 대비하여 항공등기우편으로 두 번에 나누어(in two lots by registered airmail 또는 in two consecutive lots airmail) 송부하도록 요구하지만 본 사례 신용장에서는 한 번에 전부 송부할 것을 요구하고 있다.

㊲ 신용장통일규칙 준거문언 : 72

신용장의 제일 하단에 있는 'sender to receiver information(수신자에 대한 송신자 정보)'는 필요한 경우 발신은행이 수신은행에게 제공하는 정보사항들을 기술하는 란이다.

본 사례 신용장에서는 신용장통일규칙 준거문언이 기재되어 있다. 이것은 신용장 거래관계의 해석은 ICC가 2017년도에 개정한 UCP 600에 따른다는 내용이다.

신용장통일규칙은 신용장에 자동적으로 적용되는 것이 아니므로 설령 'SWIFT 신용장'이라 하더라도 본문에 'This documentary credit is subject to the Uniform Customs and Practice for Documentary Credit, 2007 revision, ICC Publication No.600'와 같이 기재되어야 한다.

Keys to the Lesson

1. your credit opening advice : 귀사의 신용장 발행통지

1) We regret very much to inform you that we have not yet received your credit opening advice.
   ➡ 당사가 아직 귀사의 신용장 발행통지를 받지 못하였다는 사실을 알려드리게 되어 대단히 유감스럽게 생각합니다.
2) 은행 환어음이나 당사를 수익자로 한 취소불능신용장을 발행하는 것으로 결제를 준비하여 주실 것을 귀사께 요청 드립니다.
   ➡ We would ask you to arrange payment either by Banker's draft or by issuing an irrevocable letter of credit in our favor.

주 ① credit opening(=issuing, arranging, establishing) advice : 신용장 발행통지, 신용장 개설통지
② not yet received : 아직 받지 못하였다.

2. Shipping Advice : 선적통지, 선적통지서

1) We will send you the Shipping Advice by Fax.
   ➡ 당사는 귀사에게 팩스로 선적통지서를 보내드릴 것입니다.
2) 선적통지는 선하증권의 본선적재일 이전에 팩스나 기타의 공식문서로 통지될 것입니다.
   ➡ Shipping Advice shall advised by facsimile or by any other formal letter prior to the on board date of the Bill of Lading.

주 ① Shipping Advice : 선적통지, 선적통지서(=Shipping Notice, S/N)
Arrival Notice : 도착통지, 도착통지서
Shipping Order : 선적지시서(S/O)
② by any other formal letter : 기타의 공식문서로
③ prior to the on board date of the Bill of Lading : 선하증권의 본선적재일 이전에

3. without confirmed : 확인이 없이, 무확인신용장으로

1) This credit will be notified without confirmed by our banker's correspondents, ShinHan Bank, Seoul, Korea, which will let you have it within several days by SWIFT.
   ➡ 본 신용장은 당사 은행의 환거래은행인 서울소재 신한은행에 의해 확인되지 않고 통지될 것이며, 몇 일 이내에 SWIFT로 귀사에 도달할 것입니다.

주 ① our banker's correspondents : 당사 은행의 환거래은행
② within several days : 몇 일 이내에
③ SWIFT : Society for Worldwide Interbank Financial Telecommunication(국제은행간 자금결제 통신망)

4. name of the steamer and the ETA : 선명과 도착예정일

1) Upon we finish shipping your order, we will let you know the name of the steamer and the ETA.
   ➡ 귀사 주문품의 선적을 마치자마자, 당사는 그 선명과 도착예정일을 귀사께 알려줄 것이다.
2) 첨부된 견적서의 출항예정일을 알려 주십시오.
   ➡ Please inform us the ETD date for the attached quotation.

주 ① steamer : 선박(=vessel, ship) cf. liner(정기선), tramper(부정기선)
② ETA(estimated time of arrival) : 도착예정일(=expected time of arrival), 도착예정시간
③ ETD(estimated time of departure : 출항예정일(=expected time of departure), 출발예정시간

5. amend the credit to ~ : 신용장을 ~(으)로 정정하다.

1) We hope that you amend the credit to 30 CBM.
   ➡ 당사는 귀사께서 신용장을 30입방 미터로 정정해 주시길 원합니다.
2) 동 상사는 귀사께서 위 신용장 유효기간을 14일 동안 연장해 주시기를 원하고 있습니다.
   ➡ They want that you extend the above credit validity for 14 days.
3) We ask you to extend the said credit validity to April 15.
   ➡ 당사는 귀사께서 위의 신용장 유효기간을 4월 15일까지 연장해 주시기를 요청드립니다.

주 ① amend : 정정하다, 수정하다, 조건 변경하다(=alter, change, modify, renew, revise).
② CBM : cubic meter, 입방 미터, m³
③ extend the L/C validity for ~ : 신용장의 유효기간을 ~동안 연장하다.
extend the credit validity to(=till, until)~ : 신용장 유효기간을 ~까지 연장하다.

6. as contracted originally : 원래 계약대로, 원래 계약된 대로

1) Your credit has indicated the quality as No.8 instead of No.10 as contracted originally.
   ➡ 귀 신용장은 품질이 원래 계약대로 No.10이 기재되는 대신에 No.8로 기재되어 있습니다.
2) Your credit has indicated the height as 20 inches instead of 30 inches as contracted originally.
   ➡ 귀 신용장에는 높이가 원래 계약된 대로인 30인치 대신에 20인치로 기재되어 있습니다.
3) It is imperative that you amend the credit as contracted originally.
   ➡ 귀사께서는 신용장을 원래 계약대로 정정해 주셔야만 합니다.

주 ① has indicated A as ~ : A가 ~로 기재되어 있다, ~로 나타나 있다.
② as No.8 instead of No.10 : No.10번 대신에(=in place of ~) No.8로
③ height : 높이
cf. length(길이), width (폭), depth(깊이), thickness(두께), weight(중량)
④ as contracted : 원래 계약대로, cf. as+p.p. : ~한 대로, ~처럼
⑤ It is imperative(=unavoidable, essential) that ~ : ~하는 것이 필요하다, 어떤 일이 있어도 ~해야 한다, ~하는 것이 필수적이다.

7. We solicit you for ~ : ~을 부탁드립니다, ~해 주시기 바랍니다.

1) We solicit you for your understanding and cooperation in this matter.
   ➡ 이 일에 대해서 귀사의 이해와 협조를 부탁드립니다.
2) 당사는 귀사께서 팩스로 이것을 정정하여 주실 것을 부탁 드립니다.
   ➡ We ask you to correct this by fax.
3) We solicit you for your amendment upon receipt of bill.
   ➡ 귀사께서 계산서를 받자마자 정정하여 주실 것을 간청 드립니다.

주 ① your understanding and cooperation : 귀사의 이해와 협조
② solicit(=ask) A to(=for ~ing) : A에게 ~할 것을 부탁(=요청)하다.
③ amendment : 정정, 수정(=modification, alteration, renewal, revision)
④ upon receipt of ~ : ~을 받는 즉시(=as soon as you receive~)

8. in one lot : 한 번에, 한 묶음으로

1) All documents must be forwarded to us by courier service in one lot.
   ➡ 모든 서류는 택배서비스로 한 번에 당사로 송부하여 주십시오.
2) 매입은행은 모든 서류를 속달우편이나 DLH로 한 번에 당사로 직접 보내주셔야 합니다.
   ➡ The negotiating bank must send all documents direct to us in one lot by speed post or DHL.
3) Documents must be forwarded to us in one cover.
   ➡ 서류는 한 번에 당사에게 보내주셔야 합니다.

주 ① by courier service : 택배서비스로, 속달택배서비스로
② by speed post or DHL : 속달우편이나 DHL로
③ send all documents direct to us : 모든 서류를 당사에 직접 보내주다.
be forwarded to us : 당사에게 송부하다.
④ in one cover : 한 번에, 한 묶음으로(=in one lot, at a time)

9. for account of ~ : ~가 부담한다, ~의 부담으로 한다.

1) All banking charges outside Hong Kong are for account of beneficiary.
   ➡ 홍콩 이외에서 발생하는 모든 은행 비용은 수익자(수출자)가 부담한다.
2) All banking charges and commissions including reimbursement charges outside USA are for account of beneficiary.
   ➡ 미국 이외의 상환비용을 포함하여 모든 은행비용과 수수료는 수익자의 부담으로 한다.

주 ① for account of ~ : ~의 계정으로, ~의 비용부담으로(=at the account of ~)
cf. account (A/C) : 계정, 계산, 비용부담
② all banking charges and commissions : 모든 은행비용과 수수료
③ including reimbursement charges : 상환비용을 포함하여
④ outside USA : 미국 이외의

사례 21 : 수입자에게 신용장의 발행을 요청하는 서신 (1)

Gentlemen :

We regret very much to inform you that we have not yet received your credit opening advice, though your Purchase Note has been confirmed on June 30, 2026.

We would very much appreciate it if you could expedite L/C opening by this week. Otherwise, due to price increase in raw material, we may be forced to add additional 3 percent to our previous price.

On receipt of your L/C, we will pack and ship the goods by the first available regular liner and send you the Shipping Advice by Fax.

Your prompt response would be highly appreciated.

Yours faithfully,

주
① expedite : 더 신속히 처리하다, 촉진하다.
② due to price increase in raw material : 원재료 가격의 상승으로 인하여
③ to our previous price : 당사의 이전가격에
④ by the first available regular liner : 최초로 이용이 가능한 정기선으로

사례 22 : 수입자에게 신용장의 발행을 요청하는 서신 (2)

Dear Sirs,

We are pleased to confirm your order for 500 dozen of 100% cotton shirts for men amounting to USD 60,000.

As requested, we are preparing to make shipment by the end of October and would request you to open an irrevocable L/C in our favor as soon as possible, valid until November 10.

Immediately upon receipt of your L/C, we will ship your order.

Yours faithfully,

주
① are pleased to confirm your order : 귀사의 주문을 확인하게 되어 기쁘다.
② are preparing to make shipment : 선적하려고 준비하고 있다.
③ ship your order : 귀사의 주문품을 선적하다.

사례 23 : 수입자의 신용장 발행지시 사실 통보

Gentlemen :

We are pleased to inform you that we have instructed our Bankers, The New York Commercial Bank, New York Branch, N.Y to open an Irrevocable Letter of Credit for US$60,000 valid until November 10, in your favor.

This credit will be notify without confirmed by our banker's correspondents, ShinHan Bank, Seoul, Korea, which will let you have it within several days by SWIFT.

The price you quoted us being CIF New York, the amount of our credit will cover the amount of your invoice and also the cost of freight and insurance.

Yours truly,

① without confirmed : 확인 없이, 무확인 신용장으로
② within several days : 며칠 이내에
③ by SWIFT : 스위프트방식으로
④ the amount of our credit : 신용장의 금액
⑤ the cost of freight and insurance : 운임과 보험비용

사례 24 : 수입자의 신용장 발행사실 통보 (1)

Gentlemen :

We have arranged with The New York Commercial Bank, NY. for an Irrevocable Letter of Credit in your favor for US$ 60,000.

The advising bank, ShinHan, in your city, will send you the L/C which you will receive within a few days. When you have completed the shipment, please let us know by E-mail : global power@trade.com.

Yours truly,

① have arranged with ~ : ~에게 조치를 취하다.
② advising bank, ShinHan, in your city : 귀 도시에 있는 통지은행인 신한은행
③ within a few days : 며칠 이내에
④ When you have completed the shipment : 선적이 이루어지면
⑤ please let us know : 당사에게 알려주십시오.

사례 25 : 수입자의 신용장 발행사실 통보 (2)

Gentlemen :

We are advised by The New York Commercial Bank, New York, USA that they had issues an Irrevocable Documentary Credit No.P−466878 in your favor for US$60,000 available until November 10, 2026.

We are further informed that a copy of this credit was forwarded direct to you. Please inform us by fax upon receipt of the Documentary Credit from advising bank. We shall be glad to be of service to you in connection with negotiating your draft under this credit.

Yours truly,

주 ① we are advised(=informed, notified) by A that ~ : A로 부터 ~을 통보 받았다.
② issue an L/C in one's favor to cover A for B(금액) until~ : ~을(를) 수익자로 하여 A를 결제하기 위하여 B금액으로 ~까지 유효한 신용장을 발행하다.
③ an Irrevocable Documentary Credit : 취소불능화환신용장
④ a copy of this credit : 본 신용장의 사본 cf. the original of credit : 신용장 원본
⑤ forward to ~ : ~에게 송부(발송)하다, ~에게 보내다.
⑥ negotiating your draft : 귀사의 환어음을 매입하다.

사례 26 : 통지은행의 수익자에 대한 신용장 내도통지

Dear Sirs,

<u>Re : L/C No. P−466878 for USD 60,000</u>

We are pleased to advice you that we have received the L/C on 29th July, 2026 by SWIFT as a non−negotiable copy is enclosed herewith for your information only.

Our charges for advising the above L/C amount to Korean Won 30,000.

Please call on our counter, bringing with your signed letter of acknowledgement, to collect this L/C as soon as possible.

Yours faithfully,

주 ① a non−negotiable copy : 비유통 사본
② for your information only : 단지 귀사의 참조용으로
③ amount to ~ : 금액이 ~에 해당하다, 금액이 ~얼마이다.
④ letter of acknowledgement : 확인서(=confirmation note)
⑤ collect : 대금을 회수하다, 추심하다.
cf. freight collect : 운임후불, 운임도착불, 운임미지급 ↔ freight prepaid(=paid)

사례 27 : 수출자의 신용장 수취통보 (1)

GLOBAL ENTERPRISING CO., INC.
25 W 31s St, New York, NY
10001, USA

Dear Sirs,

We have just been informed by the ShinHan, Seoul, that they received through their office your L/C No.P-466878 for your Purchase Note No.123.

We are going to ship the goods by S/S 'King Star' sailing from Busan on or about the 10th of August. As soon as we finish shipping your order, we will let you know the name of the steamer and the ETA.

Thank you for your prompt opening for the L/C.

Sincerely yours,

주 ① we have just been informed by ~ : ~에 의해 막 연락받았다, ~로부터 막 소식을 들었다.
② through their office : 그들 사무소를 통해

사례 28 : 수출자의 신용장 수취통보 (2)

Dear Sirs,

We thank you very much for your L/C covering your Purchase Note No.123.

The goods which you have ordered are being prepared for shipment.

As soon as the shipment has been executed, it will be advised to you by Fax and letter will follow with the shipping documents.

Please be assured that we will offer our most careful attention to the execution of your order.

Sincerely yours,

주 ① being prepared for shipment. : 선적을 위해 준비 중에 있다.
② as soon as the shipment has been executed : 선적이 이행되는 즉시
③ letter will follow with the shipping documents : 선적서류와 함께 편지를 보낼 것이다.
④ please be assured : 약속하다, 확약(=보증)하다.
⑤ we will offer our most careful attention : 당사가 최선의 주의를 제공하다.

사례 29 : 수출자의 신용장 조건변경 요청 (1)

INTERNATIONAL SEOUL TRADING CO., LTD.
Number 15 DongBang Bldg
310 Teheran-ro, Kangnam-ku, Seoul Korea, 06211

Gentlemen :

We have just received with thanks your credit No.P-466878 covering 500 dozen of 100% cotton shirts for men, style No.10.

However, to our great dismay, your credit has indicated the quality as No.8 instead of No.10 as contracted originally.

As we cannot ship No.8 under this credit, it is imperative that you amend the credit to No.10. Your prompt Fax amendment, upon receipt of this letter, will be appreciated.

Very truly yours,

주 ① to our great dismay : 매우 놀랍게도, 어이없게도
② under this credit : 이 신용장에 의거하여

사례 30 : 수출자의 신용장 조건변경 요청 (2)

Gentlemen :

Upon checking the stipulation given in the L/C, we have found there are discrepancies between the contract and the L/C.

Please amend them by e-mail or FAX as follows.

1. Trade terms : from 'FOB New York' to 'CIF New York'
2. Partial Shipment : ALLOWED instead of NOT ALLOWED
3. Transshipment : NOT ALLOWED instead of ALLOWED

Very truly yours,

주 ① the stipulation given in the L/C : 신용장에 명시된 내용, 신용장에 주어진 규정
② discrepancies between the contract and the L/C : 계약서와 신용장의 불일치(=하자)
③ from 'FOB New York' to 'CIF New York' : 'FOB New York'을 'CIF New York'으로

사례 31 : 수익자의 선적기한 연장 요청

L/C No. P-466878 and Purchase Note No.123

We regret to inform you that we cannot ship the above order within the latest shipping date as stipulated in the letter of credit due to the cancellation of voyage by the S.S 'King Star'.

According to the steamship company, a terrible typhoon is expected in the South China Sea area during the period of scheduled voyage.

This is a sort of force majeure, and there is no other vessel scheduled to sail for your port during August. We, therefore, ask you to extend the above credit for one month so that we can ship the order in September after the typhoon has passed by.

We solicit you for your understanding and cooperation in this matter.

Very truly yours,

주 ① the South China Sea area : 남중국해 지역
② there is no other vessel : 어떠한 다른 선박도 없다.
③ This is a sort of force majeure : 이것은 일종의 불가항력이다.

사례 32 : 선적기간 및 신용장 유효기간 연장 요청 서신

We regret to inform you, however, that owing to stevedores' strike although it will last for only a few days considering the past experiences, it would be difficult for us to clear by S/S 'King Star' the goods till the shipping date stipulated.

We wish to ask you to extend the shipping date and validity in the L/C to the following effect for 30 days respectively so that we can make shipment as soon as the strike is settled.

Shipping date : October 28, 2026.
Expiry date : November 10, 2026.

Very truly yours,

주 ① stevedores' strike : 부두하역업자의 파업, 항만노동자의 파업
② it will last for only a few days : 파업이 단지 며칠 정도만 지속될 것이다.
③ considering the past experiences : 과거 경험으로 미루어 볼 때
④ to clear : 출항하다(=to sail), 통관하다.
cf. clearance(통관), export clearance(수출통관), import clearance(수입통관)
⑤ extend the shipping date and validity : 선적날짜와 유효기일을 연장하다.
⑥ for 30 days respectively : 각각 30일 동안
⑦ to the following effect : 다음과 같이, 다음과 같은 취지(=의도)로

신용장에 흔히 사용되는 문장

1. We have instructed the Shinhan Bank, Seoul, Korea to open L/C in your favor, valid until August 10.
   - 당사는 귀사를 수익자로 하여 8월 10일까지 유효한 신용장을 발행하여 주실 것을 서울소재 신한은행에 지시하였습니다.

2. On receiving your credit from the bank, we will make up your order and will make shipping advice as soon as the shipment is completed.
   - 은행으로부터 귀사의 신용장을 수령하는 즉시, 당사는 귀사 주문을 이행할 것이며 선적이 완료되자마자 선적통지를 할 것입니다.

3. We appreciate your Order No.123 and we will execute it with best attention upon receipt of your L/C. We would like to receive from you notice of the Letter of Credit .
   - 귀사의 주문서 제123호에 감사드리며 귀사의 신용장을 수령하는 즉시 최선을 다하여 그것을 이행할 것입니다. 귀사로부터 신용장이 발행되었다는 통지를 수령하기를 희망합니다.

4. We shall be glad if you will open an L/C without delay so that we may ship the goods as contracted.
   - 당사가 계약대로 그 물품을 선적할 수 있도록 귀사께서 지체 없이 신용장을 발행하여 주신다면 감사하겠습니다.

5. We have received with thanks the Letter of Credit covering your Order No.150.
   - 귀사 주문서 번호 제150호에 대한 신용장을 잘 받았습니다.

6. We shall, of course, do our utmost to complete your shipment by the date stipulated. However a delay of two weeks seems to be unavoidable, which please note.
   - 물론 당사는 지정된 날짜까지 귀사의 선적을 완료하기 위해 최선을 다하고 있습니다. 그러나 2주 동안의 지연이 불가피하오니 양지하여 주십시오.

7. As requested, we are preparing for shipment by the end of September, so please open an irrevocable L/C in our favor valid until October 15 as soon as possible.
   - 요청대로 당사는 9월 말까지의 선적을 준비하고 있으므로 가능한 한 속히 당사를 수익자로 하여 10월 15일까지 유효한 취소불능신용장을 개설하여 주시기 바랍니다.

8. We would ask you to extend the validity and latest shipment date of the credit to the end of May and June 15 respectively.
   - 당사는 신용장의 유효기일과 최종선적날짜를 각각 5월 말과 6월 15로 연장하여 줄 것을 귀사에게 요청드립니다.

Advanced English for Trade Practice

1. EXCEPT DRAFTS AND COMMERCIAL INVOICE, ALL DOCUMENT MUST NOT INDICATE THIS L/C NO., L/C OPENING BANK'S NAME, INVOICE NO, AND VALUE.
   - 환어음과 상업송장을 제외한 모든 서류는 본 신용장 번호, 신용장 발행은행명, 상업송장 번호와 금액이 기재되어서는 안 된다.

2. ALL DRAFTS DRAWN HEREUNDER MUST INDICATE THE NUMBER, DATE OF THIS CREDITS AND THE NAME OF ISSUING BANK.
   - 이에 의거하여 발행되는 모든 환어음에는 본 신용장의 번호, 일자, 그리고 발행은행명이 기재되어야 한다.

3. B/L SHOWING CONSIGNEE, NOTIFY PARTY AND DISCHANGING PORT DIFFER FROM L/C ARE ACCEPTANCE.
   - 수하인, 착하통지처과 양륙항이 신용장과 다른 것으로 보이는 선하증권은 수리된다.

4. ALL DOCUMENTS AND DRAFTS MUST BE FORWARDED DIRECTLY TO US IN ONE LOT BY DHL / COURIER.
   - 모든 서류들과 환어음은 한 묶음으로 DHL이나 국제택배서비스를 통해 당사(=발행은행)에게 직접 송부되어야 한다.

5. THE AMOUNT OF EACH DRAFT MUST BE ENDORSED ON THE REVERSE OF THIS CREDIT BY THE NEGOTIATING BANK.
   - 각 환어음의 금액은 매입은행에 의해 본 신용장의 뒷면에 배서되어야 한다.

6. WE HEREBY ENGAGE WITH DRAWERS, ENDORSERS AND/OR BONA FIDE HOLDERS THAT DRAFTS DRAWN UNDER AND NEGOTIATED IN CONFORMITY WITH THE TERMS OF THIS CREDIT WILL BE DULY HONOURED ON PRESENTATION.
   - 이에 당 은행은 환어음의 발행인, 배서인, 그리고/또는 환어음의 선의의 소지인에게 본 신용장의 조건과 일치하여 발행되고 매입된 환어음은 제시하자마자 정히 지급될 것을 확약하는 바입니다.

7. BENEFICIARY'S CERTIFICATE CERTIFYING FULL SET OF ORIGINAL B/L HAVE BEEN SENT TO APPLICANT BY DHL AFTER SHIPMENT.
   - 원본 선하증권 전통이 선적이 이루어진 이후에 DHL로 발행의뢰인에게 보냈다는 것을 나타내는 수익자 증명서

8. 5 PCT MORE OR LESS IN QUANTITY AND AMOUNT ARE ACCEPTABLE.
   - 수량과 금액에 있어 5%의 과부족은 수리될 수 있다.

9. ALL DRAFT AND DOCUMENTS SHOULD BE INDICATE L/C NUMBER AND MUST BE FORWARDED DIRECTLY TO US AT : 306 ROOM, 3 FLOOR, FANGYANG BLDG, 110013. P, R, CHINA IN ONE LOT BY COURIER SERVICE.
   - 모든 환어음과 서류들은 신용장 번호를 기재해야 하며, 국제택배서비스를 통해 당 은행(주소 : 306 ROOM, 3 FLOOR, FANGYANG BLDG, 110013. P, R, CHINA)에 한 묶음으로 직접 송부해야 한다.

10. UPON RECEIPT OF DOCUMENTS IN ORDER, WE SHALL REMIT PROCEEDS TO YR DESIGNATING ACCOUNT.
    IF DOCUMENTS ARE PRESENTED WITH DISCREPANCIES, A DISCREPANCY FEE OF USD60.00 OR EQUIVALENT SHOULD BE DEDUCTED FROM THE REIMBURSEMENT CLAIM. THIS FEE SHOULD BE CHARGE TO BENEFICIARY.
    - 지시에 따른 서류를 수령하자마자, 당 은행은 귀사가 지정하는 계좌로 상환송금할 것이다. 만일 서류가 하자가 있는 상태로 제시된다면, 미화 60달러 또는 동등한 금액의 하자수수료가 상환하는 금액에서 공제될 것이다. 이 수수료는 신용장의 수익자가 부담한다.

11. NEGOTIATING/PRESENTING BANK MUST SEND AN EXTRA COPY OF EACH DOCUMENT TO US FOR OUR FILES ALONG WITH ORIGINAL DOCTS. IF NOT, USD10.00 WILL BE DEDUCTED FROM PAYMENT.
    - 매입/제시은행은 원본서류들과 함께 당사의 (보관용) 파일을 위해 당 은행에 각 서류의 여유분 사본 1부를 보내야 한다. 만일 그렇지 않다면, 결제금액에서 미화 10달러가 차감될 것이다.

12. WE CHARGE USD 50.00 FOR EACH DOCUMENT FOUND NOT IN COMPLIANCE WITH LC TERMS WHETHER OR NOT WE TAKE UP THE SAME AT OUR SOLE DISCRETION.
    - 각 제시서류에 신용장 조건과 불일치한 사항이 발견된다면, 당사는 하자수수료 미화 50불을 부과하거나 당사의 독자적인 결정에 따라 인수하지 않는다.

13. PLEASE DEDUCT THE CHARGE FROM YOUR REIMB CLAIM, DESPITE ANY OTHER TERMS HEREOF TO THE CONTRARY IF ANY. THE CHARGE NOT THUS DEDUCTED WILL BE BILLED TO YOU. REIMBURSEMENT IS SUBJECT TI ICC URR 525.
    - 만일 이와 반대되는 어떠한 조항이 있더라도, 귀 은행의 청구된 결제금액에서 하자수수료를 공제하기 바란다. 공제되지 않은 비용은 귀하에게 청구될 것이다. 상환은 국제상업회의소가 제정한 은행간 대금상환에 관한 통일규칙(URR 525)에 따른다.

14. A DISCREPANCY FEE OF USD50.00 OR EQUIVALENT WILL BE DEDUCTED FROM THE PROCEEDS IF DOCUMENTS ARE PRESENTED WITH DISCREPANCY(IES)
    - 만일 서류가 하자가 있는 상태로 제시된다면 미화 50달러나 그에 상응하는 하자수수료가 지급금액에서 차감될 것이다.

15. ALL BANKING CHARGES OUTSIDE ISSUING BANK ARE FOR BENEFICIARY'S ACCOUNT.
- 발행은행 이외에서 발생되는 모든 은행수수료는 수익자가 부담한다.

16. AFTER RECEIPT OF THE DOCUMENTS WHICH ARE IN COMPLIANCE WITH THE TERMS OF THIS CREDIT, WE SHALL EFFECT PAYMENT.
- 본 신용장 조건에 일치하는 서류를 수령한 후에 당사는 결제를 할 것입니다.

17. COMMERCIAL INVOICE MUST CERTIFY THAT ONE ORIGINAL BILL OF LADING AND ONE COMPLETE SET OF NON-NEGOTIABLE COPIES OF SHIPPING DOCUMENTS HAVE BEEN AIRMAILED TO KOYO CORP.
- 상업송장은 원본 1통의 선하증권과 선적서류의 비유통성 사본 1세트가 Koyo Corp.에 항공우편으로 송부하였다는 것이 증명되어야 한다.

18. IN REIMBURSEMENT, WE SHALL REMIT PROCEEDS ACCORDING TO YOUR INSTRUCTIONS.
- 대금을 상환함에 있어 당사(=발행은행)는 귀 은행의 지시에 따라 대금의 송금이 이루어질 것입니다.

19. PROCEEDS DRAWN UNDER THIS CREDIT WILL BE REMITTED AS PER INSTRUCTION OF THE NEGOTIATING BANK UPON RECEIPT OF THE DOCUMENTS IN COMPLIANCE WITH THE TERMS AND CONDITIONS OF THE CREDIT.
- 본 신용장에 의거하여 발행되는 환어음의 대금지급은 신용장의 조건과 일치하는 서류를 수령하자 매입은행이 지시하는 대로 송금될 것이다.

20. THIS LETTER IS SOLELY AN ADVICE OF CREDIT OPENED BY THE ABOVE MENTIONED CORRESPONDENT AND CONVEYS NO ENGAGEMENT BY US.
- 본 통지서는 위에서 언급한 환거래은행에 의해 발행된 신용장의 단순한 통지이며 당사에 의한 확약 없이 전달되는 것이다.

21. WE RESERVE THE RIGHT TO MAKE SUCH AMENDMENTS TO THIS ADVISE NECESSARY UPON RECEIPT OF CABLE CONFIRMATION AND ASSUME NO RESPONSIBILITY FOR AND ERRORS AND/OR OMISSIONS IN THE TRANSMISSION AND/OR TRANSLATION OF THE CABLE.
- 당 은행은 전신 확인서를 수령하자마자 필요한 경우 본 통지서에 대하여 그러한 조건변경을 가할 권리를 보유하고 있다. 그리고 당 은행은 전문의 번역 및/또는 송부에서 오타 및/또는 누락에 대하여는 어떠한 책임을 지지 않는다.

22. N.B., IN CASE OF DIFFICULTIES, PLEASE CONSULT US BEFORE COMMUNICATING WITH YOUR CUSTOMERS.
- 주의 : 애로사항이 있을 경우 귀하 고객과 연락하기 전에 당사와 먼저 상담을 부탁드립니다.

Glossary of Trade Practice

1. Accepting Bank : ① A bank which by signing 'accepted' on a time draft accepts responsibility to pay when the draft becomes due.
   ② A bank which accepts a Bill of Exchange by endorsing it, and thus incurs the legal obligation of paying the bill's amount on its maturity date. It can be the opening bank itself or a nominated bank.

2. Advice : A notification by an advising bank on behalf of the issuing bank to a beneficiary informing them of the terms of a Letter of Credit.

3. Advising Bank : ① A correspondent of a bank which issues a letter of credit, and, on behalf of the issuing bank, the advising bank notifies the beneficiary of the terms of the credit, without engagement on its part to pay or guarantee the credit.
   ② A correspondent bank in the exporter's country of the issuing bank that receives a Letter of Credit from the issuing bank for authenticating and informing the exporter about the issuance.

4. Applicant : The party at whose request a bank issues a Letter of Credit.

5. Beneficiary : ① In the case of a Letter of Credit, the individual or company who is entitled to draw or demand payment under its terms. ② The party in whose favor a credit is issued.

6. Confirming Bank : ① A bank that makes as independent promise to pay, accept, or negotiate a Letter of Credit issued by another bank when the documents named in the credit are delivered to it. ② A bank which engages to honor a Letter of Credit issued by another, or engages that such letter of credit will be honored by the issuer or by a third bank. ③ An independent promise to pay another bank when the documents named in the credit are delivered to it.
   ④ A bank in the exporter's country which guarantees that the L/C established by the importer will be honored once the conditions therein are fully complied with. The confirming bank normally will be the advising bank, but another bank may also fill this position.

7. Consignee : The entity who is financially responsible (the buyer) for the receipt of a shipment. Generally, but not always, the consignee is the same as the receiver.

8. Documentary Credit : A written commitment by a bank issued after a request by an importer (foreign buyer) that payment will be made to the beneficiary (exporter) provided that the terms and conditions stated in the LC been met, as evidenced by the presentation of specified documents.

Chapter 11

신용장통일규칙(UCP)

UCP

1 신용장통일규칙의 의의와 제정목적

신용장통일규칙(Uniform Customs and Practice for Documentary Credits)은 신용장업무를 취급할 때 지켜야 할 제반 준수사항 및 해석기준을 규정하고 있는 국제적인 통일규칙이다. 이것은 1920년에 설립된 국제상업회의소(ICC)가 제정하였다.

정식명칭은 '화환신용장에 대한 통일관습 및 관례'이지만 간단히 '화환신용장통일규칙', '신용장통일규칙' 또는 'UCP'라고 부르고 있다.

제정목적은 신용장거래 당사자들의 권리와 의무, 신용장과 관련된 용어나 조건들의 해석을 명확히 함으로써 국제간의 신용장거래가 원활하게 이루어지도록 하는데 있다.

2 신용장통일규칙의 제정과 개정

20세기에 들어 무역거래가 활발해지면서 신용장의 사용이 급증하였다. 그러나 각국의 법률이나 관습이 다르고 은행마다 사용하는 양식이나 내용도 통일성이 결여되어 분쟁이 지속적으로 발생하였다. 이에 ICC는 1926년부터 논의한 초안의 반복수정을 거쳐 1933년에 최초의 신용장통일규칙을 제정하였으며, 이후 무역관습의 변화에 부응하기 위해 1951년, 1962년, 1974년, 1983년, 1993년, 2006년에 각각 개정하였다. 제6차 개정된 현행 UCP 600은 2007년 7월 1일부터 사용되고 있다.

3 신용장통일규칙의 적용과 우선순위

신용장통일규칙은 신용장에 대한 통일규칙이지만 제정기관인 ICC는 민간단체이므로 조약이나 법률과 달리 강제성이 없다. 따라서 거래당사자가 이 규칙을 신용장의 해석기준으로 삼겠다는 합의를 한 경우에만 해석기준으로서의 효력을 발휘하게 된다.

한편, 신용장 해석과 관련한 규정적용의 우선 순위는 첫째, 매매당사국의 국내강행법규(어음법 등) 둘째, 당사자간의 특약 셋째, 신용장통일규칙이다.

4 현행 신용장통일규칙(UCP 600)

1) UCP 600의 의의

UCP 600은 UCP의 제6차 개정을 의미하는 것으로 UCP가 1933년에 제정된 이래 6번째의 개정이 이루어졌다는 것을 의미한다.

정식명칭은 화환신용장에 대한 통일관습 및 관례, 2007년 개정, 국제상업회의소 출판물번호 제600번이다(The Uniform Customs and Practice for Documentary Credits, 2007 Revision, ICC Publication No. 600).

2) UCP 600의 구성

UCP 600은 총 39개 조항으로 구성되어 있는데 이것은 UCP 500의 49개 조항을 통합, 분리, 삭제, 추가한 것이다.

〈표 11-1〉 UCP 600의 구성

조 문	내 용	조 문	내 용
제1조	신용장통일규칙의 적용	제2조	정의
제3조	해석	제4조	신용장과 계약
제5조	서류와 물품/용역/이행	제6조	사용가능성, 유효기일 및 장소
제7조	발행은행의 확약	제8조	확인은행의 확약
제9조	신용장 및 조건변경의 통지	제10조	조건변경
제11조	전송 및 사전통지 신용장과 조건변경	제12조	지정
제13조	은행간 대금상환약정	제14조	서류심사의 기준
제15조	일치하는 제시	제16조	불일치서류, 권리포기 및 통지
제17조	원본서류와 사본	제18조	상업송장
제19조	적어도 두 가지 다른 운송 방식을 표시하는 운송서류	제20조	선하증권
제21조	비유통성 해상화물운송장	제22조	용선계약 선하증권
제23조	항공운송서류	제24조	도로, 철도 또는 내륙수로 운송서류
제25조	특송화물수령증, 우편수령증 또는 우송증명서	제26조	갑판적재, 송하인의 적재 및 수량확인 및 운임의 추가비용
제27조	무고장 운송서류	제28조	보험서류 및 담보
제29조	유효기일의 연장 또는 제시를 위한 최종일	제30조	신용장금액/수량/단가의 과부족
제31조	분할어음발행 또는 분할선적	제32조	할부어음발행 또는 할부선적
제33조	제시기간	제34조	서류효력에 관한 면책
제35조	송달과 번역에 관한 면책	제36조	불가항력
제37조	피지시인의 행위에 대한 면책	제38조	양도가능신용장
제39조	대금의 양도		

5 현행 신용장통일규칙(UCP 600)의 조문과 해석

Article 1 Application of UCP

The Uniform Customs and Practice for Documentary Credits, 2007 Revision, ICC Publication No. 600("UCP") are ruled that apply to any documentary credit ("credit") (including, to the extent to which they may be applicable, any standby letter of credit) when the text of the credit expressly indicates that it is subject to these rules. They are binding on all parties thereto unless expressly modified or excluded by the credit.

주
① Application of UCP : UCP의 적용
② The Uniform Customs and Practice for Documentary Credits : 화환신용장에 대한 통일관습 및 관례
③ ICC Publication No. 600 : 국제상업회의소 출판물 번호 제600번
④ apply to any documentary credit : 모든 화환신용장에 적용된다.
⑤ to the extent to which they may be applicable : 그들이 적용이 되는 범위 내에서
⑥ including any standby letter of credit : 모든 보증신용장을 포함하여
⑦ when the text of the credit expressly indicates : 신용장의 본문이 명시적으로 표시되어 있는 경우
⑧ it is subject to these rules : 신용장이 이 규칙을 조건으로 한다.
⑨ they are binding on all parties thereto : 이 규칙은 거기에 관계된 모든 당사자를 구속한다.
⑩ unless expressly modified or excluded by the credit : 신용장에 의해 명시적으로 수정되거나 배제되지 않는 한

Article 2 Definitions

For the purpose of these rules :

Advising bank means the bank that advises the credit at the request of the issuing bank.

Applicant means the party on whose request the credit is issued.

Banking day means a day on which a bank is regularly open at the place at which an act subject to these rules is to be performed.

Beneficiary means the party in whose favour a credit is issued.

Complying presentation means a presentation that is in accordance with the terms and conditions of the credit, the applicable provisions of these rules and international standard banking practice.

Confirmation means a definite undertaking of the confirming bank, in addition to that of the issuing bank, to honour or negotiate a complying presentation.

Confirming bank means the bank that adds its confirmation to a credit upon the issuing bank's authorization or request.
Credit means any arrangement, however named or described, that is irrevocable and thereby constitutes a definite undertaking of the issuing bank to honour a complying presentation.
Honour means :
a. to pay at sight if the credit is available by sight payment.
b. to incur a deferred payment undertaking and pay at maturity if the credit is available by deferred payment.
c. to accept a bill of exchange("draft") drawn by the beneficiary and pay at maturity if the credit is available by acceptance.
Issuing bank means the bank that issues a credit at the request of an applicant or on its own behalf.
Negotiation means the purchase by the nominated bank of drafts (drawn on a bank other than the nominated bank) and/or documents under a complying presentation, by advancing or agreeing to advance funds to the beneficiary on or before the banking day on which reimbursement is due to the nominated bank.
Nominated bank means the bank with which the credit is available or any bank in the case of a credit with any bank.
Presentation means either the delivery of documents under a credit to the issuing bank or nominated bank or the documents so delivered.
Presenter means a beneficiary, bank or other party that makes a presentation.

주 ① for the purpose of these rules : 본 규칙의 목적을 달성하기 위해, 이 규칙에서
② the bank that advises the credit : 신용장을 통지하는 은행
③ at the request of the issuing bank : 발행은행의 요청에 따라
④ the party on whose request the credit is issued : 신용장이 발행되도록 요청하는 당사자
⑤ banking day : 은행영업일(=banking business day), 은행이 정상적으로 영업하는 일자
⑥ at the place at which an act subject to these rules is to be performed : 본 규칙에 따라 업무가 수행(=이행)되는 장소에서
⑦ the party in whose favour a credit is issued : 그 자신을 수익자로 하여 신용장을 발행받는 당사자
⑧ complying presentation : 일치하는 제시, 일치제시
⑨ international standard banking practice : 국제표준은행관행
⑩ a definite undertaking of the confirming bank : 확인은행의 명확한 확약
a definite undertaking of the issuing bank : 발행은행의 명확한 확약
⑪ in addition to that of the issuing bank : 발행은행의 확약에 추가하여
⑫ to honour or negotiate a complying presentation : 일치하는 제시를 지급하거나 매입하기 위한
⑬ upon the issuing bank's authorization or request : 발행은행의 수권이나 요청에 따라
⑭ however named or described : 명칭이나 기술에 관계없이(=불문하고)
⑮ honour : 지급, 지급이행
⑯ to pay at sight : 일람후 지급하다.

⑰ if the credit is available by sight payment : 만일 신용장이 일람으로 의해 사용(=이용)될 수 있다면
⑱ to incur a deferred payment undertaking and pay at maturity : 연지급확약을 부담하고 만기일에 지급하는 것
⑲ to accept a bill of exchange ("draft") drawn by the beneficiary and pay at maturity : 수익자에 의하여 발행된 환어음("어음")을 인수하고 만기일에 지급하는 것
⑳ on its own behalf : 그 자신을 위하여
cf. in behalf of : 을 위하여(=in one's behalf), on behalf of : 을 대신하여
㉑ the purchase by the nominated bank : 지정은행에 의한 구매, 지정은행이 구매
㉒ drawn on a bank other than the nominated bank : 지정은행이 아닌 은행을 지급인으로 하여 발행된
㉓ under a complying presentation : 일치하는 제시에 따른, 일치하는 제시 하에
㉔ by advancing or agreeing to advance funds to the beneficiary : 수익자에게 대금을 선지급하거나 선지급하기로 약정함으로써
㉕ on or before the banking day on which reimbursement is due to the nominated bank : 상환이 지정은행에게 행해져야 할 은행영업일에 또는 그 이전에
㉕ the bank with which the credit is available : 신용장이 사용(=이용)될 수 있는 은행
㉖ any bank in the case of a credit with any bank : 모든 은행에서 사용될 수 있는 신용장의 경우에는 모든 은행
㉗ the documents so delivered : 그렇게 인도된 서류
㉘ presenter : 제시인
㉙ other party that makes a presentation : 제시를 하는 기타 당사자

Article 3 Interpretations

For the purpose of these rules :
Where applicable, words in the singular include the plural and in the plural include the singular. A credit is irrevocable even if there is no indication to that effect.
A document may be singed by handwriting, facsimile signature, perforated signature, stamp, symbol or any other mechanical or electronic method of authentication.
A requirement for a document to be legalized, visaed, certified or similar will be satisfied by any signature, mark, stamp or label on the document which appears to satisfy that requirement.
Branches of a bank in different countries are considered to be separate banks.
Terms such as "first class", "well known", "qualified", "independent", "official", "competent" or "local" used to describe the issuer of a document allow any issuer except the beneficiary to issue that document.
Unless required to be used in a document, words such as "prompt", "immediately" or "as soon as possible" will be disregarded.
The expression "on or about" or similar will be interpreted as a stipulation that an event is to occur during a period of five calendar days before until five calendar days after the specified date, both start and end dates included.

The words "to", "until", "till", "from" and "between" when used to determine a period of shipment include the date or dates mentioned, and the words "before" and "after" exclude the date mentioned.
The words "from" and "after" when used to determine a maturity date exclude the date mentioned.
The terms "first half" and "second half" of a month shall be construed respectively as the 1st to the 15th and the 16th to the last day of the month, all dates inclusive.
The terms "beginning", "middle" and "end" of a month shall be construed respectively as the 1st to the 10th, the 11th to the 20th and the 21st to the last day of the month, all dates inclusive.

주 ① where applicable : 적용할 수 있는 경우에는, 적용이 가능한 경우에는
② words in the singular : 단수형의 단어
③ even if there is no indication to that effect : 어떠한 그러한 취지가 나타나 있지 않은 경우에도, 취소불능의 표시가 없는 경우에도
④ handwriting, perforated signature or any other mechanical or electronic method of authentication : 수기, 천공서명, 기타 다른 기계적 또는 전자적 인증방법
⑤ A requirement for a document to be legalized, visaed, certified or similar : 공인되고, 사증되며, 증명되거나 이와 유사한 서류의 요건
⑥ which appears to satisfy that requirement : 그러한 요건을 만족시키는 것으로 보이는
⑦ branches of a bank in different countries : 다른 국가에 있는 어떤 은행의 지점
⑧ used to describe the issuer of a document : 서류의 발행인을 설명하기 위해 사용된
⑨ except the beneficiary to issue that document : 수익자가 발행한 서류를 제외하고
⑩ will be disregarded : 무시된다.
⑪ during a period of five calendar days before the specified date : 명시된 날짜 전 5일 기간 동안
⑫ until five calendar days after the specified date : 명시된 날짜 후 5일 기간 동안
⑬ both start and end dates included : 시작일 및 종료일 모두가 포함된
⑭ the date or dates mentioned : 언급된 일자나 날짜
⑮ the words "before" and "after" : "이전(before)" 및 "이후(after)"라는 단어는
⑯ when used to determine a maturity date : 만기일을 결정하기 위해 사용된 경우에는
⑰ shall be construed respectively as ~ : 각각 ~로 해석한다, 각각 ~로 이해된다.
⑱ all dates inclusive : 모든 날짜가 포함된다.

Article 4 Credits v. Contracts

a. A credit by its nature is separate transaction from the sale or other contract on which it may be based. Banks are in no way concerned with or bound by such contract, even if any reference whatsoever to it is included in the credit.

Consequently, the undertaking of a bank to honour, to negotiate or to fulfil any other obligation under the credit is not subject to claims or defences by the applicant resulting from its relationships with the issuing bank or the beneficiary.
A beneficiary can in no case avail itself of the contractual relationships existing between banks or between the applicant and the issuing bank.

b. An issuing bank should discourage any attempt by the applicant to include, as an integral part of the credit, copies of the underlying contract, proforma invoice and the like.

주
① A credit by its nature is separate transaction : 신용장은 그 본질상 별개의 거래이다.
② the sale contract on which it may be based : 그것이 근거를 두고 있는 매매계약
③ banks are in no way concerned with or bound by such contract : 은행은 그러한 계약과는 아무런 관계가 없으며 이에 구속되지 않는다.
④ even if any reference whatsoever to it is included in the credit : 어떠한 참조사항이 신용장에 포함되어 있다 하더라도
⑤ not subject to claims or defences by the applicant : 발행의뢰인에 의한 클레임이나 항변에 지배받지 않는다.
⑥ resulting from its relationships with the issuing bank or the beneficiary : 발행은행이나 수익자와의 관계로부터 발생한
⑦ beneficiary can in no case avail ~ : 수익자는 어떠한 경우에도 ~을 이용(=원용)할 수 없다.
⑧ between banks : 은행간
⑨ should discourage any attempt by the applicant : 발행의뢰인의 시도를 저지해야 한다.
⑩ as an integral part of the credit : 신용장의 필수적인 부분으로서, 신용장에 필요한 부분으로
⑪ copies of the underlying contract : 근거계약의 사본

Article 5 Documents v. Goods, Services or Performance

Banks deal with documents and not with goods, services or performance to which the documents may relate.

주
① banks deal with documents : 은행은 서류를 취급한다.
② to which the documents may relate : 그 서류가 관련될 수 있는
③ banks not deal with goods : 은행은 물품을 취급하는 것이 아니다.

Article 6 Availability, Expiry Date and Place for Presentation

a. A credit must state the bank with which it is available or whether it is available with any bank. A credit with a nominated bank is also available with the issuing bank.

b. A credit must state whether it is available by sight payment, deferred payment, acceptance or negotiation.
c. A credit must not be issued available by a draft drawn on the applicant.
d. i. A credit must state an expiry date for presentation. An expiry date stated for honour or negotiation will be deemed to be an expiry date for presentation.
ii. The place of the bank with which the credit is available is the place for presentation. The place for presentation under a credit available with any bank is that of any bank. A place for presentation other than that of the issuing bank is in addition to the place of the issuing bank.
e. Except as provided in sub-article 29 (a), a presentation by or on behalf of the beneficiary must be made on or before the expiry date.

① Availability, Expiry Date and Place for Presentation : 사용 가능성, 제시를 위한 유효기일과 유효장소
② the bank with which it is available : 그 신용장이 사용될 수 있는 은행
③ whether it is available with any bank : 그 신용장이 모든 은행에서 사용될 수 있는지
④ a credit with a nominated bank : 지정은행에서 사용될 수 있는 신용장
⑤ whether it is available by sight payment, deferred payment, acceptance or negotiation : 신용장이 일람지급, 연지급, 인수 또는 매입 중 어느 것에 의하여 사용될 수 있는지 여부
⑥ a draft drawn on the applicant : 발행의뢰인을 지급인으로 하여 발행된 환어음
⑦ will be deemed to be ~ : ~으로 간주될 것이다.
⑧ the place of the bank with which the credit is available : 신용장이 사용될 수 있는 은행의 장소
⑨ that of any bank : 모든 은행의 장소이다, 모든 은행이 된다.
⑩ place for presentation other than that of the issuing bank : 발행은행의 장소가 아닌 제시를 위한 장소(=제시장소)
⑪ is in addition to ~ : ~에 추가된다.
⑫ except as provided in sub-article 29 (a) : 제29조 a항에 규정된 경우를 제외하고
⑬ by or on behalf of the beneficiary : 수익자에 의하거나 수익자를 대리하는

Article 7 Issuing Bank Undertaking

a. Provided that stipulated documents are presented to the nominated bank or to the issuing bank and that they constitute a complying presentation, the issuing bank must honour if the credit is available by :
i . sight payment, deferred payment or acceptance with the issuing bank ;
ii . sight payment with a nominated bank and that nominated bank does not pay ;
iii. deferred payment with a nominated bank and that nominated bank does not incur its deferred payment undertaking or, having in cured its deferred payment undertaking, does not pay at maturity ;

iv. acceptance with a nominated bank and that nominated bank does not accept a draft drawn on it or, having accepted a draft drawn on it, does not pay at maturity ;

v. negotiation with a nominated bank and that nominated bank does not negotiate.

b. An issuing bank is irrevocably bound to honour as of the time it issues the credit.

c. An issuing bank undertaking to reimburse a nominated bank that has honoured or negotiated a complying presentation and forwarded the documents to the issuing bank. Reimbursement for the amount of a complying presentation under a credit available by acceptance or deferred payment is due at maturity, whether or not the nominated bank prepaid or purchased before maturity.

An issuing bank's undertaking to reimburse a nominated bank is independent of the issuing bank's undertaking to the beneficiary.

① Issuing Bank Undertaking : 발행은행의 확약

② provided that they constitute a complying presentation : 만일 그 서류가 일치하는 제시를 구성한다면

③ the issuing bank must honour if the credit is available by : 발행은행은 그 신용장이 다음 중의 어느 것에 의하여 사용될 수 있는 경우에는 지급하여야 한다.

④ sight payment, deferred payment or acceptance with the issuing bank : 발행은행에서 일람지급, 연지급 또는 인수

⑤ deferred payment with a nominated bank and that nominated bank does not incur its deferred payment undertaking : 지정은행에서 연지급에 의하여 사용될 수 있고, 지정은행이 연지급확약을 부담하지 아니한 경우

⑥ nominated bank having in cured its deferred payment undertaking, does not pay at maturity : 그 지정은행이 연지급확약을 부담하였지만 만기일에 지급하지 아니한 경우

⑦ nominated bank does not accept a draft drawn on it : 그 지정은행이 자행을 지급인으로 하여 발행된 환어음을 인수하지 아니한 경우

⑧ having accepted a draft drawn on it, does not pay at maturity : 그 지정은행이 자행을 지급인으로 하여 발행된 환어음을 인수하였지만 만기일에 지급하지 아니한 경우

⑨ an issuing bank is irrevocably bound to honour : 발행은행은 지급할 취소불능의 의무를 부담한다.

⑩ as of the time it issues the credit : 발행은행이 신용장을 발행하는 시점부터

⑪ an issuing bank undertaking to reimburse a nominated bank : 발행은행은 지정은행에게 상환할 것을 약정한다.

⑫ forwarded the documents to the issuing bank : 그 서류를 발행은행에 발송하는

⑬ reimbursement for the amount of a complying presentation is due at maturity : 일치하는 제시 금액에 대한 상환은 만기일에 이행되어야 한다.

⑭ whether or not the nominated bank prepaid or purchased before maturity : 지정은행이 만기일 전에 선지급하였거나 구매하였는지의 여부와 관계없이

⑮ an issuing bank's undertaking to reimburse a nominated bank : 지정은행에 상환할 발행은행의 확약, 지정은행에 대하여 상환하겠다는 발행은행의 확약

Article 8 Confirming Bank Undertaking

a. Provided that the stipulated documents are presented to the confirming bank or to any other nominated bank and that they constitute a complying presentation, the confirming bank must :

i . honour, if the credit is available by

a. sight payment, deferred payment or acceptance with the confirming bank ;

b. sight payment with another nominated bank and that nominated bank does not pay ;

c. deferred payment with another nominated bank and that nominated bank does not incur its deferred payment undertaking or, having incurred its deferred payment undertaking, does not pay at maturity ;

d. acceptance with another nominated bank and that nominated bank does not accept a draft drawn on it or, having accepted a draft drawn on it, does not pay at maturity ;

e. negotiation with another nominated bank and that nominated bank does not negotiate.

ii . negotiate, without recourse, of the credit is available by negotiation with the confirming bank.

b. A confirming bank is irrevocably bound to honour or negotiate as of the time it adds its confirming to the credit.

c. A confirming bank undertakes to reimburse another nominated bank that has honoured or negotiated a complying presentation and forwarded the documents to the confirming bank.
Reimbursement for the amount of a complying presentation under a credit available by acceptance or deferred payment is due at maturity, whether or not another nominated bank prepaid or purchased before maturity.
A confirming bank's undertaking to reimburse another nominated bank is independent of the confirming bank's undertaking to the beneficiary.

d. If a bank authorized or requested by the issuing bank to confirm a credit but is not prepared to do so, it must inform the issuing bank without delay and any advise the credit without confirmation.

주
① Confirming Bank Undertaking : 확인은행의 확약
② without recourse : 상환청구 없이
③ the credit is available by negotiation with the confirming bank : 신용장이 확인은행에서 매입에 의하여 사용될 수 있다.
④ whether or not another nominated bank prepaid or purchased before maturity : 다른 지정은행이 만기일 전에 선지급하였거나 구매하였는지 여부와 관계없이
⑤ confirming bank's undertaking is independent of the confirming bank's undertaking to the beneficiary : 확인은행의 확약은 수익자에 대한 발행은행의 확약과 독립된 것이다.
⑥ if a bank authorized or requested by the issuing bank to confirm a credit : 만일 어떤 은행이 신용장을 확인하도록 발행은행으로부터 수권이나 요청받았다면

Article 9 Advising of Credits and Amendments

a. A credit and any amendment may be advised to beneficiary through an advising bank. An advising bank that is not a confirming bank advises the credit and any amendment without any undertaking to honour or negotiate.

b. By advising the credit or amendment, the advising bank signifies that it has satisfied itself as to the apparent authenticity of the credit or amendment and that advice accurately reflects the term and conditions of the credit or amendment received.

c. An advising bank may utilize the service of another bank("second advising bank") to advise the credit and any amendment to the beneficiary.
By advising the credit or amendment, the second advising bank signifies that it has satisfied itself as to apparent authenticity of the advice it has received and that the advice accurately reflects the terms and conditions of the credit or amendment received.

d. A bank utilizing the service of an advising bank or second advising bank to advise a credit must use the same bank to advise any amendment thereto.

e. If a bank is requested to advise a credit or amendment but elects not to do so, it must so inform, without delay, the bank from which the credit, amendment or advice has been received.

f. If a bank is requested to advise a credit or amendment but cannot satisfy itself as to the apparent authenticity of the credit, the amendment or the advice, it must so inform, without delay, the bank from which the instructions appear to have been received.
If the advising bank or second advising bank elects nonetheless to advise the credit or amendment, it must inform the beneficiary or second advising bank that it has not been able to satisfy itself as to the apparent authenticity of the credit, the amendment or the advice.

주 ① Advising of Credits and Amendments : 신용장 및 조건변경의 통지
② an advising bank that is not a confirming bank : 확인은행이 아닌 통지은행
③ without any undertaking to honour or negotiate : 지급이나 매입할 어떠한 확약없이
④ the advising bank signifies that it has satisfied itself : 통지은행 그 자신이 스스로 그것이 충족하였다는 것을 의미한다.
⑤ as to the apparent authenticity of the credit : 신용장상의 외관상의 진정성에 관해
⑥ the advice accurately reflects : 그 통지가 정확히 반영하고 있다.
⑦ utilize the service of another bank("second advising bank") : 다른 은행("제2통지은행")의 서비스를 이용하다.
⑧ to advise any amendment thereto : 이에 대한 모든 조건변경을 통지하기 위해
⑨ but elects not to do so : 그러나 그렇게 하지(=이를 통지하지) 않기로 결정(=선택)하다.
⑩ it must so inform : 은행은 이를 통지해야 한다.
⑪ the bank from which the credit has been received : 신용장을 송부해 온 은행에게

⑫ a bank is requested to advise : 은행이 통지하도록 요청받다.
⑬ inform the bank from which the instructions appear to have been received : 그 지시를 송부해 온 것으로 보이는 은행에게 통지하다.
⑭ it must inform the beneficiary that ~ : 그 은행은 ~를 수익자에게 통지해야 한다.
⑮ that it has not been able to satisfy itself as to the apparent authenticity : 외관상의 진정성에 관하여 스스로 충족할 수 없다는 것

Article 10 Amendments

a. Except as otherwise provided by article 38, a credit can neither be amended nor cancelled without the agreement of the issuing bank, the confirming bank, if any, and the beneficiary.

b. Am issuing bank is irrevocably bound by an amendment as of the time it issues the amendment. A confirming bank may extend its confirmation to an amendment and will irrevocably bound as of time it advises the amendment.
A confirming bank, may, however choose to advise an amendment without extending its confirmation and, if so, it must inform the issuing bank without delay and inform the beneficiary in its advice.

c. The terms and conditions of the original credit(or a credit incorporating previously accepted amendments) will remain in force for the beneficiary to the bank that advised such amendment.
The beneficiary should give notification of acceptance or rejection of an amendment. If the beneficiary fails to give such notification, a presentation that complies with the credit and to any not yet accepted amendment will be deemed to be notification of acceptance by the beneficiary of such amendment. As of that moment the credit will be amended.

d. A bank that advises an amendment should inform the bank from which it received the amendment of any notification of acceptance or rejection.

e. Partial acceptance of an amendments is not allowed and will be deemed to be notification of rejection of the amendment.

f. A provision in an amendment to the effect that the amendment shall enter into force unless rejected by the beneficiary within a certain time shall be disregarded.

① except as otherwise provided by article 38 : 제38조에 의해 별도로 규정된 경우를 제외하고는
② neither be amended nor cancelled without the agreement : 합의 없이는 변경되거나 취소될 수 없다.
③ issuing bank is irrevocably bound by an amendment : 발행은행은 조건변경에 대한 취소불능의 의무를 부담한다.

④ as of the time it issues the amendment : 그가 조건변경서를 발행한 시점부터
⑤ extend its confirmation to an amendment : 그 자신의 확인을 조건변경으로까지 확대하다.
⑥ in its advice : 그 자신의 통지서로
⑦ the terms and conditions of the original credit : 원신용장의 제 조건
⑧ a credit incorporating previously accepted amendments : 이전에 승낙된 조건변경을 포함하고 있는 신용장
⑨ remain in force for the beneficiary : 수익자에게는 여전히 유효하다.
⑩ to the bank that advised such amendment : 그러한 조건변경을 통지해 온 은행에게
⑪ a presentation that complies with the credit and to any not yet accepted amendment : 신용장이나 아직 승낙되지 않은 조건변경에 일치하는 제시
⑫ as of that moment the credit will be amended : 그 순간부터 신용장은 조건 변경된다.
⑬ a bank that advises an amendment : 조건변경을 통지하는 은행
⑭ should inform the bank from which it received the amendment of any notification of acceptance or rejection : 조건변경을 송부해 온 은행에게 승낙이나 거절의 모든 통고를 통지해야 한다.
⑮ will be deemed to be notification of rejection : 거절의 통지로 간주된다.
⑯ a provision in an amendment to the effect that ~ : ~의 취지가 있는 조건변경서의 규정
⑰ shall be disregarded : 무시된다.

Article 11 Teletransmitted and Pre-Advised Credits and Amendments

a. An authenticated teletransmission of a credit or amendment will be deemed to be the operative credit or amendment, and any subsequent mail confirmation shall be disregarded. If a teletransmission states "full details to follow"(or words of similar effect), or states that the mail confirmation is to be the operative credit or amendment, then the teletransmission will not be the operative credit or amendment.
The issuing bank must then issue the operative credit or amendment without delay in terms not inconsistent with the teletrasmission.

b. A preliminary advice of the issuance of a credit or amendment("pre-advice") shall only be sent if the issuing bank is prepared to issue the operative credit or amendment. An issuing bank that sends a pre-advice is irrevocably committed to issue the operative credit or amendment, without delay in terms not inconsistent with the pre-advice.

주 ① Teletransmitted and Pre-Advised Credits and Amendments : 전송 및 사전통지신용장과 조건변경
② an authenticated teletransmission : 인증된 전송
③ will be deemed to be the operative credit : 유효한 신용장으로 간주된다, 유효한 신용장이다.
④ any subsequent mail confirmation shall be disregarded : 추후의 모든 우편확인서는 무시된다.
⑤ full details to follow(or words of similar effect) : 완전한 명세는 추후 통지함(또는 이와 유사한 취지의 표현)

⑥ the mail confirmation is to be the operative credit : 우편확인서가 유효한 신용장이 된다.
⑦ in terms not inconsistent with the teletrasmission : 전송과 모순되지 아니한 조건으로
⑧ a preliminary advice of the issuance of a credit or amendment("pre-advice") : 신용장의 발행이나 조건변경의 예비적 통지("사전통지")
⑨ if the issuing bank is prepared to issue the operative credit : 발행은행이 유효한 신용장을 발행할 준비가 되어 있는(=용의가 있는) 경우에만
⑩ An issuing bank that sends a pre-advice : 사전통지를 보내는(=송부하는) 발행은행
⑪ is irrevocably committed to issue : 발행할 것을 취소불능적으로 약속하다.

Article 12 Nomination

a. Unless a nominated bank is the confirming bank, an authorization to honour or negotiate does not impose any obligation on that nominated bank to honour or negotiate, except when expressly agreed to by that nominated bank and so communicated to the beneficiary.

b. By nominating a bank to accept a draft or incur a deferred payment undertaking, an issuing bank authorizes that nominated bank to prepay or purchase a draft accepted or a deferred payment undertaking incurred by that nominated bank.

c. Receipt or examination and forwarding of documents by a nominated bank that is not a confirming bank does not make that nominated bank liable to honour or negotiate, nor does it constitute honour or negotiation.

주 ① unless a nominated bank is the confirming bank : 지정은행이 확인은행이 아닌 한
② an authorization to honour or negotiate : 지급이나 매입할 수권
③ does not impose any obligation on that nominated bank to honour or negotiate : 지정은행은 지급이나 매입할 의무를 부담하지 않는다.
④ except when expressly agreed to by that nominated bank and so communicated to the beneficiary : 그 지정은행이 명시적으로 합의하고 이를 수익자에게 통보한 경우를 제외하고는
⑤ by nominating a bank to accept a draft or incur a deferred payment undertaking : 환어음을 인수하거나 연지급확약을 부담할 은행을 지정함으로써
⑥ an issuing bank authorizes ~ : 발행은행이 ~권한을 부여하다(=수권하다).
⑦ nominated bank to prepay or purchase : 지정은행이 선지급하였거나 구매하다.
⑧ a draft accepted or a deferred payment undertaking incurred by that nominated bank : 지정은행이 인수한 환어음 또는 지정은행이 부담한 연지급확약
⑨ receipt or examination and forwarding of documents : 서류의 수령이나 심사 및 발송
⑩ by a nominated bank that is not a confirming bank : 확인은행이 아닌 지정은행에 의한
⑪ does not make that nominated bank liable to honour or negotiate : 지급이나 매입할 의무를 그 지정은행에게 부담시키는 것은 아니며
⑫ nor does it constitute honour or negotiation : 그것은 지급이나 매입을 구성하지 않는다.

Article 13 Bank-to Bank Reimbursement Arrangements

a. If a credit states that reimbursement is to be obtained by a nominated bank ("claiming bank") claiming on another party("reimbursing bank"), the credit must state if the reimbursement is subject to the ICC rules for bank-to-bank reimbursement in effect on the date of issuance of the credit.

b. If a credit does not state that reimbursement is subject to the ICC rules for bank-to-bank reimbursements, the following apply :

i. An issuing bank must provide a reimbursing bank with a reimbursement authorization that conforms with the availability stated in the credit. The reimbursement authorization should not be subject to an expiry date.

ii. A claiming bank shall not be required to supply a reimbursing bank with a certificate of compliance with the terms and conditions of the credit.

iii. An issuing bank will be responsible for any loss of interest, together with any expenses incurred, if reimbursement is not provided on first demand by a reimbursing bank in accordance with the terms and conditions of the credit.

iv. A reimbursing bank's charges are for the account of the issuing bank. However, if the charges are for the account of the beneficiary, it is the responsibility of an issuing bank to so indicate in the credit and in the reimbursement authorization. If a reimbursing bank's charges are for the account of the beneficiary, they shall be deducted from the amount due to a claiming bank when reimbursement is made. If no reimbursement is made, the reimbursing bank's charges remain the obligation of the issuing bank.

c. An issuing bank is not relieved of any of its obligations to provide reimbursement if reimbursement is not made by a reimbursing bank on first demand.

주
① Bank-to Bank Reimbursement Arrangements : 은행간 대금상환약정
② claiming on another party("reimbursing bank") : 다른 당사자("상환은행")에게 청구하여
③ the credit must state if the reimbursement is subject to ~ : 그 신용장은 상환이 ~를 따르는지를 명기해야 한다.
④ the ICC rules for bank-to-bank reimbursement : 은행간 대금상환에 관한 ICC 규칙
⑤ in effect on the date of issuance of the credit : 신용장의 발행일에 유효한
⑥ the following apply : 다음과 같이 적용된다.
⑦ provide a reimbursing bank : 상환은행에게 제공하다.
⑧ conforms with the availability stated in the credit : 신용장에 명기된 이용가능성을 따르다.
⑨ should not be subject to an expiry date : 유효기일에 지배를 받아서는 않는다.
⑩ a claiming bank shall not be required to supply a reimbursing bank with a certificate of compliance : 청구은행은 상환은행에게 일치증명서를 제공하도록 요구해서는 안된다.

⑪ if reimbursement is not provided on first demand by a reimbursing bank : 만일 상환이 최초의 청구시에 상환은행에 의해 이행되지 않은 경우
⑫ together with any expenses incurred : 부담된 모든 경비와 함께
⑬ in accordance with the terms and conditions of the credit : 신용장의 제조건에 따라
⑭ a reimbursing bank's charges are for the account of the issuing bank : 상환은행의 비용은 발행은행이 부담해야 한다.
⑮ it is the responsibility of an issuing bank to so indicate in the credit and in the reimbursement authorization : 신용장 및 상환수권서에 이를 지시하는 것은 발행은행의 책임이다.
⑯ the amount due to a claiming bank : 청구은행에 기인하는 금액
⑰ an issuing bank is not relieved of any of its obligations to provide reimbursement : 발행은행은 상환을 이행해야 할 자신의 의무로부터 면제되지 아니한다.

Article 14 Standard for Examination of Documents

a. A nominated bank acting on its nomination, a confirming bank, if any, and the issuing bank must examine a presentation to determine, on the basis of the documents alone, whether or not the documents appear on their face to constitute a complying presentation.

b. A nominated bank acting on its nomination, a confirming bank, if any, and the issuing bank shall each have a maximum of five banking days following the day of presentation to determine if a presentation is complying.
This period is not curtailed or otherwise affected by the occurrence on or after the date of presentation of any expiry date or last day for presentation.

c. A presentation including one or more original transport documents subject to article 19, 20, 21, 22, 23, 24 or 25 must to made by or on behalf of the beneficiary not later than 21 calendar days after the date of shipment as described in these rules, but in any event not later than the expiry date of the credit.

d. Date in a document, when read in context with the credit, the document itself and international standard banking practice, need not be identical to, but must not conflict with, date in that document, any other stipulated document or the credit.

e. In documents other than the commercial invoice, the description of the goods, services of performance, if stated, may be in general terms not conflicting with their description in the credit.

f. If a credit requires presentation of a document other than a transport document, insurance document or commercial invoice, without stipulating by whom the document is to be issued or its data context, banks will accept the document as presented if its context appears to fulfil the function of the required document and otherwise complied with sub-article 14 (d).

g. A document presented but not required by the credit will be disregarded and may be returned to the presenter.

h. If a credit contains a condition without stipulating the document to indicate compliance with the condition, banks will deem such condition as not stated and will disregard it.

i. A document may be dated prior to the issuance date of the credit, but must not be dated later than its date of presentation.

j. When the addresses of the beneficiary and the applicant appear in any stipulated document, they need not be the same as those stated in the credit or in any other stipulated document, but must be within the same country as the respective addresses, mentioned in the credit.

Contract details(telefax, telephone, email and the like) stated as part of the beneficiary's and the applicant's address will be disregarded.

However, when the address and contact details of the applicant appear as part of the consignee or notify party details on a transport document subject to articles 19, 20, 21, 22, 23, 24 or 25, they must be as stated in the credit.

k. The shipper or consignor of the goods indicated on any document need not be the beneficiary of the credit.

l. A transport document may be issued by any party other than a carrier, owner, master or charterer provided that the transport document meets the requirements of articles 19, 20, 21, 22, 23, 24 of these rules.

주

① Standard for Examination of Documents : 서류심사의 표준, 서류의 심사기준
② nominated bank acting on its nomination : 그의 지정에 따라 행동하는 지정은행
③ must examine a presentation to determine : 결정하기 위해 그 제시를 심사해야 한다.
④ whether or not the documents appear on their face to constitute a complying presentation : 그 서류가 문면상 일치하는 제시를 구성하는지 여부
⑤ on the basis of the documents alone : 단지 서류만을 기초로 하여
⑥ issuing bank shall each have a maximum of five banking days following the day of presentation : 발행은행은 제시일 다음날로부터 최대 제5은행영업일을 각각 가진다.
⑦ to determine if a presentation is complying : 제시가 일치하는지 여부를 결정하기 위해
⑧ is not curtailed or otherwise affected by : 단축되거나 별도로 영향을 받지 않는다.
⑨ presentation including one or more original transport documents : 하나 또는 그 이상의 운송서류 원본을 포함하는 제시는
⑩ must to made by or on behalf of the beneficiary : 수익자에 의해 또는 수익자를 대리하여 이행되어야 한다.
⑪ but in any event not later than the expiry date : 그러나 어떠한 경우에도 신용장의 유효기일보다 늦어서는 안 된다.

⑫ date in a document need not be identical to, but must not conflict with date : 서류에서 자료(=서류상의 자료)는 자료와 동일할 필요는 없지만 자료와 상충되어서도 안된다.
⑬ when read in context with the credit, the document itself and international standard banking practice : 신용장, 그 서류자체 및 국제표준은행관행의 관점에서 검토하는 경우
international standard banking practice : 국제표준은행관행
⑭ date in that document, any other stipulated document or the credit : 그 서류, 기타 모든 규정된 서류나 신용장상의 자료
⑮ In documents other than the commercial invoice : 상업송장 이외의 서류에서
⑯ if stated : 명기된 경우
⑰ may be in general terms not conflicting with their description in the credit : 신용장상의 이들 명세와 상충되지 아니하는 일반용어로 기재될 수 있다.
⑱ without stipulating by whom the document is to be issued or its data context : 서류가 누구에 의해 발행되는 것인가 또는 서류의 자료내용 등을 명시하지 않고
⑲ if its context appears to fulfil the function of the required document and otherwise complied with sub-article 14 (d) : 만일 그 서류의 내용이 요구된 서류의 기능을 충족하는 것으로 보이고 기타의 방법으로 제14조 d항과 일치한다면
⑳ banks will accept the document as presented : 은행은 제시된 대로 그 서류를 수리할 것이다.
㉑ document presented but not required by the credit : 제시되었지만 신용장이 요구하지 않은 서류
㉒ will be disregared and be returned to the presenter : 무시되고 제시인에게 반송될 수 있다.
㉓ without stipulating the document : 서류를 명시(=규정)하지 않고
㉔ to indicate compliance with the condition : 그 조건과의 일치성을 표시하기 위해
㉕ will deem such condition as not stated and will disregard it : 그러한 조건은 명기되지 아니한 것으로 보고 이를 무시해야 한다.
㉖ must not be dated later than its date of presentation : 그 서류의 제시일보다 늦은 일자가 기재되어서는 안된다.
㉗ they need not be the same as those stated in the credit : 이들 주소는 신용장에 기재된 것과 동일할 필요는 없다.
㉘ contract details : 연락처 명세, 상세한 명세내용
㉙ the address and contact details of the applicant : 발행의뢰인의 모든 주소와 연락처 명세
㉚ appear as part of the consignee or notify party details on a transport document : 운송서류상의 수하인이나 착하통지처 명세의 일부로 보이는
㉛ they must be as stated in the credit : 이러한 주소 및 연락처 명세는 신용장에 명기된 것과 같아야 한다.
㉜ consignor of the goods indicated on any document : 모든 서류에 표시된 물품의 송하인, 모든 서류에 나타나 있는 물품의 송하인
㉝ any party other than a carrier, owner, master or charterer : 운송인, 선주, 선장이나 용선자 이외의 모든 당사자
㉞ provided that the transport document meets the requirements : 만일 운송서류가 요구조건을 충족한다면

Article 15 Complying Presentation

a. When an issuing bank determines that a presentation is complying, it must honour.

b. When a confirming bank determines that a presentation is complying, it must honour or negotiate and forward the documents to the issuing bank.

c. When a nominated bank determines that a presentation is complying and honours or negotiates, it must forward the documents to the confirming bank or issuing bank.

주
① Complying Presentation : 일치하는 제시, 일치제시
② when an issuing bank determines that a presentation is complying : 발행은행이 제시가 일치한다고 결정하는 경우에는
③ it must honour : 발행은행은 지급을 하여야 한다.
④ forward the documents to the issuing bank : 발행은행에게 서류를 발송하다.
⑤ when a nominated bank determines that a presentation is complying and honours or negotiates : 지정은행이 제시가 일치한다고 결정하고 지급이나 매입하는 경우에는

Article 16 Discrepant Documents, Waiver and Notice

a. When a nominated bank acting on its nomination, a confirming bank, if any, or the issuing bank determines that a presentation does not comply, it may refuse to honour or negotiate.

b. When an issuing bank determines that a presentation does not comply, it may in its sole judgement approach the application for a waiver of the discrepancies. This does not, however, extend the period mentioned in sub-article 14 (b).

c. When a nominated bank acting on its nomination, a confirming bank, if any, or the issuing bank decides to refuse to honour or negotiate, it must give a single notice to that effect to the presenter.

The notice must state :

i. that the bank is refusing to honour or negotiate ; and

ii. each discrepancy in respect of which the bank refuses to honour or negotiate, and

iii. a) that the bank is holding the documents pending further instructions from the presenter ; or

b) that the issuing bank is holding the documents until it receives a waiver from the applicant and agree to accept it, or receives further instructions from the presenter prior to agreeing to accept a waiver, or

c) that the bank is returning the documents ; or

d) that the bank is acting in accordance with instructions previously received from the presenter.

d. The notice required in sub-article 16 (c) must be given by telecommunication or, if that is not possible, by other expeditions means no later than the close of the fifth banking day following the day of presentation.

e. A nominated bank acting on its nominated, a confirming bank, if any, or the issuing bank may, after providing notice required by sub-article 16 (c) (iii) (a) or (b), return the documents to the presenter at any time.

f. If an issuing bank or a confirming bank fails to act in accordance with the provisions of this article, it shall be precluded from claiming that the documents do not constitute a complying presentation.

g. When an issuing bank refuses to honour or a confirming bank refuses to honour or negotiate and has given notice to that effect in accordance with this article, it shall then be entitled to claim a refund, with interest, of any reimbursement made.

주 ① Discrepant documents, waiver and notice : 불일치(=하자)서류, 권리포기 및 통지
② a nominated bank acting on its nomination, a confirming bank, if any, or the issuing bank : 그 지정에 따라 행동하는 지정은행, 있는 경우 확인은행, 또는 그 발행은행
③ determines that a presentation does not comply : 제시가 일치하지 않은 것으로 결정하다.
④ it may in its sole judgement approach the application for a waiver of the discrepancies : 그 독자적인 판단으로 발행의뢰인과 불일치에 관한 권리포기의 여부를 교섭할 수 있다.
⑤ it must give a single notice to that effect : 그러한 취지를 단 1회만 통지해야 한다.
⑥ The notice must state : 그 통지는 다음이 기재되어야 한다.
⑦ each discrepancy in respect of which the bank refuses to honour or negotiate : 은행이 지급이나 매입을 거절하게 되는 각각의 불일치(=하자) 사항
⑧ until it receives a waiver from the applicant and agree to accept it : 발행은행이 발행의뢰인으로부터 권리포기를 수령하고 서류를 수리하기로 합의할 때까지
⑨ prior to agreeing to accept a waiver : 권리포기를 승낙하기로 합의하기 전에
⑩ pending further instructions : 추가지시를 받을 때까지
⑪ that the bank is returning the documents : 은행이 서류를 반송하고 있다는 것
⑫ if that is not possible : 만일 그것(=전기통신)의 이용이 불가능한 때에는
⑬ by other expeditions means : 기타 신속한 수단으로
⑭ no later than the close of the fifth banking day following the day of presentation : 제시일의 다음 제5은행영업일의 마감까지
⑮ after providing notice required : 요구된 통지를 제공한 후에
⑯ may return the documents to the presenter : 제시인에게 서류를 반송할 수 있다.
⑰ it shall be precluded from claiming that ~ : 은행은 ~이하를 주장할 수 없다.
⑱ that the documents do not constitute a complying presentation : 그 서류가 일치하는 제시를 구성하지 아니한다는 것
⑲ has given notice to that effect : 그러한 취지를 통지하다.
⑳ it shall then be entitled to claim a refund, with interest, of any reimbursement made : 그 은행은 이미 행해진 상환금에 이자를 추가하여 그 상환금의 반환을 청구할 권리가 있다.

Article 17 Original Document and Copies

a. At least one original of each document stipulated in the credit must be presented.

b. A bank shall treat as an original any document bearing an apparently original signature, mark, stamp, or label of the issuer of the document, unless the document itself indicates that it is not an original.

c. Unless a document indicates otherwise, a bank will also accept a document as original if it :

i. appears to be written, typed, perforated or stamped by the document issuer's hand ; or ii. appears to be on the document issuer's original stationery ; or iii. states that it is original, unless the statement appears not to apply to the document presented.

d. If a credit requires presentation of copies of documents, presentation of either originals or copies is permitted.

e. If a credit requires presentation of multiple documents by using terms such as "in duplicate", "in two fold" or "in two copies", this will be satisfied by the presentation of at least one original and the remaining number in copies, except when the document itself indicates otherwise.

① Original Document and Copies : 원본서류 및 사본

② a bank shall treat as an original any document bearing : 은행은 기재하고 있는 서류를 원본으로서 취급한다.

③ an apparently original signature, mark, stamp, or label of the issuer of the document : 서류발행인의 명확한 원본서명, 표기, 스탬프나 부전(=라벨)

④ unless the document itself indicates that it is not an original : 서류 그 자체가 그것이 원본이 아니라고 표시하고 있지 않는 한

⑤ unless a document indicates otherwise : 서류가 별도로 달리 표시하지 않는 한

⑥ if it : 그것이 다음과 같은 경우에는, 그것이 다음의 요건을 충족한다면

⑦ appears to be written, typed, perforated or stamped by the document issuer's hand : 서류발행인의 손에 의해 수기, 타자, 천공이나 스탬프된 것으로 보이는 경우

⑧ appears to be on the document issuer's original stationery : 서류발행인의 원본용지(=서류발행인의 상호가 미리 인쇄된 용지)상에 기재된 것으로 보이는 경우

⑨ states that it is original : 그것이 원본이라고 기재되어 있는 경우

⑩ unless the statement appears not to apply to the document presented : 그 기재가 제시된 서류에 적용되지 아니하는 것으로 보이지 않는 한

⑪ presentation of either originals or copies is permitted : 원본이나 사본의 제시는 허용된다.

⑫ this will be satisfied by the presentation of at least one original and the remaining number in copies : 이것은 적어도 원본 1통과 사본으로 된 나머지 통수의 제시에 의해 충족된다.

⑬ except when the document itself indicates otherwise : 서류 자체에 별도의 표시가 있는 경우를 제외하고는

Article 18 Commercial Invoice

a. A commercial invoice

i. must appear to have been issued by the beneficiary (except as provided in article 38) :

ii. must be made out in the name of the applicant (except as provided in sub-article 38 (g)) :

iii. must be made out in the same currency as the credit ; and

iv. need not be signed.

b. A nominated bank acting on its nomination, a confirming bank, if any, or the issuing bank may accept a commercial invoice issued for an amount in excess or the amount permitted by the credit, and its decision will be binding upon all parties, provided the bank in question has not honoured or negotiated for an amount in excess of that permitted by the credit.

c. The description of the goods, services or performance in a commercial invoice must correspond with that appearing in the credit.

주

① must appear to have been issued by the beneficiary : 수익자에 의해 발행된 것으로 나타나야 한다.

② must be made out in the name of the applicant : 발행의뢰인의 명의로(=앞으로) 작성되어야 한다.

③ except as provided in sub-article 38 (g) : 제38조 (g)에 규정된 경우를 제외한다.

④ a nominated bank acting on its nomination : 지정에 따라 행동하는 지정은행

⑤ may accept a commercial invoice issued for an amount in excess : 초과한 금액으로 발행된 상업송장을 수리할 수 있다.

⑥ its decision will be binding upon all parties : 그러한 결정은 모든 당사자들을 구속한다.

⑦ provided the bank in question has not honoured or negotiated for an amount in excess of that permitted by the credit : 다만 문제의 은행이 신용장에 의해 허용된 금액을 초과한 금액으로 지급이나 매입하지 아니하여야 한다.

⑧ must correspond with that appearing in the credit : 신용장에 보이는 것과 일치해야 한다.

Article 19 Transport Document Covering at Least Two Different Modes of Transport

a. A transport document covering at least two different modes of transport (multimodal or combined transport document), however named, must appear to :

i. indicate the name of the carrier and be signed by :

- the carrier or a named agent for or on behalf of the carrier, or
- the master or a named agent for or on behalf of the master.

Any signature by the carrier, master or agent must be identified as that of the carrier, master or agent.

ii. Indicate that the goods have been dispatched, taken in charge or shipped in board at the place stated in the credit, by :

- pre-printed wording, or
- a stamp or notation indicating the date in which the goods have been dispatched, taken in charge or shipped on board.

The date of issuance of the transport document will be deemed to be the date of dispatch, taking in charge or shipped on board, and the date of shipment. However, if the transport document indicates, by stamp or notation, a date of dispatch, taking in charge or shipped in board, this date will be deemed to be the date of shipment.

iii. indicate the place of dispatch, taking in charge or shipment and the place of final destination stated in the credit, even if :

a. the transport document states, in addition, a different place of dispatch, taking in charge or shipment or place of final destination, or

b. The transport document contains the indication "intended" or similar qualification in relation to the vessel, port of loading or port of discharge.

iv. be the sole original transport document or, if issued in more than one original, be the full set as indicated on the transport document.

v. Contain terms and conditions of carriage or make reference to another source containing the terms and conditions of carriage (short form or blank back transport document). Contents of terms and conditions of carriage will not be examined.

vi. Contain no indication that it is subject to a charter party.

b. For the purpose of this article, transshipment means unloading from one means of conveyance and reloading to another means of conveyance (whether or not in different modes or transport) during the carriage from the place of dispatch, taking in charge or shipment to the place of final destination stated in the credit.

c. i. A transport document may indicate that the goods will or may be transshipment provided that the entire carriage is covered by one and the same transport document.

ii. A transport document indicating that transshipment will or may take place is acceptable, even if the credit prohibits transshipment.

주 ① Transport Document Covering at Least Two Different Modes of Transport : 적어도 두 가지 다른 운송방식을 커버하는 운송서류

② multimodal or combined transport document : 복합운송서류

③ however named, must appear to : 그 명칭에 관계없이, 다음과 같이 나타나야 한다.

④ indicate the name of the carrier and be signed by : 운송인의 명칭을 표시하고 다음의 자에 의하여 서명되어 있는

⑤ the carrier or a named agent for or on behalf of the carrier : 운송인이나 운송인을 대리하는 지정대리인

⑥ must be identified as that of the carrier, master or agent : 운송인, 선장 또는 대리인의 것(=서명)이라는 것을 확인하고 있어야 한다.
⑦ Indicate that the goods have been dispatched, taken in charge or shipped in board, by : 다음에 의하여, 그 물품이 발송, 수탁 또는 본선 적재되었음을 표시하고 있는
⑧ pre-printed wording : 사전 인쇄된 문언
⑨ a stamp or notation indicating ~ : ~을 표시하고 있는 스탬프나 표기
⑩ this date will be deemed to be the date of shipment : 이러한 일자는 선적일로 간주된다.
⑪ contains the indication "intended" or similar qualification : "예정된"이나 이와 유사한 자격(=제한)의 표시를 포함하다.
⑫ if issued in more than one original : 만일 2통 이상의(하나보다 더 많은) 원본이 발행된 경우에는
⑬ be the full set as indicated on the transport document : 운송서류상에 표시된 대로 전통일 것
⑭ contain terms and conditions of carriage or : 운송의 제 조건을 포함하고 있다.
⑮ make reference to another source containing~ : ~을 포함하는 다른 자료를 참조하고 있다.
⑯ short form or blank back transport document : 약식 또는 백지배서식 운송서류
⑰ contents of terms and conditions of carriage will not be examined : 운송조건의 내용은 심사되지 않을 것이다.
⑱ contain no indication that it is subject to a charter party : 용선계약에 따른다는 어떠한 표시도 포함하고 있지 아니한 것
⑲ transshipment means ~ : 환적은 ~을 의미한다.
⑳ unloading from one means of conveyance and reloading to another means of conveyance : 한 운송수단으로부터의 양화 및 다른 운송수단으로의 재적재
㉑ whether or not in different modes or transport : 상이한 운송방식인지와 상관없이
㉒ during the carriage from the place of dispatch, taking in charge or shipment to the place of final destination : 발송, 수탁, 적재지로부터 최종목적지까지의 운송과정 중에
㉓ transport document may indicate that the goods will or may be transshipment : 운송서류는 물품이 환적될 것이라거나 될 수 있다고 표시할 수 있다.
㉔ provided that the entire carriage is covered by one and the same transport document : 다만, 전 운송은 하나 그리고 동일한 운송서류에 의해 커버되어야 한다.
㉕ a transport document indicate that transhipment will or may take place is acceptable : 환적이 행해질 것이라거나 행해질 수 있다고 표시하고 있는 운송서류는 수리 될 수 있다.
㉖ even if the credit prohibits transshipment : 신용장이 환적을 금지하고 있는 경우에도

Article 20 Bill of Lading

a. A bill of lading, however named, must appear to :
  i. indicate the name of the carrier and be signed by :
    - the carrier or a named agent for or on behalf of the carrier, or
    - the master or a named agent for or on behalf of the master.
    Any signature by the carrier, master or agent must be identified as that of the carrier, master or agent.
    Any signature by the agent must indicate whether the agent has signed for or on behalf of the carrier or for or on behalf of the master.

ii. indicate that the goods have been shipped on board a named vessel at the port of loading sated in the credit by :

- pre-printed wording, or
- an on board notation indicating the date on which the goods have been shipped on board.

The date of issuance of the bill of lading will be deemed to be the date of shipment unless the bill of lading contains an on board notation indicating the date of shipment, in which case the date stated in the on board notation will be deemed to be the date of shipment.

If the bill of lading contains the indication "intended vessel" or similar qualification in relation to the name of the vessel, an on board notation indicating the date of shipment and the name of the actual vessel is required.

iii. indicate shipment from port of loading to the port of discharge stated in the credit.

If the bill of lading does not indicate the port of loading stated in the credit as the port of loading, or if it contains the indication "intended" or similar qualification in relation to the port of loading, an on board notation indicating the port of loading as stated in the credit, the date of shipment and the name of the vessel is required.

This provision applies even when loading on board or shipment on a named vessel is indicated by pre-printed wording on the bill of lading.

iv. be the sole original bill of lading or, if issued in more than one original, be the full set as indicated on the bill of lading.

v. contain terms and conditions of carriage or make reference to another source containing the terms and conditions of carriage (short form or blank bill of lading). Contents of terms and conditions of carriage will not be examined.

vi. contain no indication that it is subject to a charter party.

b. For the purpose of this article, transhipment means unloading from one vessel and reloading to another vessel during the carriage from the port of loading to the port of discharge stated in the credit.

c. i. A bill of lading may indicate that the goods will or may be transhipped provided that the entire carriage is covered by one and the same bill of lading.

ii. A bill of lading indicating that transhipment will or may take place is acceptable, even if the credit prohibits transhipment, if the goods have been shipped in a container, trailer or LASH barge as evidenced by the bill of lading.

d. Clauses in a bill of lading stating that the carrier reserves the right to tranship will be disregarded.

주 ① a bill of lading, however named, must appear to : 선하증권은 그 명칭에 관계없이 다음과 같이 나타나야(=보여야) 한다.

② unless the bill of lading contains an on board notation indicating the date of shipment : 만일 선하증권이 선적일을 나타내는 본선적재표기를 포함하고 있지 않다면

③ in which case the date stated in the on board notation will be deemed to be the date of shipment : 이 경우, 본선적재표기상에 명기된 일자는 선적일로 간주된다.

④ this provision applies even when loading on board or shipment on a named vessel is indicated by pre-printed wording on the bill of lading : 이 규정은 비록 지정된 선박에의 본선적재나 선적이 선하증권상에 사전에 인쇄된 문언에 의해 표시되어 있더라도 적용된다.

⑤ a bill of lading indicating that transshipment will or may take place is acceptable : 환적이 행해질 것이라거나 행해질 수 있다고 표시하고 있는 선하증권은 수리할 수 있다.

⑥ if the goods have been shipped in a container, trailer or LASH barge as evidenced by the bill of lading : 만일 물품이 선하증권에 의하여 입증된 대로 컨테이너, 트레일러나 래쉬선에 선적된 경우에는

⑦ clauses in a bill of lading stating that the carrier reserves the right to transship will be discharged : 운송인이 환적할 권리를 유보한다는 것을 명기하고 있는 선하증권에 있는 조항은 무시된다.

Article 21 Non-Negotiable sea waybill

a. A non-negotiable sea waybill, however named, must appear to

i. indicate the name of the carrier and be signed by :

- the carrier or a named agent for or on behalf of the carrier, or
- the master or a named agent for or on behalf of the master.

Any signature by the carrier, master or agent must be identified as that of the carrier, master or agent.

Any signature by an agent must indicate whether the agent has signed for or on behalf of the carrier or for or on behalf of the master.

ii. indicate that the goods have been shipped on board a named vessel at the port of loading stated in the credit by : pre-printed wording, or an on board notation indicating the date on which the goods have been shipped on board.

The date of issuance of the non-negotiable sea waybill will be deemed to be the date of shipment unless the non-negotiable sea waybill contains an on board notation indicating the date of shipment, in which case the date stated in the on board notation will be deemed to be the date of shipment.

if the non-negotiable sea waybill contains the indication "intended vessel" or similar qualification in relation to the name of the vessel, an on board notation indicating the date of shipment and the name of the actual vessel is required.

iii. indicate shipment from the port of loading to the port of discharge stated in the credit.
If the non-negotiable sea waybill does not indicate the port of loading stated in the credit as the port of loading, or if it contains the indication "intended" or similar qualrfication in relation to the port of loading, an on board notation indicating the port of loading as stated in the credit, the date of shipment and the name of the vessel is required.
This provision applies even when loading on board on board or shipment on a named vessel is indicated by pre-printed wording on the non-negotiable sea waybill.
iv. be the sole original non-negotiable sea waybill or, if issued more than one original, be the full set as indicated on the non-negotiable sea waybill.
v. contain terms and conditions of carriage or make reference to another source containing the terms and conditions of carriage (short form or blank back non-negotiable sea waybill).
Contents of term and conditions of carriage will not be examined.
vi. contain no indication that it is subject to a charter party.

b. For the purpose of this article, transhipment means unloading form one vessel and reloading to anther vessel during the carriage from the port of loading to the port of discharge stated in the credit.

c. i. A non-negotiable sea waybill may indicate that the goods will or may be transhipped provided that the entire carriage is covered by one and the same non-negotiable sea waybill.
ii. A non-negotiable sea waybill indicating that transhipment will or may take place is acceptable, even if the credit prohibits transhipment, if the goods have been shipped in a container, trailer or LASH barge as evidenced by the non-negotiable sea waybill.

d. Clauses in a non-negotiable sea waybill stating that the carrier reserves the right to tranship will be disregarded.

주 ① non-negotiable sea waybill : 비용통성 해상화물운송장
② on behalf of the master : 선장을 대리(=대신)하여

Article 22 Charter Party Bill of Lading

a. A bill of lading, however named, containing an indication that it is subject to a charter party (charter party bill of lading), must appear to :
i. be signed by :

- the master or a named agent for or on behalf of the master, or
- the owner or a named agent for or on behalf of the owner, or
- the charterer or a named agent for or on behalf of the charterer.

Any signature by the master, owner, charterer or agent must be identified as that of the master, owner, charterer or agent.

Any signature by an agent must indicate whether the agent has signed for or on behalf of the master, owner or charterer.

An agent signing for or on behalf of the owner or charterer must indicate the name of the owner or charterer.

ii. indicate that the goods have been shipped on board a named vessel at the port of loading stated in the credit by :
- pre-printed wording, or
- an on board natation indicating the date on which the goods have been shipped on board.

The date of issuance of the charter party bill of lading will be deemed to be the date of shipment unless the charter party bill of lading contains an on board notation indicating the date of shipment, in which case the date stated in the on board notation will be deemed to be the date of shipment.

iii. indicate shipment from the port of loading to the port of discharge stated in the credit. The port of discharge may also be shown as a range of ports or a geographical area, as stated in the credit.

iv. be the sole original charter party bill of landing or, if issued in more than one original, be the full set as indicated on the charter party bill of lading.

b. A bank will not examine charter party contracts, even if they are required to be presented by the terms of the credit.

① Charter Party Bill of Lading : 용선계약 선하증권

② the charterer or a named agent for or on behalf of the charterer : 용선자 또는 용선자를 대리하는 지정대리인

③ whether the agent has signed for or on behalf of the master, owner or charterer : 그 대리인이 선장, 선주나 용선자 중 누구를 대리하여 서명하였는지

④ The port of discharge may also be shown as a range of ports or a geographical area, as stated in the credit : 양륙항은 신용장에 기재된 대로 항구의 범위나 지리적 지역으로 표시될 수 있다.

⑤ A bank will not examine charter party contracts : 은행은 용선계약서를 심사하지 않는다.

⑥ even if they are required to be presented by the terms of the credit : 용선계약서가 신용장의 조건에 따라 제시하도록 요구되더라도

Article 23 Air Transport Document

An air transport document, however named, must appear to :

i. indicate the name of the carrier and be signed by :

- the carrier, or
- a named agent for or on behalf of the carrier.

Any signature by the carrier or agent must be identified as that of the carrier or agent. Any signature by an agent must indicate that the agent has signed for or on behalf of the carrier.

ii. indicate that the goods have been accepted for carriage.

iii. indicate the date of issuance.

This date will be deemed to be the date of shipment unless the air transport document contains a specific notation of the actual date of shipment, in which case the date stated in the notation will be deemed to be the date of shipment. Any other information appearing on the air transport document relative to the flight number and date will not be considered in determining the date of shipment.

iv. indicate the airport of departure and the airport of destination stated in the credit.

v. be the original for consignor or shipper, even if the credit stipulates a full set of originals.

vi. contain terms and conditions of carriage or make reference to another source containing the terms and conditions of carriage.

Contents of terms and conditions of carriage will not be examined.

b. For the purpose of this article, transhipment means unloading from one aircraft and reloading to another aircraft during the carriage from the airport of departure to the airport of destination stated in the credit.

c. i. An air transport document may indicate that the goods will or may be transhipped, provided that the entire carriage is covered by one and the same air transport document.

ii. An air transport document indicating that transhipment will or may take place is acceptable, even if the credit prohibits transhipment.

주 ① indicate the name of the carrier and be signed by : 운송인의 명칭을 표시하고 다음의 자에 의해 서명되어 있는

② indicate that the goods have been accepted for carriage : 물품이 운송을 위해 수취되었음을 표시하고 있는

③ in which case the date stated in the notation will be deemed to be the date of shipment : 이 경우 그 표기에 기재된 일자는 선적일로 본다.

④ will not be considered in determining the date of shipment : 선적일을 결정하는데 고려되지 아니한다.

Article 24 Road, Rail or Inland Waterway Transport Documents

a. A road, rail or inland waterway transport document, however named, must appear to :

i. indicate the name of the carrier and : be signed by the carrier or a named agent for or on behalf of the carrier, or indicate receipt of the goods by signature, stamp or notation by the carrier or a named agent for or on behalf of the carrier. Any signature, stamp or notation of receipt of the goods by the carrier or agent must be identified as that of the carrier or agent.

Any signature, stamp or notation of receipt of the goods by the agent must indicate that the agent has signed or acted for or on behalf of the carrier.

If a rail transport document does not identify the carrier, any signature or stamp of the railway company will be accepted as evidence of the document being signed by the carrier.

ii. indicate the date of shipment or the date the goods have been received for shipment, dispatch or carriage at the place stated in the credit.

Unless the transport document contains a dated reception stamp, an indication of the date of receipt or a date of shipment, the date of issuance of the transport document will be deemed to be the date of shipment.

iii. indicate the place of shipment and the place of destination stated in the credit.

b. i. A road transport document must appear to be the original for consignor or shipper or bear no marking indicating for whom the document has been prepared.

ii. A rail transport document marked "duplicate" will be accepted as an original.

iii. A rail or inland waterway transport document will be accepted as an original whether marked as an original or not.

c. In the absence of an indication on the transport document as to the number of originals issued, the number presented will be deemed to constitute a full set.

d. For the purpose of this article, transhipment means unloading from one means of conveyance and reloading to another means of conveyance, within the same mode of transport, during the carriage from the place of shipment, dispatch or carriage to the place of destination stated in the credit.

e. i. A road, rail or inland waterway transport document may indicate that the goods will or may be transhipped provided that the entire carriage is covered by one and the same transport document.

ii. A road, rail or inland waterway transport document indicating that transhipment will or may take place is acceptable, even if the credit prohibits transhipment.

주 *① Road, Rail or Inland Waterway Transport Documents : 도로, 철도나 내륙수로 운송서류
② indicate receipt of the goods by signature, stamp or notation : 서명, 스탬프나 표기에 의해 물품의 수령을 표시하고 있는
③ by the carrier or a named agent for or on behalf of the carrier : 운송인이나 운송인을 대리하는 지정 대리인에 의해
④ must appear to be the original for consignor or shipper or bear : 송하인이나 선적인 또는 송하인용 원본인 것으로 나타나야 한다.
⑤ no marking indicating for whom the document has been prepared : 그 서류가 누구를 위하여 준비되었는지를 표시하는 어떠한 표시도 기재하지 않은
⑥ rail transport document marked "duplicate" : '부본'이라 표시된 철도운송서류
⑦ whether marked as an original or not : 원본이라는 표시의 유무와 상관없이
⑧ In the absence of an indication on the transport document as to the number of originals issued : 발행된 원본의 통수에 관하여 운송서류상에 표시가 없는 경우
⑨ the number presented will be deemed to constitute a full set : 제시된 통수는 전통을 구성하는 것으로 간주된다.
⑩ within the same mode of transport : 동일한 운송방식 내에서

Article 25 Courier Receipt, Post Receipt or Certificate of Posting

a. A courier receipt, however named, evidencing receipt of goods for transport, must appear to :
 i. indicate the name of the courier service and be stamped or signed by the named courier service at the place from which the credit states the goods are to be shipped ; and
 ii. indicate a date of pick-up or of receipt or wording to this effect. his date will be deemed to be the date of shipment.

b. A requirement that courier charges are to be paid or prepaid may be satisfied by a transport document issued by a courier service evidencing that courier charges are for the account of a party other than the consignee.

c. A post receipt or certificate of posting, however named, evidencing receipt of goods for transport, must appear to be stamped or signed and dated at the place from which the credit states the goods are to be shipped.
This date will be deemed to be the date of shipment.

주 ① Courier receipt, post receipt or certificate of posting : 특송화물수령증, 우편수령증 또는 우송증명서
② evidencing receipt of goods for transport : 운송화물의 수령을 입증하는
③ indicate the name of the courier service and be stamped or signed by the named courier service : 특송업자의 명칭을 표시하고 지정된 특송업자에 의해 스탬프나 서명되어 있는
④ at the place from which the credit states the goods are to be shipped : 신용장에서 물품이 선적되어야 한다고 명기하고 있는 장소에서

⑤ indicate a date of pick-up or of receipt or wording to this effect : 접수일이나 수령일 또는 이러한 취지의 문언을 표시하고 있는

⑥ a requirement that courier charges are to be paid or prepaid : 특송요금이 지급이나 선지급되어야 한다는 요건

⑦ evidencing that courier charges are for the account of a party other than the consignee : 특송요금이 수하인 이외의 당사자의 부담이라는 것을 입증하는

⑧ a post receipt or certificate of posting, however named, evidencing receipt of goods for transport : 명칭과 상관없이, 운송화물의 수령을 입증하는 우편수령증이나 우송증명서

Article 26 'On Deck', 'Shipper's Load and Count', 'Said by Shipper to Contain' and Charges Additional to Freight

a. A transport document must not indicate that the goods are or will be loaded on deck. A clause on a transport document stating that the goods may be loaded on deck is acceptable.

b. A transport document bearing a clause such as shipper's load and count and said by shipper to contain is acceptable.

c. A transport document may bear a reference, by stamp or otherwise, to charges additional to the freight.

주 ① On Deck, Shipper's Load and Count, Said by Shipper to Contain and Charges Additional to Freight : 갑판적재, 송하인의 적재 및 수량 확인(=계산), 송하인의 신고내용에 따름, 그리고 운임에 추가되는 비용

② the goods are or will be loaded on deck : 물품이 갑판에 적재되었거나 될 것이다.

③ the goods may be loaded on deck : 물품이 갑판에 적재될 수 있다.

④ a clause such as shipper's load and count and said by shipper to contain : 송하인의 적재 및 수량 확인(=계산), 송하인의 신고내용에 따름과 같은 조항

⑤ may bear a reference : 참조를 기재할 수 있다.

⑥ by stamp or otherwise : 스탬프나 기타의 방법으로

⑦ to charges additional to the freight : 운임에 추가된 비용에 대한

Article 27 Clean Transport Document

A bank will only accept a clean transport document.

A clean transport document is one bearing no clause or notation expressly declaring a defective condition of the goods or their packing.

The word "clean" need not appear on a transport document, even if a credit has requirement for that transport document to be "clean on board".

주 ① Clean Transport Document : 무고장(=무하자, 무사고) 운송서류
② a bank will only accept a clean transport document : 은행은 무고장 운송서류만을 수리한다.
③ a clean transport document is one bearing no clause or notation : 무고장 운송서류는 어떠한 조항이나 단서를 기재하고 있지 않은 서류
④ expressly declaring a defective condition of the goods or their packing : 물품이나 그 포장에 하자있는 상태를 명시적으로 표시(=선언)하는
⑤ the word "clean" need not appear on a transport document : "무고장"이라는 단어는 운송서류상에 나타날 필요가 없다.
⑥ even if a credit has requirement for that transport document to be "clean on board" : 신용장이 그 운송서류가 "무고장 본선적재"이어야 한다는 요건을 가지는 경우에도

Article 28 Insurance Document and Coverage

a. An insurance document, such as an insurance policy, an insurance certificate or a declaration under an open cover, must appear to be issued and signed by an insurance company, an underwrite or their agents or their proxies.

b. When the insurance document indicates that it has been issued in more than one original, all original must be presented.

c. Cover notes will not be accepted.

d. An insurance policy is acceptable in lieu of an insurance certificate or a declaration under an open cover.

e. The date of the insurance document must be no later than the date of shipment, unless it appears from the insurance document that the cover is effective from a date not later than the date of shipment.

f. i. The insurance document must indicate the amount of insurance coverage and be in the same currency as the credit.

ii. A requirement in the credit for insurance coverage to be for a percentage of the value of the goods, of the invoice value or similar is deemed to be the minimum amount of coverage required.

If there is no indication in the credit of the insurance coverage required, the amount of insurance coverage must be at least 110% of the CIF or CIP value of the goods. When the CIF or CIP value cannot be determined from the documents, the amount of insurance coverage must be calculated on the basis of the amount for which honour or negotiation is requested or the gross value of the goods as shown on the invoice, whichever is greater.

iii. The insurance document must indicate that risks are covered at least between the place of taking in charge or shipment and the place of discharge or final destination as stated in the credit.

g. A credit should state the type of insurance required and, if any, the additional risks to be covered.

h. When a credit requires insurance against "all risks" and an insurance document is presented containing any "all risks" notation or clause, whether or not bearing the heading "all risks", the insurance document will be accepted without regard to any risks stated to be excluded.

i. An insurance document may contain reference to any exclusion clause.

j. An insurance document may indicate that the cover is subject to a franchise or excess (deductible).

주

① Insurance Document and Coverage : 보험서류 및 담보

② an insurance certificate or a declaration under an open cover : 예정보험하에서 보험증명서나 확정통지서

③ must appear to be issued and signed by ~ : ~에 의해 발행되고 서명된 것으로 나타나야 한다.

④ an insurance company, an underwrite or their agents or their proxies : 보험회사, 보험업자나 이들 대리인 또는 이들 대리업자

⑤ it has been issued in more than one original : 보험서류가 2통 이상 원본으로 발행되었다.

⑥ cover notes will not be accepted : 부보각서(=보험승인서)는 수리되지 않는다.

⑦ in lieu of an insurance certificate : 보험증명서를 대신하여

⑧ must be no later than the date of shipment : 선적일보다 늦어서는 안 된다.

⑨ the cover is effective from a date not later than the date of shipment : 담보는 선적일보다 늦지 않은 일자로부터 유효하다

⑩ must indicate the amount of insurance coverage : 보험담보의 금액을 표시하여야 한다.

⑪ a requirement in the credit for insurance coverage to be for a percentage of the value of the goods, of the invoice value or similar : 보험담보가 물품가액이나 송장가액 등의 비율이어야 한다는 신용장의 요건

⑫ is deemed to be the minimum amount of coverage required : 최소 담보금액이 요구되는 것으로 간주된다.

⑬ if there is no indication in the credit of the insurance coverage required : 요구된 보험담보에 관하여 신용장에 아무런 표시가 없는 경우

⑭ be calculated on the basis of the amount for which : 그 금액을 기초로 하여 산정되다, 그 금액을 근거로 하여 계산되다.

⑮ honour or negotiation is requested or the gross value of the goods as shown on the invoice, whichever is greater : 지급이나 매입이 요청되는 금액이나 송장에 표시된 물품의 총 가액 중에서 보다 큰 금액

⑯ should state the type of insurance required : 요구된 보험의 종류를 명기해야 한다.

⑰ a credit should state, if any, the additional risks to be covered : 만일 부보되어야 하는 부가위험이 있다면 신용장은 이것도 명기해야 한다.

⑱ without regard to any risks that are not covered : 부보되지 아니한 어떠한 위험에 관계없이

⑲ if the credit uses imprecise terms such as "usual risks" or "customary risks" : 신용장이 "통상적 위험"이나 "관습적 위험"과 같은 부정확한 용어를 사용하는 경우

⑳ When a credit requires insurance against "all risks" : 신용장이 "전위험"에 대한 보험을 요구하고 있는 경우

㉑ is presented containing any "all risks" notation or clause : "전위험" 표기나 조항을 포함하여 제시되다.

㉒ whether or not bearing the heading "all risks" : "전위험"이라는 표제를 기재하고 있는지 여부와 관계없이

㉓ to any risks stated to be excluded : 제외되어야 한다고 명기된 어떠한 위험에

㉔ may contain reference to any exclusion clause : 모든 면책조항에 참조를 포함할 수 있다.
exclusion clause : 면책조항

㉕ may indicate that the cover is subject to a franchise or excess (deductible) : 담보는 소손해 면책비율이나 초과공제 면책율을 조건으로 한다는 것을 표시할 수 있다.

Article 29 Extension of Expiry Date or Last Day for Presentation

a. If the expiry date of a credit or the last day for presentation falls on a day when the bank to which presentation is to be made is closed for reasons other than those referred to in article 36, the expiry date or the last day for presentation, as the case may be, will be extended to the first following banking day.

b. If presentation is made on the first following banking day, a nominated bank must provide the issuing bank or confirming bank with a statement on its covering schedule that the presentation was made within the time limits extended in accordance with sub-article 29 (a).

c. The latest date for shipment will not be extended as a result of sub-article 29(a).

주 ① Extension of Expiry Date or Last Day for Presentation : 유효기일의 연장 또는 제시를 위한 최종 일자

② if the expiry date of a credit falls on a day when the bank to which presentation is to be made is closed : 신용장의 유효기일이 제시가 이루어져야 하는 은행의 휴업일에 해당하는 경우에는

③ for reasons other than those referred to in ~ : ~에 언급된 사유 이외의 사유로

④ as the case may be : 경우에 따라

⑤ will be extended to the first following banking day : 최초의 다음 은행영업일까지 연장된다.

⑥ if presentation is made on the first following banking day : 제시가 최초의 다음 은행영업일에 이루어진 경우에는

⑦ must provide the issuing bank with a statement on its covering schedule that the presentation was made within the time limits extended : 제시가 연장된 기간 내에 이루어졌다는 진술(=설명)을 서류송부장(covering schedule)으로 발행은행에게 제공해야 한다.

⑧ The latest date for shipment : 최종 선적날짜, 선적을 위한 최종일

⑨ will not be extended : 연장되지 않는다.

Article 30 Tolerance in Credit Amount, Quantity and Unit Prices

a. The words "about" or "approximately" used in connection with the amount of the credit or the quantity or the unit price stated in the credit are to be construed as allowing a tolerance not to exceed 10% more or 10% less than the amount, the quantity or the unit price to which they refer.

b. A tolerance not to exceed 5% more or 5% less than the quantity of the goods is allowed, provided the credit does not state the quantity in terms of a stipulated number of packing units or individual items and the total amount of the drawings does not exceed the amount of the credit.

c. Even when partial shipments are not allowed, a tolerance not to exceed 5% less than the amount of the credit is allowed, provided that the quantity of the goods, if stated in the credit, is shipped in full and a unit price, if stated in the credit, is not reduced or that sub-article 30 (b) is not applicable.

This tolerance does not apply when the credit stipulates a specific tolerance or uses the expressions referred to in sub-article 30 (a).

주
① Tolerance in Credit Amount, Quantity and Unit Prices : 신용장 금액, 수량, 단가의 과부족
② The words "about" or "approximately" : "about" 또는 "approximately"이라는 단어들
③ used in connection with the amount of the credit or the quantity or the unit price : 신용장의 금액이나 수량 또는 단가와 관련하여 사용된
④ the unit price stated in the credit : 신용장에 기재된 단가
⑤ are to be construed as allowing a tolerance : 과부족을 허용하는 것으로 간주(=해석)된다.
⑥ not to exceed 10% more or 10% less than : 10%를 초과하지 않는
⑦ the unit price to which they refer : 이에 언급된 단가
⑧ A tolerance not to exceed 5% more or 5% less than the quantity of the goods : 물품 수량의 5%를 초과하지 않는 과부족
⑨ provided the credit does not state the quantity : 만일 신용장이 수량을 명기하지 않은 경우에는
⑩ in terms of a stipulated number of packing units or individual items : 포장단위나 개개 품목의 규정 개수의 조건으로
⑪ provided total amount of the drawings does not exceed : 만일 환어음발행의 총액이 초과하지 않는다면
⑫ Even when partial shipments are not allowed : 분할선적이 허용되지 않는 경우에도
⑬ provided that the quantity of the goods is shipped in full : 만일 물품의 수량이 전부 선적되었다면
⑭ if stated in the credit : 신용장에 명기된 경우, 신용장에서 언급되었다면
⑮ This tolerance does not apply : 이 과부족은 허용되지 않는다.
⑯ when the credit stipulates a specific tolerance : 신용장이 특정 과부족을 규정한 경우는
⑰ uses the expressions referred to in sub-article 30 (a) : 제30조 (a)항에 언급된 표현을 사용하다.

Article 31 Partial Drawings or Shipments

a. Partial drawings or shipments are allowed.

b. A presentation consisting of more than one set of transport documents evidencing shipment commencing on the same means of conveyance and for the same journey, provided they indicate the same destination, will not be regarded as covering a partial shipment, even if they indicate different dates of shipment or different ports of loading, places of taking in charge or dispatch.

If the presentation consists of more than one set of transport documents, the latest date of shipment as evidenced on any of the sets of transport documents will be regarded as the date of shipment.

A presentation consisting of more than one set of transport documents evidencing shipment on more than one means of conveyance within the same mode of transport will be regarded as covering a partial shipment, even if the means of conveyance leave on the same day for the same destination.

c. A presentation consisting of more than one courier receipt, post receipt or certificate of posting will not be regarded as a partial shipment if the courier receipts, post receipts or certificates of posting appear to have been stamped or signed by the same courier or postal service at the same place and date and for the same destination.

① Partial Drawings or Shipments : 분할어음발행 또는 분할선적

② evidencing shipment commencing on the same means of conveyance and for the same journey : 동일한 운송수단에 그리고 동일한 항해를 위해 출발하는 선적을 증명하는

③ presentation consisting of more than one set of transport documents : 2조 이상의 운송서류를 구성하는 제시

④ provided they indicate the same destination : 이들 서류가 동일 목적지를 표시하고 있다면

⑤ will not be regarded as covering a partial shipment : 분할선적이 이루어진 것으로 간주되지 않는다.

⑥ even if they indicate different dates of shipment : 이들 서류가 상이한 선적일를 표시하고 있을지라도

⑦ different ports of loading, places of taking in charge or dispatch : 상이한 선적항, 수탁지나 발송지

⑧ the latest date of shipment as evidenced on any of the sets of transport documents : 운송서류의 어느 한 조에 증명된 대로 최종 선적날짜

⑨ evidencing shipment on more than one means of conveyance : 둘 이상의 운송수단의 선적을 증명하는

⑩ even if the means of conveyance leave on the same day for the same destination : 그 운송수단이 동일한 일자에 동일한 목적지를 향하여 출발할 지라도

⑪ more than one courier receipt, post receipt or certificate of posting : 둘 이상의 특송화물수령증, 우편수령증이나 우송증명서

⑫ appear to have been stamped or signed : 스탬프나 서명된 것으로 나타나는

Article 32 Instalment Drawings or shipments

If a drawing or shipment by instalments within given periods is stipulated in the credit and any instalment is not drawn or shipped within the period allowed for that instalment, the credit ceases to be available for that and any subsequent instalment.

주 ① Instalment Drawings or Shipments : 할부어음발행 또는 할부선적
② a drawing or shipment by instalments : 할부에 의한 환어음의 발행이나 선적
③ If any instalment is not drawn or shipped : 만일 어떠한 할부분이 어음발행이나 선적되지 아니한 경우에는
④ within the period allowed for that instalment : 그 할부분을 위하여 허용된 기간 내에
⑤ the credit ceases to be available for that and any subsequent instalment : 그 신용장은 그 할부분과 그 이후의 모든 할부분에 대해 효력을 상실한다.

Article 33 Hours of Presentation

A bank has no obligation to accept a presentation outside of its banking hours.

주 ① Hours of Presentation : 제시시간
② A bank has no obligation to accept : 은행은 수리할 의무가 없다.
③ a presentation outside of its banking hours : 그 은행영업시간 이외의 제시

Article 34 Disclaimer on Effectiveness of Documents

A bank assumes no liability or responsibility for the form, sufficiency, accuracy, genuineness, falsification or legal effect of any document, or for the general or particular conditions stipulated in a document or superimposed thereon ; nor does it assume any liability or responsibility for the description, quantity, weight, quality, condition, packing, delivery, value or existence of the goods, services or other performance represented by any document, or for the good faith or acts or omissions, solvency, performance or standing of the consignor, the carrier, the forwarder, the consignee or the insurer of the goods or any other person.

주 ① Disclaimer on Effectiveness of Documents : 서류의 효력에 관한 면책
② A bank assumes no liability or responsibility for the form of any document : 은행은 모든 서류의 형식에 대해 어떠한 의무나 책임도 부담하지 않는다.

③ sufficiency, accuracy, genuineness, falsification or legal effect of any document : 모든 서류의 충분성, 정확성, 진정성, 위조성이나 법적 효력

④ A bank assumes no liability or responsibility for the general or particular conditions : 은행은 일반조건 또는 특별조건에 대한 어떠한 의무나 책임도 부담하지 않는다.

⑤ stipulated in a document or superimposed thereon : 서류에 명시되거나 이에 부가된

⑥ for value or existence of the goods represented by any document : 모든 서류에 나타나 있는 물품의 가치나 존재에 대하여

⑦ for the good faith or acts or omissions, solvency, performance or standing : 신의성실성이나 행동(=작위), 누락(=부작위), 지급능력, 이행능력이나 신용상태에 대해

⑧ of the consignor, the carrier, the forwarder, the consignee or the insurer of the goods or any other person : 물품의 송하인, 운송인, 운송주선인, 수하인이나 보험자 또는 기타 당사자의

Article 35 Disclaimer on Transmission and Translation

A bank assumes no liability or responsibility for the consequences arising out of delay, loss in transit, mutilation or other errors arising in the transmission of any messages or delivery of letters or documents, when such messages, letters or documents are transmitted or sent according to the requirements stated in the credit, or when the bank may have taken the initiative in the choice of the delivery service in the absence of such instructions in the credit.

If a nominated bank determines that a presentation is complying and forwards the documents to the issuing bank or confirming bank, whether or not the nominated bank has honoured or negotiated, an issuing bank or confirming bank must honour or negotiate, or reimburse that nominated bank, even when the documents have been lost in transit between the nominated bank and the issuing bank or confirming bank, or between the confirming bank and the issuing bank.

A bank assumes no liability or responsibility for errors in translation or interpretation of technical terms and may transmit credit terms without translating them.

주 ① Disclaimer on Transmission and Translation : 송달 및 번역에 관한 면책

② consequences arising out of delay, loss in transit, mutilation or other errors arising in the transmission : 지연, 운송 중의 분실, 송달 중에 발생하는 훼손이나 기타 오류로 발생하는 결과

③ when such messages, letters or documents are transmitted or sent : 모든 통신문, 서신 또는 서류가 송달되거나 송부된 경우

④ when the bank may have taken the initiative in the choice of the delivery service : 은행이 인도 서비스의 선정을 자발적으로 취한 경우에는

⑤ in the absence of such instructions in the credit : 신용장에 그러한 지시가 없음에도, 신용장에 그러한 지시가 존재하지 않음에도 불구하고

⑥ whether or not the nominated bank has honoured or negotiated : 지정은행이 지급이나 매입하였는지의 여부와 상관없이

⑦ reimburse that nominated bank : 그 지정은행에게 상환해야 한다.
⑧ errors in translation or interpretation of technical terms : 전문용어의 번역이나 해석상의 오류
⑨ a bank may transmit credit terms without translating them : 은행은 신용장의 조건을 번역함이 없이 이를 송달할 수 있다.

Article 36 Force Majeure

A bank assumes no liability or responsibility for the consequences arising put of the interruption of its business by Acts of God, riots civil commotions. insurrections, wars, acts of terrorism, or by and strikes or lockouts or any other causes beyond its control. A bank will not, upon resumption of its business, honour or negotiate under a credit that expired during such interruption of its business.

① for the consequences arising out of the interruption of its business : 은행업무의 중단으로 인하여 발생하는 결과에 대하여
② by Acts of God, riots, civil commotions. insurrections, wars, acts of terrorism, or by and strikes or lockouts or any other causes beyond its control : 천재지변, 폭동, 시민소요, 반란, 전쟁, 폭력주의의 행위나 동맹파업 또는 직장폐쇄에 의하거나 기타 은행이 통제할 수 없는 원인에 의한
③ upon resumption of its business : 그 업무를 재개하더라도
④ will not honour or negotiate under a credit that expired : 유효기일이 경과한 신용장하에서 지급이나 매입을 하지 않는다.
⑤ during such interruption of its business : 그러한 업무의 중단 동안에

Article 37 Disclaimer for Acts of an Instructed Party

a. A bank utilizing the services of another bank for the purpose of giving effect to the instructions of the applicant does so for the account and at the risk of the applicant.
b. An issuing bank or advising bank assumes no liability or responsibility should the instructions it transmits to another bank not be carried out, even if it has taken the initiative in the choice of that other bank.
c. A bank instructing another bank to perform services is liable for any commissions, fees, costs or expenses ("charges") incurred by that bank in connection with its instructions. If a credit states that charges are for the account of the beneficiary and charges cannot be collected or deducted from proceeds, the issuing bank remains liable for payment of charges. A credit or amendment should not stipulate that the advising to a beneficiary is conditional upon the receipt by the advising bank or second advising bank of its charges.
d. The applicant shall be bound by and liable to indemnify a bank against all obligations and responsibilities imposed by foreign laws and usages.

① Disclaimer for Acts of an Instructed Party : 피지시인의 행위에 대한 면책
② A bank utilizing the services of another bank : 타 은행의 서비스를 이용하는 은행
③ for the purpose of giving effect to the instructions of the applicant : 발행의뢰인의 지시를 이행할 목적으로, 발행의뢰인의 지시에 효과를 줄 목적으로
④ does so for the account and at the risk of the applicant : 그 발행의뢰인의 비용과 위험으로 이를 행한다.
⑤ should the instructions it transmits to another bank not be carried out : 만일 그 은행이 타 은행에게 전달한 지시가 수행되지 아니하는 경우에는
⑥ even if it has taken the initiative in the choice of that other bank : 타 은행의 선정에 있어서 자발적으로 이를 행한 경우라 하더라도
⑦ a bank instructing another bank to perform services : 타 은행에게 서비스를 이행하도록 지시하는 은행
⑧ any commissions, fees, costs or expenses ("charges") incurred by that bank : 타 은행에 의하여 부담되는 모든 수수료, 대가, 비용이나 경비("요금")
⑨ if a credit states that charges are for the account of the beneficiary : 신용장에 비용은 수익자가 부담한다고 명기하고 있는 경우에는
⑩ if charges cannot be collected or deducted from proceeds : 만일 요금이 대금으로부터 징수 또는 공제될 수 없는 경우에는
⑪ the advising to a beneficiary is conditional upon the receipt by the advising bank or second advising bank of its charges : 수익자에 대한 통지가 통지은행이나 제2통지은행에 의한 통지요금의 수령을 조건으로 한다.
⑫ the applicant shall be bound by and liable to indemnify a bank against all obligations : 발행의뢰인은 모든 의무에 구속되며 은행에게 보상할 책임이 있다.

Article 38 Transferable Credits

a. A bank is under no obligation to transfer a credit except to the extent and in the manner expressly consented to by that bank.

b. For the purpose of this article : Transferable credit means a credit that specifically states it is "transferable". A transferable credit may be made available in whole or in part to another beneficiary ("second beneficiary") at the request of the beneficiary ("first beneficiary"). Transferring bank means a nominated bank that transfers the credit or, in a credit available with any bank, a bank that is specifically authorized by the issuing bank to transfer and that transfers the credit.
An issuing bank may be a transferring bank. Transferred credit means a credit that has been made available by the transferring bank to a second beneficiary.

c. Unless otherwise agreed at the time of transfer, all charges (such as commissions, fees, costs or expenses) incurred in respect of a transfer must be paid by the first beneficiary.

d. A credit may be transferred in part to more than one second beneficiary provided partial drawings or shipments are allowed. A transferred credit cannot be transferred at the request of a second beneficiary to any subsequent beneficiary. The first beneficiary is not considered to be a subsequent beneficiary.

e. Any request for transfer must indicate if and under what conditions amendments may be advised to the second beneficiary. The transferred credit must clearly indicate those conditions.

f. If a credit is transferred to more than one second beneficiary, rejection of an amendment by one or more second beneficiary does not invalidate the acceptance by and other second beneficiary, with respect to which the transferred credit will be amended accordingly. For any second beneficiary that rejected the amendment, the transferred credit will remain unamended.

g. The transferred credit must accurately reflect the terms and conditions of the credit, including confirmation, if any, with the exception of :

- the amount of the credit,
- any unit price stated therein,
- the expiry date,
- the period for presentation, or
- the latest shipment date or given period for shipment,

any or all of which may be reduced or curtailed.

The percentage for which insurance cover must be effected may be increased to provide the amount of cover stipulated in the credit or these articles.

The name of the first beneficiary may be substituted for that of the applicant in the credit. If the name of the applicant is specifically required by the credit to appear in any document other than the invoice, such requirement must be reflected in the transferred credit.

h. The first beneficiary has the right to substitute its own invoice and draft, if any, for those of a second beneficiary for an amount not in excess of that stipulated in the credit, and upon such substitution the first beneficiary can draw under the credit for the difference, if any, between its invoice and the invoice of a second beneficiary.

i. If the first beneficiary is to present its own invoice and draft, if any, but fails to do so on first demand, or if the invoices presented by the first beneficiary create discrepancies that did not exist in the presentation made by the second beneficiary and the first beneficiary fails to correct them on first demand, the transferring bank has the right to present the documents as received from the second beneficiary to the issuing bank, without further responsibility to the first beneficiary.

j. The first beneficiary may, in its request for transfer, indicate that honour or negotiation is to be effected to a second beneficiary at the place to which the credit has been transferred, up to and including the expiry date of the credit. This is without prejudice to the right of the first beneficiary in accordance with sub-article 38(h).

k. Presentation of documents by or on behalf of a second beneficiary must be made to the transferring bank.

주 ① Transferable Credits : 양도가능신용장

② a bank is under no obligation to transfer a credit : 은행은 신용장을 양도할 어떠한 의무도 부담하지 않는다.

③ except to the extent and in the manner expressly consented to by that bank : 그 은행에 의해 명시적으로 동의된 범위 및 방법에 의한 경우를 제외하고

④ may be made available in whole or in part : 전부나 일부가 사용될 수 있도록 될 수 있다.

⑤ to another beneficiary ("second beneficiary") : 다른 수익자("제2수익자")에게

⑥ a nominated bank that transfers the credit : 신용장을 양도하는 지정은행

⑦ in a credit available with any bank : 모든 은행에서 사용될 수 있는 신용장에서는

⑧ a bank that is specifically authorized by the issuing bank to transfer and that transfers the credit : 발행은행에 의해 양도하도록 특별히 수권되고 그 신용장을 양도하는 은행

⑨ a credit that has been made available by the transferring bank to a second beneficiary : 양도은행에 의해 제2수익자에게 사용될 수 있도록 되는 신용장

⑩ all charges incurred in respect of a transfer : 양도와 관련하여 발생된(=부담된) 모든 비용

⑪ in part to more than one second beneficiary : 둘 이상의 제2수익자에게 분할하여

⑫ to any subsequent beneficiary : 그 이후의 어떠한 수익자에게

⑬ the first beneficiary is not considered to be a subsequent beneficiary : 제1수익자는 그 이후의 수익자로 간주되지 않는다.

⑭ must indicate if and under what conditions amendments may be advised to the second beneficiary : 조건변경이 제2수익자에게 통지될 수 있는지 그리고 어떤 조건으로 제2수익자에게 통지될 수 있는지를 표시해야 한다.

⑮ to more than one second beneficiary : 둘 이상의 제2수익자에게

⑯ rejection of an amendment by one or more second beneficiary : 하나 또는 그 이상의 제2수익자에 의한 조건변경의 거절

⑰ does not invalidate the acceptance by and other second beneficiary : 기타 모든 제2수익자에 의한 승낙을 무효로 하지 아니한다.

⑱ with respect to which the transferred credit will be amended accordingly : 이로 인하여 양도된 신용장이 조건 변경되는 것에 관하여

⑲ for any second beneficiary that rejected the amendment : 조건변경을 거절한 제2수익자에 대하여

⑳ transferred credit will remain unamended : 양도된 신용장은 조건변경 없이 존속한다.

㉑ including confirmation, if any : 있는 경우 확인을 포함하여, 확인된 경우를 포함하여

㉒ with the exception of : 다음의 경우를 제외하고는(=not including, except for, except)

㉓ any or all of which may be reduced or curtailed : 이들 중의 일부나 전부는 감액 또는 단축될 수 있다.
㉔ the percentage for which insurance cover must be effected : 보험부보가 이행되어야 하는 비율
㉕ may be substituted for ~ : ~로 대체될 수 있다.
㉕ in any document other than the invoice : 송장 이외의 모든 서류에
㉖ the right to substitute its own invoice and draft, if any, for those of a second beneficiary : 제2수익자의 송장 및 환어음을 그 자신의 송장 및 환어음 (있는 경우) 으로 대체할 수 있는 권리
㉗ for an amount not in excess : 초과하지 아니하는 금액에 대해
㉘ upon such substitution : 그러한 대체시에
㉙ can draw under the credit for the difference, if any : 차액이 있다면 그 차액에 대해 신용장에 의거하여 환어음을 발행할 수 있다.
㉚ but fails to do so on first demand : 최초의 요구시에 이를 행하지 않는다면
㉛ create discrepancies that did not exist in the presentation made by the second beneficiary : 제2수익자에 의해 행해진 제시에 없었던 불일치를 발생시키다.
㉜ fails to correct them on first demand : 최초의 요구시에 이를 정정하지 아니한다.
㉝ without further responsibility to the first beneficiary : 제1수익자에게 더 이상 책임없이
㉞ the first beneficiary may indicate : 제1수익자는 표시할 수 있다.
㉟ in its request for transfer : 그 자신의 양도요청으로
㊱ is to be effected to a second beneficiary : 제2수익자에게 이행되어야 한다.
㊲ at the place to which the credit has been transferred : 신용장이 양도된 장소에서
㊳ up to and including the expiry date : 유효기일을 포함한 기일까지
㊴ this is without prejudice to the right : 이것은 권리를 침해하지 아니한다.
㊵ presentation of documents by or on behalf of a second beneficiary : 제2수익자에 의하거나 대리하는 서류의 제시

Article 39 Assignment of Proceeds

The fact that a credit is not stated to be transferable shall not affect the right of the beneficiary to assign any proceeds to which it may be or may become entitled under the credit, in accordance with the provisions of applicable law.

This article relates only to the assignment of proceeds and not to the assignment of the right to perform under the credit.

① Assignment of Proceeds : 대금의 양도
② the fact that a credit is not stated to be transferable : 신용장이 양도가능한 것으로 명기되어 있지 아니하다는 사실
③ shall not affect the right of the beneficiary : 수익자의 권리에 영향을 미치지 아니한다.
④ to assign any proceeds to which it may be or may become entitled under the credit : 그러한 신용장에 의거하여 수권되거나 수권될 수 있는 대금을 양도하기 위한
⑤ not to the assignment of the right to perform under the credit : 신용장하에서 이행할 권리의 양도와 관련되는 것은 아니다.

Advanced English for Trade Practice

1. The Uniform Rules for Collections, 1995 Revision, ICC Publication No. 522, shall apply to all collections as defined in Article 2 where such rules are incorporated into the text of the "collection instruction" referred to in Article 4 and are binding on all parties thereto unless otherwise expressly agreed or contrary to the provisions of a national, state or local law and/or regulation which cannot be departed from.(URC 제1조)
   - 1995년 개정, ICC간행물 번호 522호, 추심에 관한 통일규칙은 본 규칙의 준거문언이 제4조에 언급된 '추심지시서'의 본문에 삽입된 경우에 제2조에 정의된 모든 추심에 적용할 수 있으며, 별도의 명시적인 합의가 없거나 또는 국가, 주 또는 지방의 법률 및/또는 위반할 수 없는 규칙의 규정에 반하지 아니하는 한, 모든 관계당사자를 구속한다.

2. Banks shall have no obligation to handle either a collection or any collection instruction or subsequent related instructions.(URC 제1조)
   - 은행은 추심 또는 추심지시 또는 관련된 후속지시를 취급해야 할 의무를 지지 아니한다.

3. The collecting bank will not be liable or responsible for any ensuing delay as a result of an incomplete or incorrect address being provided.(URC 제4조)
   - 추심은행은 불완전하거나 부정확한 주소로 인해 발생하는 어떠한 지연에 대해서도 의무나 책임을 지지 아니한다.

4. The collection instruction should state the exact period of time within which any action is to be taken by the drawee.(URC 제5조)
   - 추심지시서는 지급인이 조치를 취해야 하는 정확한 기한을 기재해야 한다.

5. Banks assume no liability or responsibility for the form, sufficiency, accuracy, genuineness, falsification or legal effect of any document(s), or for the general and/or particular conditions stipulated in the document(s) or superimposed thereon ; nor do they assume any liability or responsibility for the description, quantity, weight, quality, condition, packing, delivery, value or existence of the goods represented by any document(s), or for the good faith or acts and/or omissions, solvency, performance or standing of the consignors, the carriers, the forwarders, the consignees or the insurers of the goods, or any other person whomsoever.(URC 제13조)
   - 은행은 서류의 형식, 충분성, 정확성, 진정성, 허위성 또는 법적 효력에 대하여, 서류에 규정되거나 첨가된 일반적 조건 및/또는 특정조건에 대하여 어떠한 의무나 책임도 지지 아니한다. 또한 은행은 서류에 의해 표시되는 물품의 명세, 양, 무게, 품질, 상태, 포장, 인도, 가격, 또는 존재에 대하여, 또는 물품의 탁송인, 운송인, 운송주선인, 수하인, 또는 보험자, 또는 다른 모든 사람의 신의성실, 작위 및 또는 부작위, 파산, 이행 또는 지위에 대하여 어떠한 의무나 책임도 지지 아니한다.

6. The documents and collection instruction may be sent directly by the remitting bank to the collecting bank or through another bank as intermediary.(URC 제5조)
   - 서류와 추심지시서는 추심의뢰은행이 추심은행으로 직접 송부되거나 다른 은행을 중개인으로 하여 송부될 수 있다.

7. Banks will act in good faith and exercise reasonable care.(URC 제9조)
   - 은행은 신의성실에 따라 행동하고 또 상당한 주의를 행사해야 한다.

8. Goods should not be despatched directly to the address of a bank or consigned to or to the order of a bank without prior agreement on the part of that bank.(URC 제10조)
   - 물품은 은행 측의 사전 동의없이 은행의 주소로 직접 발송되거나 은행 또는 은행의 지시인에게 탁송되어서는 안 된다.

9. Banks utilizing the services of another bank or other banks for the purpose of giving effect to the instructions of the principal, do so for the account and at the risk of such principal.(URC 제11조)
   - 추심의뢰인의 지시를 이행하기 위해 다른 은행의 서비스를 이용하는 은행은 그 추심의뢰인의 비용과 위험부담으로 이를 행한다.

10. Banks assume no liability or responsibility for the consequences arising out of delay and/or loss in transit of any message(s), letter(s) or document(s), or for delay, mutilation or other error(s) arising in transmission of any telecommunication or for error(s) in translation and/or interpretation of technical.(URC 제14조)
   - 은행은 모든 통신문, 서신 또는 서류의 송달중의 지연 및/또는 멸실에 기인하여 발생하는 결과, 또는 모든 전기통신의 송신 중에 발생하는 지연, 훼손 또는 기타의 오류, 또는 전문용어의 번역이나 해석상의 오류에 대해 어떠한 의무나 책임을 지지 아니한다.

11 Banks assume no liability or responsibility for consequences arising out of the interruption of their business by Acts of God, riots, civil commotions, insurrections, wars, or any other causes beyond their control or by strikes or lockouts.(URC 제15조)
   - 은행은 천재, 시민소요, 폭동, 반란, 전쟁 또는 기타 불가항력의 사유 또는 동맹파업이나 직장폐쇄로 인해 발생하는 결과에 대해 어떠한 의무 또는 책임을 지지 아니한다.

12 The presenting bank is not responsible for the genuineness of any signature or for the authority of any signatory to sign a promissory note, receipt, or other instruments.
   - 제시은행은 어떠한 서명의 진정성 또는 약속어음, 영수증 또는 기타 증서에 서명을 한 어떠한 서명인의 권한에 대하여 책임을 지지 아니한다.(URC 제22조)

13 The collection instruction should give specific instructions regarding protest, in the event of non-payment.(URC 제24조)
   - 추심지시서에는 지급거절의 경우에 거절증서에 관한 별도의 지시를 명기해야 한다.

Chapter 12

운송계약과 선적

Contracts for Transportation and Shipment

1 무역운송의 의의와 종류

1) 무역운송의 의의

무역운송은 물품이 생산된 장소와 수요가 있는 장소 사이에 존재하는 공간적 거리를 사이에 두고 물품을 국제적으로 이동시키는 행위를 말한다. 무역운송의 구체적인 실현은 수출과 수입의 이행을 통해 이루어진다.

2) 무역운송의 종류

(1) 해상운송

해상운송(marine transport)은 선박으로 바다를 통하여 화물을 운송하는 방식이다. 대량화물이나 신속한 운송이 요구되지 않는 화물, 저렴한 운임으로 운송하고자 하는 경우에 주로 이용된다. 해상운송에 이용되는 선박의 형태는 정기선(liner)과 부정기선(tramper)이 있는데 정기선의 대부분은 컨테이너선(container ship)이다.

(2) 항공운송

항공운송(air transport)은 항공기로 공로를 통하여 화물을 운송하는 방식이다. 긴급화물, 소량화물, 고부가가치의 제품, 신선도 유지가 필요한 활어, 어패류, 꽃 등의 운송에 주로 이용된다. 운송시간의 단축과 긴급성에 대처할 수 있는 운송방식이다.

(3) 육상운송

육상운송(overland transport)은 철도나 자동차를 통하여 육로로 화물을 운송하는 방식이다. 철도운송은 안전하고 운임이 저렴하나 고정비가 많이 소요되며, 자동차 운송은 운송의 시작과 도착을 마감하는 운송수단으로 주로 이용된다.

(4) 복합운송

복합운송(multimodal transport)은 복수의 운송수단의 결합을 통해 단일 복합운송인이 복합운송계약하에 복합운송서류를 발행하여 전 운송과정에 대해 하주에게 단일책임(single liability)으로 운송하는 방식이다.

2 해상운송의 형태와 해상운송계약

1) 정기선과 운송계약

(1) 의의와 특징

정기선(liner)은 일정한 항로와 항해 일정(route) 및 운임률표(freight tariff)에 따라 운항하는 선박의 운송서비스 형태를 말한다.

정기선은 사전에 공표된 운항 일정에 따라 정해진 특정한 항로만을 왕복하여 운항하며, 불특정 다수 하주의 소량화물을 주로 운송한다.

장거리 수송(long distance transportation)에 적합하며, 해운동맹(shipping ring, shipping conference)이 맺어진 구간의 경우는 선사마다 운임(tariff) 등에 있어 평등한 서비스를 하주에게 제공하고 있다.

(2) 정기선과 개품운송계약

정기선은 개개의 화물을 운송하는 계약하에 여러 하주로부터 화물을 모아 혼합 적재하여 운송하는 방식을 취한다. 이것을 '개품운송계약(contract of affreightment in a general ship)'이라고 한다. 개품운송계약은 선사와 화물의 운송을 의뢰하는 송하인 사이에 맺어지는 계약으로, 일정한 형식을 필요로 하지 않는 불요식 계약이다.

개품운송계약은 선사 등이 발행하는 배선표(shipping schedule)를 검토하여 적당한 선박을 선정한 다음, 선복을 신청(shipping request)하고 선사가 이를 승낙(booking)함으로써 성립된다. 그 운송계약의 증거로서 예약서(booking note)가 교부된다.

(3) 정기선 운임의 원칙

정기선 운임은 운송당사자간의 개별계약으로 결정되지 않고 해당 항로에서 운송되는 화물마다 공표운임률이 결정되어 공시되어 있기 때문에 부정기선 운임에 비해 안정적이고 수급의 변동이 운임에 미치는 영향도 크지 않다.

정기선 운임은 화물의 모양이나 성질 등에 따라 산정되며 그 기준은 운송인에게 유리한 쪽으로 적용하여 산정된다. 즉, 중량기준이 유리하면 중량(weight)을 적용하고 용적(부피, measurement)이 유리하면 용적기준을 적용하여 산정한다.

그러나 부정기선 운임은 중량을 기준(weight basis)으로 하는 것이 운송인에게 유리하기 때문에 대부분 중량기준을 적용한다.

(4) 정기선 운임의 구성

정기선 운임은 기본운임(basic rate)과 화물의 형상과 항만사정 등에 따라 부과되는 할증료(surcharge), 그리고 부대비용(additional charge, 추가요금)으로 구성된다.

(5) 정기선 운임의 종류

① 지급시기에 따른 분류

㉠ **선불운임(freight prepaid)** : 선불운임은 보통 CFR계약이나 CIF계약의 경우에 적용되며 선하증권 발행 전에 선적항에서 수출자가 운임을 지불함으로써 경쟁력 있는 운임을 적용받을 목적으로 많이 이용한다.

㉡ **후불운임(freight collect)** : 수하인이나 그 대리인이 화물의 양륙항이나 목적지에서 지불하는 운임을 말한다.

후불운임은 보통 FCA계약이나 FOB계약의 경우에 적용된다. 후불운임은 선사에게 운임 회수에 위험이 따르게 되므로 선사는 이것을 방지하기 위해 선하증권이나 용선운송계약서에 유치권 규정을 두어 수하인이 운임지불을 거절할 경우 화물을 매각할 수 있도록 하고 있다.

② 하역비부담에 의한 분류

화물의 적양(積揚) 하역비용을 누가 부담하느냐에 따라 다음과 같이 구분된다.

㉠ **Berth Terms** : 선주가 화물의 하역비 모두를 부담하는 조건이다.

정기선의 경우는 이 조건으로 운임이 책정되기 때문에 'Liner Terms'라고도 부르며, 정기선(liner)에 의한 운송의 경우에 이용되는 조건이다.

㉡ **Free In(FI)** : FI는 선적시 하역비는 하주가 부담하고 양륙시 하역비는 선주가 부담하는 조건이다. 주로 재래선을 이용한 Bulk Cargo에 이용된다.

㉢ **Free Out(FO)** : Free In(FI)조건과 반대로 FO는 선적시 하역비는 선주가 부담하고 양륙시 하역비는 하주가 부담하는 조건이다.

㉣ **Free In & Free Out(FIO)** : 선적시와 양륙시의 모든 하역비를 하주가 부담하는 조건이다.

③ 할증운임

할증운임(surcharge)이란 특수한 경우 기본운임에 추가하여 부과되는 운임을 말한다.

㉠ **위험물(dangerous cargo)** : 화약이나 독극물 등에 부과되는 추가운임이다.

㉡ **초과중량할증운임(heavy lift surcharge)** : 단위당 화물이 기준중량을 초과할 경우나 컨테이너의 중량이 일정 중량을 초과할 경우의 할증운임이다.

㉢ **용적 및 장척할증료(bulky/lengthy surcharge)** : 화물의 부피가 너무 크거나 길이가 너무 긴 화물에 대해 부과되는 할증료이다. 즉, 화물 한 개의 용적이나 길이가 어느 일정한도 이상인 것은 하역작업상 특별한 불편을 준다는 등의 이유로 일정율의 할증을 부과하는 경우의 운임이다.

㉣ **체선할증료(port congestion surcharge)** : 양륙항의 항만사정이 혼잡할 때 부과되는 할증료이다.

㉤ **통화할증료(currency adjustment factor, CAF)** : 통화의 변동에 따른 환차 손해를 하주에게 부담시키기 위해 부과되는 할증료이다.

㉥ **유류할증료(bunker adjustment factor, BAF)** : 유류 가격의 인상으로 발생하는 손실을 보전하기 위한 할증료이다.
운임은 보통 미 달러로 계산되기 때문에 미국 이외의 국가에서는 환 리스크가 발생한다. 선사들이 유류가격 인상으로 발생하는 손실을 기본운임에 부가하여 징수하는 할증료이다.

㉦ **양륙항 선택화물(optional cargo) 할증** : 선적시에 양륙항을 2개로 했다가 본선 출항후에 그 중 1개 항을 최종 양륙항으로 선택할 때 부과되는 할증료이다.

④ 추가비용 (additional charge)

㉠ **부두사용료(wharfage)** : 부두를 이용하는 대가로 지불되는 금액으로 해운항만청 고시에 의해 부과되며 그 금액은 각 항만마다 차이가 있다.

㉡ **터미널화물처리비(terminal handling charge, THC)** : 화물이 컨테이너터미널에 입고된 순간부터 본선의 선측까지, 반대로 본선 선측에서 CY의 게이트를 통과하기까지 화물의 이동에 따르는 비용을 징수하는 비용이다.

㉢ **CFS charge** : 컨테이너 하나의 분량이 되지 않는 소량화물(LCL : Less than container load)을 운송하는 경우, 선적지 및 도착지의 CFS(container freight station)에서 화물의 혼재적입 또는 분류작업을 하게 되는데 이 때 발생하는 비용이다.

㉣ **컨테이너세(container tax)** : 1992년부터 항만배후도로를 이용하는 컨테이너차량에 대해 부산시가 20 TEU 컨테이너 당 2만원씩 징수하는 지방세로 일종의 교통 유발금이다. 전 세계에서 부산항에서만 부과되어 왔으나 수출입하주의 물류비부담을 가중시켜 수출상품의 가격경쟁력 저해요인으로 작용한다는 지적과 함께 이의 폐지를 꾸준히 요청하는 업계의 입장을 반영하여 2007년 1월 1부터 폐지되었다.

㉤ **서류발급비(documentation fee)** : 선사가 선하증권(B/L)과 화물인도지시서(D/O) 발급시 소요되는 비용을 보전하기 위해 부과되는 운임이다.

㉥ **체선료(demurrage)** : 하주가 허용된 시간(free time)을 초과하여 컨테이너를 CY에서 반출해가지 않을 경우 선사에 지불해야 하는 비용이다. 부정기선에서는 정박기간 초과일수에 대해 용선자가 선주에게 지불하는 비용을 말한다.

㉦ **지체료(detention)** : 하주가 허용된 시간 이내에 반출해간 컨테이너를 지정된 선사의 CY로 반환하지 않을 경우 지불하는 비용이다.

2) 부정기선과 운송계약

(1) 의의와 특징

부정기선(tramper)은 운송서비스가 불규칙적이고 운항기일이나 항로가 일정하지 않으며, 대량 하주 측의 요구에 따라 그 화물과 항로에 가장 적합한 적출항에 배선되어 대량의 벌크화물(bulk cargo)을 운송하는 형태를 말한다.

정기선이 주로 제품이나 잡화 등 일반화물의 수출입에 사용되는데 비해, 부정기선은 광석, 석탄, 곡류, 목재 등 1회의 화물이 대량인 화물을 운송하는데 주로 이용된다.

부정기선은 고정된 운항일정과 항로가 없기 때문에 항로의 자유로운 선택이 가능하며, 그 당시의 수요와 공급에 의한 경쟁으로 운임률이 결정되므로 운임이 탄력적이다.

(2) 부정기선과 용선운송계약

부정기선에서는 하주가 선사와 직접 또는 용선중개인(chartering broker)을 통하여 용선운송계약(Charter Party, C/P)을 체결하고 용선계약서를 교부 받는다.

용선운송계약은 선주가 제공한 선박의 전부나 일부의 선복으로 화물을 운송할 것을 약정하고 그 보수로 용선료를 지급할 것을 약속하는 계약이다.

용선운송계약은 일부용선계약과 전부용선계약으로 구별된다. 전부용선계약은 항해용선계약과 기간용선계약으로 구분되며 특수한 형태의 나용선이 있다.

① 일부용선계약 (partial charter)

일부용선계약은 용선운송계약을 체결할 때 선복의 전부를 빌리는 것이 아니고 일부만 차용하는 경우에 체결되는 계약을 말한다.

② 전부용선계약 (whole charter)

전부용선계약은 선복의 전부를 빌리는 경우에 체결되는 용선운송계약을 말하며 다음의 종류들이 있다.

㉠ **항해용선계약(voyage charter, trip charter)**

항해용선계약은 일정 항구에서 항구까지 화물의 운송을 의뢰하는 하주(용선자)와 선사(용선주)간에 체결되는 용선계약이며, '항로용선계약'이라고도 한다. 이 계약에서 적재수량에 따라 운임을 계산하는 방식을 운임용선계약이라고 하며, 적량과는 관계없이 항해에 대한 운임을 포괄적으로 약정하는 선복운임(lump-sum freight)에 의한 방식을 선복 또는 총괄용선계약(lump-sum charter)이라고 한다.

㉡ **기간용선계약(time charter)**

기간용선계약은 용선자가 선주로부터 일정기간 동안 용선하는 계약이며 '정기용선계약'이라고도 한다.

〈표 12-1〉 정기선운송과 부정기선운송의 비교

구 분	정기선운송	부정기선운송
화물유형	• 이종화물 • 완제품과 반제품이 대상화물 • 고가의 화물이 주종	• 동종화물 • 대량의 벌크화물이 대상화물 • 저가의 화물이 주종
이용하주	• 불특정 다수	• 특정 소수(대기업 및 종합상사)
운송계약	• 개품운송계약 체결 • 선하증권(B/L) 발행	• 용선운송계약 체결 • 용선계약서(C/P) 발행
선박	• 선박구조 복잡	• 선박구조 단순
조직	• 대형조직	• 소형조직
운항항로	• 사전에 정해진 항로를 규칙적으로 기항	• 항로를 자유롭게 선택
운송인	• 대형조직 • 일반운송인(common carrier)	• 소형조직 • 일반운송인 혹은 개인운송인
해상운임	• 운임율표(tariff) 보유 • 부정기선에 비해 높은 운임 • 안정적인 운임	• 별도 운임율표 없음 • 수요와 공급에 따라 결정 • 비교적 운임 저렴
해운동맹 가입여구	• 해운동맹 주도	• 비해운동맹(non-conference)

〈표 12-2〉 정기선에 의한 개품운송계약과 부정기선에 의한 용선운송계약의 비교

구 분	개품운송계약	용선운송계약
운 송 형 태	불특정 다수의 하주로부터 개별적으로 운송요청을 받은 개개 화물을 운송하는 형태	특정의 단일 하주의 특정 화물을 선적하기 위해 선박의 선복을 빌려주는 형태
선박의 형태	정기선(liner)	부정기선(tramper)
대 상 화 물	컨테이너 화물, 기타 단위화된 화물	석탄, 곡물 등 대량 산화물(bulk cargo)
계 약 서	별도의 계약서 없이 선하증권(B/L)이 계약서 역할	하주가 직접 여러 조건을 운송인과 협의하여 용선계약서(C/P)를 교환
운 임	Tariff Rate(사전 공표된 운임, 고정)	Open Rate(수급에 따라 변동, 탄력)
운 임 조 건 (선내하역비)	Berth Term = Liner Term	FIO, FI, FO

3 컨테이너 화물운송

1) 컨테이너의 의의

컨테이너(container)는 반복적으로 사용이 가능하도록 규격화된 수송도구이며 화물의 단위운송(unit load)을 실현시켜주는 혁신적인 수송용구이다.

2) 컨테이너화물의 운송형태

(1) CY/CY (FCL/FCL, Door to Door)

CY/CY는 송하인 1인이 수하인 1인을 위해 송하인의 창고나 공장에서 FCL(full container load) 형태로 CFS(container freight station)를 거치지 않고 바로 수출지의 CY(container yard)에서 수입지의 CY로 이동하여 수하인의 문전까지 컨테이너의 개폐없이 일관 운송하는 형태이다. 컨테이너의 장점을 최대로 활용한 운송방식이다.

(2) CY/CFS (FCL/LCL, Door to Pier)

CY/CFS는 송하인 1인이 다수의 수하인을 향해 운송하는 형태로, 송하인은 자신의 창고나 공장에서 FCL화물의 형태로 CFS를 거치지 않고 바로 수출지의 CY를 통해 수입지로 운송하고, 수입지에서는 해당 FCL화물을 다수의 수하인에게 전달하기 위한 분류작업을 위해 CFS를 거쳐 수하인에게 인도하는 운송형태이다.

(3) CFS/CY (LCL/FCL, Pier to Door)

CFS/CY는 LCL화물을 송부하는 다수의 송하인이 1인의 수하인을 위해 운송하는 형태로, 선적지에서 다수의 송하인의 LCL화물을 혼재하기 위해 선적지의 CFS에서 작업을 하여 FCL화물을 만든 후 양륙지 수하인의 창고나 공장 문전까지 운송하는 형태이다.

이 운송형태는 수입자가 여러 송하인들로부터 각 LCL화물들을 인수하여 일시에 자기의 지정창고까지 운송하고자 하는 경우에 이용하고 있다

(4) CFS/CFS (LCL/LCL, Pier to Pier)

CFS/CFS는 다수의 LCL화물을 수출하는 송하인과 다수의 수하인 사이에 이루어지는 운송형태로, 수출지에서 LCL화물을 혼재하여 FCL화물로 바꾸기 위해 CFS를 거치게 되고 양륙항에 도착하여도 각각의 수하인에게 인도하기 위해 CFS에서 분류작업이 필요한 운송형태이다.

선사는 포워더(forwarders)가 여러 LCL화물을 혼재하여 FCL화물로 만들어 자사에 인도하면 포워더에게 Master B/L인 Groupage B/L을 발행하고, 포워더는 이를 근거로 LCL 하주들에게 House B/L을 발행한다.

4 선하증권(Bill of Lading)

1) 선하증권의 의의

선하증권(Bill of Lading, B/L)은 운송인이 그 증권에 기재된 화물을 수취하였음을 확인하고 그 화물을 지정 목적항까지 운송하여 그곳에서 본 증권의 정당한 소지인에게 이 서류와 상환으로 화물을 인도할 것을 약정하고 있는 유가증권이다.

B/L은 B/L상에 기재된 화물의 권리를 체화한(embody)한 서류이기 때문에 선하증권의 이전(transfer)은 곧바로 화물에 대한 권리의 이전을 의미한다. 오늘날 무역결제수단으로 널리 사용되는 것이 화환어음(documentary bill)이기 때문에 동 환어음을 취결하는데 B/L은 상업송장 및 해상보험증권과 함께 가장 기본이 되는 서류이다.

2) 선하증권의 기능

첫째, 선하증권은 운송인이나 그 대리인이 서명하여 발행하는 화물수취증(receipt of goods)며 선적된 화물의 수량, 화물의 상태 등에 대한 추정적 증거가 된다.

둘째, 선하증권은 송하인(consignor)과 운송인 사이에 협정된 운송계약의 구체적인 내용이 담겨있는 증거서류의 역할을 한다.

셋째, 선하증권은 선하증권에 기재된 화물을 체화(體化)하는 권리증권(document of title)이다. 따라서 선하증권의 정당한 소지인은 증권에 기재된 화물을 임의로 처분할 수 있는 권한을 가지게 된다.

3) 선하증권의 역할

(1) 선사

선사에게 선하증권은 인수화물의 수량이나 외관 상태를 명시하고 있는 화물의 수취증 외에 운송조건이나 운송약관(면책약관 포함) 등을 명시한 서류이다.

(2) 수출자

수출자에게 선하증권은 화환어음을 매입(negotiation)할 때 선적사실을 증명하는 중요 선적서류가 된다. 또한 선하증권은 매수인에게 선적사실을 통지(shipping notice)할 때에도 이용되고 운송계약에 따라 발생한 보상금을 청구할 때에도 사용된다.

(3) 수입자와 은행 및 보험회사

수입자에게 선하증권은 화물인도를 청구할 때 사용되는 서류가 된다. 또한 운송계약에 따라 발생한 보상금이나 손해배상 등을 청구하는데 사용되며 은행은 대금회수를 위한 담보서류로 이를 사용된다. 보험회사에게 선하증권은 대위구상권의 증거서류가 된다.

4) 선하증권의 종류

(1) 선적선하증권 (shipped B/L)과 수취선하증권 (received for B/L)

선적선하증권은 증권면에 'Shipped' 혹은 'Shipped on Board'와 같이 운송화물이 선적된 후에 화물의 선적완료를 표시한 선하증권으로 '본선적재 선하증권(on board B/L)'이라고도 한다.

수취선하증권은 'Received for shipment' 형식으로 발행되는 선하증권이다. 여기에는 선박이 아직 부두에 입항하지 않았을 경우에 선적될 화물이 부두의 운송인의 보관하에 둔 상태에서 발행되는 Custody B/L와 지정된 선박이 입항은 되어 있으나 화물이 본선에 적재되지 않은 경우 발행되는 Port B/L이 있다.

수취선하증권은 추후에 실제로 선적이 완료되고 증권에 본선적재필(on board notation)이라는 표시가 부기되면 선적선하증권이 된다.

(2) 무사고선하증권 (clean B/L)과 사고부선하증권 (foul or dirty B/L)

무사고선하증권은 본선상에 계약화물을 선적할 때 그 화물의 상태가 양호하고 수량 등이 맞아 비고(remarks) 란에 아무 것도 기재되지 않은 선하증권으로 '무하자 혹은 무결함 선적증권'이라고도 한다.

사고부선하증권은 비고란에 'Contents leaking' 등과 같이 선사가 인수할 당시 포장상태가 불완전하거나 수량이 부족한 사실이 증권에 기재되어 있는 선하증권이다.

신용장통일규칙(UCP)에는 '신용장에 수리할 수 있는 조항이나 단서가 명시되어 있지 않는 한, 은행은 이러한 조항이나 단서가 있는 서류를 거절한다.'고 규정되어 있다.

따라서 Clean B/L을 발급받으려면 선적시 완전한 화물로 교체하는 것이 바람직하다.

그러나 시간의 여유가 없는 경우에는 파손화물보상장(letter of indemnity, L/I)을 선사에 제공하고 선하증권의 비고란에서 이 고장문언을 없애도록 요구하여 Clean B/L을 발급받아야 한다.

(3) 기명식선하증권 (straight B/L)과 지시식선하증권 (order B/L)

기명식선하증권은 B/L의 수하인(consignee)란에 특정인을 기입한 것으로 무역거래에서는 잘 사용되지 않는다. 왜냐하면 특정인을 수하인으로 기재하면 그 특정한 수하인에게만 화물의 수취권이 부여되어 유통증권인 선하증권의 성질을 저해하기 때문이다.

지시식선하증권은 B/L의 수하인란에 특정인을 기입하지 않고 단순히 'order', 'to order' 또는 'order of shipper', 'order of xxx bank'로 발행되는 것이다.

이 경우 송하인이 화환취결시 B/L을 백지배서하여 은행에 인도하면 운송화물의 소유권은 은행으로 이전하게 된다.

(4) 유통선하증권 (negotiable B/L)과 유통불능선하증권 (non-negotiable B/L)

유통선하증권은 선하증권을 타인에게 양도하여 유통할 수 있는 선하증권으로 선사가 발행한 선하증권 원본을 말한다. 유통선하증권이 있어야 화물과 상환할 수 있으며 대금결제시에도 신용장에서 요구하는 정당한 선하증권으로 인정받을 수 있다.

유통불능선하증권은 선사가 발급하는 원본 이외의 모든 선하증권을 말한다. 이 선하증권은 'Non-Negotiable'이라는 도장이 찍혀 발급되기 때문에 은행에서 Nego가 되지 않는 서류이다. 또한 선하증권의 수하인(consignee)란에 특정인을 기명하지 않고 지시식인 경우에는 유통선하증권이 되고 이 란에 특정인을 표시하는 기명식(straight B/L)인 경우에는 비유통선하증권이 된다.

(5) 해양선하증권 (ocean B/L)과 내국선하증권 (local B/L)

해양선하증권(ocean B/L)은 부산과 뉴욕(New York)과 같이 국외 해상운송의 경우에 발행되는 선하증권이다. 내국선하증권(local B/L)은 부산과 인천과 같이 국내 해상운송에서 발행되는 선하증권이다.

(6) 통과선하증권 (through B/L)과 환적선하증권 (transshipment B/L)

통과선하증권은 화물을 목적지까지 운송하는데 선주가 다른 선사의 선박을 이용하거나 해운과 육운을 교대로 이용하여 운송할 경우, 환적할 때마다 운송계약을 맺는 절차와 비용을 절약하기 위하여 최초의 운송업자가 전구간의 운송에 대하여 발행하여 모든 책임을 지는 선하증권이다. 이를 '통선하증권'이라고도 하며 미국에서는 육상운송과 해상운송을 겸한다고 하여 'Overland B/L'이라고도 부르고 있다.

환적선하증권은 화물을 목적지까지 운송도중 중간항구에서 다른 선박에 환적하여 최종 목적지까지 운송할 때 발행되는 선하증권이다. 환적선하증권은 최초의 운송인만이 서명하여 그가 수하인이나 동 증권 소지자에 대해 운송상의 모든 책임을 부담하는 통과선하증권과 구별된다.

(7) 집단선하증권 (groupage or master B/L)과 House B/L (forwarder B/L)

집단선하증권은 LCL화물처럼 적은 물량의 경우 운송회사가 같은 목적지로 가는 화물을 같이 모아서 하나의 'Group'으로 선적할 때 선사가 발행하는 선하증권이다. 즉, 선사가 포워더의 혼재화물에 대해 포워더에게 1건으로 발행하는 선하증권으로 실제로 화물을 운송하는 선사(carrier)가 발행한다고 하여 'Master B/L'이라고 하며 가장 일반적인 선하증권이다.

House B/L은 운송주선인(freight forwarder, forwarder) 등과 같은 운송회사가 LCL화물 개별 건마다 LCL화물의 개별 하주들에게 개별적으로 발행하는 선하증권이다.

(8) 제3자명의 선하증권(third Party B/L)과 스위치 선하증권(Switch B/L)

제3자명의 선하증권은 B/L에 표시되는 선적인(shipper)은 신용장의 수익자가 되는 것이 보통이나 매매당사자가 아닌 제3자(third party)가 선적인으로 되어 발행되는 선하증권이다. 이를 'Neutral Party B/L'이라고도 한다.

Switch B/L은 중계업자가 원수출자를 노출시키지 않기 위하여 화물을 실제 수출한 지역에 속한 선사나 포워더가 발행한 B/L을 근거로 제3의 장소에서 Shipper(원수출자)를 중계업자로 교체하여 발행하는 선하증권이다. 중계무역(intermediary trade)에서 중개무역업자가 실공급자와 실수요자를 모르게 하는 경우에 주로 사용한다.

(9) Surrender B/L

Surrender B/L은 송하인에게 발행된 Negotiable B/L을 송하인이 배서하여 운송인에게 다시 반환(surrender)함으로써 B/L의 유통성(negotiable)을 소멸시킨 선하증권이다.

이 선하증권은 송하인이 선사로부터 발급받은 원본 B/L을 운송인에게 이를 건네줌으로써 수하인이 목적항에서 원본 B/L 없이도 화물을 찾을 수 있도록 한 것이다.

(10) 기한경과 선하증권(stale B/L)

기한경과 선하증권은 선하증권의 제시기한이 경과되어 제시된 선하증권이다. 일반적으로 신용장에 Stale B/L을 'Acceptable'한다는 조항이 없는 한, 이 서류의 수리는 거절된다.

(11) 적색선하증권(red B/L)

적색선하증권은 선하증권과 보험증권을 결합한 선하증권이다. 선하증권에 부보 내용이 붉은 색으로 표기되어 있기 때문에 'Red B/L'이라고 부른다.

5) 선하증권의 발행형식

선하증권의 발행형식은 선하증권의 수하인(consignee)을 어떻게 표시하는가의 문제로 다음과 같은 형식이 있다.

(1) 기명식

기명식은 B/L의 수하인 란에 특정인(보통 수입자)의 이름을 기입하는 방식이다.

(2) 지시식

지시식은 B/L의 수하인 란에 특정의 수하인 이름을 기재되지 않고, 단순히 'To order', 'To order of shipper', 'To order of ... bank'와 같이 지시인(order)만 기재한 방식이다.

(3) 무기명식

무기명식은 수하인 란을 백지(blank)로 두는 방식으로 '백지식'이라고도 한다.

6) 선하증권의 배서형식

배서(endorsement)는 선하증권의 정당한 소지인이 그가 가지고 있는 증권의 권리를 타인에게 이전할 목적으로 그 증권의 이면에 서명하고 피이전자에게 이를 교부하는 행위이다. 선하증권은 보통 배서를 통해 양도되며 그 형식은 다음과 같은 것들이 있다.

(1) 기명식 (full endorsement, special endorsement)

기명식은 피배서인의 이름을 명기하고 양도인인 배서인이 서명하는 방식이다.

예 : Deliver to X X & Co.,
Korea Trading Co., Ltd.
(signed)
Manager

(2) 지시식

지시식은 피배서인으로 order of XX 또는 XX or Order로 하며 배서인이 서명하는 방식이다. 이 방식에서는 송하인이나 발행은행(issuing bank)의 지시를 받아 그들이 지시하는 자에게 화물을 인도하라는 문언과 함께 배서인이 서명한다.

예 : Deliver to the order of XX Co.,
Korea Trading Co.,
(signed)
Manager

(3) 백지식 (blank endorsement) 혹은 무기명식

백지식은 피배서인의 이름이 없고 인도문언과 배서인의 서명만 있는 방식과 피배서인의 이름과 인도문언이 없고 배서인의 서명만 있는 두 가지 방식이 있다.

예 : a. Deliver to (공란)	b. (공란)
Kangnam Trading Co., Ltd.	Kangnam Trading Co., Ltd.
(signed)	(signed)
Manager	Manager

(4) 소지인식

소지인식은 선하증권에 'The Bearer'라고 기재한 후 배서인이 서명하는 방식이다. 이것은 증권의 단순 인도만으로 이전효과가 발생한다.

예 : Deliver to the Bearer
Kangnam Trading Co., Ltd.
(signed)
Manager

Model Form 12 : 〈서식〉 선하증권(BILL OF LADING)

① Shipper/Exporter INTERNATIONAL SEOUL TRADING CO., LTD. NUMBER 15 DONGBANG BLDG 310 TEHERAN-RO KANGNAM-KU, SEOUL, KOREA 06211	⑫ B/L No. WPGE – 0128
② Consignee TO ORDER	LOIDY'S CONTAINER SERVICE HYUNDAI SHIPPING CO., LTD.
③ Notify Party GLOBAL ENTERPRISING CO., INC. 25 W 31s St, New YORK, NY 10001, USA	

④ Pre-carriage by		⑤ Place of Receipt BUSAN CY
⑥ Ocean Vessel 'EVER GREEN'	⑦ Voy. No. V-47	⑧ Port of Loading BUSAN, KOREA

Received by the Carrier from the Shipper in apparent good order and condition unless otherwise indicated herein the Goods, or the container(s) or package(s) said to contain the cargo herein mentioned, to be carried subject to all terms and conditions provided for on the face and back of this Bill of Lading by the vessel named herein or any substitute at the Carrier's option and/or other means of transport, from the place of receipt or the port of loading to the port of discharge or the place of delivery shown herein and there to be delivered unto order of assigns. If required by the Carrier, this Bill of Lading duly endorsed must be surrendered in exchange for the Goods or delivery order.

In accepting this bill of Lading, the Merchant (as defined by Article 1 on the back hereof) agrees to be bound by all the stipulations, exceptions, terms and conditions on the face and back hereof, whether written, typed, stamped or printed, as fully as if signed by the Merchant, any local custom or privilege to the contrary notwithstanding, and agrees that all agreements or freight engagements for and in connection with the carriage of the Goods are superseded by this Bill of Lading.

⑨ Port of Discharge NEW YORK, USA	⑩ Place of Delivery NEW YORK, CY	⑪ Final destination (for the merchant's reference only)

⑬ Container No.	⑭ Seal No. ⑮ Marks & Nos	⑯ No. of Containers or Pkgs	⑰ Description of Goods	⑱ Gross Weight	⑲ Measurement
FSCU3227240 / 20' 314165		5 CTNS		7,325.00 KGS	8,180 CBM
〈ISTC〉 NEW YORK C/T NO : 1-5 USE NO HOOKS MAKE IN KOREA			COTTON SHIRTS FOR MEN STYLE NO. 10 TOTAL 20 FT × 1 CONTAINER LCL/LCL "FREIGHT PREPAID"		

⑳ Total Number of Containers or Packages(in words) SAY : FIVE (5) CARTONS ONLY.

㉑ Freight & Charge	㉒ Revenue Tons	㉓ Rate	㉔ Per	㉕ Prepaid	㉖ Collect
FREIGHT PREPAID					
C.F.S. CHARGE + THC				₩42,176.	
WHARFAGE				₩ 1,044.	
DOC's FEE				₩ 7,700.	

㉗ Freight Prepaid At SEOUL, KOREA	㉘ Freight Payable At	㉙ Place of Issue BUSAN, KOREA
㉚ Total Prepaid In	㉛ No. of Original B/L THREE(3)	㉜ Date of Issue OCTOBER 25, 2026

Laden on Board the Vessel ㉝ Date : OCTOBER 25, 2026	㉞ AS A CARRIER HYUNDAI SHIPPING CO., LTD. SEOUL, KOREA ㉟ BY CHANG-GEUN YOO

Keys to the Lesson

1. reserve the ship's space of ~ : ~의 선복을 예약하다.

1) We are much obliged for the arrangements you promised us to reserve the ship's space of five wooden cases on the S/S "Ever Green" sailing for New York.
   ➡ 뉴욕으로 출항예정인 기선 '에버그린 호' 편에 5개의 나무상자에 대해 선복을 예약하기 위해 귀사께서 당사에 약속하여 주신 조치에 대해 감사를 드립니다.
2) 귀사가 오늘 아침 전화상으로 3월 12일에 부산항을 출항하는 기선 '에버그린 호'에 2톤의 선복을 예약하기로 약속하신 조치에 감사드립니다.
   ➡ We are obliged for the arrangements you promised us by telephone this morning to reserve space for two tons on the S/S "Ever Green" which is expected to sail from Busan on the 12th March.

주 ① arrangements you promised us : 귀사께서 당사에 약속하여 주신 조치(=약정)
② reserve space ~ : ~의 선복을 예약하다(=reserve the ship's space).

2. our shipping agent : 당사의 선적대리인, 당사의 선적대리점

1) Goods will be warehouse by May 19 by our shipping agent, International First Shipping Co., Ltd.
   ➡ 물품은 당사의 선적대리인인 국제제일상선에 의해 5월 19일까지 창고에 입고될 것이다.
2) 귀사는 선적대리점과 협력하여 왔다.
   ➡ You have cooperated shipping agent company.

주 ① warehouse : 창고, 창고에 입고시키다.
cf. bonded warehouse(=bonded area) : 보세창고(=보세구역)
② shipping agent : 선적대리인(점) cf. shipping company : 선사(=steamship company)

3. the strike of stevedore and employees : 항만노동자들과 종업원들의 동맹파업

1) Work at the plant was suspended for several weeks through the strike of stevedore and employees.
   ➡ 공장에서의 작업이 항만노동자들과 종업원들의 동맹파업으로 몇 주간 중지된 상태입니다.
2) 비록 부두하역업자의 파업이 단지 몇 일 정도만 지속될지라도 과거 경험으로 볼 때 당사로서는 명시된 선적기일까지 물품통관이 어려울 것임을 알려 드리게 되어 유감입니다.
   ➡ We regret to inform you that owing to stevedores' strike although it will last for only a few days considering the past experiences, it would be difficult for us to clear the goods by the shipping date stipulated.

주 ① strike : 파업, 노동쟁의(=walkout, sit-down, slowdown, a protest by workers)
cf. general strike : 총파업, go on (a) strike : 파업하다.
a no-time-limit strike : 무기한 파업, a sit-down strike : 농성파업
② stevedore : 부두노동자, 항만노동자, 부두하역업자(=a port laborer, a longshoreman, a dock worker, wharfie, docker, dock laborer)

4. relative shipping documents : 관련 선적서류

1) We are enclosed our Commercial Invoice in triplicate with a copy of all relative shipping documents.
   ➡ 당사는 모든 관련 선적서류 사본과 함께 상업송장 3통을 동봉하였습니다.
2) 환어음의 매입시에 그 관련 선적서류들이 매입은행에 제시되어야 한다.
   ➡ At the time of negotiating of drafts, the relative shipping documents are to be presented to the negotiating bank.
3) We are sending you a copy of all relative shipping documents while the original documents with our Bill of Exchange at 90 days after sight were forwarded by our negotiating bank to the L/C issuing CBA Bank.
   ➡ 일람후 90일에 출급되는 환어음을 포함하여 모든 원본 서류는 매입은행이 L/C의 발행은행인 CBA 은행에게 송부했으며, 당사는 관련된 모든 선적서류 사본을 귀사에게 보내드립니다.

주 ① Commercial Invoice in triplicate : 상업송장 3통
② at the time of negotiating of drafts : 환어음의 매입시에, 환어음을 매입할 때에

5. two non–negotiable copies of B/L : 비유통성 선하증권 사본 2통

1) You will find enclosed a non–negotiable copy of B/L and a copy of Marine Insurance Policy and our Commercial Invoice No.250.
   ➡ 귀사는 동봉한 유통성 선하증권 사본 2통과 해상보험증권 사본 1통, 그리고 당사의 상업송장 번호 제250를 발견하게 될 것입니다.
2) 그것들은 유통불능의 선하증권 사본과 해상보험증권의 사본들입니다.
   ➡ They are copies of non–negotiable B/L and copies of Marine Insurance Policy.

주 ① non-negotiable : 비유통성, 양도불능인, 비유통 ↔ negotiable
② marine insurance policy : 해상보험증권 cf. Insurance Certificate : 보험증명서
③ non-negotiable B/L : 비유통 선하증권

6. Clean on Board Ocean Bills of Lading : 무고장 본선적재 해양 선하증권

1) The Commercial Invoice 2, and Insurance Policy 2, together with Clean on Board Ocean Bills of Lading, have been sent through the Shinhan bank, Seoul, Korea.
   ➡ 무고장 본선적재 해양 선하증권과 함께 상업송장 2통, 보험증권 2통을 서울소재 신한은행을 통해 송부하였습니다.

주 ① on board ocean Bill of Lading = shipped marine Bill of Lading
shipped on board in apparent good order and condition : 이상 없이 본선적재 되었다 (=shipped in apparent good order).
② clean on board : 화물이 아무런 손상 없이 선적되었다는 것을 의미
Laden on board : 화물이 선박에 선적된 날을 의미

7. with documents attached : 첨부된 서류와 함께, 서류를 첨부하여

1) We have drawn a draft on your bank with documents attached.
   ➡ 당사는 서류를 첨부하여 귀 은행을 지급인으로 하여 환어음을 발행하였습니다.
2) 당사는 선적서류를 첨부하여, 씨티은행이 발행한 신용장에 의거하여 송장금액에 대해 귀 은행을 지급인으로 한 일람출급 환어음을 발행하였습니다.
   ➡ We have drawn a draft on your bank at sight for the invoice amount under L/C opened by Citi Bank, with documents attached.

주 ① with documents attached : 서류를 첨부하여, 서류 첨부, 첨부된 서류와 함께
with relative(=relevant, covering) documents : 관련 서류를 첨부하여
② for the invoice amount : 송장금액으로, 송장금액에 대하여

8. in good order : 양호한 상태로

1) We trust that the goods will reach you in good order and give you complete satisfaction.
   ➡ 그 물품이 상호한 상태로 귀사에 도착하고 귀사에게 전적으로 만족스럽게 되기를 믿습니다.
2) 주문하신 전 품목은 "QUEEN"편으로 오늘 출하하였으며 이상이 없이 귀사에 도착될 것입니다.
   ➡ All items ordered are being sent to you today by the s.s. "QUEEN" and should reach you in good order.
3) We trust that the goods will reach you in good condition and give you full satisfaction.
   ➡ 당사는 제품이 귀사에 양호한 상태로 도착할 것과 귀사가 이에 만족할 것임을 믿습니다.

주 ① in good order : 양호한 상태로, 약속한 대로, 제대로(=in good condition), 이상이 없이
be in good condition : 보존 상태가 좋다, 건강하다, 파손되지 않고 있다, 호조이다.
② give you complete satisfaction : 귀사에게 완전한 만족을 주다.

9. drawn on you for this amount : 본 금액을 결제하기 위해 귀사를 지급인으로 하여 환어음을 발행하다.

1) We have drawn on you for this amount at sight attaching the shipping documents to our draft.
   ➡ 당사는 본 금액을 결제하기 위하여 당사의 환어음에 선적서류를 첨부하여 귀사를 지급인으로 하여 일람출급으로 환어음을 발행하였습니다.
2) Please note that we have drawn a draft on your bank at 30 d/s for the invoice amount, under Letter of Credit M-8747072 through the Hana bank. We ask you to accept it upon presentation.
   ➡ 당사는 신용장 번호 M-8747072 하에 상업송장 금액에 해당하는 환어음을 귀사의 거래은행에 30일 이후 제시조건으로 당사 거래은행인 하나은행을 통하여 발행하였음을 주지바라며, 서류 제시가 됨에 따라 서류를 인수해 줄 것을 당부 드립니다.

주 ① for this amount : 본 금액을 결제하기 위하여
for ~ : ~에 대한, 대금결제를 위해, ~을 결제하기 위해(=to cover, covering, against)

사례 33 : 선사에 선복예약 신청

Gentlemen :

We are much obliged for the arrangements you promised us to reserve the ship's space of five wooden cases on the S/S "King Star" sailing for New York from Busan on or about 10th August. The goods are five wooden cases for our 100% Cotton Shirts for men destined for New York, which will be warehouse by September 19 by our shipping agent, International First Shipping Co., Ltd.

We are informed that there is a rising tendency in freight rates due to the shortage of space with the approach of seasonal active transaction, and we are grateful for your doing best to give us your usual rate down to ₩150,000 per case.

Your immediate confirmation will be greatly appreciated.

Yours truly,

주
① destined for ~ : ~로 미리 정해져 있는, ~가 목적지인
② rising tendency : 오르는 경향, 상승세(=rising trend) ↔ down trend(하향세)
③ freight rate : 운임율, 운임요율(=rates of freight) cf. insurance premium rate : 보험요율
④ shortage of space : 선복의 부족
⑤ seasonal active transaction : 계절적으로 활발한 거래
⑥ usual rate : 통상 요율, 종전의 요율

사례 34 : 수출자의 선적지연 사과서신

We regret very much your complaint that we have not yet been able to execute your Order. We are, of course, aware that your goods are long overdue, but work at the plant was suspended for several weeks through the strike of stevedore and employees.

However we have been doing everything possible in our power to deliver the goods within a week, and now arranging for shipment. In the meantime we offer our apologies to you for the inconvenience the delay has caused you.

Yours faithfully,

주
① execute order : 주문을 이행하다(=carry out order, accomplish order, perform order).
② long overdue : 장기간 기한이 경과된, 장기간 미지불 상태로
cf. overdue : 지급기한이 지난(=beyond the time fixed for payment)
③ for the inconvenience the delay has caused you : 지연으로 인해 불편을 끼쳐 드려 죄송합니다.

사례 35 : 선적지연 통지서신

Yours Purchase Note No.123 (L/C No. P-466878)

We thank you for the dispatch with which you opened this credit, L/C No. P-466878 and Purchase Note No.123. But we regret to inform you that we cannot ship the above order within the shipping date as stipulated in the Letter of Credit due to the cancellation of voyage by the S/S 'King Star'.

According to the steamship company, a terrible typhoon is expected in the South China Sea area during the period of scheduled voyage. This is a sort of force majeure, and there is no other vessel scheduled to sail for your port during August.

We ask you to extend the above credit for two month so that we can ship the order in October after the typhoon has passed by.

We solicit for your understanding and cooperation.

Yours faithfully,

주
① as stipulated in the letter of credit : 신용장에 규정된 대로
② the cancellation of voyage : 항해의 취소
③ the South China Sea area : 남 중국해 지역
④ during the period of scheduled voyage : 예정된 항해 일정 중에
⑤ This is a sort of force majeure : 이것은 일종의 불가항력이다.
⑥ after the typhoon has passed by : 태풍이 지나간 후

사례 36 : 선박명 변경통지

Purchase Note No.123

We regret to tell you that due to a change in the sailing schedule for S.S. "King Star" of the KukJe. Shipping Co. We are shipping your order by S.S. "Ever Green" of the Hyun Dai Shipping Co., Ltd. sailing from Busan on or about October 25.

The ship is expected to arrive at New York on or about November 25.

We hope this arrangement will be satisfactory to you and your buyers.

Faithfully yours,

주
① sailing schedule for ~ : ~에 대한 항해일정(=for the sailing schedule)
② on or about October 25 : 10월 25일 경에(±5)

사례 37 : 선적통지 서신 (1)

Shipment : Your Purchase Note No. 123

We are pleased to inform you that the 100% Cotton Shirts for Men have now been shipped to you as specified below :

Packing : 1 dozen each to be packed in a carton box and 100 dozen in a wooden case

Marking & Numbering : 〈ISTC〉 New York, C/No. 1-up, USE NO HOOKS,
Made in Korea

Shipment : By S.S. "Ever Green" of HYUNDAI SHIPPING CO., Ltd. which sailed from Busan on or about October 25, and is scheduled to arrive at New York on or about November 25.

We should appreciate your information on the arrival of the consignment.

Very truly yours,

주 ① as specified below : 아래에 명기한 대로(=as listed below)
② Marking & Numbering : 하인과 일련번호
③ is scheduled to arrive at ~ : ~에 도착이 예정되어 있는
④ the consignment : 그 인도물품, 그 위탁품, 그 적하품

사례 38 : 선적통지 서신 (2)

Gentlemen :

We are pleased to advise you that your order for 5 cases was shipped on October 25 by s/s "Ever Green" which left here today. You will find enclosed two non-negotiable copies of B/L and copies of Marine Insurance Policy and our Commercial Invoice No.339.

Against this shipment, we have drawn a draft on your bank with documents attached, and will negotiate it through The Shinhan Bank, Seoul, KOREA. We trust that the goods will reach you in good order and give you complete satisfaction.

Yours faithfully,

주 ① against this shipment : 본 선적물품을 결제하기 위하여, 본 선적에 대하여
② have negotiated it through ~ : ~에 환어음을 매입하다, ~를 통해 환어음을 매입하다.

사례 39 : 선적통지 서신 (3)

Dear Sir,

We have pleasure in advising you that your order of June 30, 2026 has been shipped today by S/S 'Ever Green' from Busan port.

Please find enclosed our invoice for USD 60,000 and note that we have drawn on you for this amount at sight attaching the shipping documents to our draft.

As arranged, we have instructed our bankers to send the documents against payment of our draft which we recommend to your protection.

Yours faithfully,

주
① we have pleasure in advising you : 당사가 귀사에게 통지하게 되어 기쁘다.
② attaching the shipping documents to our draft : 당사의 환어음에 선적서류를 첨부하여
③ as arranged : 합의한 대로(=as they agreed)
④ against payment of our draft : 당사의 환어음에 대한 지급과 상환으로, 당사의 환어음이 결제되면 이와 맞바꾸어
⑤ we recommend to your protection : 귀사가 그 환어음을 결제해 주시길 요청드립니다.

사례 40 : 선적통지 서신 (4)

Dear Sir,

Regarding your Purchase Note No.123, we are pleased to inform you that your consignment cotton shirts has been shipped by S/S 'Ever Green', due to arrive at New York on or about November 25, 2026.

The Commercial Invoice 2, and Insurance Policy 2, together with Clean on Board Ocean Bills of Lading, have been sent through the Shinhan bank, Seoul, Korea with our sight draft under your L/C. Please advice us of the safe arrival of the goods.

Yours faithfully,

주
① your consignment cotton shirts : 귀사의 적하품인 면 셔츠
② due to arrive at New York : 뉴욕항에 도착할 예정인
③ the safe arrival of the goods : 물품의 안전한 도착, 물품이 안전하게 도착하였는지

사례 41 : 선적통지서

Messrs. Global Enterprising Co., Inc.
25 W 31s St, New York, NY
10001, USA

October 27, 2026

Dear sirs,

Shipping Advice

We wish to inform you that we have shipped the following goods covering your Purchase Note No.123 dated 16th June, 2026 by the S/S 'Ever Green' of The HYUNDAI SHIPPING CO., Ltd. as per enclosed copies of the relative shipping documents.

Article : 100% Cotton Shirts for Men, Style No.10
Quantity : Five Hundred(500) dozen
Packing : 1 dozen each to be packed in a carton box and 100 dozen in a wooden case

〈ISTC〉
New York
C/No. 1-up
USE NO HOOKS
Made in Korea

To cover this shipment, we have drawn a draft at sight and negotiated it through The Shinhan Bank, Seoul, Korea with L/C No. P-466878 issued by The New York Commercial Bank, NY, USA We hope you would honor the draft upon presentation.

We believe that the goods will reach you in good order so that you may furnish us with further orders.

Faithfully yours,

International Seoul Trading Co., Ltd.
E. J. Han
E. J. Han
Vice President

주
① Shipping Advice : 선적통지서, 선적통지(=Shipping Notice)
② goods covering your Purchase Note No.123 : 귀사의 주문서 번호 123번에 해당하는 물품
③ as per enclosed copies : 동봉된 사본과 같이
④ the relative shipping documents : 관련 선적서류
⑤ to cover this shipment : 본 선적품을 결제하기 위하여, 선적대금을 회수하기 위해
⑥ honor the draft upon presentation : 제시될 때에 환어음이 지급되다, 제시하자마자 환어음이 결제되다.

운송계약과 선적에 흔히 사용되는 문장

1. We shall be grateful if you will ship the goods by the end of October.
   - 10월말까지 귀사께서 그 상품을 선적하여 주신다면 감사하겠습니다.

2. As requested, we will inform you of the date dispatch immediately upon completing shipment.
   - 요청하신 대로, 당사는 선적을 완료하는 즉시 발송일자를 귀사에게 통지할 것입니다.

3. We cannot possibly effect shipment within the time suggested by you.
   - 당사는 귀사가 제안하신 기간 내에 선적하는 것은 불가능합니다.

4. We request you to make shipment so that the goods may arrive here by 30st June.
   - 당사는 6월 30일까지 상품이 이곳에 도착할 수 있도록 선적하여 줄 것을 요청합니다.

5. Your order No.300 has been shipped by M/S 'Arirang' of the Hansung Line, sailing on June 3 from Busan to London.
   - 귀사 주문서 번호 제300번의 물품이 런던을 향해 6월 3일 부산항을 출발하는 한성해운의 '아리랑 호' 편에 선적되었습니다.

6. We are pleased to inform you that your order has been shipped on April 5 by M/S 'Independence' leaving Busan to New York.
   - 귀사 주문품은 부산항을 출발하여 뉴욕으로 가는 기선 '인디펜던스 호' 편에 4월 5일 선적되었음을 통지하게 되어 기쁩니다.

7. As the goods have not yet been dispatched, we must ask you to ship them without any further delay. Unless the order is not executed within 14 days we shall have to cancel it.
   - 그 물품이 아직 발송되지 않았으므로 당사는 그것을 더 이상 지체하지 말고 선적하여 주실 것을 요청 드리는 바입니다. 만일 주문품이 14일 이내에 선적되지 않으면 당사는 부득이 그 주문을 취소하지 않을 수 없습니다.

8. We trust that your goods will reach you safety and that you will favour us with further orders.
   - 귀사 주문품이 안전하게 귀사에 도착할 것이며 귀사가 향후에도 계속적으로 주문하여 주실 것을 믿습니다.

9. Please note that partial shipments and transhipments are not permitted.
   - 분할선적과 환적이 허용되지 않음을 유념하여 주시기 바랍니다.

10. We hope that the goods will be shipped by August 30.
    - 그 상품이 8월 30일까지 선적되기를 희망합니다.

Advanced English for Trade Practice

1. According to the contract between exporter and importer or trade terms agreed by both the parties, if exporter(seller) bears the liability of concluding a contract of carriage, for example CIF or CFR, exporter tenders a Shipping Request for the cargo space to a shipping company.
   - 수출자와 수입자의 계약이나 양 당사자가 합의한 거래조건에 따라, 예를 들어 CIF(운임보험료포함조건)이나 CFR(운임포함조건)과 같이 수출자(매도인)가 운송계약체결의무를 부담하는 경우에는 수출자는 화물공간을 확보하기 위해 선박회사에게 선복요청서(S/R)을 제출한다.

2. As the Shipping Request is acknowledged by the shipping company, contract of carriage is formed, and then a 'Shipping Order(S/O)' is issued by the shipping company.
   - 선복요청서가 선사에 의하여 승낙되어질 때 운송계약이 성립한다. 이후 선적지시서가 선사에 의해 발행된다.

3. Exporter loads the goods on board the vessel against the tender of the Shipping Order and the Export Certificate. After the completion of the loading of the cargo, a 'Mate's Receipt (M/R)' is issued by chief mate.
   A Bill of Lading is issued from the shipping company against the tender of M/R. Exporter dispatches to importer an 'Advice of Shipment', enclosing a copy of a set of the documents.
   - 수출자는 선적지시서와 수출신고필증의 제시와 상환으로 물품을 본선에 적재한다. 화물의 적재 완료 후에 일등항해사는 본선수취증(M/R)을 발행한다.
   선하증권은 본선수취증의 제시와 상환으로 선사로부터 발급받는다. 수출자는 서류 사본 한 세트를 동봉하여 '선적통지서'를 수입자에게 발송한다.

4. Transportation is one of the most important factors in export process. Without transportation, goods are not able to be carried from the exporting country to the importing country. The commonly used modes of transporting export goods are ocean transportation, rail transportation, road transportation, air transportation, international multimodal transportation and container transportation.
   - 운송은 수출과정에 있는 가장 중요한 요소들 중의 하나이다. 운송없이는 수출국에서 수입국가로 화물의 이동이 불가능하게 된다. 수출화물을 운송하는데 사용되는 일반적인 운송방식은 해상운송, 내륙운송, 도로운송, 항공운송, 국제복합운송과 컨테이너운송이 있다.

5. The modes of international cargo transportation mainly include sea, land, air and multimodal. Containerization is widely used in different modes of transportation.
   - 국제화물운송방식은 주로 해상, 육상, 항공과 복합운송을 포함한다. 컨테이너화는 여러 운송방식들에 폭넓게 사용되고 있다.

Glossary of Trade Practice

1. Air Cargo : Property of any kind that is transported by aircraft including passenger baggage and mail.

2. Air Waybill : Shipping document used for the transportation of air freight includes conditions, limitations of liability, shipping instructions, description of commodity, and applicable transportation charges. It is generally similar to a straight non-negotiable bill of lading and is used for similar purpose.

3. Arrival Notice : A notice to importer by shipping company concerning shipment which has just landed or is due to landon the port of destination.

4. Berth : ① The place beside a docking area where a ship is secured and cargo can be loaded or unloaded. ② A place at the quay, jetty or dockside where the ship may load, discharge or lie.

5. Combined Transport : Carriage of goods by at least two different modes of transport, from a place at which the goods are taken in charge situated in one country to a place designated for delivery situated in a different country.

6. Conference Line : An association of seagoing common carriers operating on established routes who have joined together to offer common freight rates.

7. Consignee : The person or firm named in a freight contract to whom goods have been shipped or turned over for care.

8. Container : A single rigid, sealed, reusable metal 'box' in which merchandise is shipped by vessel, truck, or rail.

9. Demurrage : ① In international transportation, a charge for the failure to remove cargo from a terminal within the allowed free time. Also, a charge for failure to load or unload a ship within the allowed period. ② Money paid to the shipowner in compensation for delay of a vessel beyond the period allowed in a charter party when loading or discharging. ③ Amount of money paid to the shipowner by the charterer, shipper or receiver, as the case maybe, for failing to complete loading and/or discharging within the time allowed in the voyage charter party.

10. Dispatch Money : The amount of money paid as a bonus by the ship-owner to the charterer if they get loading and unloading done ahead of schedule. Normally dispatch money is half the demurrage as the benefit from the expedite loading or unloading is supposed to be shared by both the ship-owner and the charterer.

Chapter 13

해상보험

Marine Insurance

1 해상보험의 의의와 적용

해상보험(marine insurance)은 해상사업과 관련하여 발생하는 손해를 보상할 목적으로 보험자는 손해를 보상하여 줄 것을 약속하고 피보험자는 그 대가로 보험료를 지급할 것을 약속한 경제제도이며 손해보험의 일종이다.

해상보험은 항해 중 사고로 발생하는 화물이나 선박의 피해를 보상하는 손해보험으로 적하보험과 선박보험으로 구분된다.

영국 해상보험법(Marine Insurance Act, 1906 : MIA) 제1조는 해상보험을 다음과 같이 정의하고 있다.

> A contract of marine insurance is a contract whereby the insurer undertakes to indemnify the assured, in manner and to the extent thereby agreed, against marine losses, that is to say, the losses incident to marine adventure.
>
> 『해상보험계약은 그 계약에 의해 합의한 방법과 범위 내에서 해상손해, 즉 해상사업에 수반하는 손해를 보험자가 피보험자에게 보상할 것을 약속하는 계약이다.』

한편, 해상사업에 부수되거나 접속하는 육상, 내륙수로, 항공위험 등을 담보하는 경우에는 해상위험 이외의 위험도 해상보험의 규정이 그대로 준용된다.

이와 관련하여 영국 해상보험법(MIA) 제2조 제1항은 다음과 같이 규정하고 있다.

> A contract of marine insurance may, by its express terms, or by usage of trade, be extended so as to protect the assured against losses on inland waters or on any land risk which may be incidental to any sea voyage.
>
> 『해상보험계약은 명시된 특약이나 상관습에 의해 그 담보범위를 확장하여 해상항해에 부수되는 내륙수로 또는 육상위험의 손해에도 피보험자를 보호할 수 있다.』

2 해상보험의 당사자

1) 보험자(insurer, assurer, underwriter)

보험자는 보험사고가 발생한 경우에 보험금을 지급하여야 할 의무를 부담하는 자 및 보험계약을 인수하는 주체를 말한다. 보통 보험회사(insurance company)가 되며, 이들은 대개 보험모집인과 보험대리점 등의 조직을 운영하고 있다.

2) 보험계약자(insurance policy holder, party insuring)

보험계약자는 보험자와 보험계약을 체결하고 그 대가로 보험료(premium)를 납부하는 자를 말한다.

보험계약자는 보험자에 대하여 고지의무, 위험의 변경과 증가의 통지의무 등을 부담한다. 영국 해상보험법(MIA)는 타인을 위한 보험계약을 인정하지 않기 때문에 보험계약자라는 개념은 존재하지 않는다.

3) 피보험자(insured, assured)

피보험자는 보험사고가 발생한 경우 손해를 보상받을 권리가 있는 자를 말한다. 해상보험에서는 보험계약자와 피보험자가 항상 일치하는 것은 아니다.

즉, FOB계약이나 CFR계약에서는 수입자가 보험계약자이면서 자신을 피보험자로 보험계약을 체결하기 때문에 보험계약자와 피보험자가 수입자 자신으로 동일하다.

그러나 CIF계약이나 CIP계약은 보험계약자와 피보험자는 동일인이 아니기 때문에 타인을 위한 보험계약이 되는 것이다.

CIF계약이나 CIP계약에서는 이론적으로 수출자가 보험계약자가 되고 수입자가 피보험자가 되지만, 실제로는 수출자가 자신을 피보험자로 하여 보험계약을 체결하고 이후 입수한 보험증권에 배서하여 수입자에게 이를 양도하게 된다.

따라서 CIF수출의 경우 수입자에게 위험이 이전되는 시점인 선적 전까지는 수출자가 피보험자가 되며, 선적 후부터는 수입자나 이해당사자(피보험이익의 소유자)가 피보험자가 된다.

보험계약자와 피보험자의 관계

FOB계약 및 CFR계약 : 보험계약자(수입자) = 피보험자(수입자)
CIF계약 및 CIP계약 : 보험계약자(수출자) ≠ 피보험자(수입자)

3 해상보험에서 보험조건

해상보험에서 보험조건(conditions of insurance)은 보험자의 보상범위를 말하는데 크게 기본조건, 부가위험 담보조건, 확장담보조건으로 구분된다.

1) 기본조건

(1) 구협회적하약관상의 기본조건

구협회적하약관상의 기본조건은 전위험담보조건(A/R), 분손담보조건(WA) 및 분손부담보조건(FPA)이 있다.

전위험담보조건(All Risks, A/R)은 법률이나 약관에 의해 면책되는 것을 제외한, 모든 멸실이나 손상을 보상해 주는 조건이다.

분손담보조건(With Average, WA)은 전손과 공동해손은 물론 단독해손인 분손도 보험증권에 열거된 일반적으로 담보하는 위험에 의한 손해는 모두 보상해 주는 조건으로 '단독해손 담보조건'이라고도 한다.

분손부담보조건(Free from Particular Average, FPA)은 담보되는 위험에 의해 발생한 전손과 공동해손은 보상되지만 단독해손인 분손은 원칙적으로 보상되지 않는 조건으로 '단독해손 부담보조건'이라고도 한다.

(2) 신협회적하약관상의 기본조건

신협회적하약관은 예전의 A/R, WA, FPA 조건에 대응되는 조건으로서 ICC(A), ICC(B), ICC(C) 조건이 있다. 이중에서 보험자가 보상하는 담보범위는 A/R 조건 또는 ICC(A) 조건이 가장 넓으며 FPA 조건 또는 ICC(C) 조건이 가장 좁다. 반면 A/R 조건 또는 ICC(A) 조건은 보험료가 가장 비싸며 FPA 조건 또는 ICC(C) 조건은 보험료가 가장 저렴하다.

2) 부가위험 담보조건

ICC(A) 조건은 포괄책임주의를 채택하고 있기 때문에 면책위험이 아닌 한 각종 부가위험을 포괄적으로 담보받을 수 있다.

이에 비해 ICC(B) 조건이나 ICC(C) 조건은 열거책임주의를 채택하고 있기 때문에 기본조건에 열거된 담보위험으로 발생한 손해에 대해서만 보상받을 수 있다.

따라서 열거위험 외의 위험을 추가적으로 보상받으려면 별도의 특약이 필요한데, 이러한 위험을 부가위험(extraneous risks)이라고 한다. 이때 보상의 대상이 되는 하나하나 위험들을 '부가조건' 또는 '부가약관'이라고 부르고 여기에는 다음과 같은 것들이 있다.

(1) 도난 · 발하 · 불착 (Theft, Pilferage and Non-Delivery, TPND)

TPND는 A/R 조건과 ICC(A) 조건에서는 보상되지만, WA 조건과 ICC(B) 조건, 그리고 FPA 조건과 ICC(C)조건에서는 보상되지 않기 때문에 이러한 위험을 보상받기 위해 특약하는 조건이다. 여기에서 'Theft'는 도난을 의미하고, 'Pilferage'는 좀도둑에 의해 포장내 용물의 일부가 없어진 발하(拔荷)를 의미하며, 'Non-Delivery'는 다른 항구에서 양하되었거나 분실 등으로 포장단위의 화물이 양륙항에 도착하지 않는 불착을 의미한다.

불착 손해는 포장은 도착했지만 일부가 파손되었거나 기타의 사유로 인하여 내용물의 일부 또는 전부가 분실 또는 유실된 상태인 부족(shortage)과는 구별된다.

(2) 우담수에 의한 손해 (Rain and/or Fresh Water Damage, RFWD)

RFWD는 바닷물 이외에 염분이 섞여 있지 않은 빗물과 담수 등으로 젖은 손해를 보상받기 위해 특약하는 조건으로 해수침손(sea water damage)의 대응개념이다.

우손(rain water damage)은 화물이 운송 중, 장치 중, 보관 중, 하역 중 빗물에 의해 발생한 손해를 말한다.

섬유제품이나 잡화 등 젖기 쉬운 화물에 주로 비가 오는 날 하역시에 발생하는 위험을 보상받기 위해 특약하는 조건이다.

(3) 투하 및 갑판유실 (Jettison & Washing Over-Board, JWOB)

JWOB는 운송 중에 해난사고가 발생하는 경우 갑판에 적재된 화물을 투하하거나 풍랑으로 인하여 유실되는 손해를 담보받기 위해 특약하는 조건이다.

(4) 유류나 타 화물과 접촉 (Contract with Oil and/or Other Cargo, COOC)

COOC는 기름이나 산(acid)을 선내에서 충분하게 청소하지 않음으로 인하여 발생하는 오손이나 다른 화물과 접촉하여 오염되었을 때 발생하는 손해를 보상받기 위해 특약하는 조건이다.

(5) 누손 및 중량부족 (Leakage and/or Shortage, LS)

LS는 액체화물의 누손이나 수량 및 중량부족으로 인한 손해를 보상받기 위해 특약하는 조건이다.

(6) 한습손 및 열손 (Sweet &/or Heating, SH)

SH는 선창 내와 선외의 기온 차이에 의해 선창의 천정이나 내벽에 응결한 수분에 접촉함으로써 발생하는 습기와 항해 중 기온, 습도 등의 변화에 따라 물품이 변질, 손상되는 위험을 보상받기 위해 특약하는 조건이다.

(7) 파손 (Breakage)

Breakage는 유리나 도자기 제품, 정밀기기 등 금이 가거나 쪼개지기 쉬운 화물에 추가적으로 특약하는 조건이다. 도자기나 유리제품 등 파손되기 쉬운 화물은 특별한 사고가 발생하지 않았더라도 일정율의 파손을 면할 수 없으며 이 파손을 통상의 파손(ordinary breakage)이라 한다. 적하보험에는 파손위험이 담보위험으로 포함되어 있지 않기 때문에 이 위험을 특약해야 한다.

(8) 쥐 및 벌레손해 (Rate &/or Vermin)

Rate &/or Vermin은 곡물, 소맥분, 죽제품 등이 운송 도중에 쥐나 곤충에 의해서 발생하는 손해를 보상받기 위하여 특약하는 조건이다.

목재나 곡물은 운송 중 쥐나 벌레에 의한 손해가 발생하기 쉽다. 벌레에 의한 손해는 쥐에 의한 손해와 같이 영국 해상보험법은 통상의 자연소모로 간주하여 보상하지 않는다. 따라서 쥐 등의 위험을 담보 받고자 할 때에는 특약을 맺어야 한다.

(9) 곰팡이손 (Mildew and Mould)

Mildew and Mould는 함유수분이나 습도의 증가로 곰팡이나 기타 미생물에 의한 피해가 입기 쉬운 식료품, 섬유품 등을 보상받기 위해 특약하는 조건이다.

이러한 손해는 대부분 화물고유의 하자나 성질에 기인한 손실이지만 이러한 특약에 의해서도 담보가 이루어진다.

(10) 갈고리에 의한 손해 (Hook & Hole, HH)

HH는 화물을 선적하고 양하할 때 인부가 사용하는 갈고리로 인해 화물에 구멍이 생기는 손해를 보상받기 위해 특약하는 조건으로 섬유제품이나 잡화 등에 특약된다.

이러한 손해는 주로 Bale 포장의 섬유제품 등에 대해 취급부주의로 발생하게 되며 특약에 의해서만 보상받을 수 있다.

(11) 녹손 (Rust)

Rust는 화물이 포장재의 불충분한 건조 등으로 내부가 습해져서 녹이 슬거나 해수, 담수, 빗물 등으로 녹이 스는 경우에 발생하는 손해를 보상받기 위하여 특약하는 조건으로 기계류나 철물 등에 이용된다.

(12) 곡손 (Denting &/or Bending, DB)

BD는 외부적, 우발적 원인으로 화물에 발생한 곡손을 보상받기 위해 특약하는 조건이다. 여기에서 Denting은 우그러지는 것이고, Bending은 구부러지는 것을 말하는데 이러한 손해들은 기계류에서 발생하기 쉽다.

(13) 오손 (Contamination)

Contamination은 해수나 담수 등의 혼입으로 입게 되는 품질저하의 손해를 보상받기 위하여 특약하는 조건으로 액체의 화학약품이나 유류 등에 사용된다.

(14) 자연발화 (Spontaneous Combustion)

Spontaneous Combustion는 항해 중 화물자체의 화학적 변화에 의한 자연발화로 인한 손해를 보상받기 위하여 특약하는 조건으로 석탄, 성냥, 화약 등에 사용된다.

이것은 화물고유의 하자나 성질이기 때문에 원래 보험자가 부담하지 않지만, 전혀 우연성이 없는 사고는 아니며 화재원인의 확인이 곤란한 경우도 있으므로 특약에 의해서는 보상받을 수 있도록 한 것이다. 특약이 없는 경우에도 선박이 충돌하고 그 결과로서 석탄 등이 발화된 것은 보험자가 책임을 부담한다.

3) 확장담보조건

(1) 내륙운송 확장담보조건 (Inland Transit Extension, ITE)

LTE는 송하인이나 수하인의 창고가 내륙의 육상구간에 위치하는 경우 송하인의 창고나 보관창고로부터 선적항, 또는 양륙항구에서 내륙의 수하인의 창고까지 내륙운송 중에 발생하는 위험을 협회적하약관이나 기타 특별약관에 따라 당초의 보험증권에 추가하여 확장하여 담보하는 조건이다.

협회적하약관(ICC)에 있는 운송약관(transit clause)상 보험기간은 창고간(warehouse to warehouse) 담보가 원칙이다.

그러므로 우리나라 해상적하보험 요율은 항구간(port to port) 담보조건의 요율이 적용되기 때문에 육상운송을 담보받으려면 추가보험료를 지불하고 ITE를 특약했어야 했다.

그러나 1998년부터는 창고간 요율체계로 변경되어 특약이 없이도 담보되게 되었다.

(2) 내륙보관 확장담보조건 (Inland Storage Extension, ISE)

ISE는 통상적인 운송과정에서 중간창고의 보관 등을 위해 보험증권에 명시된 기간 이상으로 보험기간을 연장하는 경우 그 연장기간을 담보하는 조건이다.

즉, 최종 양하항에서 본선에서 하역완료 후 60일이 경과하면 보험자의 책임은 종료하므로 추가보험료를 지불하고 ISE(30 days)를 부보하면 30일이 더 연장 담보되어 본선하역 후 90일까지 담보받을 수 있는 것이다.

이외에도 ISE(60 days), ISE(90 days) 등이 있는데 이 조건은 장기간 장치가 필요하거나 일정기간 동안 보관해 두어야 할 경우에 발생하는 위험을 담보하기 위한 것이다.

4 신협회적하약관상의 담보위험

1) ICC (A) 약관상의 담보위험

1. This insurance covers all risks of loss of or damage to the subject-matter insured except as excluded by the provisions of Clauses 4, 5, 6 and 7 below.

『1. 본 보험은 다음의 제4조, 제5조, 제6조 및 제7조의 규정에 의하여 배재된 위험을 제외하고, 피보험목적물의 멸실 또는 손상에 관한 일체의 위험을 담보한다.』

포괄책임주의 방식을 채택하고 있는 ICC(A) 조건에서는 제4조(일반면책약관), 제5조(불내항 및 부적합면책약관), 제6조(전쟁면책약관), 제7조(동맹파업면책약관)을 제외한, 모든 위험이 보험자의 담보위험(risks covered)이 된다.

2) ICC (B) 약관상의 담보위험

열거책임주의 방식을 채택하고 있는 ICC(B) 조건에서는 제4조(일반면책약관), 제5조(불내항 및 부적합면책약관), 제6조(전쟁면책약관), 제7조(동맹파업면책약관)는 당연히 제외되고, 제1조에서 보험자가 보상하도록 구체적으로 열거되어 있는 위험이 담보위험이 된다.

1. This insurance covers, except as excluded by the provisions of Clauses 4, 5, 6 and 7 below,

1.1 loss of or damage to the subject－matter insured reasonably attributable to
- 1.1.1 fire or explosion
- 1.1.2 vessel or craft being stranded grounded sunk or capsized
- 1.1.3 overturning or derailment of land conveyance
- 1.1.4 collision or contact of vessel craft or conveyance with any external object other than water
- 1.1.5 discharge of cargo at a port of distress
- 1.1.6 earthquake volcanic eruption or lighting

1.2 loss of or damage to the subject-matter insured caused by
- 1.2.1 general average sacrifice
- 1.2.2 jettison or washing overboard
- 1.2.3 entry of sea lake or river water into vessel craft hold conveyance container liftvan or place of storage

1.3 total loss of any package lost overboard or dropped whilst loading on to, or unloading from, vessel.

『1. 이 보험은 다음의 제4조, 제5조, 제6조 및 제7조의 규정에 의하여 배제된 위험을 제외하고, 다음의 멸실 또는 손상에 관한 위험을 담보한다.
1.1 다음의 사유에 합리적으로 기인하는 피보험목적물의 멸실 또는 손상
1.1.1 화재 또는 폭발
1.1.2 본선 또는 부선의 좌초, 교사, 침몰 또는 전복
1.1.3 육상운송용구의 전복 또는 탈선
1.1.4 본선, 부선 또는 운송용구와 물 이외의 타 물체와의 충돌 또는 접촉
1.1.5 피난항에서의 화물의 양하
1.1.6 지진, 화산의 분화 또는 낙뢰
1.2 다음의 사유에 기인하는 피보험목적물의 멸실 또는 손상
1.2.1 공동해손 희생손해
1.2.2 투하 또는 갑판유실
1.2.3 본선, 부선, 선창, 운송용구, 컨테이너, 지게차 또는 보관장소에 해수, 호수 또는 하천수의 유입
1.3 본선 또는 부선에 선적 또는 양하 작업 중 바다나 갑판에 추락한 포장단위 당 전손.』

ICC(B) 조건은 제1조에서 담보위험을 첫째, 다음의 사유에 합리적으로 기인하는 피보험목적물의 멸실 또는 손상 둘째, 다음의 사유에 기인하는 피보험목적물의 멸실 또는 손상 셋째, 본선 또는 부선에 선적 또는 양하작업 중 바다 또는 갑판에 추락한 포장단위당 전손 등 세 가지 항목으로 열거하고 있다.

(3) ICC (C) 약관상의 담보위험

열거책임주의를 채택하고 있는 ICC(C) 조건에서는 제4조(일반면책약관), 제5조(불내항 및 부적합면책약관), 제6조(전쟁면책약관), 제7조(동맹파업면책약관)는 당연히 제외되고 제1조에서 보험자가 부담하도록 열거되어 있는 위험이 담보위험이 된다.

구체적으로 ICC(C) 조건은 제1조에서 보험자가 부담하는 위험을 다음과 같이 두 가지 항목으로 열거하고 있다.

첫째, 위험과 손해간에 상당한 인과관계가 요구되는 위험으로 ① 화재 또는 폭발 ② 본선 또는 부선의 좌초, 교사, 침몰 또는 전복 ③ 육상운송용구의 전복 또는 탈선 ④ 본선, 부선 또는 운송용구와 물 이외의 타 물체와의 충돌 또는 접촉 ⑤ 피난항에서의 화물의 양하 등 다섯 가지의 세목으로 열거하고 있다.

둘째, 단순한 인과관계만을 요구하는 위험으로 공동해손 희생손해와 투하 등 두 가지의 세목으로 열거하고 있다.

따라서 ICC(B) 조건에 열거된 위험 중 ① 지진, 화산의 분화 또는 낙뢰 ② 갑판유실 ③ 본선 또는 부선 등에 해수, 호수 또는 하천수의 유입 ④ 본선 또는 부선에 선적 · 양하 작업 중 바다나 갑판에 추락한 포장단위 당 전손이 ICC(C) 조건에서는 제외되었다.

Risk covered

1. This insurance covers, except as excluded by the provisions of Clauses 4, 5, 6 and 7 below,

1.1 loss of or damage to the subject-matter insured reasonably attributable to

1.1.1 fire or explosion

1.1.2 vessel or craft being stranded grounded sunk or capsized

1.1.3 overturning or derailment of land conveyance

1.1.4 collision or contact of vessel craft or conveyance with any external object other than water

1.1.5 discharge of cargo at a port of distress

1.2 loss of or damage to the subject-matter insured caused by

1.2.1 general average sacrifice

1.2.2 jettison.

〈표 13-1〉 신협회적하약관상의 담보위험 비교

조항	담 보 위 험	(A)	(B)	(C)
제1조	1. 화재 · 폭발	○	○	○
	2. 본선 또는 부선의 좌초, 교사, 침몰 또는 전복	○	○	○
	3. ~~육상운송용구~~의 전복 또는 탈선	○	○	○
	4. 선박, 부선, ~~운송용구~~와 물 이외의 타 물체와의 충돌 · 접촉	○	○	○
	5. 피난항에서의 화물의 양하	○	○	○
	6. 지진, 화산의 분화 또는 낙뢰	○	○	×
	7. 공동해손 희생손해	○	○	○
	8. 투하	○	○	○
	9. 갑판유실	○	○	×
	10. 본선, 부선, 선창, ~~운송용구~~, 컨테이너, 지게차, 보관 장소에 해수나 호수 및 하천수의 유입	○	○	×
	11. 본선 또는 부선에 선적 · 양하작업 중 바다나 갑판에 추락한 포장단위 당 전손	○	○	×
	12. 기타 일체의 위험	○	×	×

5 신협회적하약관상의 면책위험

면책위험(excepted perils, excluded risks)은 법률이나 약관상의 이유로 보험자가 보상책임을 면제받는 위험을 말한다. 면책위험일지라도 특약에 의해 담보되는 전쟁(war)이나 동맹파업(strikes)위험은 '상대적 면책위험'이라 부르고, 공서양속의 관점에서 특약에 의해서도 담보되지 않는 위험은 '절대적 면책위험'이라 부른다.

1) 일반면책약관(General Exclusion Clause)

ICC(A), ICC(B), ICC(C) 조건은 각 제4조에 일반면책위험들을 규정하고 있다.

(1) 피보험자의 고의적인 불법행위

ICC(A), (B), (C) 조건 모두 제4조 제1항에서 '피보험자의 고의적인 불법행위에 기인하는 멸실, 손상 또는 비용(lose, damage or expense attributable to willful misconduct of the Assured)'을 면책위험으로 규정하고 있다. 이 규정에 따라 피보험자의 적극적 행위나 무행위가 고의적으로 작용하여 위험이 발생한 경우에 보험자는 면책된다.

(2) 통상의 누손, 중량 또는 용적의 통상적인 감소 또는 통상적인 자연소모나 마모

ICC(A), (B), (C) 조건 모두 제4조 제2항에서 '피보험목적물의 통상의 누손, 중량 또는 용적의 통상적인 감소, 통상적인 자연소모나 마모(ordinary leakage, ordinary loss in weight or volume, or ordinary wear and tear of the subject-matter insured)'에 기인한 멸실, 손상 또는 비용을 면책위험으로 규정하고 있다.

자연소모는 피보험목적물이 통상적인 사용이나 시간의 경과에 따라 자연적으로 입는 손해를 말한다. 여기에서 통상적이란 말은 물품의 성질이나 물품의 적재와 같은 다양한 원인으로 발생할 수 있는 통상적인 운송상의 손해를 의미한다.

(3) 포장이나 준비의 불충분 또는 부적합

ICC(A), (B), (C) 조건 모두 제4조 제3항에서 '피보험목적물의 포장이나 준비의 불충분 또는 부적합(insufficiency or unsuitability of packing or preparation of the subject-matter insured)에 기인한 멸실, 손상 또는 비용'을 면책위험으로 규정하고 있다.

여기에서 '포장'은 컨테이너나 지게차에 적부하는 것도 포함된다. 다만, 이러한 적부는 이 보험의 개시 전에 행하여지거나 피보험자나 그 사용인에 의하여 행하여지는 경우로 한정된다. 여기에서 포장이 충분한지 또는 적절한지의 문제는 특정거래의 관습에 따라 결정된다.

(4) 피보험목적물의 고유의 하자나 성질

ICC(A), ICC(B), ICC(C) 조건 모두 제4조 제4항에서 '피보험목적물의 고유의 하자나 성질(inherent vice or nature of the subject-matter insured)에 기인한 멸실, 손상 또는 비용'을 면책위험으로 규정하고 있다. 피보험목적물의 고유의 하자는 동종의 다른 피보험목적물에는 존재하지 않고 특정한 피보험목적물에만 존재하는 성질을 말한다.

예를 들어, 어떠한 건물에 폭발물이 보관되어 있거나 어느 지역에 홍수나 해일 등의 위험이 존재한다면 동종의 다른 건물이나 지역에 없는 특별한 위험이 내재되어 있기 때문에 동종의 다른 건물이나 지역에 비하여 피보험목적물에 하자가 있다고 볼 수 있다.

피보험목적물의 성질로 인한 손해란 동종 피보험목적물에 동일하게 존재하는 바람직하지 못한 성질을 말하며 차량의 녹이나 부식, 농산물의 부패 등이 대표적이다.

(5) 지연

ICC(A), ICC(B), ICC(C) 조건 모두 제4조 제5항에서 '지연에 근인하여 발생한 멸실, 손상 또는 비용(loss, damage or expense proximately caused by delay)'을 면책위험으로 규정하고 있다.

따라서 ICC(A), ICC(B), ICC(C) 조건 모두 제8조에 있는 운송약관(transit clause)에 의해 비록 보험의 효력이 지속되더라도, 지연이 피보험자의 통제를 벗어나는 것이라면 피보험자는 그 지연에 근인해서 발생된 어떠한 손해도 보상받을 수 없게 된다.

(6) 선박소유자 등의 도산이나 금전상의 채무불이행

ICC(A), (B), (C) 조건 모두 제4조 제6항에서 '선박의 소유자, 관리자, 용선자 또는 운항자의 도산이나 금전상의 채무불이행(insolvency or financial default of the owners, managers, charterers or operators of the vessel)으로 인하여 발생한 멸실, 손상 또는 비용'을 면책위험으로 규정하고 있다. 이 면책위험은 1963년 약관까지는 명시면책으로 규정되지 않았다가 1982년 약관에서 처음으로 면책위험으로 인정되었다.

(7) 원자핵분열 등

ICC(B), ICC(C) 조건 제4조 제8항(ICC(A) 조건은 제7항)에서 '원자핵분열 및/또는 원자핵융합, 또는 기타 유사한 반응, 또는 방사능이나 방사성 물질을 이용한 일체의 전쟁무기(any weapon of war employing atomic or nuclear fission and/or fusion or other like reaction or radioactive force or matter)의 사용으로 인해 발생한 멸실, 손상 또는 비용'을 면책위험으로 규정하고 있다. 원자핵분열 등의 위험은 위험의 규모가 지나치게 큰 손해이므로 면책위험으로 인정하고 있는 것이다.

(8) 어떤 자나 어떤 자들의 불법행위에 의한 의도적인 손상이나 파괴

ICC(B) 조건과 ICC(C) 조건은 제4조 제7항에서 '어떤 자나 어떤 자들의 불법행위에 의한 피보험목적물 또는 그 일부의 의도적인 손상이나 파괴'를 면책위험으로 규정하고 있다. 이 위험은 ICC(B) 조건과 ICC(C) 조건의 경우에는 면책위험이고 ICC(A) 조건의 경우에는 그렇지 않기 때문에, ICC(B) 조건과 ICC(C) 조건의 경우는 특약이 이루어져야만 보상받을 수 있다.

이 조항은 1983년 협회적하약관에서 신설된 것으로 가해자가 누구든지 그 불법행위에 의하여 의도적으로 화물을 손상 또는 파괴한 경우를 면책한 것이다. 이 조항을 일명 '악의적 손해에 대한 면책조항'이라고도 부른다.

여기에서 '악의적 손해'는 보험계약자 또는 피보험자 이외의 자가 고의로 발생시킨 손해를 말하며, 도난, 발하, 불착손, 해적, 강도, 선원의 악행, 테러, 방화, 고의적인 기계파괴 행위 등이 대표적이다.

ICC(B) 제4조 : General Exclusion Clause

4. In no case shall this insurance cover

4.1 loss, damage or expense attributable to willful misconduct of the Assured

4.2 ordinary leakage, ordinary loss in weight or volume, or ordinary wear and tear of the subject-matter insured

4.3 loss, damage or expense caused by insufficiency or unsuitability of packing or preparation of the subject-matter insured (for the purpose of this Clause 4.3 "packing" shall be deemed to include stowage in a container or liftvan but only when such stowage is carried out prior to attachment of this insurance or by the Assured or their servants)

4.4 loss, damage or expense caused by inherent vice or nature of the subject-matter insured

4.5 loss, damage or expense proximately caused by delay, even though the delay be caused by a risk insured against (except expenses payable under Clause 2 above)

4.6 loss, damage or expense arising from insolvency or financial default of the owners managers charterers or operators of the vessel

4.7 deliberate damage to or deliberate destruction of the subject-matter insured or any part thereof by the wrongful act of any person or persons.

4.8 loss, damage or expense arising from the use of any weapon of war employing atomic or nuclear fission and/or fusion or other like reaction or radioactive force or matter.

2) 불내항 및 부적합면책약관

(1) 의의

선박이나 부선 등은 통상적인 항해과정에서 발생하는 위험을 견딜 수 있는 내항성 또는 감항성(seaworthiness)을 갖추고 있어야 하며 선박 등이 화물의 운송에 사용되는 경우에는 화물운송을 위한 적합성(fitness)도 갖추고 있어야 한다.

불내항 및 부적합이란 선박 등이 위험 개시의 시점에서 항해의 위험에 견딜 수 있을 정도로 견고하지 못하거나 적합하지 못한 상태를 말한다.

다만 이 면책약관에서는 불내항과 부적합이 인지되었음에도 피보험자가 본선 등에 화물을 선적하는 경우에 발생하는 손해만을 보험자가 면책되도록 규정하고 있다.

(2) 범위

ICC(A), ICC(B), ICC(C) 조건 제5조는 모두 어떠한 경우에도 보험자는 첫째, 본선 또는 부선의 불내항 둘째, 본선, 부선, 운송용구, 컨테이너 또는 지게차가 피보험목적물의 안전한 운송을 위해 부적합으로 인하여 발생한 멸실, 손상, 또는 비용을 보상하지 않는다고 규정하고 있다. 다만, 이 규정의 적용은 피보험자나 그 사용인이 피보험목적물을 해당된 운송용구에 적재할 때 그러한 불내항 및 부적합을 알고 있는 경우로 한정하고 있다.

특히 적하보험의 경우 피보험자는 선박 등의 내항성이나 적합성을 통제할 수 있는 입장이 아니기 때문에, 비록 선박이나 부선 등이 내항성을 상실하여 화물에 손해를 입혔다고 하더라도 피보험자가 그러한 불내항성을 알고 있지 않는 한 보험자는 내항성에 대한 묵시담보의 위반을 이유로 보상을 거절할 권리를 포기하는 것은 당연하다.

ICC(A) 제5조 : Unseaworthiness and Unfitness Exclusion Clause

5.1 In no case shall this insurance cover loss, damage or expense arising from unseaworthiness of vessel or craft, unfitness of vessel craft conveyance container or liftvan for the safe carriage of the subject-matter insured, where the Assured or their servants are privy to such unseaworthiness or unfitness, at the time the subject-matter insured is loaded therein.

『5.1 어떠한 경우에도 이 보험은 다음 사항으로 인하여 발생한 멸실, 손상, 또는 비용을 담보하지 아니한다. 본선 또는 부선의 불내항, 본선, 부선, 운송용구, 컨테이너 또는 지게차가 피보험목적물의 안전한 운송을 위한 부적합. 다만 피보험자 또는 그 사용인이 피보험목적물을 해당된 운송용구에 적재할 때 그러한 불내항 또는 부적합을 알고 있는 경우에 한한다.』

3) 전쟁면책약관

전쟁면책약관(War Exclusion Clause)은 보험자의 전쟁위험에 대한 면책내용을 규정하고 있는 약관이다. 즉, 군함 등의 전쟁행위나 군사행동의 결과로 발생한 손해는 보험자가 면책된다는 내용을 규정하고 있는 약관이 전쟁면책약관이다.

구체적으로 ICC(A), ICC(B), ICC(C) 조건 제6조는 ① 전쟁, 내란, 혁명, 반역, 반란, 이로 인해 발생하는 국내투쟁, 교전국에 의하거나 교전국에 대하여 가해진 일체의 적대행위 ② 포획, 나포, 강류, 억지, 억류, 그리고 이러한 행위의 결과 또는 이러한 행위의 시도 ③ 유기된 기뢰, 어뢰, 폭탄 또는 기타의 유기된 전쟁무기에 기인하여 발생한 멸실, 손상, 비용은 보험자가 보상하지 않는다고 규정하고 있다.

ICC(A) 제6조 : War Exclusion Clause

6. In no case shall this insurance cover loss, damage or expense caused by
   6.1 war, civil war, revolution, rebellion, insurrection, or civil strife arising therefrom or any hostile act by or against a belligerent power
   6.2 capture, seizure, arrest, restraint or detainment(piracy excepted), and the consequences thereof or any attempt thereat
   6.3 derelict mines, torpedoes, bombs or other derelict weapons of war.

협회적하약관에서 만약 제6조가 없다면 ICC(A) 조건의 경우에는 보험자가 전쟁위험을 부담하는 것이 되며, ICC(B) 조건과 ICC(C) 조건의 경우에는 담보위험에 전쟁위험이 열거되어 있지 않기 때문에 보험자가 전쟁위험을 부담하지 않는 결과가 된다.

특이한 점은 Lloyd's S.G. Policy상의 포획과 나포 부담보약관(Free From Capture and Seizure)이 1982년 및 2009년 ICC에서는 'War Exclusion Clause'로 명칭이 변경된 것이다.

다만, ICC(A) 조건은 전쟁위험의 범위에서 해적행위를 제외시켜 이를 다시 해상위험으로 취급하였다는 점이 ICC(B) 및 ICC(C)와 차이가 난다.

따라서 해적행위는 ICC(A) 조건에서는 보험자가 부담하지만, ICC(B) 조건이나 ICC(C) 조건에서는 담보하지 않는다.

전쟁위험은 보험의 성격상 면책위험에 속하는 것이다. 그러나 이것은 특약이 가능한 상대적 면책위험이기 때문에 피보험자가 전쟁위험을 담보받기 위해서는 추가로 협회전쟁약관(Institute War Clauses [Cargo])을 특약해야 한다.

4) 동맹파업면책약관

동맹파업면책약관(Strikes Exclusion Clause)은 동맹파업, 폭동, 소요, 테러리스트 등의 손해는 보험자가 면책된다는 내용을 규정하고 있는 약관이다.

ICC(A), ICC(B), ICC(C) 조건 제7조는 ① 동맹파업자, 직장폐쇄노동자 또는 노동쟁의, 폭동, 소요에 가담한 자에 기인하여 발생하거나 그 결과로 발생한 것 ② 일체의 테러행위에 의한 것 즉, 합법적 또는 불법적으로 설립된 일체의 정부를 무력 또는 폭력으로 전복 또는 영향력을 미치기 위하여 행동하는 조직을 대신하여 또는 그 조직과 연대하여 행동하는 자의 행위에 의한 것 ③ 정치적, 사상적 또는 종교적 동기를 가지고 행동하는 어떤 자에 의해 발생한 멸실, 손상 또는 비용은 보험자가 보상하지 않는다고 규정하고 있다.

ICC 제7조 : Strikes Exclusion Clause

7. In no case shall this insurance cover loss, damage or expense
   - 7.1 caused by strikers, locked-out workman, or persons taking part in labour disturbances, riots, civil commotions
   - 7.2 resulting from strikes, lock-outs, labour disturbances, riots or civil commotions
   - 7.3 caused by act of terrorism being an act of any person acting on behalf of, or in connection with, any organization which carries out activities directed towards the overthrowing or influencing, by force or violence, of any government whether or not legally constituted.
   - 7.4 caused by any person acting from a political, ideological or religious motive.

협회적하약관에서 만약 제7조가 삭제된다면 ICC(A) 조건은 보험자가 동맹파업위험을 부담하는 것이 되며, ICC(B) 조건과 ICC(C) 조건은 담보위험에 동맹파업위험이 열거되어 있지 않기 때문에 보험자가 동맹파업위험을 부담하지 않는 결과가 된다.

동맹파업위험은 보험의 성격상 면책위험에 속하는 것이다. 그러나 이것은 특약에 의해 보상받을 수 있는 상대적 면책위험이기 때문에 피보험자가 동맹파업위험을 담보받기 위해서는 추가로 협회동맹파업약관(Institute Strikes Clauses [Cargo])을 특약해야 한다.

한편, 본 약관에서는 어떠한 폭력주의자 또는 정치적인 동기를 가지고 행동하는 자에 의한 손해로 한정하고 있다. 따라서 악의에 의한 손해를 보상하는 ICC(A) 조건을 제외하고 ICC(B) 조건이나 ICC(C) 조건의 경우는 그러한 동기나 행동이 아니라 일반적인 악의적 행위에 의한 손해를 보상받으려면 별도로 특약해야 한다.

〈표 13-2〉 영국 해상보험법(MIA)와 협회적하약관의 면책위험 비교

면 책 위 험	MIA 법정 면책	ICC 일반 면책
1. 피보험자의 고의적인 불법행위	○	○
2. 지연	○	○
3. 자연소모	○	○
4. 통상의 누손	○	○
5. 통상의 파손	○	×
6. 중량 및 용적의 통상의 멸실(부족분)	×	○
7. 피보험목적물의 고유의 하자나 성질	○	○
8. 쥐 또는 벌레	○	×
9. 기계장치의 손해	○	×
10. 포장의 불완전 및 부적합	×	○
11. 선주 등의 도산	×	○
12. 원자핵분열 등	×	○

〈표 13-3〉 신협회적하약관상의 면책위험

약관 조항	면 책 위 험	(A)	(B)	(C)
제4조	1. 피보험자의 고의적인 불법행위	×	×	×
	2. 통상의 누손, 중량 또는 용적의 통상적인 감소 또는 자연소모나 마모	×	×	×
	3. 포장이나 준비의 불충분 또는 부적합	×	×	×
	4. 피보험목적물의 고유의 하자나 성질	×	×	×
	5. 지연	×	×	×
	6. 선박소유자·관리자·용선자 또는 운항자의 도산 또는 금전상의 채무불이행	×	×	×
	7. 어떤 자나 어떤 자들의 불법행위에 의한 의도적인 손상이나 파괴	○	×	×
	8. 원자핵무기 등에 의한 손해	×	×	×
제5조	9. 불내항 및 부적합	×	×	×
제6조	10. 전쟁	×	×	×
제7조	11. 동맹파업	×	×	×

Keys to the Lesson

1. ICC (B) : 협회적하약관(B), 협회적하약관(B) 조건

1) Please effect insurance for USD 50,000.00 on our goods on ICC(A) terms from Pusan to Sydney and let us know the lowest premium rate.
   ➡ 부산에서 시드니까지 협회적하약관 (A) 조건으로 당사의 물품을 미화 5만 불에 대하여 보험을 부보하여 주시고 최저의 보험료를 알려 주십시오.
2) 100상자의 양복천 재료에 대하여 전쟁위험 및 동맹파업, 폭동 및 소요위험을 포함한 ICC(A) 조건으로 미화 2십만 불을 부보하여 주십시오.
   ➡ Please insure USD 200,000 for 100 cases of suiting materials against ICC(A) including War Risk and SRCC.
3) All shipments are to be covered on ICC(C), including War Risks for the invoice amount plus ten per cent.
   ➡ 선적되는 모든 물품은 송장금액에 10%를 가산한 금액으로 전쟁위험을 포함하여 ICC(C) 조건으로 부보되어야 한다.

① ICC(Institute Cargo Clause) : 협회적하약관
IWC(Institute War Clause) : 협회전쟁약관
ISC(Institute Strikes Clause) : 협회동맹파업약관
SRCC(Strikes, Riots and Civil Commotions) : 동맹파업, 폭동 및 시민소요
TPND(Theft, Pilferage and Non-delivery) : 도난 · 발하 및 불착
② insure against ~ : ~에 대해 보험에 들다(=cover against), ~조건으로 부보하다.
③ on ~ : ~기준으로, ~조건으로(=on the basis of)
④ including War Risks : 전쟁위험을 포함하여

2. make out the Insurance Policy : 보험증권을 작성하다.

1) 귀사께서 보험증권을 기꺼이 잘 작성하시어 당사에 보내 주시기 바랍니다.
   ➡ We hope that you will be good enough to make out the Insurance Policy and send it to us.
2) 당사는 귀사의 신청서에서 언급하신 대로 보험증권을 작성하였습니다.
   ➡ We have made out the Insurance Policy as mentioned in your Application.
3) 당사는 언급하신 대로 보험증명서를 작성하였습니다.
   ➡ We have made out the Insurance Certificate as mentioned

① Insurance Policy : 보험증권, Insurance Certificate : 보험증명서
Cover Note : 부보각서, 보험인수증, 부보인수증
a Declaration under an Open Cover : 예정보험하에서 확정통지서
② make out : (서류 등을) 작성하다, 기초하다(=write out).
③ as mentioned in ~ : ~에서 언급한대로, ~대로(=as per)
④ in your Application : 귀사의 신청서에

3. Insurance Documents : 보험서류

1) 런던까지 귀사의 기선에 적재된 소맥에 대해 미화 오만 일천 달러의 부보각서를 동봉합니다.
   ➡ We inclose the Cover Note for US$51,000 on wheat by your steamer to London.
2) Insurance documents must appear on their face to be issued and signed by insurance companies or underwriters or their agent or their proxies.
   ➡ 보험서류는 문면상 보험회사, 보험업자 또는 그 대리인이나 대리업자가 발행하고 서명한 것으로 표시되어야 한다.
3) 신용장에 별도로 약정되지 않는 한, 보험서류는 신용장과 동일한 통화로 표시되어야 한다.
   ➡ Unless otherwise stipulated in the credit, the insurance document must be expressed in the same currency as the credit.

주 ① must appear on their face to be issued and signed by ~ : ~에 의해 발행되고 서명된 것으로 문면상에 나타나야 한다.
② an insurance company, an underwrite or their agents or their proxies : 보험회사, 보험업자 또는 그 대리인이나 그 대리업자

4. for the invoice amount plus ten percent : 송장금액에 10%를 가산한 금액으로

1) All shipments are to be covered on ICC(B) including War, SRCC and TPND Risks for the invoice amount plus ten percent.
   ➡ 모든 선적품은 송장금액에 10%를 가산한 금액으로 전쟁위험과 동맹파업 · 폭동 · 소요 및 도난 · 발하 · 불착위험을 포함하여 협회적하약관 (B)조건으로 부보되어야 한다.
2) Marin cargo insurance : All shipments are to be covered on against All Risks including war Risks for the invoice amount plus 10%, if no other conditions are particularly agreed on.
   ➡ 해상적하보험 : 다른 별도의 조건이 합의되어 있지 않는 한 모든 선적품은 전쟁위험을 포함하여 송장금액에 10%를 가산한 금액으로 전위험담보조건으로 부보되어야 한다.

주 ① for the invoice amount plus ten percent = for the invoice amount plus 10%

5. at the rate of ~ percent : ~%의 요율(=비율)로 하여

1) 당사는 협회적하약관 (B) 조건으로 하고 보험요율 10%로 하는 미화 50,000불에 대한 해상보험계약 신청서를 동봉하여 보내드립니다.
   ➡ We enclose an Application of Marine Insurance Contract for US$ 50,000 at the rate of 10 percent ICC(B).
2) In compliance with your inquiry of yesterday, we wish to quote you the insurance rate at 1.8% for WA 5% including war risk.
   ➡ 어제 귀사의 문의에 따라, 당사는 전쟁위험을 포함하여 5%의 분손담보조건으로 1.8%의 보험료를 귀측에 견적으로 제시하고자 합니다.

주 ① at the rate of ~ : ~의 요율로 하여, ~의 비율로

사례 42 : 보험회사에 보험료를 문의하는 서신

INTERNATIONAL SEOUL TRADING CO., LTD.
Number 15 DongBang Bldg
310 Teheran-ro, Kangnam-ku, Seoul Korea, 06211

October 4, 2026

Gentlemen :

We will ship 500 dozen of 100% cotton shirts for Men, by the S/S "Ever Green V-47" which is due to sail from Busan on or about October 25 to New York.

We therefore ask you to quote us your lowest rate for ICC(B) including War, SRCC and TPND risk on the shipment of the goods, valued at US$ 60,000 by the vessel referred to. Your prompt reply to this letter would be highly appreciated.

Yours truly,

주
① be due to ~ : ~할 예정인
② quote us your lowest rate for ~ : ~대한 귀사의 최저요율을 견적해 주십시오.
③ value at ~ : ~가격에 대한, ~에 상당한 금액, ~에 해당하는 금액

사례 43 : 보험료 문의서신에 대한 회신

MERITZ Fire & Marine Insurance Co., Ltd.
382, Kangnam-Daero, Kangnam-Ku, Seoul, Korea.

Gentlemen :

In response to your letter of October 4, we are glad to quote you the rate of Marine Insurance at 0.24 percent for a total cover of US$ 60,000 for 100% Cotton Shirts for Men. Considering the rates quoted by our competitors, you will find that the rate we are offering is exceptionally low.

All shipments are to be covered on ICC(B) including War, SRCC and TPND Risks for the invoice amount plus ten percent, and the Insurance Policy is to be made out in US Dollars and claims payable at New York. We enclose a Declaration Form and look forward to receiving it filled out by you if this rate is satisfactory to you.

Yours truly,

Enclosure : a Declaration Form

주
① it filled out = the declaration form which was filled out
② a Declaration Form : 확정통지서 양식

사례 44 : 보험회사의 해상보험계약 청약서 동봉 서신

Gentlemen :

In confirmation of our conversation by telephone this morning, we enclose an Application for Marine Insurance Contract for US$ 60,000 on five hundred (500) dozen of our 100% Cotton Shirts for Men at the rate of 0.24 percent for ICC(B) including War, SRCC and TPND Risks.

We hope that you will be good enough to make out the Insurance Policy and copies as mentioned in the Application, and send them to us as soon as possible.

Yours truly,

Inc. 1 Application for Marine Insurance.

MERITZ Fire & Marine Insurance Co., Ltd.
Seoul, Korea.

주
① in confirmation of ~ : ~에 대한 확약으로, ~을 확인하고자
② conversation by telephone : 전화통화
③ Application for Marine Insurance contract : 해상보험계약 청약서(=신청서)
④ we hope that you will be good enough to ~ : ~해 주시기 바랍니다.
⑤ be good enough to make out ~ : ~을 기꺼이 작성하다.

사례 45 : 보험회사의 부보회신

Gentlemen :

As you requested in your letter of October, 4, we have effected an insurance for 500 dozen of 100% cotton shirts for Men, valued at US$60,000 at the rate of 0.24 percent quoted, from Busan to New York, ICC(B) including War, SRCC and TPND risks.

We will let you have the policy with the statement of premium in a few days, and please remit the amount to our accounting department as soon as possible.

Very truly yours,

주
① the policy : 보험증권(=insurance policy)
② the statement of premium : 보험료 명세서, 보험료 내역서
③ remit : 송금하다.
④ to our accounting department : 당사의 회계부서에게

해상보험에 흔히 사용되는 문장

1. We hope you will send us your Insurance Policy in duplicate.
   - 귀사의 보험증권 2통을 당사에게 보내주시길 희망합니다.

2. We please quote us your lowest rate for marine insurance on ICC(C) for a shipment of 100 cases of refrigerated canned goods, valued at USD 60,000 by the S/S 'Dolphin' from Busan to Los Angeles.
   - 부산에서 로스앤젤레스로 떠나는 기선 '돌핀 호' 편으로 6만 달러에 해당하는 냉동 캔 제품 100 상자의 선적물품을 협회적하약관(C) 조건으로 해상보험에 대한 귀하의 최저 요율을 견적하여 주십시오.

3. Please quote your best rate if you can arrange to cover this shipment.
   - 본 선적을 결제하기 위해 귀사가 체결할 수 있는 최저율을 견적하여 주십시오.

4. We wish to insure the following consignments against ICC(B) including TPND, and SRCC for the sum of USD 10,000.
   - 미화 1달러를 보험금액으로 하여 도난·발하·불착위험과 동맹파업·폭동·소요위험을 포함한 협회적하약관(B) 조건으로 다음 선적품을 부보하여 주시기 바랍니다.

5. We insured 5,000 dozen of raw cotton for A/R, in which the risks of T/S and ITE are also covered.
   - 당사는 원면 5천 타(打)를 전위험 담보조건으로 부보했으며 이 조건에서는 환적 및 내륙운송연장 위험도 담보됩니다.

6. As we are satisfied with the rate quoted, please insure for 60,000 USD on ICC(C).
   - 당사로서는 견적요율에 만족하오니 대해 ICC(C) 조건으로 60,000불의 보험을 부보하여 주십시오.

7. Please quote us your lowest rate for marine insurance, ICC(B) including War Risk on a shipment of 10 Cases of dried cuttlefish, valued at US$ 23,000 per s/s 'Cosmos' from Pusan to Manila, Philippines.
   - 부산에서 필리핀의 마닐라로 가는 기선 '코스모스 호' 편으로 개당 23,000달러의 가치가 있는 마른 오징어 10상자의 선적품에 대해 전쟁위험을 포함하여 협회적하약관(B) 조건으로 해상보험에 대한 귀하의 최저 요율을 견적하여 주십시오.

8. We are pleased to inform you that in accordance with your request we have effected the insurance for $50,000 ICC(B), on 3,000 bales of Raw Cotton.
   - 당사는 귀사의 요청에 따라 원면 3천 베일에 대해 ICC(B) 조건으로 금액 5만 달러의 보험을 체결하였음을 통지해 드립니다.

Advanced English for Trade Practice

1. A contract of marine insurance is a contract whereby the insurer undertakes to indemnify the assured, in manner and to the extent thereby agreed, against marine losses, that is to say, the losses incident to marine adventure.(MIA 제1조)
   - 해상보험계약이란 보험자가 그 계약에 의해 합의한 방법과 범위 내에서 해상손해, 즉 해상사업에 수반되는 손해에 대하여 피보험자에게 손해보상을 약속하는 계약이다.

2. A contract of marine insurance may, by its express terms, or by usage of trade, extended so as to protect the assured against losses on inland waters or on any land risk which may by incidental to any sea voyage.(MIA 제2조)
   - 해상보험계약은 명시적인 조건이나 무역관행에 의하여 피보험자를 보호하기 위해 해상항해에 수반될 수 있는 내륙수로 또는 일체의 육상위험의 손해까지 확장될 수 있다.

3. Maritime perils means the perils consequent on, or incidental to, the navigation the seam that is to say, perils of the seas, fire, war, perils, pirates, rovers, thieves, captures, seizures, restraints, and detainment's of princes and peoples, jettisons, barratry, and any other perils, either of the like kind or which may be designated by the policy.
   - 해상위험은 바다의 항해에 기인하거나 부수하는 위험을 의미하며, 즉 바다의 위험, 화재, 전쟁위험, 해적, 강도, 절도, 포획, 나포, 군주와 국민의 억류 및 억지(抑止), 투하, 선원의 악행, 및 이와 동종의 또는 보험증권에 기재되는 일체의 기타 위험을 말한다.(MIA 제3조)

4. Every contract of marine insurance by way of gaming or wagering is void.(MIA 제4조)
   - 사행 또는 도박을 목적으로 하는 모든 해상보험계약은 무효이다.

5. The assured must be interested in the subject- matter in insured at the time of the loss thought need not be interested when the insurance is effected.(MIA 제6조)
   - 피보험자는 보험계약이 체결될 때 피보험목적물에 이해관계를 가질 필요는 없지만 손해 발생시에는 반드시 피보험목적물에 이해관계를 가져야 한다.

6. A contract of marine insurance is a contract based upon the utmost good faith, and the utmost good faith be not observed by either party, the contract may be avoided the other party.(MIA 제17조)
   - 해상보험계약은 최대선의를 기초로 한 계약이며, 따라서 당사자 일방이 최대선의를 지키지 않으면 타방은 그 계약을 취소할 수 있다.

7. The assured must disclose to the insurer, before the contract is concluded, every material circumstance which is know to the assured, and the assured is deemed to know every circumstance which, in the ordinary course of business, ought to be known by him. If the assured fails to make such disclosure, the insurer may avoid the contract.
   - 피보험자는 자기가 알고 있는 모든 중요사항을 계약이 성립되기 전에 보험자에게 고지해야 하며 피보험자는 통상의 업무상 마땅히 알아야 하는 모든 사항을 알고 있는 것으로 간주한다. 피보험자가 그러한 고지를 하지 않은 경우에는 보험자는 계약을 취소할 수 있다.(MIA 제18조)

8. Every circumstance is material which would influence the judgment of a prudent insurer in fixing the premium, or determining whether he will take the risk. (MIA 第18조)
   - 보험료를 결정하거나 위험의 인수 여부를 결정하는데 있어 신중한 보험자의 판단에 영향을 미치는 모든 사항은 중요사항이다.

9. The assured must disclose to the insurer, before the contract is concluded, every material circumstance which is know to the assured. (MIA 제18조)
   - 피보험자는 자기가 알고 있는 모든 중요사항을 계약이 체결되기 전에 보험자에게 고지하여야 한다.

10. A contract of marine insurance is deemed to be concluded when the proposal of the assured is accepted by the insurer, whether the policy be then issued or not.
    - 해상보험계약은 보험증권의 발행 여부와 관계없이 피보험자의 청약이 보험자에 의해 승낙된 때 성립한 것으로 간주한다. (MIA 제21조)

11. A contract of marine insurance is inadmissible in evidence unless it is embodied in a marine policy in accordance wit this Act. The policy may be executed and issued either at the time when the contract is concluded, or afterwards. (MIA 제22조)
    - 해상보험계약은 본법에 따라 해상보험증권에 구현되지 않는 한 증거로서 인정되지 않는다. 보험증권은 계약이 성립된 때 또는 그 후에 작성되고 발행될 수 있다.

12. A marine policy must be signed by or on behalf of the insurer. (MIA 제24조)
    - 해상보험증권은 반드시 보험자에 의해 서명되거나 보험자를 대리하여 서명되어야 한다.

13. An express warranty must be included in, or written upon, the policy, or must be contained in some document incorporated by reference into the policy. (MIA 제35조)
    - 명시담보는 반드시 보험증권에 포함되거나 또는 기재되거나, 또는 보험증권 내의 언급에 의해 보험증권의 일부인 서류에 포함되어 있어야 한다.

14. In a voyage policy there is an implied warranty that at the commencement of the voyage the shop shall be seaworthy for the purpose of the particular adventure insured.
    - 항해보험증권에서는 항해의 개시시에 선박은 보험에 가입된 특정한 해상사업의 목적을 위하여 내항성이 있어야 한다는 묵시담보가 있다. (MIA 제39조)

15. There is an implied warranty that the adventure insured is a lawful one, and that, far as the assured con control the matter, the adventure shall be carried out in a lawful manner. (MIA 제41조)
    - 피보험해상사업은 적법한 사업이어야 하고, 피보험자가 사정을 지배할 수 있는 한 그 해상사업은 적법한 방법으로 수행되어야 한다는 묵시담보가 있다.

16. Where, after the commencement of the risk, the destination of the ship is voluntarily changed form the destination contemplated by the policy, there is said be a change of voyage. (MIA 제45조)

‣ 위험의 개시 후 선박의 목적지가 보험증권에 의해 예정된 목적지로부터 임의로 변경되는 경우에, 항해의 변경이라고 한다.

17. The duty of the assured or his agent to pay the premium, a the duty of the insurer to issue the policy to the assured or his agent, are concurrent conditions.(MIA 제52조)

‣ 피보험자 또는 그 대리인의 보험료의 납부의무와 피보험자 또는 그 대리인에 대한 보험자의 보험증권의 발급의무는 동시조건이다.

18. Where the subject-matter insured is destroyed, or so damaged as to cease to be thing of the kind insured, or where the assured is irretrievably deprived thereof, there is an actual total loss.(MIA 제57조)

‣ 피보험목적물이 파괴되거나 또는 보험에 가입된 종류의 물건으로서 존재할 수 없을 정도로 손상을 입은 경우, 또는 피보험자가 회복할 수 없도록 피보험목적물의 점유를 박탈당하는 경우에, 현실전손이 있다.

19. Where there is a constructive total loss assured may either treat the loss as a partial loss, or abandon the subject-matter insured to the insurer and treat the loss as if it were an actual total loss.(MIA 제61조)

‣ 추정전손이 존재하는 경우에, 피보험자는 그 손해를 분손으로 처리할 수도 있고, 피보험목적물을 보험자에게 위부하고 그 손해를 현실전손의 경우에 준하여 처리할 수도 있다.

20. If he is to do so the loss can only be treated as a partial loss.(MIA 제62조)

‣ 만약 피보험자가 위부의 통지를 하지 못하면 그 손해는 오로지 분손으로만 처리될 수 있다.

21. A particular average loss is a partial loss of the subject-matter insured, cause by a peril insured against, and which is not a general average loss.(MIA 제64조)

‣ 단독해손손해는 피보험위험으로 인하여 발생한 피보험목적물의 분손이며 공동해손손해가 아닌 분손이다.

22. A general average loss is loss caused by or directly consequential on a general average act. It includes a general average expenditure as well as a general average sacrifice.

‣ 공동해손손해는 공동해손행위로 인한 손해 또는 공동해손행위의 직접적인 결과로서 발생하는 손해이다. 공동해손손해는 공동해손비용은 물론 공동해손희생을 포함한다.(MIA 제66조)

23. Expenses incurred for the purpose of averting or diminishing any loss not cover by the policy are not recoverable under the suing and labouring clause. It is the duty of the assured and his agents, in all cases, to take such measure as may be reasonable for the purpose of averting or minimizing a loss.(MIA 제78조)

‣ 보험증권에 부담하지 않는 어떠한 손해를 피하거나 경감할 목적으로 지출한 비용은 손해방지약관에 의해 보상될 수 없다. 손해를 피하거나 최소화하기 위해 합리적인 조치를 취하는 것은 모든 경우에 있어서 피보험자와 그의 대리인의 의무이다.

24. The term 'perils of the seas' refers only to fortuitous accidents or casualties of the seas. It does not include the ordinary action of the winds and waves.(MIA 부록 7조)
    - '해상 고유의 위험'이란 말은 해상의 우연(偶然)한 사고나 재해만을 말하며 풍파의 통상적인 작용은 포함하지 않는다.

25. The term 'pirates' includes passengers who mutiny and rioters who attack the ship from the shore.(MIA 부록 8조)
    - '해적'이란 말은 폭동을 일으키는 여객 및 육상으로부터 선박을 공격하는 폭도를 포함한다.

26. The term 'thieves' does not cover clandestine theft or a theft committed by any one of the ship's company, whether crew or passengers.(MIA 부록 9조)
    - '강도'란 말은 은밀한 절도를 포함하지 않으며 또한 선원이던 여객이든지를 불문하고 승선자에 의한 절도는 포함하지 않는다.

27. The term 'arrests, &c., of kings, princes, and people' refers to a political or executive acts, and does not include a loss caused by riot or by ordinary judicial process.
    - '국왕, 왕후 및 인민의 강류 또는 기타'라는 말은 정치적 또는 행정적 행위를 지칭하는 것이며 폭동이나 또는 통상의 재판과정에서 발생하는 손해를 포함하는 것은 아니다.(MIA 부록 10조)

28. The term 'barratry' includes every wrongful act wilfully committed by the master or crew to the prejudice of the owner, or, as the case may be, the charterer.(MIA 부록 11조)
    - '선원의 악행'이란 말은 선주와 경우에 따라서는 용선자에게 손해를 끼치는 선장 및 선원의 고의에 의한 모든 위법행위를 포함한다.

29. The term 'all other perils' includes only perils similar in kind to the perils specifically mentioned in the policy.(MIA 부록 12조)
    - '기타 모든 위험'이란 말은 보험증권에 구체적으로 열거된 위험과 유사한 종류의 위험만을 포함한다.

30. The term 'average unless general' means a partial loss of subject-matter insured other than a general average loss, and does not include 'particular charges'.(MIA 부록 13조)
    - '공동해손이 아닌 손해'라는 말은 공동해손 이외의 피보험목적물의 분손을 의미하며 '특별비용'을 포함하지 않는다.

31. The term 'ship' includes the hull, materials and outfit, stores and provisions for the officers and crew, and also, in the case of a steamship, the machinery, boilers, and coals and engine stores, if owned by the assured.(MIA 부록 15조)
    - '선박'이란 말은 선체, 선박자재, 의장구, 고급선원이나 보통선원의 용품과 식료품을 포함하며, 기선은 기계, 기관과 피보험자의 소유에 속하는 석탄과 기관용 소모품도 포함한다.

32. The term 'freight' includes the profit derivable by a shipowner from the employment of his ship to carry his own goods or moveables, as well as freight payable by a third party.
    - '운임'이란 말은 제3자에 의해 지급되는 운임 이외에 선주가 자기의 선박을 이용하여 자기의 화물이나 동산을 운송하는 경우 취득하는 이윤을 포함한다.(MIA 부록 16조)

Glossary of Trade Practice

1. Abandonment : In marine insurance, giving up title to partly destroyed property to the insurers.

2. Actual Total Loss : The cargo has been totally lost, or has been damaged to the extent that it has lost its original usage.

3. Average Adjuster : An expert in loss settlement in marine insurance, particularly with regard to hulls and hull interests as well as general average.

4. Barratry : The intentional misconduct of the ship's master or crew includes theft, intentional casting away of vessel, or breach of trust.

5. Captain's Protest : A written sworn statement of the master of a vessel to the effect that damage suffered by the ship during the voyage was caused by storm or other peril of the sea, without any negligence or misconduct on his own part.

6. Damages : ① A loss of harm to a person or their property.
② The pecuniary compensation of indemnity which may be recovered by any person who has suffered loss, detriment of injury to his person, property of rights through the unlawful act, omission, of negligence of another.

7. Freight : The cost of transporting the goods from the consignor's premises to the consignee's premises and is wither pre-paid or payable at destination. In most cases, if the freight is advanced or pre-paid, it is not returnable even if the goods are lost and not delivered.

8. Floating Policy : An insurance policy where the name or names of the ships, the commodities of cargo, the specific amounts and ports of loading and discharging of every voyage are not specified.

9. Free Particular Average Loss : A loss which is not a total loss, and towards which there is no liability upon the other interests involved in the adventure to contribute.

10. General Average : ① Loss that affects all cargo interests on board a vessel as well as the ship, there may be sacrificed(thrown overboard) any cargo or supplies or ships' furnishings, and any expense incurred necessary to save the ship. If the vessel is saved, all cargo owners, ship owner, and owners of the freight revenue share pro rata in loss.
② A partial and deliberate sacrifice of the ship, freight, cargo, or the additional expense incurred to rescue a ship and its cargo from impeding danger or for the common safety of the adventure under a peril of the sea or some other hazards.

Chapter **14**

서류의 정비

Preparation of Documents

1 무역서류의 구분

1) 기본서류와 기타서류의 구분

무역거래에서 서류는 어느 경우에나 반드시 필요한 기본서류(main documents)와 필요한 경우에 요구되는 기타서류(other documents)로 구분된다.

3대 기본서류는 운송서류, 보험서류, 그리고 상업송장이다. 그런데 결제할 때 환어음에 첨부되어야 하는 기본서류는 그 계약조건이 무엇인가에 따라 달라진다.

CIF계약에서 기본서류는 운송서류와 보험서류, 상업송장이며, FOB계약에서는 매수인이 부보하기 때문에 선하증권을 포함한 운송서류와 상업송장이 기본서류가 된다.

기타서류는 포장명세서, 영사송장, 세관송장, 검사증명서, 중량증명서, 품질증명서 등이 있다. 기타서류는 모든 거래에 반드시 필요한 서류는 아니기 때문에 계약서나 신용장에서 요구하고 있는 경우에만 제공하면 된다.

2) 서류의 작성자에 따른 구분

무역서류는 서류의 작성자를 기준으로 수출자 자신이 직접 작성해야 하는 서류와 관련기관(선사, 보험회사, 기타 기관 등)이 작성 및 발행하는 서류가 있다.

전자에 해당되는 것은 상업송장, 환어음, 포장명세서 등이며, 후자에 해당되는 것은 운송서류, 보험서류, 원산지증명서, 세관송장, 영사송장, 검사증명서 등이다.

3) 원본과 사본의 구분

계약서나 신용장에서는 원본서류의 제시를 요구하는 경우가 많다. 문제는 어떠한 서류가 원본(original)인가 하는 것이다.

원본서류는 서류 자체에 원본, 즉 'Original'이라는 표시와 함께 발행자의 서명이 있어야 하며, 서명은 육필, 천공, 스탬프, 기계 및 전자방식으로 이루어져도 무방하다.

UCP 600에서는 운송서류나 보험서류 등 핵심서류를 제외한, 기타서류는 신용장에서 여러 통을 요구할 경우에도 1통의 원본에 나머지는 사본서류로 충당하여도 좋다고 규정하고 있다.

2 운송서류

1) 운송서류의 의의

운송서류(transport document)는 운송인이 하주와 운송계약을 체결하고 화물을 본선에 적재·발송·수탁하였음을 증명하기 위하여 발행하는 서류를 말한다.

이를 '선적서류(shipping document)'라 부르기도 하지만 신용장통일규칙(UCP)는 공식적으로 '운송서류'라는 용어를 사용하고 있다. 가장 대표적인 운송서류는 선하증권(B/L)이다.

2) 운송서류의 중요성

추심결제나 신용장결제의 경우에는 매도인이 계약화물을 선적한 후 매수인이나 신용장 발행은행 앞으로 환어음을 발행하고, 여기에 환어음의 담보가 되는 운송서류를 첨부하여 외국환은행을 통해 대금을 추심 및 매입하게 된다. 이 경우 수출자는 계약상의 당연한 의무로서 계약물품의 인도를 입증하는 서류들을 준비하여 제시해야 한다.

특히, 신용장결제는 독립추상성에 바탕을 둔 서류거래이기 때문에 여기에 관련되는 은행들은 오로지 수출자가 구비하여 제시하는 제반서류만을 심사함으로써 대금의 지급 여부를 결정하게 된다. 따라서 대금결제와 관련된 가장 중요한 사항 중의 하나가 바로 적격한 요건을 갖춘 운송서류 및 제반서류의 구비와 제시라 할 수 있다.

3) 운송서류의 구성와 종류

운송서류는 보통 복통수(複通數)로 구성된다. 대개의 경우 계약서나 신용장에 필요한 서류의 명칭이나 통수가 명시되어 있다. 만일 특별한 명시가 없을 때에는 보통 3통(full set)이 1조가 된다.

운송서류는 화물을 본선에 적재·발송·수탁하였음을 증명하는 서류이므로 운송방식만큼이나 다양하다. 현재 가장 많이 이용되고 있는 방식은 선박을 이용한 해상운송이므로 운송서류도 해상선하증권을 비롯하여 해운운송 관련 서류들이 가장 많이 이용되고 있다.

4) 운송서류의 정규성

수출자가 계약서나 신용장조건에 따라 구비하거나 제시하여야 하는 운송서류는 다음의 정규성(regularity)을 갖추어야 한다.

첫째, 운송서류는 유효성(validity)과 적법성(regality)을 갖춘 서류이어야 한다.

둘째, 운송서류는 현재 무역거래에서 일반적으로 통용되는 양식의 운송서류이어야 한다.

셋째, 운송서류는 제시기한이 경과되지 않은 서류이어야 한다.

5) 신용장에서 요구하는 선하증권의 요건

신용장거래에서 화환어음을 매입할 때 제시되어야 되는 가장 중요한 운송서류는 선하증권이므로 어느 신용장이든 다음과 같이 L/C에 이를 명문으로 기재하고 있다.

예문〉

FULL SET OF CLEAN ON BOARD OCEAN BILL(S) OF LADING MADE OUT TO ORDER OF THE SHIPPER, BLANK ENDORSED, MARKED FREIGHT PREPAID NOTIFY ACCOUNTEE.

(1) Full Set B/L (전통제시 선하증권)

Full Set B/L은 선사가 발행하는 원본(original) 선하증권 모두가 제시되어야 한다는 것을 의미한다. 특별히 언급이 없는 한, 원본 선하증권은 3통이 발급되며 원본의 선하증권에는 어느 것에도 선박회사의 서명과 함께 First Original, Second Original, Third Original 이라는 'Original' 표시가 되어 있다.

3통의 선하증권 원본이 발행되는 이유는 유가증권인 선하증권이 발급된 이후에 분실되면 재발행 등의 복잡한 법리적 문제가 발생하기 때문이다. 양륙항에서 화물을 찾을 때에는 이 중 하나의 원본서류만 선사에 제시하면 화물을 인도받을 수 있기 때문에 이후에 제시되는 선하증권은 자동적으로 무효가 된다.

그러나 운송방법이 항공운송인 경우에는 비록 신용장에서 Full Set 운송서류를 요구한다 하더라도 1통의 항공화물운송장(AWB)만 제시하여도 상관없다.

왜냐하면 AUB는 Original 1(carrier용), Original 2(consignee용), Original 3(shipper용)으로 용도가 각각 지정되어 있어 수출자가 이를 부당하게 사용할 여지가 없기 때문이다.

(2) Clean B/L (무고장 선하증권)

Clean B/L은 무고장 선하증권이 제시되어야 한다는 것을 의미이다.

따라서 하자상태를 표시한 Foul B/L 또는 Dirty B/L은 당연히 수리가 불가능하다.

그런데 실무상 비교적 경미한 고장문언이 Remarks에 기재된 Foul B/L이 발행되는 경우도 있는데, 이때에 수출자는 선사에 파손화물보상장(letter of indemnity, L/I)을 제출해야 한다. Letter of Indemnity는 Foul B/L을 Clean B/L로 변경하기 위하여 수출자가 선사에 제출하는 일종의 각서이다.

한편, FCL Cargo의 경우에는 선사가 화물의 적재상태를 알 수 없기 때문에 선사는 선하증권의 Remark란에 'Shipper's Load and Count'라는 부지약관(unknown clause)을 표시하는데 이러한 B/L도 은행은 Clean B/L로 수리한다.

(3) On Board B/L (본선적재 선하증권)

On Board B/L은 화물이 실제로 특정 선박에 적재되었다는 취지가 기재된 선하증권이 제시되어야 한다는 것을 의미한다. 그런데 운송방법이 컨테이너에 의한 복합운송이나 항공운송의 경우에는 물리적으로 본선적재 이후에 운송서류가 발급되는 것이 불가능하다.

따라서 이러한 운송형태의 경우는 본선적재(on board) 조건을 완화하여 Received 운송서류도 수리할 수 있도록 하고 있다.

(4) Ocean B/L (해양선하증권)

Ocean B/L은 해양항로(maritime route)를 운항하는 선박에 화물이 적재된 것을 나타내는 선하증권이 제시되어야 한다는 것을 의미한다. 이와 반대되는 선하증권으로는 선적항과 양륙항이 모두 동일 국내가 되는 Local B/L이 있다.

(5) Order B/L (지시식 선하증권)

Order B/L은 지시식 선하증권이 제시되어야 한다는 것을 의미한다. 지시식 선하증권은 유통을 목적으로 B/L의 수하인 란에 특정의 수하인명을 기재하지 않고 단순히 'to order', 'to order of shipper', 'to order of…bank'와 같이 지시인(order)만 기재하여 발행하는 선하증권을 말한다. Order B/L에서는 B/L의 정당한 소지자가 곧 하주가 된다.

Order B/L이어야만 선하증권을 양도할 수 있기 때문에 대부분의 무역거래에서는 원칙적으로 지시식 선하증권을 요구하고 있다.

(6) Blank Endorsed B/L (백지배서 선하증권)

Blank Endorsed B/L은 백지배서한 선하증권이 제시되어야 한다는 것을 의미하며 'Endorsed in Blank B/L'이라고도 한다.

화물의 수취인은 하주의 지시인이어야 하지만, 하주는 특정인을 수취인으로 지시하지 않고 백지배서하여 은행에게 B/L을 매입(negotiation) 또는 추심(collection)을 위하여 제시하게 된다. 화물의 수령권을 은행에 양도하도록 요구하는 것이 백지배서를 요구하는 목적이다.

(7) Freight Prepaid or Collect B/L (운임선지급 또는 후지급 선하증권)

Freight Prepaid or Collect B/L은 운임선지급 또는 운임후지급 선하증권이 제시되어야 한다는 것을 의미한다. 운임의 지급시기는 무역조건에 따라 결정된다. 가격조건이 CFR, CIF, CPT, CIP계약의 경우는 수출자가 선적지에서 운임을 지급하기 때문에 선하증권에 'freight prepaid(운임선지급, 운임지급필, 선불, paid)'라고 표시되어 있어야 한다.

그러나 FCA, FOB계약인 경우는 선박이 양륙항에 도착한 후 화물을 찾을 때 운임을 지급하게 되므로 선하증권에 운임착지급의 의미로 'freight collect(운임후불, 운임미지급, 후불)'라고 표시되어 있어야 한다.

(8) Notify Accountee (착하통지처 : 결제인)

Notify Accountee는 'Notify Party : Accountee'의 의미로 착하통지처가 결제인으로 적혀있는 선하증권이 제시되어야 한다는 것을 의미한다.

즉, 본선이 양륙항에 도착하면 선사는 화물을 인도해 갈 사람에게 운송해 온 화물 도착 사실을 통지하게 되는데 그 통지처를 Accountee(결제인, 발행의뢰인, Applicant)로 작성하라는 의미이다.

일반적으로 선하증권의 'consignee'란은 지시식으로 기재되기 때문에 착하통지처는 수입자이나 수입자가 지정한 통관업자가 기재된다. 만일 착하통지처를 발행은행으로 지정하게 되면 선하증권의 'consignee'란에는 반드시 'to the order of issuing bank'라고 기재되어야 한다.

6) 선하증권 이외의 운송서류

운송서류의 종류는 운송방식만큼이나 그 종류가 다양하다. 즉 운송서류에는 가장 일반적인 운송서류인 해상선하증권 외에도 다음과 같은 운송서류들이 있다.

(1) Sea Waybill (해상화물운송장, SWB)

해상화물운송장은 운송계약의 증거와 화물수취의 증거로 선사가 발행하는 서류이지만 선하증권과 달리 유가증권은 아니다. 선하증권과 해상화물운송장은 양자택일이기 때문에 동일 건에서 선하증권이 발행되면 해상화물운송장은 발행되지 않는다.

이 서류는 주로 인접국가간의 무역에 있어 운송화물의 수송시간 단축의 이점을 살리기 위해 기명식의 비유통성으로 발행하여 화물이 도착하는 즉시 신속하고 확실하게 화물을 수취인에게 인도할 수 있도록 한 것이다.

이 서류는 운송계약의 존재를 입증하는 것일 뿐 원래부터 'non-negotiable'로 발행되기 때문에 유통성은 없고 양도가 불가능하다.

(2) Air Waybill (항공화물운송장, AWB)

항공화물운송장은 선하증권을 대신하는 항공운송에서의 대표적인 운송서류로 항공기 적재화물에 대한 수취증과 영수증 및 증빙서류의 기능을 가지고 있다. 이 서류는 원칙적으로 기명식으로 발행되기 때문에 유통성이 없는 것이 특징이다.

(3) Multimodal Transport Documents (복합운송증권, MTD)

복합운송증권은 컨테이너 운송수단의 발달로 송하인의 문전에서 수하인의 문전까지 (door to door) 적어도 두 가지 이상의 다른 운송방법에 의해서 운송되는 복합운송이 이루어지는 경우에 발급되는 운송서류이다.

Model Form 13 : 〈서식〉 선하증권(Bill of Lading)

① Shipper/Exporter INTERNATIONAL SEOUL TRADING CO., LTD. NUMBER 15 DONGBANG BLDG 310 TEHERAN-RO KANGNAM-KU, SEOUL, KOREA 06211	⑫ B/L No. WPGE – 0128
② Consignee TO ORDER	LOIDY'S CONTAINER SERVICE **HYUNDAI SHIPPING CO., LTD.**
③ Notify Party GLOBAL ENTERPRISING CO., INC. 25 W 31s St, New YORK, NY 10001, USA	Received by the Carrier from the Shipper in apparent good order and condition unless otherwise indicated herein the Goods, or the container(s) or package(s) said to contain the cargo herein mentioned, to be carried subject to all terms and conditions provided for on the face and back of this Bill of Lading by the vessel named herein or any substitute at the Carrier's option and/or other means of transport, from the place of receipt or the port of loading to the port of discharge or the place of delivery shown herein and there to be delivered unto order of assigns. If required by the Carrier, this Bill of Lading duly endorsed must be surrendered in exchange for the Goods or delivery order. In accepting this bill of Lading, the Merchant (as defined by Article 1 on the back hereof) agrees to be bound by all the stipulations, exceptions, terms and conditions on the face and back hereof, whether written, typed, stamped or printed, as fully as if signed by the Merchant, any local custom or privilege to the contrary notwithstanding, and agrees that all agreements or freight engagements for and in connection with the carriage of the Goods are superseded by this Bill of Lading.

④ Pre-carriage by		⑤ Place of Receipt BUSAN CY
⑥ Ocean Vessel 'EVER GREEN'	⑦ Voy. No. V-47	⑧ Port of Loading BUSAN, KOREA

⑨ Port of Discharge NEW YORK, USA	⑩ Place of Delivery NEW YORK, CY	⑪ Final destination (for the merchant's reference only)

⑬ Container No.	⑭ Seal No. ⑮ Marks & Nos	⑯ No. of Containers or Pkgs	⑰ Description of Goods	⑱ Gross Weight	⑲ Measurement
FSCU3227240 / 20'	314165	5 CTNS		7,325.00 KGS	8,180 CBM
	〈ISTC〉 NEW YORK C/T NO : 1-5 USE NO HOOKS MAKE IN KOREA		COTTON SHIRTS FOR MEN STYLE NO. 10 TOTAL 20 FT × 1 CONTAINER LCL/LCL "FREIGHT PREPAID"		

⑳ Total Number of Containers or Packages(in words) SAY : FIVE (5) CARTONS ONLY.

㉑ Freight & Charge	㉒ Revenue Tons	㉓ Rate	㉔ Per	㉕ Prepaid	㉖ Collect
FREIGHT PREPAID C.F.S. CHARGE + THC WHARFAGE DOC's FEE				 ₩ 42,176. ₩ 1,044. ₩ 15,000.	

㉗ Freight Prepaid At SEOUL, KOREA	㉘ Freight Payable At	㉙ Place of Issue BUSAN, KOREA
㉚ Total Prepaid In	㉛ No. of Original B/L THREE(3)	㉜ Date of Issue OCTOBER 25, 2026

Laden on Board the Vessel ㉝ Date : OCTOBER 25, 2026	㉞ AS A CARRIER HYUNDAI SHIPPING CO., LTD. SEOUL, KOREA ㉟ BY CHANG-GEUN YOO

Model Form 14 : 〈서식〉 Letter of Indemnity(파손화물보상장)

LETTER OF INDEMNITY

To the ________ Lines, LTD.

Dear Sirs,

In consideration of your issuing us a clean Bill of Lading for the under-mentioned goods, for which exceptions have been inserted in the relative Mate's Receipt as indicated below.

We(I), the undersigned, hereby undertake and agree to pay, on demand, any claims that may arise on the goods may by the consignee, or by any person to whom the documents are endorsed, and also to indemnify you against all consequences arising therefrom.

We (I) consent to this Letter of Indemnify being disclosed to underwriters on application.

Yours faithfully,

The ship :	Voy. No.	Sailling :	
Port of Loading		Port of Discharge	
B/L No.		Shippers	
Marks & Nos.		No. of Pkgs.	
Description		Exceptions inserted in the Mate's Receipt	

① in consideration of your issuing us a clean Bill of Lading : 귀사가 무고장 선하증권을 당사에 발행하는 것과 관련하여

② for the under-mentioned goods : 아래에 명시한 화물에 대해

③ for which exceptions have been inserted in the relative Mate's Receipt : 그를 위해 예외조항이 관련 본선수취증에 삽입되었다.

④ as indicated below : 아래에서 언급한

⑤ We (I), the undersigned, hereby : 이에 아래에 서명한 당사(또는 저)는

⑥ undertake and agree to pay, on demand, any claims that may arise on the goods may : 화물에 대한 보상이나 요구에 대해 지불할 것을 확약하고 동의합니다.

⑦ by the consignee, or by any person to whom the documents are endorsed : 하주 또는 서류가 배서된 어느 개인에 의해

⑧ and also to indemnify you against all consequences arising therefrom : 귀사(선사)에 대해 이와 관련해 발생하는 모든 결과에 대해 보상하다.

⑨ We (I) consent to this Letter of Indemnify being disclosed to underwriters : 당사(또는 저)는 이 파손화물보상장이 보험자에게 공개하는 것에 동의합니다.

⑩ on application : 신청시

3 보험서류

1) 보험서류의 의의

보험서류(insurance documents)는 보험자와 피보험자가 보험계약 내용과 담보범위 등 합의한 사항들을 명시하고 있는 서류를 말한다.

신용장거래에서 보험서류는 운송서류(선하증권) 및 상업송장과 함께 3대 무역서류에 해당하지만, 수출자에게 보험가입 의무가 있는 무역조건(CIF규칙 및 CIP규칙)인 경우에만 매입을 위해 제시되어야 하는 필수서류(essential documents)가 된다.

신용장에서 일반적으로 요구하는 보험서류 관련 문언의 예는 다음과 같다.

예문〉

1) INSURANCE POLICY OR CERTIFICATE IN DUPLICATE, ENDORSED IN BLANK FOR 110% OF THE INVOICE VALUE COVERING INSTITUTE CARGO CLAUSES(A/R), WAR CLAUSES, SRCC(STRIKE, RIOT, CIVIL COMMOTION).
2) INSURANCE POLICY OR CERTIFICATES MUST EXPRESSLY STIPULATE THAT CLAIMS ARE PAYABLE IN THE CURRENCY OF DRAFT AND MUST ALSO INDICATE A CLAIM SETTLING AGENT IN KOREA.
3) INSURANCE POLICY OR CERTIFICATE IN DUPLICATE ENDORSED IN BLANK FOR 110% OF INVOICE VALUE.

2) 보험서류의 종류

(1) 보험증권 (insurance policy)

보험증권은 보험계약자(insured)가 매번 건별로 보험자나 보험회사와 보험계약을 체결할 경우에 보험자나 보험회사가 발급하는 보험계약의 증명서류이다.

보험증권은 보험자가 피보험자의 청구에 의하여 교부하는 것으로 계약서는 아니며 단지 증거증권의 성격을 가지고 있다. 보험증권은 유가증권은 아니지만 유가증권과 같이 배서나 인도를 통해 타인에게 양도된다.

(2) 보험증명서 (insurance certificate)

보험증명서는 보험에 가입한 사실을 증명하여 보험자가 발행하는 서류로, 6개월이나 1년 등 일정기간 동안 포괄예정보험으로 계약한 상태에서 해당 물동량에 대해 발행하는 보험서류이다. 보험증권에 비해 매번 보험계약을 체결하여야 하는 번거로움을 없애고 관련 비용도 절감할 수 있는 장점이 있다. 포괄예정보험에서 처음에는 보험증권이 발행되나 이후부터 보험에 가입할 상황이 발생할 때마다 보험증명서가 발급된다.

(3) 부보각서(cover note, insurance cover note)

부보각서는 피보험자 또는 보험계약자가 직접 보험자를 상대하지 않고 보험중개인(insurance broker)을 통하여 보험에 가입할 경우에 보험중개인이 발급해주는 보험 관련 서류이다. 이 서류를 '보험승낙서' 또는 '보험승인서'라고도 한다.

이 서류는 보험중개인이 피보험자의 요청에 따라 보험자에게 이 조건대로 보험계약을 체결하겠다는 의미에서 발행하는 서류이기 때문에 이 서류만으로는 보험계약이 확실히 체결되었는지의 여부는 확인할 수 없다.

또한 이 서류는 이미 발급되었으나 보험중개인이 아직 보험계약을 체결하지 못하여 보험자로부터 정식의 보험증권을 발급받지 못한 사이에 사고가 발생하게 되면 보상을 받지 못하는 문제가 발생할 수 있다. 따라서 신용장통일규칙(UCP)에서는 은행은 이러한 보험서류는 수리하지 않도록 규정하고 있다.

3) 신용장거래에서 요구되는 보험서류의 조건

(1) 유효한 보험서류의 종류와 발행자

신용장에서 요구하는 유효한 보험서류에는 보험증권뿐 아니라 일정조건하에서 발행되는 보험증명서 및 확정보험통지서(declaration)가 있다.

이들 서류에는 문면상 보험회사, 보험자 또는 그 대리인(agents)이나 이들 대리업자(proxies)가 발행하고 서명한 것이 나타나 있어야 한다. 대리업자는 UCP 600에서 새롭게 추가된 당사자이다.

(2) 보험서류의 발행통수

보험서류는 보통 2통이 원본으로 발행된다. 그런데 만일 2통 이상의 원본이 발행되었음을 표시하고 있는 보험서류는 그 발행된 원본 전통이 제시되어야 한다. 이 중 원본 1통으로 보험계약상의 채무(보험금의 지급)가 이행되면 나머지 원본서류는 무효가 된다.

(3) 보험서류의 발급일자

보험서류의 발급일자는 선적날짜보다 늦어서는 안 된다. 이것은 물품의 선적날짜와 보험가입일 사이의 위험부담 공백을 없애기 위한 것이다.

그러나 소급보험(retroactive insurance)의 명시적인 문언이 있는 경우에는 물품의 선적날짜보다 늦은 날짜에 발급된 보험서류도 유효하게 수리될 수 있다.

(4) 보험금액

보험금액(sum insured, insurance money)은 보험자가 보상해 주는 최고 한도액으로 '부보금액'이라고도 한다. 신용장거래에서 보험금액은 물품의 CIF 또는 CIP가액의 110%이다.

그러나 서류로부터 CIF가액이나 CIP가액을 결정할 수 없는 경우에는, 보험금액 산정의 기초가 되는 금액은 지급이나 매입이 요청되는 금액 또는 송장에 표시된 물품 총 가액 중에서 보다 큰 금액이 된다.

보험금액을 물품가액의 100%로 하지 않고 10%를 가산하여 110%로 한 것은 보험사고가 발생하지 않아 정상적인 매매가 이루어졌다면 수입자는 최소한 10%의 이익을 보았을 것으로 추정하여 이 희망이익금(expected profit)까지 보상해 준다는 의미이다.

희망이익은 화물이 목적지에 도착하면 기대될 수 있는 이익을 말한다.

(5) 부보통화

보험서류의 부보통화는 신용장에 표시된 통화와 동일한 통화이어야 한다.

통화가 서로 다르면 CIF가격의 110%를 보상받더라도 환율변동에 따라 신용장 금액과 차이가 있을 수 있고 통화가치의 변화에 따른 불편함이 있기 때문이다.

(6) 보험에 의해 보상되는 범위

보험사고 발생시 보험에 의해 보상되는 범위는 확실하고 명백한 보험전문용어로 신용장에 표기되어야 한다. 따라서 신용장에서 보험서류의 담보위험을 약정할 때 '통상의 위험(usual risk)', '관례적 위험(customary risks)' 등과 같이 부정확하고 불명확한 용어를 사용해서는 안 된다. 그럼에도 이러한 용어가 사용되었다면 은행은 아무런 책임 없이 보험서류가 제시된 대로 이를 수리해야 한다.

(7) 보험기간

보험기간(duration of insurance)은 보험자의 책임이 시작된 때로부터 종료될 때까지의 기간을 말한다. 이를 '책임기간' 또는 '위험기간(duration of risk)'이라고도 부른다.

보험기간은 창고간약관 또는 운송약관에 구체적으로 제시되어 있는데, 해상적하보험에서 보험기간은 운송의 개시를 위해 창고나 보관장소에서 피보험목적물이 최초로 이동한 때부터(시기), 보험증권에 기재된 목적지에서 운송차량이나 그 운송용구로부터 양하가 완료된 때까지(종기)로 하는 것을 원칙으로 하고 있다.

보험서류에는 위험이 적어도 신용장에 명기된 수탁 또는 선적지에서 양륙 또는 최종목적지 사이를 담보한다는 것이 표시되어 있어야 한다.

(8) 보험자의 면책비율부적용(irrespective of percentage)

보험서류에는 소손해면책율(Franchise)이 표시될 수 있다. 그러나 신용장이 소손해를 보상받을 수 있는 면책비율부적용(irrespective of percentage, IOP)을 요구하고 있는 경우에는 이러한 면책율조항을 포함하고 있는 보험서류는 수리되지 않는다.

Model Form 15 : 〈서식〉 해상보험증권(Insurance Policy)

MERITZ Fire & Marine Insurance Co., Ltd.
Address: 382, Kangnam-Daero(MERITZ Tower), Kangnam-Ku, Seoul, Korea.
Telephone : 1566-7711

<table>
<tr><td colspan="2">② Policy No. 301HAA85110420 ① Assured(s), etc. INTERNATIONAL SEOUL TRADING CO. LTD.</td></tr>
<tr><td>③ Claim, if any, payable at/in
Meritz Fire & Marine Insurance Co., Ltd.
office New York NUMBER 17, NEW YORK
COMMERCIAL CENTER
TEL : 212-889-4734
IN US. CURRENCY</td><td>⑫ Ref. No INVOICE NO. 2K-339
L/C NO. P-466878

⑬ Amount insured hereunder
US$1,690.
($15,372×110%)</td></tr>
<tr><td>④ Survey should be approved by
THE SAME AS ABOVE

⑤ Local Vessel or Conveyance | ⑤ Form(interior port or place of loading)
⑥ Ship or Vessel "Ever Green" | ⑦ Sailing on or about October 25, 2026
⑧ At and from Busan, KOREA | ⑨ Transshipped at
⑧ Arrived at NEW YORK | ⑩ Thence to

⑪ Subject-matter Insured
500 Dozen of 100% Cotton Shirts of Men

⑯ Marks and Numbers
as per Invoice No. 2K-339 specified above</td><td>⑭ Conditions and Warranties

INSTITUTE CARGO CLAUSE(B),
INSTITUTE WAR CLAUSE(CARGO),
INSTITUTE STRIKES CLAUSE(CARGO)
T.P.N.D
AS ATTACHED.
CLAIMS PAYABLE IN NEW YORK
IN CURRENCY OF THE DRAFTS

⑮ Subject to the following clauses as per back hereof.
Institute Cargo Clauses specified above, On-Deck Clause, Institute Replacement Clause (applying to machinery) Institute Classification Clause</td></tr>
<tr><td>⑰ Place and Date singed in
SEOUL, KOREA, October 5, 2026.</td><td>⑱ Numbers of Policies issued Two(2)</td></tr>
</table>

IMPORTANT

PROCEDURE IN THE EVENT OF LOSS OR DAMAGE FOR WHICH UNDERWRITERS MAY BE LIABLE LIABILITY OF CARRIERS BAILEES OR OTHER THIRD PARTIES

It is the duty of the Assured their Agents, in all cases, to take such measures as may be reasonable for the purpose of averting or minimizing a loss and to ensure that all rights against Carriers, Bailees or other third parties are properly preserved and exercised. In particular, the Assured or their Agents are required :

1. To claim immediately on the Carriers, Port Authorities or other Bailees for any missing packages.
2. In no circumstances, except under written protest, to give clean receipts where goods are in doubtful condition.
3. When delivery is made by Container, to ensure that the Container and its seals are examined immediately by their responsible official. If the Container is delivered damaged or with seals broken or missing or with seals other than as stated in the shipping documents, to clause the delivery receipt accordingly and retain all defective or irregular seals for subsequent identification.
4. To apply immediately for survey by Carriers' or other Bailees' Representatives if any loss or damage be apparent and claim on the Carriers or other Bailees for any actual loss or damage found at such survey.
5. To give notice in writing to the Carriers or other Bailees within 3 days of delivery if the loss or damage was not apparent at the time of taking delivery.

NOTE : The Consignees or their Agents are recommended to make themselves familiar with the Regulations of the Port Authorities at the port of discharge.

INSTRUCTIONS FOR SURVEY

In the event of loss or damage which may involve a claim under this insurance, immediate notice of such loss or damage should be given to and a Survey Report obtained from this Company's Office or Agents Specificed in this Policy or Cartificate.

DOCUMENTATION OF CLAIMS

To enable claims to be dealt with promptly, the Assured or their Agents are advised to submit all available supporting documents without delay, including when applicable :

1. Original policy or certificate of insurance.
2. Original or certified copy of shipping invoices, together with shipping specification and/or weight notes.
3. Original or certified copy of Bill of Lading and/or other contract of carriage.
4. Survey report or other documentary evidence to show the extent of the loss or damage.
5. Landing account and weight notes at of discharge and final destination.
6. Correspondence exchanged with the Carriers and other Parties regarding their liability of the loss or damage.

☞ In the event of loss or damage arising under this Policy, no claims will be admitted unless a survey has been held with the approval of this Company's office or Agents specified in this policy.

Notwithstanding anything contained herein or attached hereto to the contrary, this insurance is understood and agreed to be subject to English law and practice only as to liability for and settlement of any and all claims.

This insurance does not cover any loss or damage to the property which at the time of the happening of such loss or damage in insured by or would but for the existence of this Policy be insured by any fire or other insurance policy or policies except in respect of any excess beyond the amount which would have been payable under the fire or other insurance policy or policies had this insurance not been effected.

We, MERITZ Fire & Marine Insurance Co., LTD hereby agree, in consideration of the payment to us by or on behalf of the Assured of the premium as arranged, to insure against loss damage liability or expense to the extent and in the manner herein provided.

In witness whereof, I the Under-signed of MERITZ Fire & Marine Insurance Co., LTD. on behalf of the said Company have subscribed My Name in the place specified as above to the policies, the issued numbers thereof being specified as above, of the same tenor and date, one of which being accomplished, the others to be void, as of the date specified as above.

For MERITZ Fire & Marine Insurance Co., LTD.

⑲ AUTHORIZED SIGNATORY

4 상업송장

1) 상업송장의 의의

상업송장(commercial invoice)은 수출자가 직접 작성하는 서류이다. 상업송장은 선하증권이나 보험증권과 같이 구체적인 권리를 나타내는 서류는 아니지만, 선적상품의 대금청구서이기 때문에 모든 무역거래에서 필수적으로 요구하는 기본서류이다.

무역서류 중 상품의 명칭 및 규격과 단가, 금액 등이 동일한 용지에 함께 표기되는 경우는 상업송장 밖에 없다.

2) 상업송장의 용도와 기능

첫째, 상업송장은 계약상품의 정확한 규격, 개수, 수량, 가격, 포장상태, 하인 등이 기재되어 있으므로 상품의 설명서와 구매서의 역할과 함께 계약상품의 순단가와 결제방식 등을 명기하고 있는 매매계산서와 대금청구서의 역할을 한다.

둘째, 상업송장은 모든 무역거래의 필수 구비서류이다. 특히 수출지 은행에서 환어음을 매입할 때나 수입지 은행에서 대도(T/R)로 수입물품을 수입자에게 인도할 때 화환어음의 담보물권이 되는 서류에는 이들 담보물의 명세서나 계산서의 역할을 하는 상업송장이 반드시 포함되어 있다.

셋째, 상업송장은 계약의 존재와 이행사실을 입증하는 증거서류가 되며 수입지에서 수입물품의 과세표준액을 산정할 때 가장 중요한 근거서류가 된다.

3) 상업송장의 종류

상업송장은 용도에 따라 상거래용으로 작성되는 상업송장과 세관이나 주재국 영사관에서 작성되는 공용송장으로 분류된다. 상업송장은 작성시기와 용도에 따라 선적송장과 견적송장으로 구별되며, 공용송장은 세관송장과 영사송장으로 구별된다.

보통 송장이라고 하면 상업송장 중에서 선적송장을 의미한다.

(1) 상업송장

① 선적송장(shipping invoice)

선적송장은 실제로 선적된 화물의 내용과 가격을 구체적으로 명시하고 있는 송장이다. 보통 상업송장이라고 하면 이 송장을 의미한다.

수출자가 자기의 위험과 비용으로 해외의 수입자에게 상품을 판매하는 경우에 사용되는 송장이라는 의미에서 이것을 '수출송장(export invoice)'이라고도 부른다.

② 견적송장(pro-forma invoice)

견적송장은 수출자가 거래를 유발하기 위한 수단으로 작성하거나 수입허가나 외환배정 등을 받기 위한 수입상의 요청에 의해 장차 그가 매입할 상품의 내용을 개괄적으로 작성하여 발송하는 송장이다. 이를 '가송장'이라고도 한다.

이 송장은 외환사정이 좋지 않은 국가에서 수입자가 이 서류를 근거로 정부에서 외환배정을 받아 그 범위 내에서 수입하고자 할 때 주로 사용된다.

이 송장은 일종의 'Free Offer'이기 때문에 송장에 표시된 상품가격은 법적 구속력이 없다. 주로 사전 정보제공이나 선적물품의 자료가 되는 견적서(quotation) 역할을 한다.

(2) 공용송장(official invoice)

공용송장은 상업송장에 대응하는 개념으로, 해당 상업송장의 진실성을 증명할 수 있도록 그 내용에 대해 관계관청의 증명을 받게 한 송장이다. 공용송장에는 세관송장과 영사송장이 있다.

① 세관송장(customs invoice)

세관송장은 수출자가 수입국 세관에 송장내용의 진실성을 선언하고 있는 송장이다. 수입화물의 과세를 결정하거나 덤핑을 방지하기 위하여 주로 사용되며 쿼터품목의 기준량을 계산하거나 수입통계를 작성하기 위해서도 사용된다.

송장에 영사의 확인을 받을 필요는 없으나 뒷면에 있는 원산지란에는 수출국의 국명이 기재되어야 한다. 이 송장은 국가별로 요구하는 양식이 다르기 때문에 반드시 지정된 양식을 사용하여야 하며 캐나다, 뉴질랜드, 남아연방공화국, 호주나 기타 아프리카 국가들이 주로 요구하고 있다.

② 영사송장(consular invoice)

영사송장은 수입국이 수입세의 탈세방지, 수출국의 덤핑(dumping) 방지, 수입과세가격의 산정, 수입상의 외화도피 등의 목적으로 송장 기재사항의 정확성에 대해서 수출국에 주재하고 있는 수입국 영사의 확인을 받은 송장이다.

실제거래에서 매매가격보다 높게 송장에 기재하여 차액을 외국에 남겨놓음으로써 외화를 도피하는 경우를 'Over-Invoicing'이라고 하고, 계약금액보다 낮게 금액을 기재하여 수입자가 관세를 포탈하는 경우를 'Under-Invoicing'이라고 한다. 이 서류는 일부 국가에서 이용되고 있으나 점차 폐지되고 있다.

서식은 대부분 해당 국가에서 지정한 양식을 사용하며 기재내용은 상업송장과 비슷하다. 국가에 따라서는 특정서식을 사용하지 않고 상업송장에 영사가 사증(visa)한 것을 대신 사용하는 경우도 있다. 이것을 '영사사증부 상업송장'이라고 부른다.

Model Form 16 : 〈서식〉 상업송장(Commercial Invoice)

① Shipper / Exporter INTERNATIONAL SEOUL TRADING CO., LTD. NUMBER 15 DONGBANG BLDG 310 TEHERAN-RO KANGNAM-KU, SEOUL, KOREA 06211	⑧ No. & Date of Invoice 2K-339 October 30, 2026 ⑨ No. & Date of L/C P-466878 July 28, 2026
② For Account & Risk of Messrs. To ORDER	⑩ L/C Issuing Bank NEW YORK COMMERCIAL BANK, NY, USA
③ Notify Party GLOBAL ENTERPRISING CO., LTD. 25 W 31s St, New YORK, NY 10001, USA ④ Port of Loading: BUSAN, KOREA ⑤ Final Destination: NEW YORK, USA ⑥ Carrier: EVER GREEN V-47 ⑦ Sailing on/or About: OCTOBER 25, 2026	⑪ Other Reference :

⑫ Marks and Numbers of PKAGS	⑬ Description of Goods	⑭ Quantity/Unit	⑮Unit-price	⑯ Amount
			7,325.00 KGS	8,180 CBM
FRONT & BACK				
		CIF New York / doz		
〈ISTC〉 New York C/T NO.1-up MADE IN KOREA USE NO HOOKS	500 Dozen of 100% Cotton Shirts for Men ITEM NO : Style No.10			
	TOTAL :	500 Dozen		

	TOTAL : (500 DOZ)	6,000PCS		US$ 60,000.-
	==			
⑰ C.P.O.BOX : Cable Address : Telex Code : Telephone No :	//			

⑱ Signed by ____________

Model Form 17 : 〈서식〉 견적송장(Pro-forma Invoice)

INTERNATIONAL SEOUL TRADING CO., LTD.
Number 15 DongBang Bldg
310 Teheran-ro, Kangnam-ku, Seoul Korea, 06211

PROFORMA INVOICE

Messrs. GLOBAL ENTERPRISING CO., INC.
25 W 31s St, New York, NY
10001, USA

Our Ref : ISTC-8-30
Issue Date : March 10, 2026

WE ARE PLEASED TO OFFER THE UNDER-MENTIONED ARTICLES AS PER CONDITIONS AND DETAILS DESCRIBED AS FOLLOW.

HS NO	COMMODITY & DESCRIPTION	UNIT	QTY	U/P	AMOUNT
9109-10.00	100% COTTON SHIRTS for Men, Style No.10	DOZEN	500	140.00	70,000
	TOTAL 500 DOZEN		US$ CIF		70,000

ORIGIN : REPUBLIC OF KOREA
PLACE OF SHIPMENT : BUSAN, KOREA
TIME OF SHIPMENT : WITHIN 3 MONTHS AFTER RECEIPT OF YOUR L/C
DESTINATION : NEW YORK, USA
PAYMENT : BY AN IRREVOCABLE DOCUMENTARY AT SIGHT L/C TO BE OPENED IN FAVOUR OF INTERNATIONAL SEOUL TRADING CO., LTD. SEOUL, KOREA
INSURANCE : SELLER TO COVER THE CIF PRICE PLUS 10% AGAINST CC(B) INCLUDING WAR, SRCC AND TPND RISKS
PACKING : 1(ONE) DOZEN EACH TO BE PACKED IN A CARTON BOX AND 100 DOZEN IN A WOODEN CASE
INSPECTION : SELLER'S INSPECTION TO BE FINAL

LOOKING FORWARD TO YOUR VALUED ORDER FOR THE ABOVE OFFER.
WE ARE YOUR FAITHFULLY,

INTERNATIONAL SEOUL TRADING CO., LTD.
E. J. Han
E. J. Han
Vice President

5 기타서류

1) 기타서류의 개요

무역거래에서는 운송서류와 보험서류, 상업송장과 같은 기본서류 외에도 기타의 부가서류를 요구하는 경우가 많다.

기타서류의 제출을 요구하는 이유는 첫째, 수입국의 외환 및 관세 등 무역관련 법규에서 그러한 서류의 구비를 요구하고 있기 때문이며, 둘째, 서류를 통하여 자신의 요구조건이나 이익을 보다 확실히 보장받기 위해서이다.

특히 신용장은 서류거래이기 때문에 신용장에서 제시하도록 요구하고 있는 서류는 그 서류가 기본서류인가 또는 기타서류인가를 막론하고 신용장조건과 불일치하거나 서류 상호간의 기재사항이 모순된 상태로 제시하면 은행은 지급을 거절한다.

기타서류에는 원산지증명서, 포장명세서, 수익자증명서, 검사증명서, 중량 및 용적증명서 등이 있다.

2) 원산지증명서 (certificate of origin, C/O)

원산지증명서는 해당 물품이 그 국가에서 생산되거나 제조되었다는 것을 증명하는 공문서이다. 이 서류는 원산지나 생산지를 판별하고자 하는 목적과 외환관리나 덤핑방지 등 수입정책상의 목적으로 주로 이용된다.

여기에서 '원산지'는 물품의 제조원산지를 말하며, 제조에는 생산, 가공, 조립, 혼합도 포함된다. 생산지는 주요 제조공정이 행하여진 국가를 말한다.

원래 원산지증명서는 수입자가 수입화물의 관세부과 과정에서 국정세율(national or general tariff)보다 낮은 협정세율(conventional tariff)을 적용받기 위하여 수입자 개인이 필요한 서류였다. 즉, 수출입 양국간에 관세율의 협정이 체결되고 있어 상호간에 저율의 관세 특혜를 받고 있는 경우, 이 특혜를 받기 위해 수입지 세관에 원산지증명서로 수출국의 원산지임을 증명하기 위해 필요한 서류였다.

그러나 최근에는 성질이 변화되어 수입국이 덤핑방지나 외환관리를 위해 법규에서 이 서류의 제출을 요구하는 경우가 많아지고 있다.

원산지증명서의 유형은 관세양허 대상이 아닌 비특혜 원산지 증명서와 관세양허 대상인 특혜 원산지 증명서로 구분된다. 보통 원산지증명서는 수출국에 주재하는 수입국 영사가 발급하는데, 우리나라의 경우는 대한상공회의소와 세관에서 발급하고 있다.

원산지가 우리나라인 경우 'MADE IN KOREA'로 원산지를 표시하고 있다.

3) 포장명세서 (packing list)

포장명세서는 포장(packing)된 상품의 목록(list)을 상세히 기재하고 있는 서류이다. 여기에는 선적화물의 포장 및 포장 단위별 명세, 단위별 순중량(Net Weight), 총중량(Gross Weight), 포장의 일련번호 등이 기재되어 있다.

이 서류는 수출자가 수입자 앞으로 작성하며, 상업송장을 보충하기 위한 서류이기 때문에 대부분의 기재 내용이 상업송장과 거의 일치한다. 이 서류는 수출입 통관절차에서 심사 자료로도 활용되며 양륙지에서 화물의 처리(분류 및 판매) 단계에서도 이용된다.

또한 여기에는 중량 외에 각각의 용량이 상세하게 기재되어 있기 때문에 선사가 운송계약을 체결할 때 이 서류를 일차적인 기준 자료로 사용한다.

4) 수익자증명서 (beneficiary's certificate)

수익자증명서는 수출자가 자기 화물이 계약서나 신용장에 명기된 사항과 동일하게 선적되었음을 스스로 선언하여 수입자 앞으로 발행하는 서류이다. 이 서류의 기재 내용은 다양하며 특별히 정해진 양식도 없다.

5) 검사증명서 (inspection certificate)

검사증명서는 계획된 대로 검사를 실시하였고 마무리하였다는 사실을 증명하기 위한 용도로 발행하는 서류이다. 특히, 물품이 일정한 요건을 요하거나 정밀도 등이 필요한 경우에 주로 요구되며 온전한 이 서류의 발행은 곧 수출상품의 품질조건에 아무런 하자가 없음을 증명받는 것이 된다.

독립된 검사기관이 검사를 진행하여 발급하는 경우가 많지만 신용장에 검사기관에 대한 별도의 명시가 없는 경우에는 수출자가 임의로 선정하여 발급받으면 된다. 독립된 검사기관으로는 GESCO, FESCO, INTECO와 United States Consults Inc. 등이 있다.

이러한 증명서에는 농산물이나 수산물의 경우에 필요로 하는 검사증명서(certificate of inspection), 용적증명서(certificate of measurement), 수량증명서(certificate of quantity), 품질증명서(certificate of quality), 분석증명서 등이 있다.

이중에서 품질증명서는 제품의 품질이 계약의 내용과 일치하는 품질임을 증명하여 공인검사기관이 발행한 증명서이다. 이 서류는 요구하는 기준이나 판단 근거에 본 상품의 품질이 적합한지 여부를 판단하기 위한 목적으로 발행된다.

중량 및 용적증명서는 수출화물이 집하장소에서 등록된 공인검량인(public weigher)에 의하여 화물의 용적과 중량에 대한 검사를 받아 발급하는 증명서로 이 서류는 선하증권 등에 그 수량이 기재되어 운임과 기타 제비용의 산출 근거가 된다.

Model Form 18 : 〈서식〉 원산지증명서(Certificate of Origin)

<table>
<tr>
<td>① Seller
INTERNATIONAL SEOUL TRADING CO., LTD.
NUMBER 15 DONGBANG BLDG 310
TEHERAN-RO KANGNAM-KU, SEOUL,
KOREA 06211</td>
<td rowspan="2">CERTIFICATE OF ORIGIN
issued by
THE KOREA CHAMBER OF COMMERCE &
INDUSTRY SEOUL, REPUBLIC OF KOREA

원 산 지 증 명 서
대 한 상 공 회 의 소</td>
</tr>
<tr>
<td rowspan="2">② Consignee

TO ORDER</td>
</tr>
<tr>
<td>④ Buyer (if other than consignee)</td>
</tr>
<tr>
<td rowspan="2">③ Particulars of Transport(where required)
TO : New York, USA
FM : BUSAN, KOREA
BY : HYUNDAI EVER GREEN V-47
ON : OCTOBER 25, 2026</td>
<td>⑤ Country of Origin
The Republic of Korea</td>
</tr>
<tr>
<td>⑥ Invoices Number and Date
2K-339 October 30, 2026</td>
</tr>
<tr>
<td colspan="2">⑦ Shipping Marks ⑧ Number and Kind of Packages: Description ⑨ Quantity Gross Weight or Measurement
7,325.00 KGS 8,180 CBM

〈ISTC〉 500 Dozen of 100% Cotton Shirts
New York for Men, Style No.10
C/No. 1-up
USE NO HOOKS
MADE IN KOREA

TOTAL : 500 Dozen

//</td>
</tr>
<tr>
<td colspan="2">⑩ Other Information The Korea Chamber of Commerce & Industry hereby certifies, on the relevant invoice and other documents, that the above mentioned goods originate in the country shown in column 5.

THE KOREA CHAMBER OF COMMERCE & INDUSTRY</td>
</tr>
</table>

Model Form 19 : 〈서식〉 포장명세서(Packing List)

<table>
<tr><td colspan="2">① Shipper / Exporter
INTERNATIONAL SEOUL TRADING CO., LTD
NUMBER 15 DONGBANG BLDG 310
TEHERAN-RO KANGNAM-KU, SEOUL,
KOREA 06211</td><td colspan="5">⑧ No. & Date of Invoice
2K-339 October 30, 2026</td></tr>
<tr><td colspan="2">② For Account & Risk of Messrs.
To ORDER</td><td colspan="5" rowspan="4">⑪ Remarks:

L/C NO : P-466878</td></tr>
<tr><td colspan="2">③ Notify Party
GLOBAL ENTERPRISING CO., LTD
25 W 31s St, New YORK, NY
10001, USA</td></tr>
<tr><td>④ Port of Loading
BUSAN, KOREA</td><td>⑤ Final Destination
New York, USA</td></tr>
<tr><td>⑥ Carrier
EVER GREEN
V-47</td><td>⑦ Sailing on/or about
OCTOBER 25, 2026</td></tr>
<tr><td>⑫ Marks and Numbers of PKAGS</td><td colspan="2">⑬ Description of Goods</td><td>⑫ Quantity</td><td>⑬ Net-weight</td><td>⑭ Gross-weight</td><td>⑮ Measurement</td></tr>
<tr><td>FRONT & BACK

〈ISTC〉
New York
C/T NO.1-up
USE NO HOOKS
MADE IN KOREA</td><td colspan="4">CIF New York / doz

500 Dozen of 100% Cotton Shirts for Men

ITEM NO : Style No.10

TOTAL : 500 Dozen</td><td>7,325.00 KGS</td><td>8,180 CBM</td></tr>
<tr><td colspan="7">⑰ C.P.O.BOX :
Cable Address :
Telex Code :
Telephone No :
//

⑱ Signed by ___________</td></tr>
</table>

Model Form 20 : 〈서식〉 검사증명서(Certificate of Inspection)

DRYKER INSPECTION CO., LTD.

16-1 JANGAN-DONG DONGDAEMUN-KU SEOUL KOREA

MANUFACTURERS, EXPORTERS & IMPORTERS

C. P. O Box 8000 TEL : (02) 725-4044 FAX : (02) 634-4000

Ref. No. CE-7-12
Date. October 20, 2026

INTERNATIONAL SEOUL TRADING CO., LTD.
NUMBER 15 DONGBANG BLDG 310
TEHERAN-RO KANGNAM-KU, SEOUL,
KOREA 06211

TO WHOM IT MAY CONCERN

INSPECTION CERTIFICATE

Messers : INTERNATIONAL SEOUL TRADING CO., LTD.

with reference to the undermentioned goods, now hereby I approve the quality of the goods that I have inspected for the shipment according to the contract of Dryker Inspection Co., LTD.
However shipper or supplier will be responsible for the consistency in quality for the entire shipment and defects upon arrival.
Goods shipping per "EVER GREEN V-47" sailing on/about OCTOBER 25, 2026.

Re : L/C No. : P-466878
P/O No. : No.123
Total Q'ty : 500 Doz.
Total amount : US$ 60,000.-

-///-

Best regards,

DRYKER INSPECTION CO., LTD.

KIM Jun-Sun

REPRESENTATIVE

Model Form 21 : 〈서식〉 수익자증명서(Beneficiary's Certificate)

BENEFICIARY'S CERTIFICATE

INTERNATIONAL SEOUL TRADING CO., LTD.
NUMBER 15 DONGBANG BLDG 310
TEHERAN-RO KANGNAM-KU, SEOUL,
KOREA 06211

CABLE : ISTC SEOUL
FAX : (02) 731-9671
TEL : (02) 730-9670-9674

Your Ref :   Seoul :

BENEFICIARY'S CERTIFICATE

1. L/C NO	:	P-466878
2. COMMODITY	:	100% Cotton Shirts for Men, Style No.10
3. QUANTITY	:	500 Dozen
4. AMOUNT	:	US$ 600.00
5. DESTINATION	:	NEW YORK, USA
6. NAME OF VESSEL	:	EVER GREEN V-47
7. ON BOARD DATE	:	OCTOBER 25, 2026.

WE HEREBY CERTIFY THAT ONE ORIGINAL CERTIFICATE OF ORIGIN FORM 'A' AND TWO COPIES OF NON-NEGOTIABLE B/L, INVOICE AND PACKING LIST HAVE BEEN SENT DIRECTLY TO APPLICANT(GLOBAL ENTERPRISING CO., LTD. 25 W 31s St, New YORK, NY 10001, USA) BY COURIER SERVICE.

Faithfully yours,

INTERNATIONAL SEOUL TRADING CO., LTD.

E. J. Han

E. J. Han
Vice President

서류의 정비에 흔히 사용되는 문장

1. Full set of clean on board ocean bills of lading made out to the order of the Bank of America, marked freight prepaid and notify accountee.
   - 운임은 선불, 착하통지처는 결제인으로 표시되고 아메리카 은행의 지시식으로 작성된 무사고 본선적재 해상 선하증권 전통

2. Shipping documents consisting of signed Commercial Invoice in triplicate, a full set of Bill of Lading endorsed in blank and Marine Insurance Policy in duplicate have been delivered to ABC Bank here as stipulated in the L/C No. 1234 issued by KB Kookmin Bank, Tokyo Branch, dated May 23, 2026.
   - 3통으로 된 서명한 송장과 백지배서한 선하증권 전통과 해상보험증권 2통으로 구성된 선적서류가 2026년 5월 23일자 국민은행 도쿄지점이 발행한 신용장 제1234호에 규정된 대로 이곳의 ABC은행에 인도되었습니다.

3. A full set of Bill of Lading, together with Invoice and Insurance Policy, both triplicate, have been sent to ABC bank.
   - 전통의 선하증권이 송장 및 보험증권 각각 3통과 함께 ABC은행에 송부되었다.

4. By virtue of B/L clauses, the carrier and its agents are not liable for this incident. Therefore, we regret to repudiate your claim and suggest to redirect your relevant documents to your underwriters accordingly.
   - 선하증권의 약관 덕분에 운송인이나 운송주선인은 본 사고에 책임을 부담하지 않습니다. 따라서 귀사의 클레임을 거절한 것을 안타깝게 생각하여 다시금 귀사의 관련 서류들을 귀사의 보험회사에게 재전송해 주시기를 권고 드립니다.

5. A non-negotiable copy of clean prepaid B/L made out to the order.
   - 지시식으로 작성된 무사고 운임선지급 선하증권의 비유통성 사본 1통

6. We are sending you, under separate cover, one set of shipment sample of the goods and non-negotiable copies of shipping documents.
   - 물품의 선적견본 1세트와 비유통성 선적서류 1세트를 귀사에게 별도로 보내 드릴 것입니다.

7. Transport document should be made out to order. When you are preparing for shipping documents, please send them after you check the B/L whether it is made out to order of shipper.
   - 운송서류는 지시식으로 작성되어야 한다. 귀사가 선적서류를 준비할 때, 선하증권이 송하인의 지시식으로 작성되었는지를 확인하시고 송부해 주시기 바랍니다.

Advanced English for Trade Practice

1. We will have to tender Letter of Indemnity to the shipping company to get clean Bill of Lading.
   - 당사는 무고장 선하증권을 입수하기 위해 선박회사에 파손화물보상장(L/I)을 제시해야 합니다.

2. When a Bill of Lading is made out to order or shipper's order and the shipper has signed on the back of it, it is said to be blank endorsed.
   This Bill of Lading then becomes a bearer instrument and the holder can present it to the shipping company to take delivery of the goods.
   - 선하증권이 'order' 또는 'shipper's order'라고 작성되고 송하인이 그 이면에 서명이 되었을 때 우리는 그것을 '백지배서가 되었다'고 말한다.
     그때 이 선하증권은 소지인이 권리를 행사할 수 있는 증서가 되며 그 증권의 소지자는 화물을 인수하기 위해 선사에 이 선하증권을 제시할 수 있다.

3. We are duly in receipt of shipping documents but your signature was omitted in your invoice, so we return the invoice in triplicate.
   Please sign and return us by express mail.
   - 당사는 선적서류를 정히 수령하였으나 상업송장에 귀사의 서명이 누락되었습니다. 이에 송장 3통을 반송하오니 서명한 후 속달우편으로 보내 주시기 바랍니다.

4. We have checked your Certificate of Origin and we have found that the actual shipping date is not in conformity to issuing date of Certificate of Origin so that please amend and return it immediately.
   - 귀사의 원산지증명서를 검토한 결과, 당사는 실제의 선적날짜와 원산지증명서 발행일자가 일치하지 않는다는 사실을 발견하였습니다. 따라서 즉시 이를 정정하여 보내 주시기 바랍니다.

5. Please send us two copies of shipping documents right after shipment is effected and inform us by fax the name of vessel, issuing date of B/L and invoice amount.
   - 선적이 이루어지면 즉시 선적서류 사본 2부를 당사에게 보내 주시고 선박명, 선하증권의 발행일자, 송장금액을 당사에게 팩스로 통지해 주시기 바랍니다.

6. The packing list is a document detailing the list of the packed goods. This includes packing and packing unit specifications, shipment weight, net weight, gross weight and serial number of the package.
   - 포장명세서는 포장(packed)된 상품의 목록(list)을 상세히 기재하고 있는 서류이다. 여기에는 선적화물의 포장 및 포장 단위별 명세, 단위별 순중량, 총중량(gross weight), 포장의 일련번호 등이 기재되어 있다.

Glossary of Trade Practice

1. Advanced B/L : The one that is issued before actual loading of the goods is completed or even before the commencement of the actual loading operation. An advanced B/L is usually issued when the time of shipment stipulated in the L/C is almost due but the actual loading of goods is not yet completed or the ready for shipment.

2. Bill of Lading : ① A document issued by a carrier which is evidence of receipt the goods, and is a contract of carriage. ② A document signed and delivered by the master or agent of a ship to the shipper against the goods loaded on board or delivered for shipment. ③ An instrument issued by an ocean carrier to a shipper that serves as a receipt for goods shipped, as evidence of the contract of carriage, and as a document of title for the goods. ④ The documents of title to the goods, without which the buyer will not be able to obtain delivery from the shipping company.
   ⑤ A document which is issued by an ocean carrier to a shipper with whom the carrier has entered into a contract for the carriage of goods. ⑥ A document which is issued by an ocean carrier to a chipper with whom the carrier has entered into a contract for the carriage of goods. It evidences the receipt of goods by the carrier and serves as a contract of carriage between the shipper and the carrier at the same time.

3. Certificate of Inspection : A certificate issued by an independent third party verifying the condition of cargo or of property.

4. Certificate of Origin : ① A document stating the name of the country that produced a specified shipment of goods : often required before importation of goods.
   ② A document certifying the origin of the goods or the place/ country of manufacturing. It should states the nature, quantity, value, and the place of manufacture.

5. Claused Bill of Lading : A B/L indicating that some discrepancy exists between the goods loaded and the goods listed on the Bill of Lading.

6. Clean Bill of Lading : ① A B/L indicating that the goods have been properly loaded on board the carrier's ship.
   ② A B/L issued by a carrier for goods delivered in 'apparent good order and condition' bearing no notations or added clauses which may limit the liability of the carrier.

7. Clean Transport Document : Document which bears no superimposed clause or notation which expressly declares a defective condition of the goods and/or the packaging.

8. Commercial Documents : Invoices, transport documents, documents of title or other similar documents, or any other documents whatsoever, not being financial documents in collection transaction.

9. Commercial Invoice : The exporting firm's invoice, addressed to the foreign importer, describing key transaction details particularly the total value and claiming for payment. It is one of the most important documents used in international trade.

10. Consular Invoice : ① An invoice covering the shipment of goods certified by the counsel of the country for which the merchandise is destined. ② A document covering a shipment of goods certified by the consul of the country for which the merchandise is destined. The invoice is used by customs officials of the country of entry to verify the value, quantity, and nature of the merchandise imported.
③ A form, usually only obtainable from the importing country's consulate in the exporting country, on which the seller or its agent must enter a detailed description of the goods being shipped.

11. Country of Origin (C/O) : ① The country in which goods are shipped with intention to separate them from the mass of goods in that country.
② Country of origin (COO), is the country of manufacture, production, or growth where an article or product comes from.

12. Customs Invoice : ① Its purpose is to give the customs authorities of the importing country reliable information on which they can assess duty. ② An invoice made out on a special form prescribed by the customs authorities of the importing country. Usually, this invoice is required in exporting to US, Canada, New Zealand, Australia and some African countries. ③ One of the documents made out on a special form prescribed by the customs authorities of the importing country.

13. Delivery Order (D/O) : A document from the consignee, shipper, or owner of freight ordering the release of freight to another party.

14. Financial documents : Bills of Exchange, promissory notes, cheques, or other similar instruments used for obtaining the payment of money in collection transaction.

15. House bills of lading : Bills of Lading issued by freight forwarders who consolidate several cargoes belonging to different owners or forming the subject-matter of different export transactions in one consignment shipped under a groupage bill of lading issued by the carrier to the forwarder.

16. Inspection Certificate : ① A document describing the condition of goods and confirming that they have been inspected.
② A document indicating the results of the inspection of the goods in terms of quality, quantity or any other element that has been specified. An inspection certificate may be issued by a government institution, surveyors of chamber of commerce or an independent service company.

17. Insurance Policy : ① The contract made between the insurer and the insured, which is issued by the insurer and confirmed by the insured. ② A written contract between the insurance company and the insure, containing all the terms and conditions of the agreement with full details of the risks covered. ③ The most commonly used document that contains all the details concerning the goods, coverage, premium and the insured amount on the face and the detailed contract terms at the back.

18. Insurance Certificate : ① A document similar to an Insurance Policy with the same details except that the provisions of the policy are abbreviated.
② The simplified form of the insurance policy certifying that insurance has been effected and that a policy has been issued. Unlike Insurance Policy, Insurance Certificate does not list all the terms of a formal insurance contract but it does clearly state the insurance conditions on which the shipment is covered. It is of the same legal validity as an Insurance Policy.

19. Invoice : A written account or itemized statement, usually on a printed form with the name and address of the seller, listing merchandise sold or shipped to a purchaser, consignee, factor, etc., showing their name and address, and containing a description of the merchandise, the quantity, values or prices and charges, and other significant details of the transaction such as the terms of sale and the currency of the purchase.

20. Letter of Indemnity (L/I) : A document which serves to protect the carrier/owner financially against possible repercussions in connection with the release of goods without presentation of an original B/L.

21. Letter of Guarantee (L/G) : ① A written undertaking, usually provided by bank, promising to hold the carrier harmless, up to a certain sum for claims that may arise from the delivery of goods to a particular person who is unable to surrender the original Bill of Lading in return for the good.
② An irrevocable undertaking by which the issuer holds itself financially liable for the consequences of non-performance of the obligations by a third party towards the beneficiary.

22. Long Form B/L : The one that, on the face and back of page, contains all the detailed clauses of the carriage contract, I. e., all terms and conditions about the rights and obligations of the carrier and shipper/consignor printed.

23. Mate's Receipt (M/R) : A document issued and signed by the mate of the shipping vessel indicating that the goods have been received by the vessel for loading or that the goods have been loaded on board the vessel. The seller can exchange the Mate's Receipt for the on-board B/L at a later time.

Chapter **15**

환어음 결제와 운송서류의 인도

Bill of Exchange and Delivery of Documents

1 환어음

1) 환어음의 의의

환어음(Bill of Exchange : B/E)은 환어음의 발행인이 제3자, 즉 지급인에게 증권에 기재된 일정한 날짜에 증권상에 기재된 금액을 증권상의 채권자(수령인 또는 그의 지시인)에게 지급할 것을 요구하는 무조건의 지급위탁서를 말한다.

2) 환어음의 성질

(1) 환어음의 발행인(서명자)은 채권자인 수출자이다.

(2) 채무자(신용장거래의 경우는 발행은행)가 실제로 지급을 이행할 환어음의 상대방은 환어음의 배서에 의해 지정된 자나 환어음의 정당한 소지인이다.

(3) 환어음은 요식증권이기 때문에 다른 유가증권에 비해 엄격한 형식이 요구된다. 따라서 환어음의 효력이 발생하기 위해서는 필수기재 사항들이 반드시 기재되어야 한다.

3) 환어음의 주요 당사자

(1) **발행인(drawer)** : 환어음을 발행하고 서명하는 자, 즉 채권자인 수출업자가 된다. 발행인은 환어음의 우측 하단에 서명하여 환어음을 발행한다.

(2) **지급인(drawee)** : 환어음을 지급하는 자, 즉 신용장발행은행(issuing bank)이나 상환은행(reimbursing bank) 및 수입자(추심결제의 경우)가 된다.

(3) **수취인(payee)** : 환어음의 지급을 받는 자로 환어음의 발행인이 될 수도 있고 발행인이 지정하는 제3자도 될 수 있다. 신용장에 근거를 두고 발행하여 외국환은행에 매입을 의뢰하는 경우의 수취인은 동 서류를 매입한 외국환은행이 된다.

환어음의 발행인과 수취인은 같을 수도 있고 다를 수도 있으며, 환어음의 소지인이 문면상 완전하고 정규의 환어음을 소지하고 있는 자를 '선의의 소지인(bona fide holder)'이라고 부른다.

4) 환어음의 준거법

환어음의 당사자들은 2개국 이상에 걸쳐 있기 때문에 해석상 준거법의 문제가 발생한다. 어음행위는 원칙적으로 행위지 어음법이 적용된다. 따라서 우리나라 수출자가 국내에서 발행하여 국내 은행에 매입하는 환어음은 우리나라 어음법이 적용된다.

5) 환어음의 발행통수

국내거래의 대금결제용으로 주로 사용되고 있는 약속어음(promissory note)은 보통 1통이 발행되는 단독어음(sola bill) 또는 단일어음(sole bill)이다.

그러나 무역거래의 대금결제용으로 사용되고 있는 환어음은 항상 같은 내용의 것을 제1권(first bill of exchange)과 제2권(second bill of exchange)으로 2통을 작성하여 발행하는 조어음(set bill, a set of bills)이다. 그 이유는 환어음의 우송 중 분실이나 연착으로 인한 어음 유통상의 장해를 방지하기 위함이다. 매입이 이루어지면 보통 제1권에는 운송서류 원본(original)이 첨부되고 제2권에는 운송서류 부본(duplicate)이 첨부되어 각각 다른 항공편을 통해 수출지 은행에서 수입지 은행으로 우송된다.

6) 환어음의 종류

(1) 일람출급어음과 기한부어음

일람출급어음(sight bill, demand bill)은 수취인(어음소지인)이 환어음의 지급인에게 환어음을 제시하면 지급인이 일람하는 즉시 지급되는 환어음이다.

기한부어음(usance bill, term bill, time bill)은 환어음의 발행이나 제시가 이루어진 후에 일정시간이 경과되어야 지급되는 환어음이다.

(2) 화환어음과 무화환어음

화환어음(documentary bill)은 환어음에 운송서류가 첨부되는 것이다. 무화환어음(clean bill)은 환어음에 운송서류가 첨부되지 않은 것으로 '무담보어음'이라고도 한다.

무역거래에서 사용되는 환어음은 화환어음이 주종을 이룬다.

(3) 지급인도어음과 인수인도어음

지급인도어음(documentary payment bill, D/P Bill)은 수하인이 환어음대금을 결제하지 않으면 운송서류를 거래은행으로부터 수령할 수 없도록 되어 있는 환어음이다.

인수인도어음(documentary acceptance bill, D/A Bill)은 수입지 은행으로부터 어음이 제시되었을 때 수하인이 환어음 대금을 지급하지 않고 이를 인수함으로써 운송서류를 수령할 수 있도록 되어 있는 환어음이다.

7) 환어음의 기재사항과 해석

(1) 필수기재사항

필수기재사항은 환어음에 반드시 기재되어야 하는 사항으로, 어느 하나라도 누락되면 환어음으로서의 법적 효력이나 구속력을 갖지 못하게 된다.

① 환어음의 표시문구 : 환어음임을 표시하는 문구로 환어음 상단 중앙에 'BILL OF EXCHANGE'라고 인쇄되어 있다. 이를 '환어음의 표제'라고도 부른다.

② 일정금액의 무조건 지급위탁문언 : 일정금액을 지급한다는 뜻의 'PAY TO ~ THE SUM OF ~'가 이 문언이다. 무조건의 위탁은 지급에 조건이 없다는 것으로 'PAY TO ~ OR ORDER'가 이것이다. 'PAY TO ~'는 '~에게 지급하시오'를 의미하고 TO ~ 다음에는 수취인(통상은 환어음 매입은행)을 기재하고, 'THE SUM OF ~' 다음에는 지급통화와 금액을 문자로 기재한다. 'OR ORDER(or their Order)'는 '또는 ~은행의 지시인'을 말한다. 이 금액을 지급함에 있어 조건을 붙이거나 지급방법이 한정된다면 이것은 무조건의 지급지시가 아니다.

③ 지급인(drawee) : 지급인은 환어음 제일 하단 좌측에 'TO ~' 다음에 기재되는 자이다. 보통 발행은행이나 발행의뢰인, 또는 제3의 은행이 된다. 신용장이 'drawn on issuing bank'인 경우에는 발행은행이 지급인이 되며, 'drawn on ~' 이하가 발행은행이 아닌 다른 은행이 기재되는 경우는 Reimbursing Bank가 지급인이 된다.

④ 지급지(place of payment) : 지급지는 어음금액이 지급될 일정한 지역을 말하며, 신용장에 별도 명시가 없는 한, 도시명만 표시된다. 지급지는 실제로 존재하는 지역이어야 하기 때문에 현재 존재하지 않는 지역을 표시하면 무효가 된다.

⑤ 지급 만기일 : 지급 만기일(tenor, maturity, date of maturity, due date)은 어음금액이 지급되는 날짜이다. 환어음의 문언 중 'at ~ sight'의 at ~ 다음에 기재된다.
신용장의 경우 조건에 따라 차이가 있지만 지급만기일의 표시는 크게 일람출급과 기한부 2가지가 있다. 일람출급일 경우 'at xxx sight of '로 표시되며, 기한부일 경우 'at xxx days after sight' 또는 'at xxx days after B/L date'의 형식으로 기재된다.
만일 지급일이 'at 30 days after date'인 경우 환어음의 발행일이 4월 10일이면 만기일은 4월 11일~30일까지 20일간 그리고 5월 1일~10일까지 10일간 총 30일간이 되어 5월 10일이 된다.

⑥ 수취인(payee) : 수취인은 환어음의 금액을 지급받는 자이다. 환어음의 발행인이 될 수도 있고 발행인이 지정하는 제3자가 될 수도 있다. 어음의 문언 중 'PAY TO ~' 다음에 기재되는 자가 수취인인데, 신용장거래는 보통 매입은행이 기재된다.

우리나라 어음법은 기명식(예) Pay to SHINHAN Bank)과 지시식(예) Pay to SHINHAN Bank or Order)에 의한 발행만을 인정하고 있다.

⑦ 발행일 : 발행일은 환어음이 발행된 날짜이다. 보통 환어음과 함께 제시된 운송서류를 은행이 매입한 날짜이다. 발행일은 신용장 유효기일 이내이어야 한다.

⑧ 발행지 : 발행지는 환어음이 발행된 장소를 말하는데 보통 'Seoul Korea'와 같이 도시명만 표시해도 된다. 발행지의 표시는 어음법 적용의 근거가 된다.

⑨ 발행인의 기명날인 : 발행인은 신용장의 수익자나 양도받은 경우에는 양수인이 된다. 발행인은 환어음의 우측 하단에 서명과 날인을 해야 한다.

(2) 임의기재사항

임의기재사항은 기재되지 않아도 그 효력에 영향을 미치지 않는 사항들이다.

⑩ 환어음 번호 : 특별한 의미는 없고 후일 참조할 경우에 편리성을 위하여 기재한다.

⑪ 복본번호에 관한 문언 : 환어음은 2통을 한 조로 하여 발행되기 때문에 환어음에 'THIS FIRST BILL OF EXCHANGE(SECOND OF THE SAME TENOR AND DATE BEING UNPAID)'로 기재된다. 그 이유는 이러한 번호가 없으면 복본으로 발행되어 2통이 각각 독립적으로 유통될 수 있기 때문이다.

복본으로 발행된 환어음은 각각 법률적으로 동등한 효력을 갖고 있으며 그 중의 어느 1통에 의하여 지급이 완료되면 나머지는 자동적으로 효력을 상실하게 된다.

'SECOND OF THE SAME TENOR AND DATE'는 동일한 내용과 동일일자의 제2통, 'BEING UNPAID'는 만일 지급이 되지 않았다면(If it is unpaid) 이라는 의미이다.

⑫ 복기금액 : 'THE SUM OF ~' 이하에 문자로 금액을 복기한다. 표제(숫자)금액과 복기(문자)금액이 불일치할 경우에는 문자금액을 우선한다.

⑬ 대가수취 문언 : 'VALUE RECEIVED'이다. 동 문언은 발행인이 환어음의 대가를 영수하였다는 의미로 '대가 수령함'으로 번역된다. 수출자가 환어음과 상환으로 신한은행으로부터 수출대금을 수령하였다는 의미이다.

⑭ AND CHARGE THE SAME TO ACCOUNT OF ~ : 발행인이 지급인에게 지시하는 내용으로, 본 환어음이 지급인에 의해 결제되면 그 자금은 'ACCOUNT OF ~' 이하에 기재된 신용장의 ACCOUNTEE로부터 대금을 수령하라는 의미이다.

⑮ 신용장에 관한 문언 : 이 문언은 'DRAWN UNDER~ L/C NO~DATED ~'에 기재된다. 'DRAWN UNDER ~' 이하에는 신용장 발행은행이 기재되며 'L/C NO' 뒤에는 신용장 번호가 기재되나 D/P · D/A인 경우에는 계약서 번호가 기재된다. 'DATED ~' 이하는 신용장의 발행일자가 기재된다.

Model Form 22 : 〈서식〉 환어음(Bill of Exchange)

① BILL OF EXCHANGE

⑩ No. 2345 ⑦ Date November 3, 2026 ⑧ Seoul, Korea.
For US 60,000

⑤ AT * * * SIGHT OF ⑪ THIS FIRST BILL OF EXCHANGE (SECOND OF THE SAME TENOR AND DATE BEING UNPAID)

② PAY TO ⑥ THE SHINHAN BANK, LTD OR ORDER THE SUM OF

⑫ SAY US DOLLARS SIXTY THOUSAND ONLY

⑬ VALUE RECEIVED AND ⑭ CHARGE THE SAME TO ACCOUNT OF GLOBAL ENTERPRISING CO., INC. N.Y USA

⑮ DRAWN UNDER NEW YORK COMMERCIAL BANK, NEW YORK, USA
L/C NO. P-466878 DATED JULY 28, 2026.

TO ③ NEW YORK COMMERCIAL BANK
NEW YORK
④ USA

⑨ INTERNATIONAL SEOUL TRADING CO., LTD.
E. J. Han
E. J. Han
Vice President

환 어 음

번호 : 2345 발행일자 및 발행지 : 2026. 11.3. 서울, 한국
금액 : 미화 6만 달러

이 제1환어음을 일람 후에 (만일 동일 지급기간 및 일자의 제2환어음이 지급되지 않았다면) 아래 금액을 신한은행 또는 그의 지시인에게 지급하여 지급하십시오.

미화 6만 달러 정

대가 수령하였으며 동일 어음금액을 미국 뉴욕소재 글로벌엔터프라이징에게 청구하십시오.
이 환어음은 2026년 7월 28일자 미국 뉴욕의 뉴욕상업은행 발행 신용장 번호 P-466878호에 의거하여 발행된 것임.

지급인 및 지급지 :
뉴욕상업은행, 뉴욕
미국

발행인의 기명날인 :
E. J. Han
국제서울무역㈜
부사장

2 수출대금의 회수방법

오늘날 가장 널리 이용되는 결제방식은 화환어음(documentary bill) 결제방식이다.

이 방식에서 수출대금을 회수하는 방법에는 크게 신용장이 있는 화환어음에 의한 결제방식과 신용장이 없는 화환어음에 의한 결제방식이 있다.

1) 신용장이 있는 화환어음에 의한 결제방식

이 방식은 수출자가 약정물품을 선적한 다음, 수출환어음을 발행하고 거기에 운송서류를 첨부하여 수출지의 거래은행이나 지정된 은행에 매입을 의뢰하면 매입은행이 그것과 상환으로 수출환어음 지급함으로써 수출자가 대금을 회수하는 방법이다.

2) 신용장이 없는 화환어음에 의환 결제방식

본지사간의 거래가 증가하고 신용을 바탕으로 한 거래가 증가하면서 최근에는 신용장이 없는 화환어음방식을 이용하여 대금을 회수하는 방법도 널리 사용되고 있다.

이 방법에서 수출지은행은 수출자로부터 추심을 의뢰받은 환어음과 운송서류를 수입지에 있는 지점이나 거래은행(correspondent bank) 앞으로 발송하게 된다.

운송서류를 접수한 지점이나 거래은행은 그 서류를 수입자에게 전달하게 된다.

이때 수출자가 발행한 수출환어음이 지급인도라고 명시된 지급인도어음(D/P Bill)일 경우에는 수입자가 그 어음금액을 지급하지 않으면 매입은행의 지점이나 거래은행은 운송서류를 수입자에게 넘겨주지는 않는다.

또한 수출환어음이 인수인도어음(D/A Bill)일 경우에는 수입자가 어음금액을 언제까지 지급하겠다고 하는 책임을 인수하면 매입은행의 지점이나 거래은행은 운송서류를 수입자에게 인도하게 된다. 운송서류를 인수한 수입자는 수입지의 선사에 그것을 제시하고 약정물품을 수령하게 된다.

3 수출대금의 회수절차

신용장이 있는 화환어음에 의한 결제방식에서 수출대금의 회수는 수출자가 환어음을 작성하고 여기에 운송서류를 첨부하여 외국환은행에서 매입 받음으로써 이루어진다.

수출자가 환어음의 매입을 신청할 때는 은행소정양식의 매입신청서, 환어음, 운송서류, 신용장원본 등의 서류를 구비해야 하고 환어음에 첨부되는 운송서류는 신용장의 조건과 일치해야 한다. 특히 수출자가 외국환은행과 처음으로 화환거래를 시작할 때는 외국환은행에 '화환어음거래약정서' 또는 '수출거래약정서'를 제출해야 한다.

1) 화환어음거래약정의 체결

외국환은행은 화환어음을 수출자로부터 매입하기 전에 매입의뢰자(수출자)와 화환어음거래약정을 체결해야 한다.

이것은 은행이 수출자로부터 운송서류나 환어음을 매입하기 전에 매입으로 인하여 발생할 수 있는 문제들의 처리방법 등에 관해 수출자와 매입은행 사이에 체결되는 환어음의 거래에 관한 계약으로, '화환어음거래약정서' 또는 '수출거래약정'이라고도 부른다.

우리나라에서 사용하고 있는 화환어음거래약정서는 전국은행연합회가 마련한 인쇄약정서를 사용하고 있으며, 이 약정은 수출자가 외국환은행과 처음으로 화환거래를 시작할 때에 은행과 한번만 체결하면 된다.

2) 환어음의 발행

수출자가 환어음을 발행할 때 우송중의 분실이나 연착에 대비하여 제1권(first bill of exchange)과 제2권(second bill exchange)의 2통을 한 조로 발행한다.

제1권에는 운송서류 원본(original)을 각 한 통씩 첨부되고 제2권에는 부본(duplicate)을 첨부하여 각각 다른 항공편으로 수입지의 지급은행 앞으로 송부한다.

3) 환어음 매입신청서의 작성

환어음 매입신청서는 환어음 및 결제서류를 화환어음거래약정에 따라 매입해 줄 것을 수출자가 은행에 의뢰하는 신청서로 매입시에 작성되어야 한다.

4) 환어음의 매입의뢰

수익자는 환어음과 결제서류를 발행 및 정비한 후에 은행에 이의 매입을 의뢰하게 된다. 이때에는 신용장원본 및 신용장이 요구하는 운송서류 등 제반 결제서류들이 함께 제시되어야 한다.

5) 매입은행의 환어음과 결제서류 등의 심사 및 매입

수익자가 환어음과 결제서류를 정비하여 매입은행에 제시하면 매입은행은 상당한 주의를 기울여 이를 심사하고 그것이 신용장조건과 문면상 일치하면 매입에 응하게 된다.

6) 매입은행의 대금지급 및 상환청구

매입은행은 신용장의 뒷면에 매입일자, 매입금액 및 매입은행명을 기재하고 수출자에게 대금을 지급한다. 이때 다음의 수수료를 공제하고 지급한다.

이후 매입은행은 발행은행에 결제서류를 송부하고 수출대금을 상환청구하게 된다.

4 운송서류의 인도

1) 운송서류 인도의 의의

운송서류의 인도는 매입은행으로부터 도착된 운송서류를 발행은행이 발행의뢰인에게 넘겨주는 행위를 말한다. 발행의뢰인은 운송서류가 있어야만 운송인으로부터 도착화물을 청구할 수 있는데, 운송서류를 수령하려면 우선 은행에 수입대금을 결제해야 한다.

2) 운송서류의 인도방법

첫째, 운송서류 원본이 정시에 도착하고 Full Margin이 이루어진 경우에는 발행은행은 담보권을 행사하지 않고 운송서류를 발행의뢰인에게 인도한다.

둘째, 화물은 양륙항에 도착하였으나 운송서류 원본이 아직 도착하지 않았을 경우에는 수입자의 요청에 따라 수입화물선취보증서(Letter of Guarantee, L/G)를 활용하여 운송서류를 인도하여 수입화물을 먼저 수취할 수 있도록 한다.

셋째, 발행의뢰인이 수입대금을 일시에 지급하는 것이 어려울 경우에는 발행은행이 수입화물에 대하여 담보권을 확보하고 운송서류를 미리 인도해 주어 물품을 수취할 수 있도록 수입화물대도(Trust Receipt, T/R)를 한다.

3) 수입화물선취보증서(L/G)에 의한 서류인도

(1) 필요성

본선이 입항하고 화물이 양륙되었음에도 불구하고 운송서류가 아직 수입지 은행에 도착되지 않는 경우가 있다. 원본서류가 없어 화물의 인수가 불가능하다면 수입자는 입하목전에 두고 화물을 인수하지 못하여 판매기회를 놓칠 우려가 있다. 이러한 경우 수입화물선취보증서에 의한 인도라는 편법이 국제상관습으로 널리 인정되고 있다.

(2) 의의와 기능

수입화물선취보증서(Letter of Guarantee, L/G)는 선하증권 원본의 제시 없이도 화물을 수취할 수 있도록 선사에 제공하는 일종의 차입증으로 수입화물은 도착하였으나 운송서류가 도착되지 않아 화물의 인도청구를 할 수 없는 데에서 오는 수입자의 손실을 방지하기 위한 제도이다. 이 보증서를 발급받으려면 신청서, 화물도착통지서(arrival notice), 선하증권 사본, 상업송장 사본 등을 발행은행에 제출해야 한다.

이 서류를 이용하면 선사는 은행의 보증서(L/G)를 받고 인도하게 되므로 사고발생시 이를 커버할 수 있고, 은행도 조기에 자금회수를 할 수 있다.

(3) 내용

수입화물선취보증서는 원본 선하증권이 도착하면 이를 지체 없이 선사에 제출할 것, 이 선취보증장에 의해 인도된 화물에 대하여 발생되는 모든 손해는 하주 및 보증은행이 책임을 부담할 것, 양육지에서 지급되는 추가운임과 선적지에 있어서의 미납선임 및 비용 일체를 부담할 것 등을 발행은행이 보증하는 내용으로 되어있다.

신용장거래의 경우 L/G를 발급하면 화물에 대한 책임문제가 발생하기 때문에 발행은행은 수입자에게 선 대금결제 및 담보제공을 추가로 요구하는 것이 보통이다.

(4) 효과

첫째, L/G가 발급되면 차후에 도착한 운송서류에 하자가 있어도 발행은행은 이를 이유로 지급이나 인수를 거절할 수 없다.

둘째, 일람후 정기출급 환어음(time draft)인 경우에는 L/G의 발급일로부터 환어음의 만기일이 확정된다.

셋째, 추후 원본서류가 도착하면 배서하여 선사에 송부하고 해당 L/G를 회수해야 한다.

4) 수입화물대도 (T/R)에 의한 서류인도

(1) 의의

수입자는 은행에 화환어음대금을 결제하지 않으면 환어음의 담보인 운송서류를 입수할 수 없을 뿐 아니라 운송인으로부터 화물도 인수할 수 없게 된다.

이러한 상황에서 수입자가 운송서류의 소유권은 담보물로서 은행에 있다는 것을 인정하고 그 운송서류를 차수하기 위해 은행소정의 수입화물대도 신청서에 필요사항을 기재하여 은행에 제출하는데 이를 수입화물대도(T/R)라고 한다.

(2) 성격

수입화물의 대도에서 발행은행은 소유권만 보유한 상태에서 수입자가 수입물품을 통관하여 제조, 가공, 판매할 수 있도록 하고 동 물품의 판매대금으로 우선적으로 수입대금을 결제하도록 하는 일종의 대출행위이다.

(3) 효과와 효용

수입화물대도는 화물의 소유자는 어디까지나 은행이며 수입자는 이를 빌려가는 형식을 취한다. 따라서 일람출급 신용장에서의 T/R은 기한부 신용장의 경우와 같은 수입편의를 발행의뢰인에게 부여해 준다.

은행 입장에서는 은행 자신은 물품의 소유권만을 갖고 수입자로 하여금 이를 통관 · 판매하도록 하는 T/R을 활용하는 것이 보다 현실적인 채권확보의 방안이 될 수 있다.

Model Form 23 : 〈 서식 〉 매입(추심)신청서

담당	검토자	결재권자

수출환어음매입(추심)신청서

매입번호	4009008933
CMF번호	

신 한 은 행 앞

아래와 같이 화환어음의 매입/추심을 신청함에 있어서 따로 제출한 외국환거래약정서의 조항에 따를 것을 확약하며 신용장(계약서) 불일치 내용이 상대은행에서 통보되어온 경우 매입시 불일치 내용을 신고한 것으로 인정하여도 이의를 제기하지 않겠습니다. 아울러 위 수출물품에 대한 모든 권리를 귀 은행에 양도하겠습니다.

(1) L/C 및 운송서류 내용		(2) 매입대금 처리내역		확 인 인	
L / C 번 호	P-466878	처 리 내 역		담당	결재
개 설 일 자	JULY 28, 2026	매 입 금 액	U$60,000		
수출신고필증번호	151-10-99-0009888-3	외화대체금액	U$59,700		
선 적 기 일	OCTOBER 25, 2026	수 입 보 증 금			
유 효 기 일	NOVEMBER 10, 2026	원 화 입 금 액			

(3) 신용장(계약서) 불일치 내용

①
②
③
④
⑤
⑥

위 신용장(계약서)에 의한 수출환어음매입 또는 선적서류매입과 관련하여 본인은 아래와 같은 신용장(계약서) 조건과의 불일치 또는 기타 사유로 인한 하자사항을 확인하며 이로 말미암은 비용 및 손해는 외국환 거래 약정서에 따라 부담하겠습니다.

2026 년 11 월 5 일

주 소

신청인 한 은 종 (인)

인감대조

* 은행사용란

01	CMF 번호		10	우편요금		20	L / C 번 호		30	우 대 환 차	
02	재매입여부		11	가격조건		21	자 사 실 적		31	환가료구분	
03	매 입 통 화		12	수출상대국		22	타 사 실 적		33	기 산 일	
04	매 입 금 액		13	수출신고번호		23	선 물 환 율		34	COMM율	
05	하 자 여 부		15	수출형태		24	선 물 금 액		35	COMMISSION	
06	한 도 구 분		16	HS번호		26	기 산 기 준		36	INTEREST율	
07	외 화 대 체		17	지급구분		27	어 음 기 간		37	INTEREST	
08	T E N O R		18	환가요율		28	확정일코드		38	환 적 여 부	
09	본지사구분		19	기타공제		29	할 인 구 분		39	분할선적여부	

수출(4030061 210×297) 백상자 80g/㎡ ('99. 1 제정) 신한은행

Model Form 24 : 〈서식〉 수입화물선취보증서(영문)

LETTER OF GUARANTEE

TO (Shipping Company)		L/G No. Date	
Vessel Name/Voyage No.		L/C No.	Date of Issuing
Port of Lading		Invoice Value	
Port of Discharge(or Place of Delivery)		Description Cargo	
Bill of Lading No.	Date of Issue		
Shipper			
Consignee		No. of Packages	Marks & Nos.
Party to be Delivered			

Whereas you have issued a Bill of Lading covering the above shipment and the above cargo has been arrived at the above port of discharge(or the above place of delivery), we hereby request you to give delivery of the said cargo to the above mentioned party without production of the original Bill of Lading.

In consideration of your complying with our above request, we hereby agree as follows :

1. To indemnify you, our servants and agents and to hold all of you harmless in respect, of liability, loss, damage or expenses which you may sustain by reason of delivering the cargo in accordance with our request, provided that the undersigned Bank shall be exempt from liability for freight, demurrage or expenses in respect of the contract of carriage.
2. As soon as the original Bill of Lading corresponding to the above cargo comes into our possession, we shall surrender the same to you, whereupon our liability hereunder shall cease.
3. The liability of each and every person under this guarantee shall be joint and several and shall not be conditional upon your proceeding first against any person, whether or not such person is party to or liable under this guarantee.
4. This guarantee shall be governed by and construed in accordance with Korean law and jurisdiction of the competent court in Korea.

Should the Bill of Lading holder file a claim or bring a lawsuit against you, you shall notify the undersigned Bank as soon as possible

Yours faithfully,

For and on behalf of [Name of Requestor]	For and on behalf of [Name of Bank]
____________________	____________________
Authorized Signature	Authorized Signature

Model Form 25 : 〈서식〉 수입화물선취보증서(한글)

<table>
<tr><td colspan="4">수입화물선취보증서</td></tr>
<tr><td colspan="2">수신
(선박회사명)</td><td colspan="2">L/G 번호
발행일자</td></tr>
<tr><td colspan="2">선명/항차번호</td><td>L/C 번호</td><td>발행일</td></tr>
<tr><td colspan="2">선적항</td><td colspan="2">송장금액</td></tr>
<tr><td colspan="2">양하항 (또는 인도장소)</td><td colspan="2" rowspan="3">화물명세</td></tr>
<tr><td>선하증권 번호</td><td>발행일</td></tr>
<tr><td colspan="2">송하인</td></tr>
<tr><td colspan="2">수하인</td><td rowspan="2">포장개수</td><td rowspan="2">하인 및 번호</td></tr>
<tr><td colspan="2">인수예정자</td></tr>
</table>

귀사가 상기 선적화물에 관한 선하증권을 발행하였고 상기 화물이 상기 양하항(또는 인도장소)에 도착하였기에, 우리는 선하증권 원본을 제시함이 없이 상기 당사자에게 상기화물을 인도해 줄 것을 귀사에게 요청합니다.

귀사가 상기와 같이 당사의 요청에 따를 경우 우리는 아래와 같이 합의합니다.

1. 귀사와 귀사가 지정한 고용인, 대리점 모두는 당사의 요청에 의하여 화물을 인도함으로써 발행할 지도 모를 채무, 손실, 손해 또는 비용에 대하여 면책한다. 다만, 은행은 운송계약과 관련하여 발생하는 채무, 운임, 체선료, 기타비용은 책임을 지지 않는다.
2. 상기 화물의 선하증권 원본을 입수하는 대로 귀사에게 전달하겠으며, 이때 당사의 책임은 종료된다.
3. 본 보증서상 하기 서명자 각각 모두가 단독 및 연대책임이 있으며, 귀사가 하기 서명자 중 어떤 사람에게 먼저 소송을 제기하였을 때 해당인(피고인)이 당사이든 아니든 책임이 있는 없든 그것은 조건부가 아니다.
4. 이 보증서의 준거법 및 관할법원은 한국법 및 한국법원으로 한다.

선하증권 소지인이 분쟁 또는 소송을 제기하는 경우에는 가능한 한 빨리 은행에 통보하여야 한다.

화 주	은 행
______________	______________
(서 명)	(서 명)

Keys to the Lesson

1. for this account : 이 계산을 위해, 이 계정을 결제하기 위해

1) For this account up to May 30, please send us a M/T for US$500.
   ➡ 5월 30일까지 이 계정을 결제하기 위해 미화 500달러의 우편환을 당사로 보내 주십시오.
2) 본 계정을 결제하기 위해 6월 3일까지의 귀 송장금액에 대한 3,000파운드의 수표를 동봉하였다.
   ➡ In payment of this account, we have enclosed a check for £3,000.00 covering your invoice up to June 3.
3) 본 계정을 결제하기 위해 국민은행을 지급인으로 하는 환어음을 발행하였습니다.
   ➡ In settlement of this account, we have drawn a draft on KB Kookmin Bank.
4) 이 계정을 결제하기 위해 미화 3,000달러에 대한 당사 차변표 제17호를 동봉하여 보냅니다.
   ➡ To cover ourselves for this account, we have enclosed our Debit Note No.17 for US$3,000.

주 ① for this account : 이 계정을 결제하기 위해(=to pay this account, in payment of this account, in settlement of this account, to settle this account, to cover this account)
cf. in settlement of (account, draft, order, goods) : (계정, 환어음, 주문, 상품) 결제를 위하여
② up to ~ : ~까지의, ~까지
③ check : 수표(영 : cheque)
④ Debit Note : 차변표(소액채권 통지서) cf. Credit Note : 대변표(소액채무 통지서)
cf. credit(around) to one's account : (금액)를 누구의 계정 대변에 기입 · 정리하다.
debit (금액) to one's account : (금액)을 누구의 계정 차변에 기입 · 정리하다.

2. at the rate of ~ : ~의 요율로

1) Please insure US$2,000 on the above goods at the rate of 8% for ICC(C).
   ➡ 상기 물품 미화 2,000불에 대하여 협회적하약관 C조건 및 8%의 요율로 부보하여 주십시오.
2) 당사는 입방미터당 50센트의 통상요율을 적용시켜 주신데 대하여 귀사께 감사드립니다.
   ➡ We are grateful to you for giving us your usual rate of US$0.50 per CBM.

주 ① at the rate of ~ : ~의 비율(=요율)로 하여. cf. at the buying rate : 매입율로
② usual rate of ~ : ~의 통상요율, 종전의 요율
③ CBM : cubic meter(가로, 세로, 높이의 곱)

3. As to the settlement of account : 대금결제에 관하여, 대금결제에 대해서는

1) As to the settlement of account, we are agreeable to your terms.
   ➡ 대금결제에 관하여 당사는 귀사의 조건에 동의합니다.

주 ① the settlement of account : 대금결제
② agreeable to ~ : ~에 따르다, ~대로 동의하다(=agreeably to, according to, as per).

4. protect the draft : 환어음을 인수하다, 환어음을 결제하다.

1) We wish you would protect this draft upon presentation.
   ➡ 환어음이 제시되면 즉시 환어음을 인수하여 주시기 바랍니다.
2) We have negotiated the draft through Kookmin Bank with documents attached.
   ➡ 당사는 서류를 첨부하여 동 환어음을 국민은행에서 매입하였습니다.
3) We opened a Letter of Credit through the Bank of America in Hong Kong and the advising bank will have a right to honor the draft drawn by you.
   ➡ 홍콩에 있는 BOA은행을 통하여 신용장을 개설하였으며, 통지은행이 귀사가 발행한 환어음에 대해 지급할 권리가 있습니다.

주 ① protect(=honor, accept, pay, meet) a draft : 환어음을 인수(=결제)하다.
cf. dishonor a draft : 환어음을 부도내다.
present a draft : 환어음을 제시하다.
negotiate a draft : 환어음을 매입하다.
② negotiated the draft : 환어음을 매입했다.
③ with documents attached : 서류를 첨부하여
④ upon presentation (of draft) : (환어음이) 제시되면 즉시(=제시되면, 제시 되자마자)
⑤ have a right to honor the draft : 환어음을 지급할 권리를 가지다.
⑥ the draft drawn by you : 귀사가 발행한 환어음

5. keep in touch with ~ : ~에게 연락하다, ~와 연락하다.

1) We will keep in touch with you as soon as we receive them in good condition.
   ➡ 좋은 상태로 그들을 받자마자 귀사에게 연락을 드리겠습니다.
2) He gave me his business card, so I can get in touch with him.
   ➡ 그는 그의 명함을 나에게 주었고, 그래서 나는 그와 연락을 취할 수 있다.

주 ① keep in touch with : ~와 연락하다(=have in touch with ~, get in touch with ~, contract with ~, make contract with ~, come into contract with ~, contract ~, communicate with ~, connect ~).

6. on due date : 제날짜에

1) We will pay discount charge on due date.
   ➡ 당사는 제날짜에 할인수수료를 지불할 것입니다.
2) For the shipment of January 02, 2026, its payment due date is April 02, 2026.
   ➡ 2026년 1월 2일의 선적시, 지불기한은 2026년 4월 2일입니다.

주 ① on due date : 제 날짜에
cf. due date : 어음의 지급만기일
payment due date : 지불기한
② discount charge : 할인료(=usance interest), 할인수수료

사례 46 : 수출자의 환어음 발행통지

November 7, 2026

Gentlemen :

We are pleased to inform you that we have shipped 100% Cotton Shirts for Men, 500 Doz ordered by you under the Purchase Note No.123 by S/S Ever Green V-47 which left Busan on October 25.

We have drawn a draft at sight for US$ 60,000 on the New York Commercial Bank, N.Y. under the L/C No. P-466878 and negotiated it through the Shinhan Bank, Seoul, Korea.

Please note that all documents required in the Letter of Credit were forwarded to your negotiating bank. Therefore, we want you to protect the draft on presentation, and we really hope the goods will reach you to your satisfaction.

Yours very truly,

주 ① draw a draft ~ on : ~을 지급인으로 하는 환어음을 발행하다.
② all documents required in the Letter of Credit : 신용장에서 요구하는 모든 서류
③ be forwarded : 제시되다, 송부되다.
④ on presentation : 제시하자마자, 제시되자마자

사례 47 : 수입자의 환어음 수락통지

Gentlemen :

We duly have received your letter of November 7 asking us to honor the draft you have drawn on the issuing bank for the goods we need urgently.

Thank you for your prompt shipment of the goods.

After the draft was presented together with other relevant documents by New York Commercial Bank, New York, it was accepted by us directly.

We are waiting for the vessel which will reach here soon, and we will keep in touch with you as soon as we receive them in good condition.

Yours truly,

주 ① together with other relevant documents : 기타 관련 서류와 함께

사례 48 : 수출자의 일람출급 환어음 발행통지

Gentlemen :

We confirm our Fax of the 27th of October informing you that 500 Doz of Men's 100% Cotton Shirts were shipped by S/S Ever Green left Busan on October 25.

As you requested, we enclosed two copies of non-negotiable Bill of Lading and two copies of Commercial Invoice. To cover the shipment, we have drawn our draft at sight on New York Commercial Bank in New York under the credit No. P-466878 for US$ 60,000.

The draft with other documents will be forwarded to the issuing bank through Shinhan Bank in Seoul, and we ask you kindly to protect the draft upon presentation by the issuing bank.

We hope that the goods will reach you in good condition and that we will receive your additional orders soon.

Yours very truly,

encls : 1. two copies of non-negotiable Bill of Lading
2. two copies of Commercial Invoice

① to cover the shipment : 그 선적분을 결제하기 위해

사례 49 : 수입자의 일람출급 환어음 결제통지

Gentlemen :

Thank you for your letter dated November 7 informing us that you have negotiated your draft drawn at sight under the credit No. P-466878.

As for the draft presented by The New York Commercial Bank on due date, we are glad to inform you that we accepted it accordingly, and we will pay discount charge on due date.

We express our thanks for your having effected shipment within the time stipulated in the Letter of Credit. We believe that the goods will reach safely and give a satisfaction to our customers.

Yours very truly,

① as for the draft : 환어음에 대해서는
② we accepted it accordingly : 당사는 그것을 당연히 인수했습니다.
③ for your having effected shipment : 귀사가 선적해 주신 것에 대해
④ within the time stipulated in the Letter of Credit : 신용장에 기재된 기간 내에

환어음 결제와 운송서류의 인도에 흔히 사용되는 문장

1. We have valued on you at sight and the bill will be presented to you by the Kookmin bank.
   - 당사는 귀사를 지급인으로 하여 일람출급으로 발행하였습니다. 그 환어음은 국민은행을 통해 귀사에게 제시될 것입니다.

2. In settlement of your invoice No.350, we enclose our bank cheque for USD 4,000.
   - 귀사의 송장번호 제350호의 결제를 위해 당사는 4천 불짜리 은행수표를 동봉합니다.

3. The shipping documents listed below have been forwarded through the Shinhan Bank, Seoul, Korea, to New York Commercial Bank, NY, USA with draft.
   - 아래의 선적서류들은 환어음과 함께 대한민국 서울소재 신한은행을 통해 미국 뉴욕소재 뉴욕상업은행 뉴욕지점으로 발송하였습니다.

4. The Drafts must be negotiated not later than November 27, 2026.
   - 환어음은 2026년 11월 27일까지 매입되어야 합니다.

5. All drafts must be marked, 'Drawn under New York Commercial Bank, New York, Irrevocable L/C dated August 13, 2026.'
   - 모든 환어음에는 다음과 같은 표시가 되어 있어야 한다. '2026년 8월 13일에 뉴욕소재 뉴욕상업은행이 발행한 취소불능신용장에 의거하여 환어음이 발행됨.'

6. The amounts of all drafts negotiated under this credit must be endorsed on the back hereof by the negotiation bank.
   - 본 신용장에 의거하여 매입된 모든 환어음의 금액은 매입은행에 의해 그 이면에 배서되어야 한다.

7. We have drawn a draft at 90 d/s on you under L/C No.P-2345 opened by Chase Manhattan Bank in New York for USD 60,000 covering 500 dozen of Men's Cotton Shirts. Please be kind enough to accept a draft on presentation.
   - 당사는 뉴욕소재 체이스 맨해튼은행이 발행한 신용장 P-2345호에 의거하여 남성용 면제품 500다스 미화 6만 달러에 대해 일람 후 90일 출급되는 환어음을 귀사를 지급인으로 하여 발행하였습니다. 환어음이 제시되자마자 곧 인수하여 주시길 바랍니다.

8. We hereby engage with drawers, endorsers and/or bona fide holders that drafts in conformity with the terms of this credit will be duly honoured on presentation.
   - 이에 당 은행은 이 신용장의 조건에 일치하여 발행된 화어음의 발행인, 배서인 및 선의의 소지인에게 이 환어음이 지급인에게 정당히 제시되면 정히 지급할 것을 확약합니다.

9. Today, we have drawn on you for USD 100,000.
   - 오늘 당사는 귀사를 지급인으로 하여 미화 십만 불의 환어음을 발행하였습니다.

Advanced English for Trade Practice

1. Exporter draws on issuing bank a documentary draft accompanied by the Bills of Lading, the Insurance Policy, the Commercial Invoices and other necessary documents in exact conformity with the terms of L/C.

   ▸ 수출자는 선하증권, 보험증권, 상업송장 그리고 신용장조건과 정확히 일치하는 다른 필요한 서류를 첨부하여 발행은행을 지급인으로 하는 화환어음을 발행한다.

2. Against the presentation of the documentary draft to the negotiating bank, exporter (consignor, shipper) receives the net value of the Bill of Exchange from the negotiating bank.

   ▸ 매입은행에 화환어음이 제시되고 수출자(송하인, 선적인)는 매입은행으로부터 환어음의 정미가액을 수취한다.

3. The negotiating bank dispatches draft and transport documents usually to issuing bank. The issuing bank examine all documents stipulated in the credit. If all documents are in compliance with the terms and conditions of the credit, the issuing bank reimburses the credit amount to the negotiating Bank.

   ▸ 매입은행은 환어음과 운송서류를 보통 발행은행에게 발송한다. 발행은행은 신용장에 규정된 모든 서류를 심사한다. 만일 모든 서류가 신용장의 조건과 일치하면 발행은행은 신용장 대금을 매입은행에 상환한다.

4. The issuing bank presents the draft(Bill of Exchange) and the documents to importer. Upon the presentation of the draft, Importer pays the draft at the time of presentation if it is drawn at sight or pays the draft on the maturity date, if it is drawn under usance base. The issuing bank remits the proceeds to the negotiating bank in the ex-porting country usually on T/T. Importer obtains the transport documents including bill of lading from the issuing bank.

   ▸ 발행은행은 환어음 및 서류를 수입자에게 제시한다. 환어음의 제시가 있는 경우 그 환어음이 일람출급으로 발행되었다면 제시와 동시에 지급을 하고, 기한부로 발행된 경우는 그 어음의 만기일에 어음금액을 지급한다.

   발행은행은 결제대금을 수출국에 있는 매입은행에게 보통 전신환으로 송금한다. 수입자는 발행은행으로부터 B/L을 포함한 운송서류를 입수한다.

5. Importer tenders the B/L, endorsed by himself to the shipping company. Against the tender of the B/L, Importer obtains Delivery Order (D/O) from the shipping company. Against the tender of D/O, importer takes delivery of the goods from the master of the ship.

   ▸ 수입자는 배서한 B/L을 선사에 제출한다. B/L의 제시와 상환으로 수입자는 선사로부터 화물인도지시서를 입수한다. 화물인도지시서의 제시와 상환으로 수입자는 본선의 선장으로부터 물품을 인수한다.

Glossary of Trade Practice

1. Acceptance : A draft calling for payment at a future date which the drawee has agreed to pay by signing 'accepted' on the draft.

2. Accepted Draft : A draft or a Bill of Exchange accepted by the drawee(acceptor) by putting his signature and 'accepted' on its face. In doing so, he commits himself to pay the bill upon presentation at maturity.

3. After Date : A notation used on financial instruments such as drafts or Bill of Exchange to fix the maturity date as a fixed number of days past the date of drawing of the draft.

4. After Sight : A notation on a draft that indicates that payment is due a stated number of days after the draft has been presented to the drawee.

5. At Sight : A notation on a draft which indicates that payment is due upon its presentation.

6. Bill : A Bill of Exchange or Draft, B/E.

7. Bill of exchange : ① An unconditional order in writing, addressed by one person to another, signed by the person giving it, requiring the person to whom it is addressed to pay on demand or at a fixed or determinable future time a sum certain in money to, or to the order of, a specified person or the bearer.
   ② A written instrument which contains an unconditional order whereby the drawer directs the drawee to pay a definite sum of money to the payee or to his order.
   ③ An unconditional order in writing signed by one party(drawer) requesting a second party(drawee/payer) to make payment in lawful money immediately or at a determined future time to a third party(payee).

8. Clean Collection : Collection of financial documents not accompanied by commercial documents in collection transaction.

9. Clean Draft : A draft with no commercial documents attached.

10. Collection : An arrangement whereby the seller draws a draft on the buyer and authorizes its bank to collect.

11. Delivery Order : A document of title which refer to an order given by an owner of goods to a person in possession of them, e.g. carrier or warehouseman.

12. Discrepancy : Any deviation from the terms and conditions of a credit, or the documents presented thereunder, or any inconsistency between the documents them selves.

13. Dishonor : The refusal by a drawee to accept a draft or to pay it when due.

14. Drawee : The person on whom a bill is drawn and who is thereby ordered to pay.

15. Drawer : The party who writes the draft, which orders drawee to make payment, for the amount specified on the draft, to a payee.

16. Endorsement : The act of a payee, drawee or holder of a bill, check or other negotiable instrument, in writing his name upon the back of the same, with or without further or qualifying words, whereby the property in the same is assigned and transferred to another.

17. Exchange Rate : ① The price of one currency expressed in terms of another. ② The rate at which one currency will be exchanged for another.

18. Foreign Exchange Rate : The rate or price of the currency of one country in terms of the currency of another. Exchange rates are determined in the foreign exchange market, which is open to a wide range of different types of buyers and sellers.

19. Negotiation : The giving of value for Draft(s) and or document(s) by the bank authorized to negotiate.

20. Payee : The person or organization to whose order a check or draft or note is made payable.

21. Payer : (or Payor) One who pays or is to pay, particularly the person who is to make payment of a Check, Bill, Note, or Account.

22. Promissory Note : ① A written, dated, and signed two-party instrument containing an unconditional promise by a maker to pay a definite sum of money to a payee on demand of at a specified future date.
② A written instrument which contains an unconditional promise whereby the maker undertakes to pay a definite sum of money to the payee or to his order.

23. Sight Bill : Bill of Exchange that is payable at the time it is presented of at a stated time after presentment.

24. Tenor : The term fixed for the payment of a draft of debt.

25. Time Bill : Bill of Exchange that is payable at a definite future time.

26. Usance : The common period fixed for payment by usage, custom, or habit of dealings between the county where a Bill of Exchange is drawn and that where it is payable.

27. Usance Bill : Opposite to demand bill or sight bill.

Chapter 16

무역클레임과 중재

Claim & Arbitration

1 무역클레임의 의의

무역클레임은 계약을 이행하는 과정에서 당사자 중 일방이 고의나 과실로 계약의 일부나 전부를 불이행함에 따라 발생된 손해를 구제(remedy)받기 위하여 손해를 입은 당사자가 가해자에게 손해배상 등을 청구하는 것을 말한다.

무역클레임은 매도인이나 매수인이 각각 상대방에게 제기할 수 있지만 매수인이 매도인에게 제기하는 경우가 압도적으로 많다. 따라서 무역클레임이라 하면 매수인이 매도인에게 제기하는 손해배상청구 등을 의미하는데, 이때 매매당사자 중 피해자를 'Claimant(클레임 제기자)'라 부르고 손해책임자를 'Claimee(가해자)'라고 부른다.

2 무역클레임의 발생원인

1) 직접적인 원인

(1) 무역계약 상담이나 체결과정의 미흡

무역거래에서는 상담이나 계약을 체결하는 과정에서 계약조건에 대한 오해, 착오, 불충분한 합의, 부주의 등이 클레임 발생의 직접적 요인으로 작용하는 경우가 많다.

(2) 무역계약서 내용의 미비

무역거래에서는 계약서에 나타난 제반사항들만이 유일한 당사자의 합의사항으로 간주된다. 그러므로 무역계약서 내용의 미비는 곧바로 클레임 발생의 직접적인 원인이 된다.

따라서 무역계약 상담이나 체결과정에서 합의된 사항들은 하나도 빠짐없이 무역계약서에 정확하게 반영되어 있어야 한다.

(3) 무역계약의 이행불완전 또는 계약불이행

무역거래에서는 어느 한 당사자가 무역계약의 이행과정에서 계약이행(물품인도나 대금결제 등)을 불완전하게 하거나 불이행하는 등 계약조건을 제대로 이행하지 못함으로써 클레임이 제기되는 경우가 많다.

2) 간접적인 원인

(1) 사용언어의 상이

무역거래는 상이한 언어를 사용하는 당사자 간에 이루어진다. 따라서 사용언어의 상이는 상호간의 의사소통을 어렵게 할 뿐 아니라 의미전달이나 해석상의 오해 등을 초래하여 클레임이 발생하게 되는 경우가 있다.

(2) 무역전문용어의 몰이해나 의견 차이

무역거래에서는 무역에 관한 특수한 전문용어들이 사용된다. 이러한 용어들의 이해는 오랜 실무상의 경험과 지식이 필요한데, 이러한 전문용어들에 대한 의견 차이나 몰이해가 무역클레임의 발생 원인이 되는 경우도 있다.

(3) 도량형의 차이

무역거래에 사용되는 도량형의 단위는 국가마다 그 해석기준이 서로 상이하기 때문에 이러한 도량형의 차이가 클레임을 발생시키는 원인이 되기도 한다.

(4) 사전 신용조사의 미비

무역거래에서는 거래상대방의 신용상태에 관한 정확한 정보를 입수한 후에 거래하는 것이 바람직하다. 신용조사를 하지 않거나 불충분한 조사상태에서 거래를 하게 되면 그것이 무역클레임의 원인이 되는 경우가 있다.

(5) 상대국 법규의 몰이해

무역거래에서는 상대국의 식품위생법이나 공업소유권, 무역규제법, 독점금지법, 덤핑방지법, 환경관리법 등 관련 법규나 제도를 제대로 이해하지 못하거나 저촉되면 그것이 클레임의 발생 원인이 되는 경우가 있다.

(6) 상관습 및 법률의 상이

무역거래에서는 각국의 법과 상관습이 서로 상이하여 그것이 무역클레임 발생의 원인이 되기도 한다. 무역거래에서 나타나는 이러한 문제점을 해소하기 위해 무역 관련 기구나 단체는 무역거래에 적용되는 통일규칙들을 제정하였다.

(7) 무역실무 지식의 부족

무역거래는 복잡한 업무절차를 수반할 뿐 아니라 제조업자, 수출입업자, 은행, 보험회사, 운송회사, 세관, 무역관계기관 등이 복합적으로 개입하게 된다.

이때 당사자가 무역업무절차에 익숙하지 않아 제대로 이행하지 못하였거나 불완전하게 이행하게 되면 그것이 무역클레임을 발생시키는 원인이 된다.

3 무역클레임의 내용

1) 품질에 관한 클레임

무역클레임에서 가장 기본적이며 가장 많은 건수를 차지하는 것이 품질에 관한 클레임이다. 품질에 관한 클레임은 품질불량(inferior quality), 품질상위(different quality), 규격상위(standards differences), 변색(discoloration), 변질(go bad), 색상상위(color difference), 불량품혼입(mixing of defective goods) 등이 있다.

2) 수량에 관한 클레임

수량에 관한 클레임은 수량 감소(diminution of quantity), 감량(weight reduction), 수량의 부족(short weight)이나 과다(excessive), 중량 계산방법의 상이 등이 있다.

3) 선적에 관한 클레임

선적에 관한 클레임은 부당한 지연선적(delayed shipment)과 하자있는 선적, 선적의 불이행(nonfulfillment of shipment), 불착(non-delivery) 등이 있다.

4) 대금결제에 관한 클레임

대금결제에 관한 클레임은 대금미지급(non-payment), 신용장의 미발행이나 발행지연(delay of issue), 계약조건과 상이한 신용장의 발행 등이 있다.

넓은 의미에서 부정송장(error in invoice), 송장상의 과오(mistake), 잘못 작성된 송장, 계산착오(miscalculation), 기재사항의 상위도 여기에 포함되며, 이것은 매도인이 매수인에게 제기하는 클레임의 핵심을 이룬다.

5) 운송에 관한 클레임

운송에 관한 클레임은 운송 중의 파손(breakage), 분실(missing), 도난(pilferage), 난폭취급, 취급불량(bad handling), 부당한 초과운임의 요구 등이 있다.

6) 보험에 관한 클레임

보험에 관한 클레임은 부보태만이 대표적이다. 이것은 보험계약 당사자가 계약에 합의된 보험조건과 상이하게 보험계약을 체결한 경우에 제기되는 클레임이다.

7) 포장 및 하인에 관한 클레임

포장 및 하인에 관한 클레임은 포장불량(wrong packing), 불완전포장(defective packing), 부정한 포장, 포장파손 등이 대표적이다. 하인누락(no mark), 하인상위, 하인소멸 등과 같은 하인에 관한 클레임도 넓은 의미에서 포장에 관한 클레임에 포함된다.

4 무역클레임의 해결방법

1) 우선순위

무역클레임을 해결하는 방법을 말할 때 '중재는 소송보다 낫고, 타협이나 화해는 중재보다 낫다'는 말이 있다. 이 의미는 무역클레임이 발생하면 당사자가 서로 우호적으로 해결하는 것이 가장 바람직하며 그렇지 못할 경우에는 어쩔 수 없이 제3자의 개입을 통해 해결할 수밖에 없다는 것이다.

결국, 절차의 번잡성이나 비용 등을 종합적으로 고려했을 때 무역클레임을 해결하는 가장 바람직한 순서는 타협이나 화해 〉 알선 〉 조정 〉 중재 〉 소송 순서가 된다.

2) 당사자간의 해결방법

당사자간의 해결방법은 당사자가 직접 교섭하여 우호적으로 해결하는 것으로 가장 이상적인 분쟁해결방법이다. 왜냐하면 당사자는 클레임의 발생 원인이나 상황 등을 가장 잘 알고 있고 당사자가 직접 타협하여 해결하게 되면 상대방과의 거래관계도 계속 유지할 수 있기 때문이다. 여기에는 청구권의 포기와 타협이나 화해가 있다.

(1) 청구권의 포기

청구권의 포기(waiver of claim)는 클레임을 제기하는 것을 포기하고 단순경고(warning)를 함으로써 앞으로의 주의를 촉구하여 클레임을 해결하는 방법이다.

이 방법은 클레임의 액수가 적거나 지속적인 거래관계를 위하여 향후 같은 실수를 되풀이하지 않도록 단순히 경고를 주는 정도에서 클레임을 포기하는 경우에 이용된다.

(2) 타협이나 화해

타협(compromise, concord)이나 화해(reconciliation)는 쌍방의 타협으로 적당한 수준의 금전적인 보상이나 대체상품의 송부 등 당사자간에 합리적인 방법으로 합의안을 도출하여 제3자의 개입없이 클레임을 우호적으로 해결하는 방법이다. 이것은 가장 바람직한 분쟁의 해결방법이며, 거의 대부분의 클레임은 이 방법을 통해 해결되고 있다.

3) 제3자의 개입을 통한 해결방법

제3자의 개입을 통한 해결방법은 쌍방이나 일방의 감정이 대립되어 제3자의 냉정한 판단이 필요하거나 상대방의 무성의로 타협이나 양보가 힘들어 당사자가 원만하게 분쟁을 해결할 수 없을 경우, 혹은 학식이나 경험이 많은 제3자의 개입이 필요한 경우에 분쟁을 해결하는 방법이다. 여기에는 알선, 조정, 중재, 소송이 있다.

5 소송과 중재의 비교

1) 분쟁의 신속해결

법원의 소송은 3심 제도로 운영되고 있는데 반해, 중재는 우리나라를 포함한 거의 모든 국가들이 단심제도로 운영되고 있다.

따라서 소송에 비해 중재는 매우 짧은 단계를 거쳐 판정에 도달하게 된다. 게다가 중재의 당사자들은 그들 자신의 합의로서 긴급한 경우에는 그 기간도 단축시킬 수 있다.

2) 비용의 절감

법원의 소송은 변호사의 보수를 비롯하여 매 심급마다 높은 인지대로 인해 중재보다 많은 비용이 소요된다. 이에 반해, 중재는 단심제이기 때문에 소송에 비해 시간이 절약되고 경비가 저렴하여 경제적이다.

3) 적합한 중재인의 선정

중재는 매매조건, 가격변동, 상거래관행, 무역관습 등 무역거래 분야에 정통한 중재인을 통해 분쟁을 해결하는 방법이기 때문에 법관에 의한 판결보다 적합한 전문가들을 중재인으로 선정할 수 있다.

4) 절차의 비공개

소송절차는 공개주의로 진행되기 때문에 회사의 영업이나 거래방식, 손익에 관한 비밀들이 대외에 노출될 수 있다. 그러나 중재는 비공개주의에 입각하여 절차를 공개하지 않기 때문에 모든 사업상의 비밀이나 회사의 명성 등을 그대로 유지할 수 있다.

5) 판정의 효력

중재판정의 국내적 효력은 당사자 간에는 법원의 확정판결과 동일한 효력이 있으며, 국제적 효력은 뉴욕에서 채택된 '외국중재판정의 승인 및 집행에 관한 유엔협약(The United Nations Convention on the Recognition and Enforcement of Foreign Arbitral Awards : 일명 뉴욕협약)'에 따라 외국에서도 그 집행을 보장받을 수 있다. 현재 대부분의 국가들은 이 협약에 가입하고 있다.

우리나라는 1973년에 동 협약에 가입하였다. 이에 따라 국내 유일한 상설 중재기관인 대한상사중재원(Korean Commercial Arbitration Board, KCAB)이 내린 중재판정도 본 협약 체약국 간에서는 그 승인 및 집행을 외국에서도 보장받을 수 있다. 그러나 법원의 판결은 국내적으로는 강제력이 있으나, 국제적으로는 주권침해 논란 등 집행력에 문제가 있다.

Keys to the Lesson

1. to adjust this claim : 이 클레임을 해결하기 위해

1) To adjust this claim amicably, we are prepared to allow a reduction of 10%.
   ➡ 본 클레임을 우호적으로 해결하기 위해 당사는 10%의 할인을 제공할 용의가 있습니다.
2) In order to adjust the matter, we are willing to grant you a 8% discount off the invoice.
   ➡ 이 문제를 해결하기 위해 당사는 송장금액에서 8%를 할인해 드릴 용의가 있습니다.
3) So as to settle your claim, we are ready to reduce our price 3.5%.
   ➡ 귀사의 클레임을 해결하기 위하여 당사의 가격을 3.5%까지 인하할 용의가 있습니다.
4) 귀사 클레임을 해결하기 위해 당사는 송장금액에서 3%의 특별할인을 제공할 수 있습니다.
   ➡ In order to settle your claim, we are willing to give you a 3% special allowance of the invoice amount.
5) We hope that you will correct the matter right at once.
   ➡ 당사는 귀사께서 즉시 그 문제를 올바로 해결할 것을 희망하는 바입니다.
6) We, however, will get into immediate negotiation on your behalf, with the ABC Marine Insurance Co., Inc., to settle the matter at once.
   ➡ 그러나 우리는 ABC 해상보험회사와 즉시 협상을 시작하여 즉시 이 문제를 해결할 것입니다.

주 ① to adjust ~ : ~을 해결(=조정)하기 위해(=in order to settle ~, so as to settle ~)
adjust : 조정하다, 해결하다(=set right, put in order, settle).
② grant ~ a ~ % discount : ~%의 할인을 해주다(=allow a reduction of ~%).
③ off the invoice : 송장금액(=invoice amount)에서 할인(=공제)
④ to give(=allow, grant) you a 3% special allowance : 귀사에게 3%의 특별할인을 제공하다.
⑤ correct(=put, set, adjust) the matter right : 그 문제를 올바로 해결(=조정)하다.

2. on examining the goods : 그 상품을 검사한 결과, 그 상품을 검사해 보았을 때

1) On examining the goods delivered to us we found that their finish was unsatisfactory.
   ➡ 당사에게 인도된 물품을 조사할 때, 당사는 그들의 마무리가 만족스럽지 않다는 것을 발견했다.
2) 귀사의 선적물품을 검사해 보았을 때, 당사는 그 품질에 대해 실망하였습니다.
   ➡ When we examined your shipments, we were disappointed at their quality.
3) On unpacking the cases, we found the goods partly soaked by rain or fresh water.
   ➡ 그 상자들을 열자마자 비나 담수로 인해 제품에 부분적으로 물이 스며든 것을 발견했다.
4) We are sorry to say that their quality is inferior to that of the original sample.
   ➡ 당사는 그 상품의 품질이 원 견본보다 못하다는 것을 알려드리게 되어 유감스럽게 생각한다.

주 ① on examining ~ : ~을 검사해 본 결과, ~을 검사한 결과, ~을 검사해 보니(on tracing ~, upon tracing ~, when we examined ~)
examine : 검사(=조사)하다(=inspect, trace, pursue, search for, track).
② by rain or fresh water : 비 또는 담수로

3. tracing our records : 기록을 조사해 본 결과, 당사 기록을 조사한 결과

1) Tracing our records, we find that our shipping clerk shipped the goods of item No.12 instead of No.10.
   ➡ 당사의 기록을 검사한 결과, 당사의 선적사원이 품목 제10호의 상품 대신에 제12호의 품목을 선적하였음을 알게 되었습니다.
2) 조사해 본 결과, 당사 선적부의 실수로 귀사가 주문한 견본 A호의 상품 대신에 견본 B호의 상품을 귀사가 받게 되었음을 알게 되었습니다.
   ➡ Upon tracing, we find that through the error of our shipping department you received the goods of pattern No. B instead of those of pattern No. A on which your order was placed.
3) 당사의 기록을 검사한 결과, 당사의 선적사원이 다른 품목을 선적하였음을 알게 되었습니다.
   ➡ Tracing our records, we have found our shipping clerk shipped wrong goods.
4) Upon tracing our records, we found that our shipping department shipped the goods of AC 220V instead of AC 110/220V for which your order was given.
   ➡ 우리 기록을 추적해 보니, 귀사께서 주문한 110/220v AC 대신에 AC 220V 상품이 우리의 선적부서에서 선적했음을 발견했습니다.

주 ① upon tracing our record : 당사의 기록을 조사해 보니 cf. upon tracing : 흔적을 조사하니
② on examination : 검사해 본 결과
③ in transit : 수송 도중에(=during voyage)
④ shipping clerk : 발송계원, 선적담당자, 선적사원
⑤ our shipping department : 당사의 선적담당 부서

4. We regret to learn that ~ : ~을 알게 되어 유감스럽게 생각한다.

1) We regret to learn that the inferior products were shipped on our contract No.50.
   ➡ 계약서 제50호에 대하여 품질이 떨어지는 상품이 선적되었다는 것을 알고 유감스럽게 생각합니다.
2) 귀사의 주문서 제12호와는 다른 상품을 받으셨다는 것을 알고 이에 대해 미안하게 생각합니다.
   ➡ We are sorry to learn that you received wrong goods against your order No.12.
3) We sincerely regret that we have much troubled you through our oversight.
   ➡ 당사의 실수로 귀사에 폐를 끼쳐드린 것을 진심으로 유감스럽게 생각합니다.
4) We sincerely regret that we have much troubled and inconvenienced you through our oversight
   ➡ 당사의 잘못으로 귀사에게 곤란과 불편을 끼쳐드림에 유감스럽게 생각합니다.

주 ① We regret to learn that ~ : ~을 알게 되어 유감스럽게 생각한다(=We are sorry to learn that ~, We are sorry to know(=see) that ~, We sincerely regret that ~).
cf. with regret : 유감스럽게도, 미안하게도
② through our oversight(=error, mistake) : 당사의 실수로, 당사의 잘못으로(=부주의로)
③ trouble : 근심 걱정, 불편
④ inconvenience : 불편, 폐(=discomfort, trouble, pain)
trouble and inconvenience you : 귀사에게 폐를 끼친다.

5. compensate A for B ~ : A에게 B를 보상하다, ~에 대해 보상하다.

1) We are compelled to claim on you to compensate for US. $7,000.00.
   ➡ 미화 7,000달러에 대한 보상을 받기 위해 귀사에게 클레임을 청구할 수밖에 없다.
2) 미화 2,000달러에 달하는 손해를 보상받기 위해 보스톤 상사에 손해배상청구를 할 수밖에 없다.
   ➡ They will be obliged to claim on The Boston Company to make up for loss amounting to US$2,000.

주 ① compensate(=make up, make good, make amends, recover, indemnify, recompense) A for B by C : A에게 B에 대해 C로 보상하다.
② be compelled to : 어쩔 수없이 ~하다, ~할 수 밖에 없다(=be impelled to ~, be obliged to ~, be bound to ~, be driven to ~, be forced to ~).
③ claim on(=against) ~ : ~에게 손해배상을 청구하다.
claim on A for B : A에게 B를 청구하다(=요구하다).
④ amounting to ~ : (금액이) ~에 달하는(=for, for the value of, for the amount of)

6. the goods you shipped per the S/S ~ : 귀사가 ~선박 편에 선적한 상품

1) We have received the goods you shipped per the S/S "Kingdom" on March 16.
   ➡ 당사는 귀사께서 3월 16일에 선박 "킹덤 호"에 선적한 상품을 받았습니다.
2) The captioned products by the s.s. "Evergreen" E.T.D. Busan on the 10th of last month reached New York yesterday.
   ➡ 지난 달 10일 부산항을 출항한 선박 "에버그린 호"에 선적한 상품이 어제 뉴욕에 도착하였다.
3) 6월 20일 기선 아리랑 호에 선적한 아래 상품이 어제 여기에 도착하였다.
   ➡ The following goods you shipped by the M/S "Arirang" on June 20 arrived here yesterday.

주 ① per ~ : ~편에, ~에 실은(=by, on)
② last month : 지난 달(ultimo), this month : 이번 달(instant), next month : 다음 달(proximo)

7. attributable to ~ : ~에 기인하는, ~원인이 된

1) Thank you for calling our attention to the fact that the damage is attributable to the improper packing.
   ➡ 그 손상이 부적합한 포장에 기인하였다는 사실에 당사의 주의를 환기시켜 주신 것에 감사드립니다.
2) 포장 잘못으로 손상이 발생하였다는 점에 대하여 죄송하게 생각합니다.
   ➡ We feel sorry that this damage was attributable to the improper packing.

주 ① be attributable to ~ : ~탓이다, ~의 탓으로 돌리다, ~탓으로 돌리다, ~ 때문이다(=be due to, be caused by).
② calling our attention ~ : ~에 관심을 가지게 하다, ~에 관심을 끌게 하다, ~에 주의를 환기시키다.
③ feel sorry that ~ : ~을 죄송하게 생각하다(=be sorry that, regret that).

8. for your reference : 귀사께서 참조할 수 있도록, 귀사의 참조용으로, 참고로

1) For your reference, we are enclosing catalog and price list for our products.
   ➡ 귀사께서 참조할 수 있도록, 당사의 제품에 대한 상품목록과 가격표를 동봉하여 보내드립니다.
2) 귀사의 참고용으로 귀 선적품 중 일부 견본을 동봉하오니 참고하시기 바랍니다.
   ➡ For your reference, we wish to refer you to the cutting samples enclosed from your shipment.
3) For your reference, we are enclosing our latest price list which, we believe, is quite competitive in your market.
   ➡ 귀사께서 참조하실 수 있도록, 귀 시장에서는 매우 저렴하리라고 생각되는 당사 제품의 최근가격표를 동보하여 보내 드립니다

주 ① for one's reference : ~가 참조할 수 있도록, ~의 참조용으로(=for one's information)
for your reference : 참고로(=for your information, for your reply)
② we are enclosing ~ : ~을 동봉하여 보내드립니다, ~을 동봉합니다.
(=we have enclosed ~, enclose please find ~, please find enclosed ~, we enclose ~, enclosed is(are) ~, enclosed you will find ~).

9. lodge your claim with ~ : ~에게 손해배상을 청구하다.

1) Under the circumstances, we would suggest that you lodge your claim first with the steamship company involved, and, if not honored, with the Insurance Company in here.
   ➡ 이러한 상황에서 당사는 귀사가 우선 관련된 선사에 손해배상을 청구하길 권고 드리며, 만일 해결되지 않는다면 여기에 있는 보험회사에 손해배상을 청구하시길 권고 드립니다.
2) We would point out that rough handling in transit was the cause of the damage. Under the circumstances, therefore, we suggest you lodge your claim with the shipping company for settlement.
   ➡ 당사는 파손의 원인이 운송 중에 거친 취급으로 인한 것이라 봅니다. 그러므로 이러한 상황에서 해결을 위해서는 당신이 선사에 클레임을 제기할 것을 권고 드립니다.
3) We are of an opinion that the shortage is due to the mistake in packing and we want you to have this matter settled amicably as soon as possible as we don't want to lodge a claim with you, which may be harmful to both of us.
   ➡ 부족량은 포장할 때 실수에 기인한 것이라는 것이 당사의 의견입니다. 당사는 이 문제가 귀사와 당사 모두에게 해가 될 수도 있는 당신에게 클레임을 제기하는 상황을 만들고 싶지 않기 때문에 이 문제를 가능한 한 빨리 우호적으로 해결될 수 있기를 희망합니다.

주 ① lodge(=make, file, enter, lay) your claim with ~ : ~에게 손해배상을 청구하다.
cf. raise a claim on A for B : A에게 B에 대해 클레임을 제기하다.
② the steamship company involved : 관련된 선박회사
③ if not honored : 만일 해결되지 않는다면
④ rough handling in transit(=in the course of transit) : 운송 중에 거친 취급
⑤ under the circumstances : 이러한 상황에서, 현 상황에서는, 그 상황에서는
⑥ shortage : 부족(=lack, deficiency, scarcity, insufficiency), 부족량
⑦ settled amicably : 우호적으로(=자치적으로) 해결하다.

사례 50 : 견본과 상이한 선적물품에 대한 수입자의 클레임 서신

Gentlemen :

December 23, 2026

Five carton box of Men's Cotton Goods for our Purchase No. 123 have reached us per S/S 'Ever Green V-47'. But we deeply regret to have to inform you that their quality is inferior to the samples for which we placed the order.

We are enclosing a cutting sample from the goods we received.

You will admit that your shipments do not come up to the quality of the original sample.

We hope that you will correct the matter right at once and let us know by return mail what you can do about it.

Yours truly,

주
① be inferior to ~ : ~보다 열등한, ~보다 (품질이) 좋지 않다(=worse than, be below).
② for which we placed the order : 당사가 주문한
③ admit : 인정(=시인)하다(=acknowledge, confess, accept).
④ by return mail : 회신 (우)편으로(=by return of mail, by return of post, by return)
⑤ what you can do about it : 그것에 대해 귀사가 무엇을 하실 수 있는 지를

사례 51 : 클레임의 해결제시 서신

Gentlemen :

We are sorry to learn from your letter of December, 23 that our shipment against your Purchase No.123 were inferior in quality.

Upon tracing our records, we find that our shipping clerk shipped sample of item No.8 Men's Cotton Goods instead of those of sample No.10 for which your order was given.

We are very sorry for this carelessness on our part.

In order to adjust your claim at this time, we would like either to send you the right goods as soon as possible or to give you a special allowance of 20% off the invoice amount.

Please accept our apologies for the inconvenience we have caused you, and let us know which of above two adjustments is preferable to you.

Yours very truly,

주
① either to send ~, or to give ~ : ~을 보내든지 또는 ~를 제공하든지 하다.
② please accept our apologies for ~ : ~에 대한 당사의 사과를 받아주십시오.
③ a special allowance of 20% off the invoice amount : 송장금액에서 20% 특별할인

사례 52 : 선적물품의 상위에 대한 수입자의 클레임 서신

Dear Sirs,

We take the occasion to inform you of the safe arrival of our Order No.123 by the S/S Ever Green. We, however, regret to have to express our strong disapproval of the unsatisfactory way in which you have executed our orders.

The moment our customer received the merchandise, it was opened and carefully examined. To our customer's dismay, C/4 and C/5 are packed wrong in type.

The type is Style No.8 instead of Style No.10 on which we placed the order with you.

We hope you will put the matter right at once, letting us know by return mail what you are going to help us out. These errors make us inclined to give our future orders to another firm.

Your faithfully,

주 ① strong disapproval : 강력한 비난
② to our customer's dismay : 당사의 고객을 놀라게 한 것은
③ make us inclined to ~ : ~할 마음이 되게 하다.

사례 53 : 클레임의 해결안 제시 서신

Dear Sirs,

We deeply regret to learn from your letter of the 23rd December that the wrong goods were shipped on your Purchase No.123

Upon tracing we find that owing to the rush of business our shipping clerk shipped the goods of Style No.8 instead of Style No.10 on which your order was placed.

We sincerely regret that we have much troubled and inconvenienced you through our oversight, and we assure you that every effort will be made in future to prevent any repetition of such mistakes.

In order to settle the matter we have decided to ask you to accept the goods at an allowance of 20%, though we sustain a great loss, the price of Style No.8 being lower by 10% than that of Style No.10. We regret the inconvenience you have experienced and appreciate your courtesy in accepting our proposal.

Faithfully yours,

주 ① at an allowance of ~ : ~(가격)을 인하하여
② sustain(=suffer, undergo) a great loss(=damage, injury, harm) : 큰 손실을 입다.

사례 54 : 수입자의 손해배상청구 서신

Gentlemen :

The goods you shipped per the S/S "Ever Green" on the 25th of October reached New York yesterday.

However, on examining the goods we learn that many of them were severely damaged, though the cases themselves show no trace of damage.

Because we considered this damage was due to the rough handling by the steamship company, we claimed on them for the recovery of the loss, but an investigation made by the surveyor has revealed the fact that the damage is attributable to the improper packing. For further particulars, we refer you to the surveyor's report enclosed.

We are, therefore, compelled to claim on you to compensate for the loss amounting to US$5,000, which we have sustained by the damage to the goods.

We trust you will be kind enough to accept this claim and deduct the sum claimed from the amount of your next invoice to us.

It is the first time in all these years of business that we had to lodge our claim with you.

We trust that you will give your immediate attention to this crucial matter.

We hope you will put the matter right at once, and let us know by return mail what you can do about it.

Yours very truly,

주
① show no trace : 흔적이 전혀 없다.
② rough handling : 난폭한 취급, 거칠게 다룸
③ claim on A for B : A에게 B를 청구하다, A에게 B를 요구하다.
④ make investigation(=examination, inspection, research) : 조사하다, 검사하다.
⑤ For further particulars : 좀 더 상세한 내용에, 좀 더 상세한 내용에 대해서는
cf. particulars : 명세, 명세서, 상세한 내용(=details, descriptions, specifications)
⑥ refer A to ~ : A에게 ~을 참조하게 하다.
⑦ damage to the goods : 상품에 대한 손상
⑧ deduct the sum claimed from ~ : ~에서 요청한 금액을 공제해 주다.
⑨ it is the first time in all these years of business : 전 사업기간 동안 이번이 처음이다.

사례 55 : 할인가격으로 인수 요청

We thank you for calling our attention in your letter of December 23 to the fact that inferior goods were shipped on our Sales Contract No.700 of July 10.

Upon tracing, we find that through the error of our shipping department you received the goods of pattern No. B5 instead of those of pattern No.10 on which your order was placed.

We sincerely regret that we have much troubled and inconvenienced you through our oversight. In order to adjust the matter, we ask you, as you proposed, to accept the goods at a reduction of 20%, though it is a great loss to us, since the price of No. B5 is lower by 10% than that of No. A10.

주 ① inferior goods : 저질의 상품
② at a reduction of 20% : 20% 할인한 가격으로
③ though it is a great loss to us : 이것은 당사에 큰 손해가 되지만

사례 56 : 수송도중의 파손임을 알리는 서신

We regret to learn from your letter of December 23 that our shipment by the s/s "Ever Green" arrived in a damaged condition.

As the goods were packed with great care, we can only conclude that our shipments were stored or handled carelessly in the course of transit.

We must, therefore, disclaim all liability in this case, and in support of this statement we would point out to you that we hold a copy of clean B/L.

Under the circumstances, we would suggest that you lodge your claim first with the steamship company involved, and, if not honored, with the Insurance Company there.

주 ① with great care : 매우 조심스럽게, 아주 꼼꼼하게(=very carefully)
② we can only ~ : 당사는 ~라고 할 수밖에 없습니다.
③ disclaim : (관련을) 부인하다(=say that one has no connection with ~).
cf. disclaim liability(=responsibility) for ~ : ~에 대한 책임(=의무)을 부인하다.
④ in support of ~ : ~을 입증(=보증)하기 위해, ~의 표시로(=as evidence of, in proof of, in sign of)
⑤ point out to ~ that ~ : 누구에게 ~라는 사실을 지적하다.

무역클레임과 중재에 흔히 사용되는 문장

1. We are sorry to learn that this shipment has not given you full satisfaction.
   - 이번 선적이 귀사에게 완전한 만족을 주지 않았다는 소식을 듣게 되어 유감입니다.

2. We have received your letter complaining our delay of shipment.
   - 당사의 선적지연에 대해 불평하시는 귀사의 편지를 받았습니다.

3. We are very sorry that we have not been able to deliver your order on time. The delay was caused by the belated arrival of some of the raw materials.
   - 귀사의 주문품을 정시에 선적하지 못하게 되어 대단히 죄송합니다. 그 지연은 일부 원료의 뒤늦은 도착에 기인한 것입니다.

4. Please accept our apologies to you for the delay and the inconvenience it has caused you.
   - 지연과 그로 인해 귀사에게 폐를 끼쳐드리게 된 점에 대한 사과를 받아주십시오.

5. We regret to see from your letter of June 15 that one case of our shipment arrived to a heavy damaged condition.
   - 6월 15일자 귀사의 서신으로부터 당사의 선적 화물 중 한 상자가 심하게 파손된 상태로 도착했다는 소식을 듣고 유감스럽게 생각합니다.

6. We have shipped today the replacement for the different goods of which you complained in your letter of October 10.
   - 귀사가 10월 10일자 서신에서 불평하신 다른 물품의 대체품을 오늘 선적하였습니다.

7. We apologize deeply for this most regrettable mistake and have taken proper measure to prevent a recurrence of similar errors in the future.
   - 이와 같은 매우 불미스러운 실수에 깊이 사과드리며, 앞으로 유사한 과오의 재발을 방지하기 위해 적절한 조치를 취하였습니다.

8. We apologize for the inconvenience this business has caused you and assure you of our best attention to your future orders.
   - 이 거래가 귀사에게 폐를 끼쳐드린데 대해 사과드리며 앞으로 귀사의 추가주문에 대해 최선을 다하여 처리할 것을 약속드립니다.

9. We would specially point out that no complaints have so far been made against us concerning this article.
   - 이 물품에 대해서는 아직까지 한 번도 불평을 들은 적이 없음을 특히 지적합니다.

Advanced English for Trade Practice

1. A breach of contract committed by one of the parties is fundamental if it results in such detriment to the other party as substantially to deprive him of what he is entitled to expect under the contract.
   - 당사자의 일방이 범한 계약위반은 그 계약 하에서 상대방이 기대할 권리가 있는 것을 실질적으로 박탈할 정도의 손해를 상대방에게 주는 경우에는 이는 본질적인 계약위반이 된다.

2. All disputes, controversies, or differences which may arise between the parties out of, or in relation to, or in connection with this contract, or for the breach thereof, shall be finally settled by arbitration in Seoul, Korea in accordance with the Commercial Arbitration Rules of the Korean Commercial Arbitration Board and under the Laws of Korea. The award rendered by the arbitrator(s) shall be final and binding upon both parties concerned.
   - 본 계약으로부터 본 계약과 관련하거나 본 계약과 관계되거나 또는 본 계약의 불이행으로 인해 당사자 간에 발생되는 모든 논쟁, 분쟁, 의견 차이는 한국법과 대한상사중재원의 상사중재규칙에 따라 대한민국 서울에서 중재로 최종적으로 해결된다.

3. In case of nonperformance of this contract, the party breaking this contract is to compensate the other party for the loss incurred by non-performance.
   - 이 계약을 불이행하는 경우, 본 계약을 위반하는 당사자는 계약불이행으로 인해 발생되는 손실을 상대방에게 보상해야 한다.

4. A party who relies on a breach of contract must take such measures as are reasonable in the circumstances to mitigate the loss, resulting from the breach.
   - 계약위반을 주장하는 당사자는 계약위반으로부터 발생하는 손실을 경감시키기 위하여 상황에 맞는 합리적인 조치를 취해야 한다.

5. If there should be any dispute regarding quality, delivery and others on the goods after shipment, both parties shall settle the dispute amicably.
   - 만일 품질, 인도 및 선적 후 상품에 대한 기타 사항에 관해 분쟁이 있게 되면 양 당사자가 우호적으로 이 분쟁을 해결한다.

6. The seller must deliver the goods, hand over any documents relating to them and transfer the property in the goods, as required by the contract and this Convention.
   - 매도인은 계약과 본 협약에 따라 물품을 인도하고 물품의 소유권을 이전하며 물품과 관련된 서류를 교부해야 한다.

Glossary of Trade Practice

1. Arbitration : ① The process by which parties to a dispute submit their differences to the judgement of an impartial third person or group selected by mutual consent.
② An agreement for taking and abiding by the judgement of selected persons in some disputed matter, instead of carrying it to established tribunals of justice. And the award shall be binding upon both parties concerned.
③ The resolution of a dispute two parties through a voluntary or contractually required hearing and determination by an impartial third party.

2. Breach of Contract : The refusal or failure by one party to a contract to fulfill an obligation imposed on him under that contract. In international trade practice, the main reasons for disputes can be concluded into three categories ; breach of contract by the seller, breach of contract by the buyer and breach of contract by both the seller and the buyer.

3. Claim : ① In insurance, a demand for payment of money or property as the result of an insured loss. ② The demand made by one party upon another for a certain amount of payment on account of a loss sustained through its negligence.

4. Conciliation : ① The process by which an impartial third party makes an independent investigation and suggests a solution to a dispute. ② Alternative dispute resolution (ADR) process whereby the parties to a dispute use a conciliator, who meets with the parties both separately and together in an attempt to resolve their differences.

5. Litigation : Legal action, including all proceedings therein. Contest in a court of law for the purpose of enforcing a right or seeking a remedy.

6. Force majeure : An event that can neither be anticipated nor be reduced to control. Force majeure events enable a seller to avoid his contractual obligations without paying a compensation or penalty. However, as the definition for the scope of Force majeure events varies from country to country, it is necessary to define them clearly in the contract.

7. Mediation : ① The act of a third person in intermediating between two contending parties with a view to persuading them to adjust or settle their dispute.
② A dynamic, structured, interactive process where a neutral third party assists disputing parties in resolving conflict through the use of specialized communication and negotiation techniques.

8. Remedy : The right given to a party by law or by contract which that party may excercise upon a default by the other contracting party, or upon the commission of a wrong by another party.

참고문헌

국내문헌

김용원, 무역영어, 세인북스, 2017.10.

김재범, 무역영어, 한국고시회, 2001.02.

김진균, 무역영어 1급 한번에 따기, 시대고시기획, 2016.03.

남풍우, 무역영어, 도서출판 두남, 2013.02.

남풍우, 무역영어, 도서출판 두남, 2017.08.

남풍우, 신무역실무, 도서출판 두남, 2011.02.

대한상공회의소, 인코텀즈 2020, 2019. 09.

양영환, 무역영어, 삼영사, 2002.07.

오원석·이병문, 무역영어, 삼영사, 2015.08.

이신규, 무역영어, 도서출판 두남, 2017.03.

조현정 · 이현정, 무역영어, 유원북스, 2015.06.

한상현, 국제무역보험론, 도서출판 두남, 2017.03.

한상현, 국제운송 · 해상보험, 도서출판 두남, 2018.02.

한상현, 무역실무, 관세국경관리연수원, 2012.10.

후지다 에이이찌 편저, 국제 비즈니스 영어문례사전, 평화출판사, 1996.

국외문헌

石田貞夫, 體系 貿易英語, 東京 白桃書房, 1995.

橋本かおる, 貿易英語の基本と実務がよ~くわかる本, 秀和システム, 2012.

武藤光太, 最新貿易英語入門, 成美堂, 1988.

木村 雅晴 · 高橋 則雄, 貿易英語の実用文例がよ~くわかる本, 秀和システム, 2015.

山口範高 , 新版貿易書類の見方·書き方, 同文館出版, 2009.

荒尾 紀倫, 貿易英語の使い方, 同文舘出版, 2007.

Ray August, International Business Law, Text, Cases and Readings, Prentice Hall, Englewood Cliffs, New Jersey, 1993.

찾아보기

■ 저자

한상현 (韓祥鉉)

- 건국대학교 무역학과 졸업(상학사)
- 건국대학교 대학원 무역학과(경제학 석사)
- 건국대학교 대학원 무역학과(경제학 박사)
- 강남대학교 경제통상학부 조교수(겸임)
- 건국대학교 상경대학 국제무역학과 교수(강의)
- 남서울대학교 국제통상학과 조교수, 부교수
- Indiana University-Purdue University Fort Wayne, Indiana, Visiting Professor
- 기획재정부 세제발전심의위원회 위원
- 관세국경관리연수원 운영심의회 위원
- 관세사자격심의위원회 위원
- 일반관세사, 특별관세사시험 출제위원, 선정위원
- 관세청 전문관시험 출제위원 및 선정위원
- 관세청 관세공무원 자격시험 출제위원, 선정위원
- 인천공항본부세관 과세전적부심사위원회 위원
- 서울본부세관 이의신청심의위원회 위원
- 안산세관 이의신청심의위원회 위원
- 관세청 품목분류위원회 위원
- 중앙인사위원회 관세직 5급, 7급, 9급 공무원시험 출제위원, 선정위원, 면접위원
- 산업통상자원부 전문임기제 공무원 심사위원
- 충남도청 정책자문위원, 면접시험위원
- 충남도청 임기제 공무원 시험위원
- 사)한국관세학회 논문편집위원장
- 사)국제e-비즈니스학회 논문편집위원장
- 사)한국무역연구원 국문논문편집위원장
- 사)한국관세학회 회장, 명예회장

[현재]

- 남서울대학교 글로벌무역학과 교수
- 관세청 심사위원회 위원
- 관세인재개발원 운영심의회 위원
- 수원세관 정책자문위원, 심사위원
- 천안세관 심사위원회 위원
- 평택직할세관 심사위원회 위원
- 한국관세사회 위원회 위원
- 사)한국관세학회 고문
- 사)국제e-비즈니스학회 부회장
- 한국관세학회 고문
- 사)한국국제상학회 부회장
- 사)한국무역학회 부회장
- 사)한국통상정보학회 부회장
- 사)한국무역금융보험학회 부회장

무역영어

초　판 1쇄 발행 —— 2020년 3월 4일
초　판 2쇄 발행 —— 2020년 8월 20일
초　판 3쇄 발행 —— 2022년 2월 1일
초　판 4쇄 발행 —— 2026년 2월 10일
지은이 —— 한 상 현
펴낸이 —— 전 두 표
펴낸곳 —— 도서출판 두남
서울시 강동구 성내로6길 34-16 두남빌딩
신 고 : 제25100-1988-9호
TEL : 02) 478-2066, 2067
FAX : 02) 478-2068
E-mail : dnbooks@dunam.co.kr
http://www.dunam.co.kr

정가 28,000원

ISBN 978-89-6414-862-4 93320